eXamen.press

eXamen.press ist eine Reihe, die Theorie und Praxis aus allen Bereichen der Informatik für die Hochschulausbildung vermittelt.

Klaus Chantelau · René Brothuhn

Multimediale Client-Server-Systeme

Springer

Prof. Dr. Klaus Chantelau
FH-Schmalkalden
Fachbereich Informatik
Blechhammer 4-9
98574 Schmalkalden
k.chantelau@fh-sm.de

Dipl. Inform.(FH)René Brothuhn
FH-Schmalkalden
Fachbereich Informatik
Blechhammer 4-9
98574 Schmalkalden
r.brothuhn@fh-sm.de

ISSN 1614-5216
ISBN 978-3-540-79748-7   e-ISBN 978-3-540-79749-4
DOI 10.1007/978-3-540-79749-4
Springer Heidelberg Dordrecht London New York

Die Deutsche Nationalbibliothek verzeichnet diese Publikation in der Deutschen Nationalbibliografie; detaillierte bibliografische Daten sind im Internet über http://dnb.d-nb.de abrufbar.

© Springer-Verlag Berlin Heidelberg 2010

Dieses Werk ist urheberrechtlich geschützt. Die dadurch begründeten Rechte, insbesondere die der Übersetzung, des Nachdrucks, des Vortrags, der Entnahme von Abbildungen und Tabellen, der Funksendung, der Mikroverfilmung oder der Vervielfältigung auf anderen Wegen und der Speicherung in Datenverarbeitungsanlagen, bleiben, auch bei nur auszugsweiser Verwertung, vorbehalten. Eine Vervielfältigung dieses Werkes oder von Teilen dieses Werkes ist auch im Einzelfall nur in den Grenzen der gesetzlichen Bestimmungen des Urheberrechtsgesetzes der Bundesrepublik Deutschland vom 9. September 1965 in der jeweils geltenden Fassung zulässig. Sie ist grundsätzlich vergütungspflichtig. Zuwiderhandlungen unterliegen den Strafbestimmungen des Urheberrechtsgesetzes.

Die Wiedergabe von Gebrauchsnamen, Handelsnamen, Warenbezeichnungen usw. in diesem Werk berechtigt auch ohne besondere Kennzeichnung nicht zu der Annahme, dass solche Namen im Sinne der Warenzeichen- und Markenschutz-Gesetzgebung als frei zu betrachten wären und daher von jedermann benutzt werden dürften.

Einbandentwurf: KünkelLopka, Werbeagentur Heidelberg

Printed on acid-free paper

Springer ist Teil der Fachverlagsgruppe Springer Science+Business Media (www.springer.com)

Vorwort

Das vorliegende Buch richtet sich an Leser, die auf der Basis von Grundkenntnissen der objektorientierten Programmierung (z.B. in den Sprachen Java, C++ oder C#) ihre Fach- und Methodenkenntnisse in der Medieninformatik mit Schwerpunkt auf dem Bereich Webentwicklung vertiefen möchten. Der Leser soll nach der Lektüre die Implementierung der wichtigsten Funktionalitäten multimedialer Internetdienste vornehmen können. Darüber hinaus soll er aber auch in der Lage sein, einen komplexen, multimedial geprägten Dienst konzipieren und hierfür die geeigneten Technologien auswählen zu können. In dieser Hinsicht unterscheidet sich das vorliegende Buch von Werken, die sich dem Themenkreis „Rich-Internet-Applications" dadurch nähern, dass ausgewählte Technologien, wie z.B. AJAX, Flash oder Java, detailliert und umfassend vorgestellt werden. Die einzelnen miteinander konkurrierenden Technologien weisen unterschiedliche Vorzüge auf, die für die Entwicklung eines multimedialen Client-Server-Systems zu berücksichtigen sind. Andererseits gibt es viele Gemeinsamkeiten, welche auf grundlegende Prozesse bei multimedialen verteilten Systemen zurückzuführen sind. Um die konkurrierenden Technologien vergleichen und bewerten zu können, ist ein umfangreiches Verständnis der theoretischen Grundlagen aus dem Bereich der verteilten Systeme und der Medienverarbeitung erforderlich. Diese werden daher stärker thematisiert, als in Büchern, die eine Technologie detailliert vorstellen. Zentrale Anwendungsfälle werden an Hand von drei Softwarebibliotheken bzw. Programmierschnittstellen mit unterschiedlicher technologischer Ausrichtung bis in die Details ausgearbeitet. Das Buch ist auf der Basis von Vorlesungen in den Studiengängen Informatik und Wirtschaftsinformatik entstanden. Der behandelte Stoff bildet die Grundlage von zwei Vorlesungen in Bachelor-Studiengängen mit einem Umfang von jeweils 4 Semesterwochenstunden. Die weitere Einarbeitung in eine ausgewählte Technologie kann vom Leser auf der Basis dieses Buches unter Zuhilfenahme weiterführender Dokumentationen, z.B. im Internet, leicht selbst vorgenommen werden.

Schmalkalden, *Klaus Chantelau*
August 2009 *René Brothuhn*

Inhaltsverzeichnis

Einführung 1
    Anwendungsszenarien multimedialer Client-Server Systeme 1
    Aufbau des Buches 2
    Die Entwicklung des multimedialen Internets 4

1 Multimediale Client-Server-Systeme 7
    1.1 Einleitung 7
    1.2 Multimediale Daten in Client-Server-Systemen 8
        1.2.1 Fotografien und Rasterbilder 9
        1.2.2 Computergrafisch erzeugte Einzel- und Bewegtbilder 9
        1.2.3 Audio- und Videomedien 11
    1.3 Interaktion mit Client-Systemen 12
        1.3.1 Grafische Nutzeroberflächen 13
        1.3.2 Rich-Clients 14
    1.4 Technologien zur Entwicklung multimedialer Client-Server-Systeme 14
        1.4.1 Internationale Standards, Protokolle, Empfehlungen und Programmierschnittstellen 15
        1.4.2 Standards zur Entwicklung von Rich-Clients 16
        1.4.3 Programmierschnittstellen für die Entwicklung von Rich-Clients 17
        1.4.4 Standards für die Client-Server-Interaktion 21
        1.4.5 Programmierschnittstellen für die Client-Serverinteraktion . 23
        1.4.6 Standards für die Verarbeitung von Audio- und Videomedien 24
        1.4.7 Programmierschnittstellen für Audio- und Videomedien 30
        1.4.8 Programmierschnittstellen zur Entwicklung von Serversystemen 32
    1.5 Vergleich der Technologien zur Entwicklung multimedialer Client-Server Systeme 33
        1.5.1 AJAX in Kombination mit PHP, JSP oder ASP 34
        1.5.2 Die Java-Plattform 35
        1.5.3 Die FLEX / Flash Plattform 36

Literaturverzeichnis 36

2 Grundlagen verteilter Systeme 37
    2.1 Einleitung 37
    2.2 Schichten-Modell 38
        2.2.1 Mehrschichtige Architekturen 39
    2.3 Client-Server-Modell 40
        2.3.1 Fat- und Thin-Clients 41
    2.4 Client-Server-Interaktion 42
        2.4.1 Kommunikationsmodell 43
        2.4.2 Serveraktivierung 47
        2.4.3 Serverzustände 48
        2.4.4 Caching 49
        2.4.5 Vermittlung und Lastverteilung 52
    2.5 Parallelverarbeitung 55
        2.5.1 Parallele Server 56
        2.5.2 Prozesse und Threads 57
        2.5.3 Synchronisation 60
    2.6 Synchronisation in verteilten Systemen 67
        2.6.1 Zentrale Koordination 67
        2.6.2 Verteilte Synchronisationsalgorithmen 71
    Literaturverzeichnis 73

3 Client-Server-Programmierung 75
    3.1 Einleitung 75
    3.2 Einführung in Java 75
        3.2.1 Die Programmiersprache Java 76
    3.3 Datenströme in Java 80
        3.3.1 Eigenschaften von Datenströmen 80
        3.3.2 Basisklassen zur Verarbeitung von Datenströmen 81
        3.3.3 Byteorientierte Datenströme 86
        3.3.4 Zeichenorientierte Datenströme 99
    3.4 Socket Programmierung 105
        3.4.1 Kommunikation über IP 106
        3.4.2 Sockets in Java 112
        3.4.3 Stream Sockets 114
        3.4.4 Datagramm Sockets 123
    3.5 Kommunikation mit HTTP 131
        3.5.1 URL Aufbau 132
        3.5.2 Ablauf der Kommunikation zwischen Client und Server 133
        3.5.3 Ein einfacher HTTP-Server 143
    3.6 Thread-Programmierung in Java 154
        3.6.1 Parallele Abarbeitung 159
        3.6.2 Warten auf Threads 161
        3.6.3 Unterbrechen von Threads 162

		3.6.4	Thread-Pools 163
		3.6.5	Paralleler HTTP-Server 165
	3.7	Synchronisation in Java 167
		3.7.1	Java Monitor 170
		3.7.2	Semaphore in Java 175
		3.7.3	Locks - Sperren in Java 178
	Literaturverzeichnis 179
4	**Entwicklung von Rich Clients** 181
	4.1	Graphische Komponenten, Ereignisverarbeitung und das MVC-Muster 181
		4.1.1	Nutzeroberflächen und das MVC-Muster 181
	4.2	Entwicklung von Rich Clients mit Java 186
		4.2.1	Graphische Komponenten mit Java-Swing 186
		4.2.2	Zeichnen mit der `Graphics`-Klasse................... 199
		4.2.3	Die Ereignisverarbeitung mit Java 201
		4.2.4	HTTP-Kommunikation und graphische Nutzeroberflächen .. 205
	4.3	Entwicklung von Rich Clients mit HTML, CSS, JavaScript und AJAX 211
		4.3.1	Graphische Komponenten mit HTML und CSS 211
		4.3.2	Grundlagen JavaScript 222
		4.3.3	JavaScript und das Document Object Model (DOM) 226
		4.3.4	Ereignisverarbeitung mit JavaScript 231
		4.3.5	Interaktive Graphiken mit JavaScript 235
		4.3.6	Interaktive Anwendungen mit AJAX 239
	4.4	Entwicklung von Rich Clients mit FLEX/Flash/ActionScript 247
		4.4.1	Graphische Komponenten mit MXML und FLEX 248
		4.4.2	MXML- Tags und Attribute 249
		4.4.3	ActionScript 3.0 und FLEX............................ 257
		4.4.4	Ereignisverarbeitung mit ActionScript................... 262
		4.4.5	ActionScript 3.0 und Flash 265
		4.4.6	Zeichnen mit der `Graphics`-Klasse................... 267
		4.4.7	Animierte Bewegtbildfolgen und Synchronisation 271
		4.4.8	Erzeugung von Klassen mit dem Flash-Autorenwerkzeug .. 273
		4.4.9	Asynchrone Client-Server-Kommunikation mit FLEX/Flash 274
		4.4.10	Interaktive Graphiken mit FLEX/Flash 279
	Literaturverzeichnis 282
5	**Audio-, Bild- und Videomedien in Client-Server-Systemen** 283
	5.1	Audio-, Bild- und Videocodierung 283
		5.1.1	Kompression von audio-visuellen Daten 284
		5.1.2	Irrelevante Information in Audiosignalen und mp3-Audiocodierung 287
		5.1.3	Irrelevanzreduktion in visuellen Daten................. 292
		5.1.4	Redundanzreduktion 296

	5.1.5	Prädiktionscodierung	299
	5.1.6	JPEG-Bildcodierung	302
	5.1.7	MPEG-Videocodierung	306
5.2	Java Media Framework und Microsoft DirectShow		312
	5.2.1	Progressive Download von Audio-Videomedien mit dem JMF	315
	5.2.2	Anzeige eines Live-Videos von einer Webcam	324
	5.2.3	RTP-Streaming von Audio- und Videodaten mit dem JMF	326
	5.2.4	Progressive Download und Streaming von Audio-Video Medien mit DirectShow	334
	5.2.5	Komplexität der Anwendungsentwicklung mit dem JMF, DirectShow und Flash	337
	5.2.6	Erweiterbarkeit des JMF	337
5.3	Verarbeitung von Audio- und Videomedien mit dem Flash-API		338
	5.3.1	Progressive Download oder Streaming von Audio- und Videomedien mit Flash	338
	5.3.2	Anzeige eines Live-Videos einer Webcam	343
	5.3.3	Encodierung mit der `NetStream` Klasse	343
	5.3.4	Streaming mit dem Flash Media Server	344
Literaturverzeichnis			349

Sachverzeichnis ... 351

Einführung

Anwendungsszenarien multimedialer Client-Server-Systeme

Die zentralen Bausteine des Internets, das HTML-Dokumenten-Format und das HTTP-Übertragungsprotokoll, waren ursprünglich lediglich für eine dezentrale Nutzung von wissenschaftlichen Dokumenten und deren Verknüpfung entwickelt worden und wurden Anfang der 1990er Jahre veröffentlicht. Seitdem hat sich das Internet schneller verbreitet als alle anderen Massenmedien jemals zuvor. Dabei wurden immer umfangreichere Interaktionsmöglichkeiten und Funktionalitäten bereitgestellt, so dass man schnell von Internet-Anwendungen und -Diensten sprechen konnte. Darüber hinaus wurden im Laufe der Zeit immer mehr multimediale Inhalte in die angebotenen Dienste und Anwendungen integriert. Insbesondere ist die dominierende Stellung des Fernsehens als Unterhaltungsmedium verschwunden. Jüngere Gesellschaftsschichten nutzen das Internet zu Unterhaltungszwecken im gleichen Umfang wie das Fernsehen. Im Folgenden sollen einige Anwendungsszenarien für multimediale Client-Server-Systeme konkretisiert werden:

Medienanbieter Ereignisse und Reportagen (z.B. Sportveranstaltungen wie die Fussball-Europa- oder Weltmeisterschaften) werden in Form von Live-Übertragungen auch über das Internet angeboten. Fernsehsender stellen über Video On Demand-Angebote eine Videothek über das Internet zur Verfügung. In Ergänzung zu den kostspieligen Produktionen von Sendeanstalten werden durch das Audio-Videostreaming über Videoplattformen (z.B. YouTube) auch die Verbreitung von „kleinsten" Produktionen möglich. Hierbei werden neue ästhetische Ausdrucksformen (meist Kurzfilme) gefunden, welche von einem Massenpublikum ebenso wie von kleinen Zielgruppen wahrgenommen werden.

Informationsdienste Wettervorhersagen, geografische Informationen (Google Maps, Google Earth), Reiseinformationen (Deutsche Bahn) usw. werden an Hand von Grafiken, Fotomaterialien oder Animationen und Simulationen für den Nutzer bereitgestellt. Durch die spielerisch-komfortablen Interaktionen mit Graphiken können die gewünschten Informationen abgerufen werden.

Präsentation von Produkten, Dienstleistungen und Unternehmen Über reine Photodarstellungen hinaus werden computergraphische Animationen und Simulationen zur Darstellung von Produkten verwendet. Große Unternehmen z.B. aus den Bereichen der Automobil- und Möbelindustrie bieten dem Nutzer attraktive Präsentationen über das Internet an, welche die Aufmerksamkeit durch ästhetische und spielerische Elemente auf sich ziehen. Beispiele hierfür sind Konfiguratoren, mit denen sich der Nutzer sein Wunschprodukt selbst zusammensetzen kann. Internetbasierte Präsentationen von Dienstleistungsangeboten, z.B. aus dem Bereich Tourismus, verwenden oft ebenso wie Produktpräsentationen neben der reinen Informationsdarstellung multimediale Inhalte, um ein intensives Lebensgefühl zu vermitteln. Interaktive Grafiken informieren über die Anfahrt, Sportmöglichkeiten und das Wetter. Fotografien und Audio-Videomedien vermitteln einen Eindruck von der Landschaft, den Sportangeboten, den touristischen Ereignissen und dem Nachtleben. Ständig aktualisierte Video-On-Demand- als auch Live-Videobeiträge mit hoher Qualität repräsentieren den Erlebniswert der Tourismusregion. Ähnliche Zielsetzungen führen zur Integration von umfangreichen Medien zur Vermittlung eines besonderen Images bei Unternehmen und Institutionen.

Aufbau des Buches

Kapitel 1

Die hier skizzierten Dienste und Webanwendungen setzen sich aus mehreren Computersystemen zusammen und bilden damit ein verteiltes System, welches darüber hinaus für die Verarbeitung von unterschiedlichen Medien ausgelegt sein muss. Das verteilte System besteht aus Client- und Serversystemen, die miteinander kommunizieren. In Kapitel 1 wird zunächst ein Überblick über die derzeit vorhandenen Technologien zur Medienverarbeitung sowie zur Entwicklung von Client- und Serversystemen gegeben. Anschließend werden hinsichtlich unterschiedlicher technologischer Ausrichtungen wichtige Stellvertreter ausgewählt (die Java Plattform, die FLEX/Flash Plattform sowie das Bündel HTML/CSS/JavaScript/AJAX). Die Leistungsmerkmale dieser Vertreter, welche in dem Buch durchgängig Verwendung finden, werden abschließend dargestellt.

Kapitel 2

In Kapitel 2 erfolgt eine theoretisch ausgerichtete Darstellung der Strukturmerkmale und der wesentlichen Prozesse bei verteilten Systemen. Unterschiedliche Client-

Einführung

und Servermodelle sowie zentrale Fragen der Kommunikation, Parallelisierung und Synchronisation in verteilten Systemen werden hier vorgestellt.

Kapitel 3

Die praktische Umsetzung der theoretischen Konzepte aus Kapitel 2 wird in Kapitel 3 behandelt. Dabei werden die wichtigsten Internetprotokolle wie IP, TCP, UDP und HTTP und eine darauf aufsetzende Programmierung am Beispiel der Sprache Java detailliert vorgestellt. Es wird hierbei ein einfacher Server auf der Basis von Datenströmen und der Socketprogrammierung entwickelt. Zur Umsetzung der Parallelisierung und der Synchronisation wird eine detaillierte Einführung in die Softwareentwicklung mit Threads vorgestellt. Abschließend wird der einfache Server durch die Parallelisierung hinsichtlich seiner Performanz weiterentwickelt.

Kapitel 4

Für die zunehmende multimediale Nutzung des Internets wie in den betrachteten Beispielen sind leistungsstarke Clientsysteme auf der Nutzerseite erforderlich, die einen hohen Bedienkomfort, die Integration interaktiver visueller Medien und eine leistungsstarke Client-Serverkommunikation gewährleisten. Für diese Clientsysteme ist der Begriff Rich Client und für die gesamte Anwendung der Begriff Rich Internet Application geprägt worden. Die Programmierung dieser Systeme wird am Beispiel der Java Plattform, der FLEX/Flash Plattform und dem Bündel HTML/CSS/JavaScript/AJAX an Hand von zentralen Anwendungsbeispielen in Kapitel 4 vorgestellt.

Kapitel 5

Die Möglichkeit Audio- und Videomedien mit einer hohen Qualität in kurzer Zeit über das Internet übertragen zu können, hängt entscheidend von einer aufwändigen Datenkompression ab. Geeignete Rich-Client-Systeme müssen die komprimierten Daten in Echtzeit dekomprimieren und anzeigen können. Nur wenige Technologien unterstützen dies mit hoher Qualität. Eine Einführung in die theoretischen Grundlagen und in die Programmierung auf der Basis der Java-, DirectShow und der FLEX/Flash-Plattform erfolgt in Kapitel 5.

Materialien zu diesem Buch

Über die folgende Webseite können die im Buch besprochenen Beispielgrogramme heruntergeladen werden:
  http://www.fh-schmalkalden.de/Buch_MMCS

Die Entwicklung des multimedialen Internets

Die technische Entwicklung des Internets wird durch viele, teilweise unabhängige Bewegungen vorangetrieben und geht daher in ihren Details oft überraschende und unvorhergesehene Wege. Es stellt sich damit die Frage, ob auch die umfangreiche Medienintegration nur eine kurzfristige Modeerscheinung ist. Diese Fragestellung kann hier nicht umfassend erörtert werden, da hierfür neben den technischen Einflussfaktoren vielfältige gesellschaftliche Prozesse zu betrachten sind. Einen wichtigen Aspekt in diesem Zusammenhang zeigt die Bedeutung des Begriffes „Erlebnisgesellschaft".

Doch diese interessante Frage motiviert zu einem kurzen Blick auf die parallele technische Entwicklung der beiden Medien digitales Fernsehen und multimediales Internet. Die Erweiterung des Internets von einer anfänglichen Verbreitung von Texten hin zu einer umfangreichen multimedialen Nutzung war seit den Anfängen beabsichtigt und wurde mit umfangreichen Projekten unterstützt. Ausgangspunkt hiervon war die gleichzeitige Entwicklung des digitalen Fernsehens, für die mit Veröffentlichung des MPEG 2 Standards zur Kompression und Übertragung von Fernsehsignalen im Jahre 1994 die wesentlichen Grundlagen geschaffen wurden. Als Nachfolgestandard von MPEG 2 ist speziell für multimediale Internetanwendungen Ende der 1990er Jahre der MPEG 4 Standard erarbeitet und in seinen größten Teilen 1999 veröffentlicht worden (der ursprünglich geplante MPEG 3 Standard ist gestrichen worden, da MPEG 2 die geplanten Einsatzzwecke von MPEG 3 bereits abdeckt).

Die Zielsetzung des MPEG 4 Standards betraf eine Erweiterung des klassischen HTML/HTTP basierten Internets zur Dokumentenübertragung um die Möglichkeiten des digitalen Fernsehens und von computergrafischen Darstellungen. Der Erlebnischarakter des Fernsehens und von Computerspielen sollte in Verbindung mit einem hohen Bedienkomfort für jede Webanwendung ermöglicht werden. Dieses Ziel ist nun erreicht worden und entsprechende Webanwendungen werden als Rich-Internet-Applications bezeichnet. Obwohl mit MPEG 4 die technischen Grundlagen für Rich-Internet-Applications schon 1999 vorhanden waren, hat die Verbreitung von audio-visueller Information über das Internet erst in den letzten Jahren den Durchbruch gefunden. Diese Zeitverzögerung liegt an einer zunächst mangelnden Verbreitung von breitbandigen Internetanschlüssen. Bis 2002 gab es weniger als 2 Mio. DSL-Anschlüsse. In den Folgejahren haben sich die Anschlüsse alle zwei Jahre mehr als verdoppelt, so dass 2008 über 19 Mio. Anschlüsse vorhanden waren.

Einführung 5

Die Verbreitung und das Empfangen von multimedialen Daten in Fernsehqualität ist damit für breite Bevölkerungsschichten möglich geworden. Video-On-Demand sowie Livevideoübertragungen finden in den letzten Jahren eine zunehmende Akzeptanz. Für eine dem analogen Fernsehen vergleichbare Qualität ist eine Datenrate von ca. 2 bis 5Mb/s erforderlich, welches heute zu den Standardangeboten der Netzbetreiber (z.B. DSL 6000 mit einem realen Datendurchsatz von ca. 5,6 Mbit/s) gehört. Große Softwareunternehmen wie Adobe, Microsoft und Sun erarbeiten unter großen Antrengungen konkurrierende Softwareprodukte zur Entwicklung von Rich-Internet-Applications. Diese beständig zunehmende Integration von multimedialen Inhalten in Webanwendungen über zwei Jahrzehnte hinweg und das derzeitige Engagement der einflussreichsten Unternehmen sind ein wichtiger Indikator dafür, dass die multimediale Nutzung eine nachhaltige Entwicklung des Internets darstellt, die ihren Durchbruch gefunden hat.

Nichtbehandelte Themengebiete

Viele angrenzende Themen müssen auf Grund der Komplexität der gesamten Thematik unbehandelt bleiben. Dies betrifft einen tieferen Einblick in die Anwendungslogik und die Datenhaltungsschicht zur Abwicklung von Geschäftsprozessen (z.B. auf der Basis von Java EE). Ebenso kann eine Einführung in die vielfältigen Werkzeuge und Frameworks, welche die Entwicklungsprozesse vereinfachen und effizienter werden lassen, im Rahmen dieses Buches nicht mehr vorgenommen werden.

Kapitel 1
Multimediale Client-Server-Systeme

1.1 Einleitung

Die in der Einführung des Buches betrachteten Anwendungsszenarien stellen Beispiele für verteilte multimediale Systeme dar. Zum Beispiel werden bei der Darstellung eines Tourismusangebots einer Urlaubsregion neben klassischen Internetdiensten, wie z.B. Hotelsuche- und Buchungssysteme, auch umfangreiche interaktive Medien (z.B. Grafiken, Fotographien, Audio- und Videodaten) zur Darstellung der Angebote verwendet. Eine Vielzahl von Anwendern (Clients) fordern meist gleichzeitig und über mehrere Kommunikationsschritte die gewünschten Inhalte von den Serversystemen an.

Die dargestellten Medien und Anwendungen besitzen meist einen hohen Grad an Komplexität, weshalb entsprechende Serversysteme für die Bereitstellung solcher Buchungssysteme, Grafiken und Fotomaterialien erforderlich sind. Für die Bereitstellung von Audio- und Videodaten sind spezielle Medien- bzw. Streamingserver erforderlich, welche für eine hochperformante Übertragung der abgerufenen Audio- und Videostreams zuständig sind.

In allen Fällen kommt dabei das Client-Server-Modell zum Einsatz, wobei ein Server gewisse Dienste zur Verfügung stellt (z.B. Web-Server oder Medien-Server), welche von den Clients abgerufen und in Anspruch genommen werden. Aufgrund der komplexen Struktur multimedialer Anwendungen ergeben sich dabei häufig auch komplexe Strukturen zwischen Client und Server. So kann z.B. ein Server selbst wiederum Dienste eines anderen Servers in Anspruch nehmen oder auch einem Client eine Verbindung zu einem speziellen Server überreichen, welcher einen anderen Teil der multimedialen Anwendung übernimmt. Wie in Abb. 1.1 zu sehen, nutzt ein Web-Server die Dienste eines Datenbankservers und übergibt gleichzeitig dem Client eine Verbindung zu einem Medien-Server, welcher z.B. Bilder, Audio- oder Videostreams zur Verfügung stellt.

Andererseits können mehrere Server die gleichen Aufgaben übernehmen, um somit eine Lastverteilung zu erreichen. Auf diese Weise kann eine Vielzahl von Clients mit den gewünschten Daten versorgt und eine Überlastung der Server vermie-

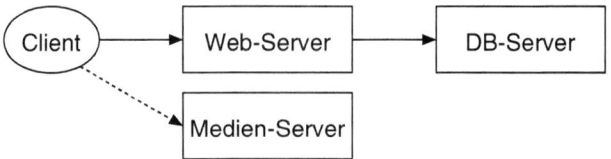

Abb. 1.1 Client-Server Struktur mit unterschiedlichen Aufgaben der Server

den werden. Dies ist z.B. insbesondere bei Videoplattformen von hoher Bedeutung, wo sehr viele Clients das gleiche Live-Video präsentiert bekommen möchten. Eine systhematische Einführung in die Architekturen und Prozesse von verteilten Systemen ist in Kapitel 2 wiedergegeben.

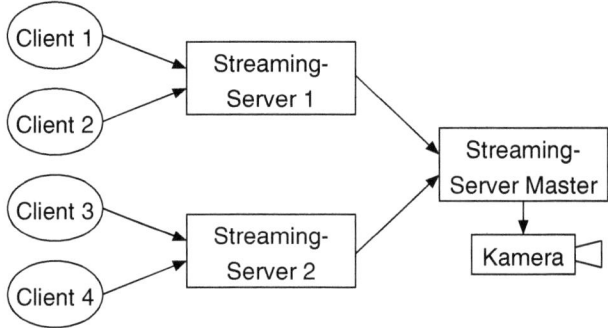

Abb. 1.2 Server-Kette mit gleichen Aufgaben der Server zur Lastverteilung

1.2 Multimediale Daten in Client-Server-Systemen

Der umfangreiche Einsatz von Medien erfordert in Client-Server-Systemen den Einsatz von besonderen Technologien, über die wir in diesem Kapitel zunächst einen Überblick geben werden. Es ist auf Grund der technischen Schwerpunktsetzung nicht erforderlich, eine umfangreiche medientheoretische Diskussion zur Klassifikation von Medien zu führen. Ein multimediales System wird schlicht als ein System aufgefasst, welches mehrere Medienformen nutzt, wobei wir folgende Medienformen unterscheiden:

- Text
- Fotografien und Rasterbilder
- Computergrafisch erzeugte Einzel- und Bewegtbilder
- Audio
- Video

1.2 Multimediale Daten in Client-Server-Systemen

Im Folgenden wollen wir (mit Ausnahme der technisch gesehen unproblematischen Medienform Text) einige grundsätzliche Aspekte dieser Formen benennen, die sich auf die in Frage kommenden Technologien auswirken.

1.2.1 Fotografien und Rasterbilder

Ein elektronisches Farbbild entsteht dadurch, dass an jeder Bildstelle drei Farbwerte mit unterschiedlicher Intensität in kleinen Bereichen angezeigt werden (ein Pixel besteht aus einem Rot-, Grün- und Blauwert). Bei einer Fotografie werden von Sensoren in einer Kamera diese drei Farbwerte an jeder Bildstelle ermittelt. Bei der Wiedergabe auf einem Bildschirm sind diese Bereiche sind so klein, dass das Auge nicht die einzelnen Farbwerte wahrnimmt, sondern eine Mischfarbe, welche sich nach den Gesetzen der additiven Farbmischung ergibt (eine genauere Darstellung erfolgt in Abschnitt 5.1.3). Bei einem 15-Zoll-Bildschirm mit einer Auflösung von 1024 x 768 Pixeln misst ein Pixel etwa 0,3 mm. Bei den meisten digitalen Rasterbildern wird jeder Farbwert durch 8 Bit = 1 Byte dargestellt. Damit können 256 (2^8) Werte unterschieden werden.

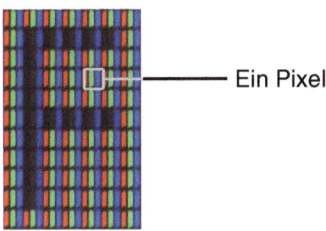

Abb. 1.3 Pixel in einem Rasterbild, welches eine Makroaufnahme des Buchstabens F zeigt, der auf einem Farbmonitor dargestellt wurde. Der Buchstabe F wird in blauer Farbe dargestellt

1.2.2 Computergrafisch erzeugte Einzel- und Bewegtbilder

Clientsysteme besitzen visuelle Elemente, welche computergrafisch generiert werden. Die meisten Anwendungen im Internet verwenden auch heute noch zweidimensionale Computergrafiken. Wenige Ausnahmen sind Anwendungen wie z.B. GoogleEarth, wo die Landschaft und Bebauung durch dreidimensionale Computergrafiken dargestellt werden. Zweidimensionale Computergrafiken sind wesentlich einfacher aufgebaut als dreidimensionale Computergrafiken. Folgende computergrafische Begriffe werden in diesem Buch benötigt:

Vektorgraphiken Bei diesen Graphiken werden auf der Basis von mathematischen Gesetzmäßigkeiten die Formen von Objekten sowie Linien- und Farbfüllungen festgelegt. Hierbei werden grafische Primitive (z.B. Kreis und Rechteck), Polygonzüge und spezielle parametrisierte Kurven (z.B. Bézierkurven) zur Festlegung von 2D-Formen verwendet. Die Grafiken sind unabhängig von der Auflösung und können ohne Qualitätsverlust bearbeitet werden. Erst zur Darstellung werden sie in eine Rastergrafik konvertiert, in den Bildspeicher auf der Graphikkarte transferiert und auf dem Bildschirm angezeigt (Abb. 1.4).

z-index In zweidimensionalen Grafiken wird keine z-Koordinate benötigt, welche die Entfernung eines Objektes angibt. Jedoch ist entscheidend, welches Objekt näher an einem Betrachter ist, um somit ein dahinterliegendes Objekt zu überdecken. Diese Anordnungsreihenfolge wird durch den z-Index angegeben.

alpha-Kanal Ein sogenannter alpha-Kanal dient zur Darstellung von Transparenzeigenschaften, ein dahinterliegendes Objekt kann dadurch teilweise sichtbar sein.

Bewegtbilder / Animationen Animationen werden bei den in diesem Buch betrachteten Technologien über Ereignisse gesteuert. Diese Ereignisse können bei jedem neu dargestellten Bild oder von speziellen Zeitereignissen ausgelöst werden und eine Neuzeichnung eines Bildes bewirken. Dabei können Werte (z.B. Position und Farbe von Vektorgraphiken) in sogenannten Schlüsselbildern vorgegeben und für alle weiteren Bilder durch Interpolation berechnet werden (sog. Keyframeanimation bzw. Tweening). Die Keyframeanimation ist nur eine Animationstechnik von mehreren Möglichkeiten, welche jedoch in vielen Fällen genutzt wird. Die Bewegtbilder müssen, bevor sie angezeigt werden können, ebenfalls in Rasterbilder gewandelt werden.

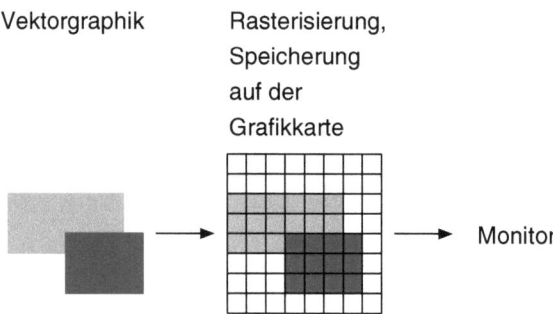

Abb. 1.4 Wandlung einer Vektorgrafik in eine Rastergrafik

1.2.3 Audio- und Videomedien

Ein Video besteht aus einer Folge von Rasterbildern, welche ein riesiges Datenvolumen generieren. Ähnliche Verhältnisse liegen bei Audiosignalen vor, welche ebenfalls aus einer Folge von Abtastwerten bestehen. Für die Übertragung von Audio- und Videomedien ist eine massive Reduzierung der Datenmenge durch geeignete Kompressionsverfahren erforderlich. Hierbei wird eine möglichst gleichbleibend hohe Medienqualität angestrebt. Ohne massive Reduzierung der Datenmenge würde eine Übertragung über das Internet eine inakzeptable Zeit in Anspruch nehmen. Streaminganwendungen wären so nicht möglich.

Ein nach DVD-PAL standardisiertes Fernsehbild hat 720 x 576 Pixel. Bei 25 Bildern pro Sekunde und je ein Byte für jeden Farbwert Rot, Grün und Blau würde folgende Datenrate entstehen: 720 x 576 x 25 x 3 Byte = 31.104.00 Bytes, also ca. 31 MB/s was einer Bitrate von ca. 250 MBit/s entspricht.

Selbst bei den heute weit verbreiteten DSL 6000-Anschlüssen, welche Daten mit einer Rate von über 5 MBit/s transportieren können, wäre es unmöglich, Videos mit einer PAL-Auflösung über das Internet in Echtzeit zu verbreiten. Die erforderliche Datenrate wäre um den Faktor 50 zu groß. Durch geeignete Transformationen der Daten (Encodierung) kann man jedoch ohne sichtbare Fehler die benötigte Datenrate auf 5 MBit/s herabsetzen, so dass ein Transport von Fernsehbildern in gewohnter Qualität über die genannten DSL 6000-Verbindungen in Echtzeit möglich wird. Diese Datenreduktion um den Faktor 50 und mehr wurde nach intensiver Forschungsarbeit in den Standards JPEG, MPEG 1, MPEG 2, MPEG 4/H264 und deren Nachfolgern erzielt. Eine ähnliche Situation liegt im Bereich der Audiostandards vor. Bei einer Übertragung von Audio- und Videomedien (AV-Medien) liegt daher folgende Verarbeitungskette vor:

- Am Server/Sender:
    1. Digitalisierung von analogen AV-Daten (Capturen von AV-Medien)
    2. Komprimierung der digitalisierten Daten (Encodierung)
    3. Verpackung der komprimierten Daten in eine Containerdatei bzw. in Datenpakete eines Netzwerkprotokolls, insbesondere im Falle einer Echtzeitübertragung (Paketierung)

- Übertragung über ein Netzwerk:

    Es erfolgt der Download der Datei oder ein (Echtzeit-) Streaming von Datenpaketen.

- Beim Client/Empfänger:
    1. Entpacken der komprimierten Daten aus der Kontainerdatei oder den Datenpaketen (Depaketierung)
    2. Dekompression der komprimierten Daten (Decodierung)
    3. Wiedergabe der dekomprimierten Daten

1.3 Interaktion mit Client-Systemen

Die Mensch-Maschine-Interaktion wird auf der technischen Ebene in Eingabe- und Ausgabekomponenten unterteilt [2]. Die Ausgabekomponenten stellen Informationen auf der Basis der zuvor genannten Medien dar. Die Interaktion mit den Eingabekomponenten besteht bei heutigen grafisch orientierten Client-Systemen im überwiegenden Maße aus Maus- (oder Touchscreen-) Interaktionen. Die Tastatur ermöglicht in Ergänzung dazu eine schnellere Bedienung über sog. Short-Cuts bzw. die umfangreiche Eingabe von Text. Die Interaktion mit der Maus findet insbesondere folgendermaßen statt:

Interaktive Grafiken In Grafiken werden bestimmte Bereiche durch Rahmen oder Kurvenzüge eingegrenzt, welche Ereignisse generieren (Maus-sensitiver Bereich) und für die Steuerung einer Anwendung genutzt werden. So z.B. wird in Abb. 1.5 das Bundesland Thüringen eingeschwärzt, wenn die Maus über die Region des Bundeslandes bewegt wird. Die gebräuchlichen Eingabeelemente in Nutzeroberflächen, wie Buttons oder Menüs, bestehen ebenfalls aus Grafiken, welche Maus-sensitive Bereiche enthalten und Ereignisse erzeugen.

Interaktives Video In einem zunehmenden Maße werden auch interaktive Videopräsentationen verwendet [5], wo in einem Bild eines Video mehrere Maus-sensitive Bereiche (sog. Hot Spots) eingeblendet werden. Zum Beispiel finden sich bei der Präsentation von neuen Fahrzeugen vielfach Videos, wo das Video an einem ausgezeichneten Bild selbstständig stoppt und der Zuschauer über Hot Spots auswählen kann, was als Nächstes gezeigt werden soll, wie z.B. der Innenraum, der Kofferraum, der Motorraum oder die Federung des Fahrwerks.

Interaktiver Text/Hyperlinks Die sehr einfachen und ursprünglichen Interaktionen bei der Internetnutzung bestehen darin, über Hyperlinks (Referenzen) von einem Dokument zum einem anderen Dokument zu wechseln. Der Hyperlink stellt dabei einen Maus-sensitiven Textbereich dar. Durch einen Maus-Klick auf den Hyperlink wird eine Referenz in einem Dokument sofort (auch von unterschiedlichen Servern) abrufbar gemacht. Die Interaktion war bei den ersten Web-Anwendungen fast ausschließlich auf diese Form begrenzt. Die Hyperlinks bilden daher eines der grundlegendsten Konzepte des frühen Internets, welche in HTML durch die <a>-Tags abgebildet werden. Eine Gruppe von verlinkten Dokumenten bildet ein Hypertext-Medium, wo sich der Nutzer nicht mehr von einer zur nachfolgenden Seite in einer linearen Art und Weise durcharbeitet, sondern wo er sich von einem Dokument zu einer aus vielen Möglichkeiten ausgewählten Referenz (nichtlinear) weiterbewegt.[1] Da die Hyperlinks neben Texten auch andere Medienformen referenzieren können, spricht man oft auch von Hypermedia-Systemen.

---

[1] das sprichwörtliche Surfen im Internet

1.3 Interaktion mit Client-Systemen

 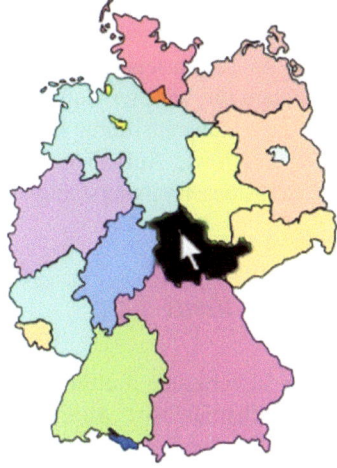

(a) Normale Ansicht der Deutschlandkarte

(b) Region wird eingeschwärzt, sobald sich die Maus darüber befindet

Abb. 1.5 Deutschlandkarte mit eingetragenen Bundesländern, jedes Bundesland bildet eine Maussensitive Region

1.3.1 Grafische Nutzeroberflächen

Eine Anwendung wird im Wesentlichen über die oben beschriebenen Interaktionen mit den Ein- und Ausgabekomponenten gesteuert. In den meisten Fällen werden für die Bedienung einer Anwendung eine Vielzahl von Interaktionen benötigt, deren Gesamtheit die Nutzerschnittstelle bildet. Diese wird meist als grafische Nutzeroberfläche bezeichnet, für deren Gestaltung die folgenden Aspekte zu berücksichtigen sind:

Layout, Nutzerführung und Design Die räumliche Anordnung dieser Komponenten (Layout), die Art und Weise wie die Komponenten miteinander verknüpft sind (Nutzerführung, Dialoggestaltung), sowie die visuelle Darstellung der Komponenten (Design) sind wichtige Gestaltungsmerkmale einer Anwendung.

Synchronisation Bei der Einbettung von zeitbasierten Medien wie Audio, Animationen und Video müssen alle diese Medien auf der Zeitachse synchron gehalten werden. Zu einem gewissen Bild in dem Video sollen z.B. ergänzende Textinformationen, Grafiken oder Hot Spots zur weiteren Ablaufsteuerung eingeblendet werden. Die zeitliche Synchronisation kann über unterschiedliche Mechanismen und Werkzeuge erfolgen. Wie bei einem Videoschnittprogramm können über einer Zeitleiste alle Medien angeordnet und durch einen entsprechenden Player gestartet und gestoppt werden. Eine andere Möglichkeit besteht in der Verwendung von sogenannten Timer-Objekten, welche zu ausgewählten Zeitpunkten Ereignisse versenden

Usability Ein wichtiges Ziel bei der Konzeption und Optimierung von Layout, Nutzerführung, Design und Synchronisation ist es, eine nutzerfreundliche Bedienung zu gewährleisten. Mit Nutzerfreundlichkeit ist gemeint, wie effizient, effektiv und mit welcher Zufriedenheit ein Nutzer Aufgaben bei der Bedienung einer Anwendung ausführen kann. Die Nutzerfreundlichkeit (Usability) wird oft über Kriterien wie Aufgabenangemessenheit, Steuerbarkeit, Erwartungskonformität, Selbstbeschreibungsfähigkeit und Fehlerrobustheit gemessen [2].

1.3.2 Rich-Clients

Die Clients in verteilten multimedialen Systemen übernehmen vielfältige und teilweise sehr rechenintensive Aufgaben (z.B. die Dekompression von Audio- und Videomedien), die durch die Integration und Kombination der oben genannten Medien entstehen. Die grafischen Oberflächen von Web-Anwendungen werden zudem immer nutzerfreudlicher. Das Design und die Nutzerführung (z.B. ansprechende Menüs sowie Drag- und Drop-Funktionalität) erreichen einen Bedienkomfort, der in vielen Fällen lokal installierten Anwendungen entspricht. Hierzu sind weitere aufwändige Verarbeitungsprozesse auf dem Client erforderlich.

Da die Anforderungen an einen solchen Client recht hoch sind, hat sich hierfür die Bezeichnung *Rich-Client* durchgesetzt (als Abgrenzung zu den Begriffen Fat- und Thin-Client siehe Kap. 2). Die entsprechenden Web-Anwendungen werden als *Rich Internet Applications* bezeichnet.

1.4 Technologien zur Entwicklung multimedialer Client-Server-Systeme

Zur Entwicklung von multimedialen Client-Server-Systemen sollen in diesem Abschnitt Technologien vorgestellt werden. Die Entwicklung von Internet- und Multimediatechnologien verläuft meist über einen Zeitraum von mehreren Jahren. Sie beginnt mit vereinzelten Forschungsprojekten, welche von Unternehmen, Institutionen und Hochschulen durchgeführt werden. Gerade in den Bereichen der Informations- und Telekommunikationsbranche ist es ab einem gewissen Reifegrad erforderlich, die Ergebnisse zusammenzufassen und zu normieren. Auf der Basis dieser Normierungen werden von den Unternehmen Produkte (z.B. Softwarebibliotheken) entwickelt. Wir werden daher im Folgenden sowohl die Standards als auch die Softwarebibiliotheken und Programmierschnittstellen betrachten.

1.4.1 Internationale Standards, Protokolle, Empfehlungen und Programmierschnittstellen

Um eine korrekte Datenübertragung und Verarbeitung zwischen zwei Rechnersystemen wie Client und Server gewährleisten zu können, müssen die Daten auf der Basis normierter Formate und Prozesse verarbeitet bzw. übermittelt werden. Bei der Entwicklung normierter Formate werden auch immer Optimierungen hinsichtlich bestimmter Kriterien wie z.B. Funktionalität, Medienqualität oder Datenvolumen betrachtet.

Internationale Standards Das wichtigste zwischenstaatlich anerkannte Standardisierungsgremium ist die International Standardisation Organisation (ISO). In umfangreichen Forschungsarbeiten sind hier die wichtigsten Bild- (JPEG, PNG), Audio- (MP3) und Videoformate (MPEG) erarbeitet worden. Die Standardisierungen werden von Forschungsgruppen aus Unternehmen, Instituten und Hochschulen in umfangreichen mehrjährigen Forschungsarbeiten vorbereitet. Für die Telekommunikationsbereiche werden die Standards von der International Telekommunication Union (ITU) herausgegeben. Teilweise übernehmen die unterschiedlichen Organisationen die Standards anderer Organisationen (z.B. ISO Standard MPEG 4 Teil 10 entspricht z.B. ITU H.264)

W3C-Empfehlungen Das sogenannte W3C-Konsortium gibt wichtige Empfehlungen für Internettechnologien heraus. Die wichtigsten Empfehlungen (HTML, XML, CSS, JavaScript, SVG, SMIL, DOM, ...) besitzen jedoch die gleiche verbindliche Bedeutung wie die von der ISO herausgegebenen Standards. Sie werden jedoch nicht als Standards bezeichnet, weil es keine offizielle zwischenstaatliche Anerkennung des W3C gibt.

Internet Protokollstandards Eine ähnliche Situation liegt bei den wichtigsten normierten Protokollen (TCP, UDP, HTTP, RTP, ...) für die Übertragung von Informationen zwischen Rechnersystemen vor. Diese werden als RFCs (Request for Comments) von der ISOC (Internet Society) herausgegeben.

Proprietäre Standards In vielen Fällen werden von Unternehmensverbünden (z.B. der MIDI-Standard der Musikgerätehersteller) oder von einzelnen Unternehmen (z.B. Adobes Flash flv-Format und Microsofts wmv-Format) bedeutsame Formate herausgegeben. Der Aufbau dieser Formate wird oft nicht veröffentlicht und kann daher in vielen Fällen nur von Software- bzw. Hardwarekomponenten aus dem jeweiligen Unternehmen verwendet werden. Ein erfolgreiches Format kann ein entscheidender Schlüssel zu einem Markterfolg werden und die gleiche Bedeutung wie ein internationaler Standard erlangen. In diesem Fall spricht man von einem proprietären Standard. Proprietäre Standards sind problematisch, wenn der Hersteller vom Markt verschwindet oder die Fortführung des Produktes einstellt.

Oft arbeiten viele auch konkurrierende Unternehmen und Hochschulen zunächst unter einer Dachorganisation wie der ISO gemeinsam an einem Standard (wie z.B.

bei den MPEG Standards). Später fließen die Erkenntnisse in proprietäre Standardformate ein. So z.B. haben große Firmen wie Adobe, Apple und Microsoft an der Entwicklung des MPEG4-Standards mitgewirkt und später eigene Formate herausgebracht, die nun überall Anwendung finden. Wir werden im Folgenden diese Differenzierungen vernachlässigen und allgemein einfach von Standards sprechen.

Programmierschnittstellen Auf der Basis dieser Standards werden überwiegend von Unternehmen sogenannte Programmierschnittstellen (Application Programming Interface - API) entwickelt und für die Anwendungsentwicklung eingesetzt. Die Programmierschnittstellen stellen in den meisten Fällen umfangreiche Funktionalitäten auf der Basis von Softwarebibliotheken bereit.

1.4.2 Standards zur Entwicklung von Rich-Clients

Rich-Client-Technologien sind auf der Basis der Kerntechnologien des Internets entstanden. Diese sollten zunächst das Hypertext-Konzept technisch ausfüllen. Multimedial orientierte Standards sind dann erst Ende der 1990er Jahre hinzugekommen. Der erste Einsatz der Kerntechnologien betraf den schnellen Zugriff auf eine große Zahl von Forschungsdokumenten, welche dezentral abgelegt und miteinander über Hyperlinks verknüpft wurden. Diese Zielsetzung wurde 1989 von dem britischen Informatiker Tim J. Berners-Lee am Schweizer Institut CERN der Europäischen Organisation für Kernforschung umgesetzt. Hier sind das Adressierungsschema URL (bzw. URI), das Übertragungsprotokoll HTTP und das Dokumentenformat HTML (Hypertext Mark Up Language) entwickelt worden.

Hypertext Markup Language (HTML) Ist eine Tag-basierte Sprache zur Strukturierung und Formatierung von Dokumenten. Die Tags können neben der Darstellung von Bildern auch Bedienelemente wie Hyperlinks umfassen, mit denen man zu einem anderen Dokument wechseln kann. Durch Einfügen von Bedienelementen und Formatieranweisungen lassen sich mit HTML Nutzeroberflächen aufbauen. Eine Einführung hierzu ist in Abschn. 4.3 wiedergegeben. HTML ist ein Teil des übergeordneten Dokumentenformats SGML, der in den 1960er Jahren entwickelt wurde und heute durch XML ausgefüllt wird.

Cascading Stylesheets (CSS) Eine konsequentere Trennung des Designs und Layouts vom Inhalt von Webseiten wurde Ende der 1990er Jahre durch die Einführung von Cascading Style Sheets (CSS) ermöglicht. Eine Einführung ist ebenfalls in Abschn. 4.3 wiedergegeben.

JavaScript/Document Object Model Mitte der 1990er Jahre wurde mit Hilfe von JavaScript die Möglichkeit eröffnet, Formulare mit JavaScript auf Clientseite auszuwerten und einfache animierte Grafiken einzuführen. In Ergänzung dazu wurde das Document Object Model (DOM) eingeführt, welches eine Spezifikation zum Zugriff auf HTML- oder XML-Dokumente darstellt. JavaScript und DOM haben sich seitdem beständig für den Einsatz in dynamischen Webseiten weiterentwickelt. Eine Einführung in diese Technologien ist ebenfalls in Abschn. 4.3 dargestellt.

Das Bemerkenswerte an allen diesen Standards ist, dass sie von allen gängigen Browsern ohne weitere Plugins unterstützt werden. Jedoch wird mit HTML, CSS und JavaScript allein noch kein Bedienkomfort erreicht, wie er mit Desktopanwendungen vergleichbar ist. Dies liegt vor allem an dem zeitlichen Reaktionsverhalten. Mit diesen Techniken ist nur eine synchrone Kommunikation zwischen Browser und Server möglich. Der Client bleibt zwischen dem Absenden einer neuen Anfrage und dem Eintreffen der Server-Antwort blockiert. Trifft die Antwort ein, so wird die alte Seite komplett durch eine neue Seite ersetzt. Auch wenn es nur Sekunden sind, die zwischen den beiden Ereignissen liegen, so wird dennoch eine flüssige Bearbeitung einer Aufgabe dadurch unmöglich. Darüber hinaus können mühsam gesuchte Informationen durch das vollständige Ersetzen der alten Seite durch eine neue Seite nicht selbstverständlich weiterverwendet werden, sondern werden vielfach einfach gelöscht. Erst durch den Einsatz von AJAX (Asynchrones JavaScript und XML) konnte dieses Defizit in den letzten Jahren weitgehend behoben werden.

Speziell für die Entwicklung von Rich-Clients sind in den vergangenen 10 Jahren ferner die folgenden multimedial orientierten Standards veröffentlicht worden:

Scalable Vector Graphics (SVG) SVG ist ein Standard zur Beschreibung zweidimensionaler Vektorgrafiken und Animationen mit Hilfe einer Tag-basierten XML-Syntax.

Synchronized Multimedia Integration Language (SMIL) SMIL ist ein XML-basierter Standard zur einheitlichen räumlichen Komposition, Synchronisation und Steuerung aller genannten Medienformen Text, Grafik, Bilder, Audio und Videos [1]. SMIL und SVG ergänzen sich gegenseitig.

Darüber hinaus gibt es weitere Standards wie VRML und X3D mit einer stärkeren Ausrichtung auf dreidimensionale Computergrafik, die in diesem Buch nicht weiter thematisiert werden. Die Formate SMIL und SVG werden nicht von allen gängigen Browsern unterstützt, hierfür wird ein weiteres Plugin benötigt.

1.4.3 Programmierschnittstellen für die Entwicklung von Rich-Clients

Für die Entwicklung von Client-Systemen werden Programmiersprachen benötigt. Allerdings brauchen immer wiederkehrende Softwarebausteine nicht von jedem Entwickler neu erfunden werden. Daher werden umfangreiche Softwarebibliotheken angeboten, in denen die wichtigsten Komponenten und Funktionalitäten schon fertig ausgearbeitet vorliegen. Eine Programmiersprache mit entsprechenden Softwarebibliotheken wird als Programmierschnittstelle (Application Programming Interface - API) bezeichnet. Gerade für die Client-Server-Kommunikation und die

Medienverarbeitung müssen diese APIs natürlich die genannten Standards unterstützen.

1.4.3.1 Die Java-Plattform

In den 1990er Jahren hat sich die Java-Technologie mit einer starken Ausrichtung auf Anwendungen im Bereich der verteilten Systeme entwickelt. Die Java-Technologie muss grundsätzlich in 2 Teile unterschieden werden: 1. die Programmiersprache Java und 2. die Java-Plattform.

Java wurde von der Firma Sun Microsystems entwickelt. Eines der Ziele war es, geschriebene Programme plattformunabhängig zu gestalten, d.h., einmal geschriebene Programme sollen ohne Änderung auf unterschiedlicher Hardware und unterschiedlichen Betriebssystemen lauffähig sein.[2] Hierzu werden die Java Programme nicht wie bei vielen anderen Sprachen üblich in Maschinencode übersetzt, sondern in einen „Zwischencode", den sog. Java-Bytecode. Dieser Bytecode wird dann von einer Virtuellen Maschine (der Java Virtual Machine, JVM) ausgeführt. Diese JVM stellt in gewisser Weise ein Betriebssystem mit einem virtuellen Prozessor dar. Dieser virtuelle Prozessor übersetzt den Java-Bytecode auf der Zielhardware in Maschinencode und führt somit die Java Programme aus. Die JVM stellt deshalb eine Plattform dar. Ohne diese Plattform sind Java Programme nicht lauffähig.

Darüber hinaus stellt die JVM, wie ein Betriebssystem auch, bestimmte Funktionen zur Verfügung, die von den Programmen genutzt werden können. Diese Funktionen werden dem Entwickler in Form einer riesigen Klassen-Bibliothek und den dazugehörigen APIs zur Verfügung gestellt. Im Laufe der Jahre hat sich der Funktionsumfang der Java-Plattform enorm erweitert, und es bedarf einiger Erfahrung, einen Überblick zu erhalten und die APIs effizient einzusetzen. Hinzu kommt, dass es je nach Einsatzzweck unterschiedliche Plattformen gibt:

- Java Standard Edition (Java SE) - Die Java SE repräsentiert die Standard-Version der Java-Plattform. Es gibt für die Programmierung von verteilten Systemen ein leistungsstarkes Netzwerk API (`java.net.*`-Package). Eine synchrone und asynchrone Client-Serverkommunikation lässt sich damit problemlos bewerkstelligen. Ebenso kann Java durch die umfangreichen Bibliotheken zur Entwicklung von Oberflächen (`javax.swing.*`-Package) eingesetzt werden. Mit dem `javax.swing.*`-Package werden ferner große Möglichkeiten zur Generierung von Vektorgrafiken und Animationen bereitgestellt. Mit Hilfe von Java-Applets hat man darüberhinaus die Möglichkeit, alle diese Bibliotheken für Web-Anwendungen genauso wie für Desktopanwendungen einsetzen zu können. Applets sind Java-Anwendungen, welche durch spezielle Tags in HTML-Seiten integriert und auf dem Client ausgeführt werden können. Die Java SE-Plattform ist daher insbesondere auch für die Entwicklung von Rich-Clients geeignet.

---

[2] Write Once, Run Anywhere

- Java Micro Edition (Java ME) - Eine speziell für kleine oder mobile Endgeräte (Handys, PDAs usw.) konfigurierte Plattform, die gegenüber der Java SE im Funktionsumfang stark eingeschränkt ist.
- Java Enterprise Edition (Java EE) - Die Java EE, „der große Bruder" der Java SE, ist für den Einsatz im Serverbereich konzipiert und mit zusätzlichen APIs ausgestattet. Insbesondere hat sich diese Plattform für die Entwicklung zur Serverprogrammierung im Rahmen von Unternehmensanwendungen weitreichend etabliert.

Die Java ME Plattform soll in Zukunft von Sun eingestellt werden. Der Grund ist, dass mobile Endgeräte immer leistungsfähiger werden und somit eine speziell für diese Geräte angepasste Java Plattform unnötig wird. Die in diesem Buch behandelten Beispiele sind für die Java SE mit mindestens Version 5 bestimmt.

Die Sprache Java wird in dem vorliegenden Buch über weite Strecken eingesetzt. Die Sprache sowie die Architektur der Klassenbibliotheken war Vorreiter für andere Sprachen wie C# oder ActionScript 3.0 und den zugehörigen Klassenbibliotheken. Eine Einführung in die Programmiersprache Java ist in Kap. 3 wiedergegeben.

1.4.3.2 Die .Net-Plattform

In Konkurrenz zur Java-Plattform wurde von Microsoft die .Net-Plattform entwickelt. Sie unterstützt im Verhältnis zur Java-Plattform einen ähnlichen Umfang zur Entwicklung von Client-Server-Systemen. Zur Programmierung wird überwiegend die Sprache C# verwendet. Die Plattform hat eine ähnliche Ausrichtung, ähnliche Leistungsmerkmale und ähnliche Sprachkonstrukte wie die Java-Plattform.

1.4.3.3 Die FLEX/Flash -Plattform

Ähnlich wie bei der Java-Plattform werden mit dem Namen Flash unterschiedliche Werkzeuge und Komponenten zur Entwicklung von multimedialen Client-Server-Systemen bezeichnet. Die ersten Flash-Versionen wurden von dem Unternehmen Macromedia Ende der 1990er Jahre auf den Markt gebracht. Der Begriff Rich-Client wurde erstmals 2002 im Rahmen der Einführung von Flash-MX verwendet. Macromedia wurde im Jahr 2005 von Adobe Systems aufgekauft. Danach übernahm Adobe auch die Weiterentwicklung von Flash. Mit dem Namen Flash wird eine Reihe von sehr unterschiedlichen Begriffen assoziiert:

- Das Flash Autorenwerkzeug - wurde Ende der 1990er Jahre durch das Unternehmen Macromedia zur Entwicklung von Rich-Client-Systemen entwickelt. Die bereitgestellten Funktionalitäten gehen über die Standards SVG und SMIL hinaus. Der Begriff Rich-Client wurde von Macromedia seit 2002 im Rahmen der Einführung von Flash-MX maßgeblich mitgeprägt. Das Unternehmen Adobe hat 2005 Macromedia übernommen und seitdem die Entwicklung des Flash-Autorenwerkzeugs weitergeführt. Eine ähnlich leistungsstarke Entwicklungsumgebung existiert für die Standards SVG und SMIL nicht. Für SMIL wurde von Adobe bislang das Autorenwerkzeug GoLive herausgegeben. Die Weiterentwicklung wurde aber zugunsten von Dreamweaver (einem ähnlichen Autorenwerkzeug) eingestellt. Das Flash Autorenwerkzeug erzeugt Shockwave-Dateien (*.swf Format).

- Der Flash Player ist eine Ausführungsumgebung für Shockwave-Dateien. Dieser Player entspricht im Prinzip der Java Virtual Machine. Shockwave-Dateien können außer mit dem Autorenwerkzeug auch mit Hilfe eines Kompilers aus ActionScript- oder MXML-Quellcode Dateien erzeugt werden.
- FLEX - Die FLEX Plattform wird in Form eines Software Development Kit (FLEX SDK) als ein Open-Source Produkt zur Entwicklung von Rich-Clients zur Verfügung gestellt. Es umfasst die komplette ActionScript-Klassenbibliothek und den Kompiler zur Erzeugung von Shockwave-Dateien. FLEX-Anwendungen können ebenso mit dem FLEX-Builder, einer kostenpflichtigen auf Eclipse basierenden Entwicklungsumgebung, erstellt werden.

Bei dem Begriff ActionScript muss wie bei der Java-Plattform wieder zwischen 1. der Programmiersprache ActionScript (siehe Abschn. 4.4.3.4) und 2. einer ActionScript-Klassenbibiliothek unterschieden werden. Die ActionScript-Klassenbibliothek lässt sich grob in die folgenden zwei Packages unterteilen:

- Das ActionScript 3.0 `flash.*`- Package ist insbesondere zur Erzeugung von Vektorgrafiken und Animationen sowie für die Wiedergabe, das Streaming und die Synchronisation von Audio- und Videomedien zuständig. Der Leistungsumfang ist sehr groß und umfasst die Möglichkeiten der Standards SVG und SMIL.
- Das FLEX-`mx.*` -Package ist ebenfalls Teil der ActionScript Klassenbibliothek Die Klassen dieses Packages können in einfacher Weise durch die Tag-basierte Scriptsprache MXML zur Entwicklung von Nutzeroberflächen genutzt werden. Der Leistungsumfang kommt dem Java-`javax.swing.*`-Package nahe. Die Entwicklung von Nutzeroberflächen wird jedoch darüber hinaus stark vereinfacht. Insbesondere ist die an HTML erninnernde Syntax für viele Webentwickler besonderes einfach umzusetzen.

1.4.3.4 Microsoft Silverlight und JavaFX

Microsoft Silverlight und Sun's JavaFX sind ein neuer Zuschnitt der .Net- bzw. der Java-Plattform speziell für die Entwicklung von Rich-Client-Applikationen. Der jeweilige Aufbau ist an der FLEX/Flash Plattform orientiert. Typisch ist für alle Produkte eine an HTML orientierte Tag-basierte Möglichkeit, Oberflächen schnell entwickeln zu können. Bei Bedarf kann diese Vorgehensweise durch Programmcode ergänzt werden, welcher in den Sprachen C#, Java, JavaFX Script bzw. ActionScript 3.0 geschrieben ist. Um Silverlight oder JavaFX nutzen zu können, sind dann jedoch entsprechend aktuelle Versionen entsprechender Plugins erforderlich. Inwieweit sich Silverlight oder JavaFX in Zukunft durchsetzen werden, ist noch ungewiss.

1.4.4 Standards für die Client-Server-Interaktion

Zur Interaktion zwischen Client und Server müssen Protokolle zur Kommunikation eingehalten werden. Zwar ist für die Kommunikation zwischen Client und Server jede Netzwerktechnik denkbar, jedoch nicht immer praktisch. Zur Kommunikation zwischen Rechnersystemen haben sich mit der Entwicklung des Internets die Internet Protokollstandards durchgesetzt. Die unterschiedlichen Protokolle arbeiten dabei zusammen und sind, wie in Abb. 1.6 zu sehen, in Schichten angeordnet.

Anwendungsschicht	HTTP, FTP, SSH, RTP, ...
Transportschicht	TCP, UDP, ...
Internetschicht	IP, ICMP, RIP, ...
Netzzugangsschicht	Ethernet, WLAN, DSL, ...

Abb. 1.6 Schichten der Internet Protokollstandards

Eine umfassendere Beschreibung der grundlegenden Protokolle IP, TCP, UDP und HTTP erfolgt zusammen mit Programmbeispielen in Kap. 3. Das für das Streaming wichtige RTP-Protokoll und entsprechende proprietäre Streamingprotokolle werden weiter unten vorgestellt.

1.4.4.1 IP-Protokoll

Mit Hilfe des Internetprotokolls (IP) ist eine Rechnerkommunikation über verschiedene Netzwerktechniken hinweg möglich. So kann z.B ein Server über eine Ethernet-Schnittstelle an das Internet angeschlossen sein und ein Client am heimischen Rechner über eine DSL-Schnittstelle. Das Internetprotokoll erlaubt nun über die Vergabe von weltweit eindeutigen IP-Adressen die Kommunikation zwischen diesen beiden Rechnern. Mit Hilfe von IP werden die zu versendenden Daten in Pakete verpackt, durch das Internet geleitet und an die Zielstation vermittelt. IP ist ein unsicheres Protokoll, d.h., die versendeten Daten können unterwegs verloren gehen oder dem Empfänger fehlerhaft zugestellt werden. Eine Fehlerkontrolle erfolgt nicht. IP ist von der Internet Engineering Taskforce (IETF) unter RFC 791 definiert worden.

1.4.4.2 TCP und UDP

Da IP nur die Adressierung von Rechnern im Internet erlaubt, ist dies für die Kommunikation zwischen entfernten Anwendungen nicht ausreichend. Es müssen ferner die kommunikationswilligen entfernten Anwendungen adressiert werden können. Dies geschieht über Portnummern. Einer im Internet kommunizierenden Anwendung wird in einem Rechnersystem eine eindeutige Portnummer zugewiesen. Ist einer Anwendung die IP-Adresse sowie die Portnummer einer entfernten Anwendung bekannt (z.B. ein Web-Server mit Port 80), so kann sie mit dieser Anwendung Kontakt aufnehmen.

Das IP-Protokoll muss hierzu um Portnummern erweitert werden. Dies geschieht z.B. über die Protokolle TCP (Transmission Control Protocol) und UDP (User Datagram Protocol). Eine Anwendung versieht hierzu zunächst seine Daten mit einem TCP- oder UDP-Protokoll Header und verpackt diese Daten dann in ein IP-Paket. TCP stellt dabei einen verbindungsorientierten und sicheren Dienst zur Verfügung. Vor der Kommunikation muss eine Verbindung zwischen den beiden Stationen ausgehandelt werden. Verlorengegangene oder fehlerhafte Pakete werden automatisch beim Sender erneut angefordert. Desweiteren wird die Sendereihenfolge eingehalten, und die Daten erreichen den Empfänger in der gleichen Reihenfolge wie sie abgesendet wurden.

UDP hingegen stellt einen verbindungslosen und unsicheren Dienst zur Verfügung. Die Vorteile von UDP gegenüber TCP liegen in der fehlenden Verbindungsaufnahme und der fehlenden Fehlerkontrolle. Diese fehlenden Kontrollmechanismen erlauben geringere Verarbeitungs- und Wartezeiten auf Kosten von Fehleranfälligkeit. Die geringeren Latenzen erlauben den Einsatz von UDP in Echtzeitanwendungen wie z.B. beim Videostreaming, wo eine gewisse Fehlertoleranz akzeptiert werden kann. TCP ist von der IETF unter RFC 793 und UDP unter RFC 768 definiert.

1.4.4.3 Das HTTP-Protokoll

Das HTTP-Protokoll (Hypertext Transport Protokoll) ist ein Anwendungsprotokoll der Internet Protokollstandards, benutzt TCP als Transportprotokoll und verwendet normalerweise die Portnummer 80. Es ist eines der wichtigsten Kommunikationsprotokolle bei multimedialen Client-Server-Systemen. Über HTTP werden hauptsächlich Webseiten im HTML-Format von Web-Servern übertragen. HTTP ist jedoch nicht auf das Abrufen von HTML-Seiten beschränkt, ferner kann HTTP für jeden beliebigen Datentransfer zwischen Client und Server verwendet werden.

Über HTTP kann ein Client Daten an einen Server übertragen oder spezielle Ressourcen vom Server abfragen. Solche Ressourcen können Dateien wie z.B. multimediale Daten sein (Bilder, Videos, ...) oder auf dem Server befindliche Programme, welche beim Aufruf durch den Client auf dem Server ausgeführt werden und berechnete Ergebnisse (wie z.B. Datenbankzugriffe) an den Client zurücksenden. HTTP ist ein zustandsloses Protokoll, d.h., einzelne Anfragen an den Server auch von demselben Client werden als unabhängig voneinander betrachtet. Dies erschwert den Entwurf komplexer Anwendungen, da kein Zusammenhang zwischen den einzelnen Aktionen eines Clients hergestellt werden kann. Das Herstellen eines Zusammenhangs (z.B. über Sessions oder Cookies) ist dann Aufgabe der Anwendung. Das HTTP-Protokoll ist unter RFC 2616 von der IETF definiert worden.

1.4.5 Programmierschnittstellen für die Client-Serverinteraktion

Insbesondere bei den Programmierschnittstellen für die Client-Server-Interaktion gibt es zunächst die Vertreter, welche auf der Basis sehr universell eingesetzter Programmiersprachen wie Java oder C/C++ entwickelt worden sind. Für diese Sprachen gibt es mächtige Bibiliotheken, die sehr flexibel an unterschiedlichste Kommunikationsmodelle (z.B. eine synchrone oder asynchrone Kommunikation) angepasst werden können. Der Entwicklungsaufwand ist jedoch vergleichsweise hoch, so dass sich während der fortschreitenden Entwicklung des Internets für zentrale Anwendungsfälle ganz einfach zu programmierende Client-Server-Interaktionsmöglichkeiten herausgebildet haben. Die prominentesten Vertreter hiervon sind klassische traditionelle Anfragemöglichkeiten aus HTML-Seiten heraus über das

- Aktivieren von Hyperlinks oder das
- Abschicken eines Formulars und der anschließenden Anzeige einer neuen (auf dem Server dynamisch generierten) Seite.

In Abschn. 4.2.4 wird auf der Basis der Java-Programmierung dargestellt, wie umfangreich durch das Zusammenspiel von Browsersoftware und HTML die darunterliegenden Prozesse gekapselt werden. Selbst eine mittlerweile so selbstverständliche und trivial erscheinende Funktionalität wie das Aktivieren von Hyperlinks ist in einer universellen Programmiersprache sehr aufwändig zu programmieren. Jedoch bieten auch bei den universellen Programmiersprachen entsprechende Klassen die Möglichkeit, den Aufwand für derartige Implementierungen weitreichend zu reduzieren.

1.4.5.1 Asynchrones JavaScript und XML (AJAX)

AJAX ist ein Verbund der Technologien HTML/CSS und JavaScript und kann als das asynchrone Netzwerk-API zur Client-Server-Interaktion über HTTP angesehen werden. Die Nutzerfreundlichkeit herkömmlicher Web-Anwendungen war ohne AJAX sehr eingeschränkt. Ohne AJAX musste für jede neu vom Server abgerufene Information eine neue Seite geladen werden. Durch die synchrone Berabeitung war die Anwendnung blockiert, bis alle Daten vom Server eingetroffen waren. Erst in den letzten Jahren konnte durch die Einführung der asynchronen Kommunikation mit Hilfe von AJAX die Nutzerfreundlichkeit massiv verbessert werden. Eine Webseite wird dabei nur in relevanten Teilen durch aktualisierte Daten erneuert, und es kann während der Übertragung dieser Daten weitergearbeitet werden (asynchrone Übertragung). Die Gesamterscheinung und insbesondere zuvor ermittelte und dargestellte Informationen bleiben erhalten. Neu benötigte Informationen werden unbemerkt im Hintergrund nachgeladen, während der Nutzer weiterarbeitet.

1.4.5.2 Die Netzwerk APIs in den Java-, .Net- und FLEX/Flash-Plattformen

Die Java-Plattform besitzt umfangreiche Klassenbibliotheken, mit denen synchrone und asynchrone Client-Serverinteraktionen auf der Basis unterschiedlicher Protokolle wie UDP, TCP und HTTP umgesetzt werden können. Die Möglichkeiten übersteigen das Leistungsspektrum von AJAX bei weitem. Neben Low-Level Klassen, die direkt auf den Protokollen TCP und UDP aufsetzen (eine umfangreiche Einführung wird hierzu in Kap. 3 gegeben), kapseln weitere Klassen häufig wiederkehrender Spezialfälle (siehe z.B. hierzu Abschn. 4.2.4) insbesondere für die HTTP-Kommunikation. Ähnlich umfangreiche APIs für die Client-Serverinteraktion werden in der .Net und der FLEX/Flash-Plattform bereitgestellt.

1.4.6 Standards für die Verarbeitung von Audio- und Videomedien

Die Einführung von Standards für Bild-, Audio- und Videodaten ist mit einem sehr großen Forschungsaufwand verbunden, da hier anders als bei Dokumentenstandards (HTML, XML, ...) oder computergraphischen Standards (SVG, SMIL, VRML, ...) eine umfangreiche Verrechnung der vorliegenden Daten zur Kompression erfolgen muss. Es gilt dabei herauszufinden, wie ein Kompressionsverfahren aufgebaut sein muss, um effizient zu sein. Die wichtigsten Kompressionsverfahren werden ausführlich in Abschn. 5.1.1 behandelt.

1.4.6.1 Standards zur Kompression von Audio- und Videomedien

Die Standards zerfallen meist in mehrere Unterstandards (z.B. für die Audio-Kompression, Videokompression und die Containerformate), welche auch nicht immer zeitgleich veröffentlicht werden. Bei der Entwicklung von AV-Standards zur Datenkompression und für das Streaming sind die folgenden Meilensteine zu verzeichnen, auf genaue Jahresangaben wird im Folgenden verzichtet:

Ende der 80er Jahre /Anfang der 90er Jahre:

- JPEG Standard zur Kompression von Photografien
- H.261: Standard für Bildtelefonie und Videokonferenz über ISDN
- MPEG 1: Standard für Video auf CD
- mp3: Ein Teil des MPEG 1 Standards ist der sogenannte mp3 Audio-Standard, die volle Bezeichnung von mp3 lautet: MPEG 1 Layer 3 Audiostandard

1.4 Technologien zur Entwicklung multimedialer Client-Server-Systeme

Mitte der 90er Jahre:

- MPEG 2: Standard für Video- und Audioformate zur Verwendung in den Medien DVD (Digital Versatile Disc) und DVB (Digital Videobroadcasting) sowie für High-End-Formate im Studio- und Produktionsbereich.

Ende der 90er Jahre:

- MPEG 4: Standard für Übertragungen über schmalbandige Kanäle (Internet, Mobilfunk) sowie für die Integration von Video in Webanwendungen. Derivate hiervon sind divX sowie die proprietären Formate der führenden Unternehmen Adobe (Flash On2 VP6), Microsoft (wmv).

Seit 2000:

- Teil 10 des MPEG4 Standards / H.264: weitere Steigerung der Kompression.
- MPEG 4 Codierung von Video-Object-Planes (MPEG 4 VOP) und eXtensible MPEG 4 Textual Format (MPEG 4 XMT): MPEG 4 XMT ist ein XML-basierter Standard, der die Standards SMIL und SVG umfasst und die Integration von beliebig umrandeten Videoobjekten (Video-Object-Plane) in computergrafisch generierten Szenen unterstützt [4]. Beliebig umrandete Videoobjekte können durch Blue- oder Green-Screenaufnahmen und durch Verwendung eines alpha-Kanals erzeugt werden. Wenn z.B. eine Person vor einem grünen Hintergrund aufgenommen wird, so können die grünen Pixel transparent, d.h. unsichtbar gesetzt werden (siehe mittleres und rechtes Bild in Abb. 1.7). Dadurch kann die Person in computergrafisch generierte Szenen eingesetzt werden. Dies ist z.B. der Fall, wenn ein Nachrichtensprecher eine animierte Wetterkarte kommentiert und dabei mit der Hand auf spezielle Regionen zeigt. Natürlich können mit klassischen Compositing-Werkzeugen aus dem Produktionsbereich solche Effekte ermöglicht werden. Der MPEG 4 Standard hat zum Ziel, diese Technologie für beliebige multimediale Internetanwendungen in Echtzeit ohne weitere Werkzeuge (außer einem geeigneten MPEG 4-Player) zu ermöglichen. Darüber hinaus kann in dem Standard das Videoobjekt (also z.B. der Nichrichtensprecher) als Hot-Spot für Interaktionen fungieren (z.B. zur Einblendung von weiteren Zusatzinformationen). Anwendungsszenarien sind z.B. Videokonferenzen mit mehreren Teilnehmern, die sich alle in einem virtuellen Raum treffen und dort gemeinsam mit einem virtuellen Objekt oder Dokument interagieren können. Bislang existiert kein MPEG 4-Player, der dies standardkonform umsetzt. Der Flash-Player und die Verarbeitung von Videomedien auf der Basis der ActionScript-Klassen (Verwendung der `Netstream`-Klasse mit dem On2 VP6-Codec) ermöglichen als bislang einzige (proprietäre) Technologie diese Art der Präsentation (siehe Abschn. 5.3.3) und Interaktion. Die führende Position der Flash-Plattform in Be-

zug auf die Video- und Streamingtechnologie hat wesentlich zu ihrem Markterfolg beigetragen.

(a) Computergrapisch generiertes Nachrichtenstudio

(b) Green-Screen Aufnahme eines Nachrichtensprechers

(c) Einblendung des Nachrichtenstudios hinter dem Nachrichtensprecher durch Transparentsetzung der grünen Pixel

Abb. 1.7 Komposition von Video-Objekten mit MPEG 4

1.4.6.2 Codec- und Containerformate

Die genannten Kompressionsstandards zerfallen oft in mehrere Unterstandards. Der zentrale Aspekt der Datenkompression wird durch die Standardisierung eines Encoder/Decoder-Paares umgesetzt, welches oft auch als Codec (z.B. ein MPEG2-Codec, H.264-Codec) abgekürzt wird. Genau genommen wird nur der Dekodierungsvorgang standardisiert und das Verfahren zur Encodierung als Empfehlung veröffentlicht. Es kann durch diese Vorgehensweise weiterentwickelt und verbessert werden, unter der Bedingung, dass ein standardisierter Dekoder zu einer korrekten Wiedergabe der encodierten Daten in der Lage ist.

Neben der Standardisierung eines Codecs erfolgt ferner immer auch eine Standardisierung, in welcher Art- und Weise (z.B. in welcher Reihenfolge) die encodierten Daten in eine Datei abgespeichert bzw. über ein Netzwerk übertragen werden. Diese weitere (weniger forschungsintensive) Normierung führt zur Spezifikation von sog. Containerformaten. Bekannte Containerformate sind z.B. das Macromedia/Adobe flv-Format, Microsofts avi-Format, Apples Quicktime mov-Format und das etwas an Bedeutung verlohrene rm-Format von Realmedia.

Ein Containerformat zerfällt grob in einen Header und den Bereich der eigentlichen komprimierten Nutzdaten. Im Header werden zunächst allgemeine Eckdaten der Mediendatei gespeichert. Diese umfassen bei Videos die Länge des Videos, die Breite und die Höhe des Bildformats sowie den verwendeten Encoder. Containerformate an sich sagen also noch nichts über den verwendeten Codec aus. In vielen Veröffentlichungen werden etwas verwirrend Codec und Containerformat gleich bezeichnet. So gibt es einen JPEG-Codec, einen MPEG4-Codec und auch ein JPEG-jpg Containerformat und ein MPEG 4 mp4 Containerformat.

1.4.6.3 Progressiver Download und Streaming von Audio- und Videomedien

Bei der Übertragung von Daten über das Internet liegt in der Regel eine große Schwankung des Datendurchsatzes vor. Eine begrenzte Menge an Daten (z.B. ein Dokument) soll in der Regel möglichst schnell vom Server auf den Client übertragen werden. Kurzzeitig wird von der Anwendung ein großes Datenaufkommen erzeugt, welches danach wieder für eine gewisse Zeit vollständig verschwindet (Burst-Anwendung). Für die Übertragung wird meistens HTTP verwendet.

Bei der Übertragung von zeitbasierten Medien (insbesondere zur Übertragung von Live-Audio- und Videomedien) wäre im Gegensatz zu Burst-Anwendungen ein hinreichend großer und nahezu konstanter Datendurchsatz für die gesamte Netzauslastung wesentlich günstiger. Ein Videostrom einer Fernsehsendung braucht mehr oder weniger kontinuierlich 5MBit/s, um mit gleichbleibender Qualität (z.B. vergleichbar der gewohnten analogen Fernsehübertragung) übertragen werden zu können.

Für eine hohe Qualität von Streaminganwendungen wären daher Netze sinnvoll, welche eine Dienstgüte, insbesondere eine minimale Bandbreite garantieren (sogenannte Quality of Service Parameter). In großen Netzen wie dem Internet ist diese Forderung jedoch unrealistisch. Das Netz hat sich aus Burstanwendungen heraus entwickelt. Um den unterschiedlichen Anforderungen bei der Übertragung von Audio-Videomedien dennoch näher zu kommen, hat man spezielle Streaming-Protokolle eingeführt. Je nachdem, welches Protokoll genutzt wird, spricht man vom progressiven Download oder vom Streaming.

Progressiver Download Die verfügbare Datenrate und das zeitliche Eintreffen von Datenpaketen am Empfänger unterliegt mehr oder minder großen zeitlichen Schwankungen. Dies ist insbesondere dann der Fall, wenn die benötigte Datenrate größer ist als die Datenrate, die vom Netz zur Verfügung gestellt wird. Um zeitbasierte Medien dennoch kontinuierlich anzeigen zu können, ist eine Pufferung erforderlich. Je länger man puffert, um so länger muss ein Nutzer warten, bis das zeitbasierte Medium abgespielt werden kann. Bei einem Download über HTTP ist die Vorgehensweise somit dieselbe wie bei einem Download von anderen Dateien. Eine Audio-Videodatei wird auf dem Client-Rechner zwischengespeichert und von dort aus abgespielt. Dabei muss nicht gewartet werden, bis die komplette Mediendatei am Empfänger angekommen ist. Hierfür steht das Wort *progressive*: Am Empfänger wird nur solange gewartet, bis alle benötigten Daten beim Empfänger angekommen sind, um die ersten Bilder einer Sequenz abzuspielen. Die Übertragung von Live-Daten wird derzeit von keiner Technologie im progressiven Download unterstützt.

Streaming Es gibt im HTTP-Protokoll keine effizienten Mechanismen, die es erlauben, die Zeit, die zum Puffern erforderlich ist, zu minimieren. Man hat daher andere Protokolle eingeführt, die es ermöglichen diese Zeit zu verkürzen. Um schnell (möglichst in Echtzeit) die Datenpakete eines Bildes identifizieren, dekomprimieren und anzeigen zu können, ist ein Zeitstempel in den Datenpaketen hilfreich. Die Ergänzung von Datenpaketen der Transportschicht um

Zeitstempel ist daher ein wesentlicher Bestandteil der Streamingprotokolle wie z.B. RTP, RTMP und MMS, die in den JMF-, FLASH- bzw. DirectShow/Media Format-Klassen eingesetzt werden. Ein weiterer Mechanismus zur Optimierung der Übertragung von AV-Medien besteht darin, die vom Netz zur Verfügung gestellte Datenrate zu messen und eine daran angepasste Qualität der Audio-Videomedien vom Server abzurufen. Die Datenpakete werden daher z.B. bei dem RTMP-Protokoll mit unterschiedlichen Prioritäten versehen. Die Videopakete bekommen die geringste Priorität. Wenn Videopakete fehlen, stockt das Bild. Dies ist weniger störend als wenn die Audio-Verbindung unterbrochen wird. Bei einer Übertragung von Audio- und Videomedien über diese Streamingprotokolle spricht man von Streaming. Insbesondere die Übertragung von Live-Medien wird derzeit nur im Streaming-Verfahren unterstützt.

Die in den letzten Jahren zur Verfügung stehenden mittleren Bandbreiten sind z.B. bei einer DSL 6000-Verbindung jedoch so hoch, dass auch bei dem Progressive Download sich die Wartezeiten nicht mehr wesentlich vom Streaming unterscheiden und insgesamt Akzeptanz finden. Progressiver Download über HTTP wird verstärkt eingesetzt. Insbesondere brauchen hierfür keine kostenpflichtigen, speziellen Streaming-Server eingesetzt werden. Streaming-Protokolle werden nach wie vor für Live-Übertragungen verwendet.

1.4.6.4 RTP

In der Transportschicht des Internets können das UDP- oder das TCP Protokoll verwendet werden. TCP arbeitet verbindungsorientiert und unterstützt einen Kontrollmechanismus, der garantiert, dass alle versendeten Pakete auch beim Empfänger ankommen. Im Gegensatz zu TCP arbeitet UDP verbindungslos und ohne einen solchen Kontrollmechanismus. Dadurch werden Verarbeitungs- und Wartezeiten vermieden, welche durch die Nachforderung von verlorengegangen Paketen entstehen. Der Verlust von Datenpaketen, welche zu räumlich eingegrenzten Störungen eines vereinzelten Bildes führen, kann bei Streaming-Anwendungen bis zu einem gewissen Grad toleriert werden. Aus diesen Gründen setzt das Realtime Transport Protokoll (RTP) in den meisten Anwendungen auf UDP auf. Da UDP nicht einmal eine Sequenznummer zur richtigen Anordnung von Paketen nach einer Übertragung vergibt, wird in den Headern der RTP-Pakete neben einem Zeitstempel ebenfalls eine Sequenznummer eingetragen. Hinzukommen einige weitere Informationen, wie z.B. Angaben zu dem Sender und zu dem Codec, mit dem die Nutzdaten komprimiert wurden. Das UDP-Protokoll wird jedoch teilweise durch Firewalls blockiert. Um diese Schwierigkeit zu umgehen, kann auch das TCP-Protokoll verwendet werden. Der Standard RTP wurde 1996 erstmalig veröffentlicht und 2003 überarbeitet.

1.4.6.5 Flash RTMP

Analog zu RTP gibt es das Real Time Messaging Protocol (RTMP), ein von Adobe Systems entwickeltes proprietäres Netzwerkprotokoll, um Audio-, Video- und sonstige Daten über das Internet zwischem einem Medien-Server und einem Flash-Player streamen zu können. Die Standard-Version benutzt eine TCP-Verbindung. Während bei RTP nur ein Medientyp in einer RTP-Verbindung übertragen werden kann, können in einer RTMP-Übertragung mehrere Datentypen (z.B. Audio, Video- und Flex-Daten) kombiniert (gemultiplext) werden. Neben dem Zeitstempel wird im Header eine ID vergeben. Das Protokoll soll von Adobe im Laufe des Jahres 2009 veröffentlicht werden.

1.4.6.6 Microsoft MMS

Das Microsoft Media Server (MMS) Protokoll ist ein von Microsoft entwickeltes und veröffentlichtes Protokoll für multimediale Streaming-Anwendungen. Die Microssoft Media Format Bibliothek nutzt dieses Protokoll für Streaming-Anwendungen. Das Protokoll wird vom Client gestartet und baut zunächst eine TCP-Verbindung zum Server auf und überträgt seine IP-Adresse und den von ihm gewählten Port. Daraufhin erzeugt der Server eine UDP-Verbindung zum Client mit dem gewählten Port. Die Übertragung der Multimediadaten erfolgt dann über diese UDP-Verbindung (MMSU), während die TCP-Verbindung für Steuerungsbefehle genutzt wird. Es kann ebenfalls auch eine TCP-Verbindung gewählt werden. MMS wird in der Microsoft Media Format-Bibliothek für hardwarenahe Anwendungsentwicklungen zur Verfügung gestellt.

1.4.6.7 IPTV und InternetTV

Bei der Übertragung von Fernsehsignalen über das Internet werden zwei unterschiedliche Begriffe verwendet. Das sog. Internet-TV bzw. Web-TV bezeichnet die genannte Verbreitung von Fernsehsignalen über das Internet auf der Basis von progressivem Download bzw. von Streaming wie zuvor besprochen. Ein Beispiel hierfür ist z.B. die ZDFmediathek, eine Videothek über das Internet. Darüber hinaus gibt es noch das sog. IPTV, welches eher dem Digitalfernsehen DVB entspricht. Bei IPTV werden die Daten über ein spezielles Streamingprotokoll (vergleichbar RTP, RTMP, MMS) über das Internet mit einer garantierten Bandbreite und Qualität übertragen, welches nur über spezielle, geschlossene Verteilernetze gewährleistet werden kann. Als Beispiel für IPTV ist das „T-Home Entertain" zu nennen, bei dem digitale Fernseinhalte nur über einen T-Home Internetanschluss zu empfangen sind.

1.4.7 Programmierschnittstellen für Audio- und Videomedien

Die Entwicklung der Programmierschnittstellen für Audio- und Videomedien ist einerseits auf der Basis von universellen Programmiersprachen wie Java und C/C++ erfolgt. Andererseits gibt es einige speziell auf diesen Anwendungsbereich zugeschnittene Technologien. Alle in Frage kommenden Technologien stellen leistungsstarke Codecs in entsprechenden Softwarebibliotheken bereit und sind daher stark von der Entwicklung der MPEG-Standards beeinflusst worden. Bei der Verwendung universeller Programmiersprachen ist eine Entwicklung für die unterschiedlichsten Einsatzbereiche möglich. Jedoch ist der Entwicklungsaufwand dann vergleichsweise hoch. Aus diesem Grund haben sich ebenso wie bei der Client-Server-Interaktion spezielle Lösungen für Standardanwendungsfälle herausgebildet. So kann schon durch ein spezielles HTML-Tag in vielen Browsern ein Standard MPEG 1-Video abgespielt werden. Wenn Live-Video, interaktives Video in Kombination mit anderen Rich-Client-Funktionalitäten, Video mit weiteren synchronisierten Medien sowie aktuellste Codecs eingesetzt werden sollen, so kommen die folgenden Technologien in Betracht:

Java-Media-Framework Für die Java-Plattform existiert mit dem Java Media Framework (JMF) eine Erweiterung zur Programmierung von Streaminganwendungen. Das JMF ist eine Programmierschnittstelle, welches die Entwicklung von Streaminganwendungen auf Windows und Unix/Linux-Systemen ermöglicht. Das JMF besitzt eine offene Architektur, so dass Weiterentwicklungen auch durch Fremdanbieter sehr gut integriert werden können. Die Einzelmodule, welche zur Verarbeitung und zum Streaming von Audio- und Videomedien erforderlich sind, sind weitreichend konfigurierbar. Leider werden von Sun nicht mehr die aktuellsten und leistungsstärksten Encoder und Decoder in das JMF integriert und auch die Weiterentwicklungen des JMF selbst nicht mehr gepflegt. Viele der integrierten Encoder und Decoder sind zudem nicht für alle Betriebssysteme (Windows, Unix/Linux) verfügbar, was eine plattformunabhängige Entwicklung erschwert. Jedoch werden diese Defizite durch Erweiterungen von Fremdanbietern gemindert. Das JMF unterstützt progressive Downloads ebenso wie das (Live-) Streaming von audio-visuellen Medien. Das JMF nutzt für Streaming-Übertragungen das RTP Protokoll. Die Komposition und Synchronisation von mehreren Medien stellt in der Java-Plattform zwar kein prinzipielles Problem dar, wird aber andererseits auch nicht durch besondere Klassen oder Werkzeuge unterstützt.

Microsoft DirectShow und Media Format bilden die APIs für die Verarbeitung und zum Streaming von Audio- und Videomedien im Rahmen der .Net-Plattform. Es verwendet wie das JMF eine offene Architektur, so dass es für Weiterentwicklungen durch Fremdanbieter attraktiv ist. Obwohl das .Net-Framework veraltete Windows-spezifische Softwarearchitektur-Konzepte wie das Component Object Model (COM) überwinden soll, ist dies jedoch für DirectShow nicht umgesetzt worden. Dadurch ist die Softwareentwicklung mit DirectShow kryptisch und umständlich. DirectShow wird überwiegend für eine sehr hardwarenahe Entwick-

1.4 Technologien zur Entwicklung multimedialer Client-Server-Systeme

lung von Audio-Videoanwendungen eingesetzt. Darüber hinaus basieren in vielen Fällen die APIs zur Programmierung von speziellen Graphik- und Videohardwarekomponenten für Windows-Plattformen auf DirectShow. Leistungsstarke Encoder und Decoder werden von DirectShow unterstützt. DirectShow und das Media Format API unterstützen progressive Downloads ebenso wie das (Live-) Streaming von audio-visuellen Medien. Für Streaming-Anwendungen wird das MMS-Protokoll verwendet. Ebenso wie im JMF gibt es keine besondere Unterstützung zur Komposition und Synchronisation von mehreren Medien.

FFMPEG In der freien Bibliothek libavcodec des FFMPEG-Projekts (www.ffmpeg.org) ist eine umfangreiche Liste von Encodern und Decodern implementiert worden. Die FFMPEG-Bibliothek libavformat stellt zudem eine Reihe von Containerformaten bereit. FFMPEG ist als Open Source Bibliothek für alle wichtigen Betriebssysteme verfügbar. Das empfehlenswerte Encoder/Decoder- und Streaming-Programm Video Lan Client (VLC, www.videolan.org) ist auf der Basis von FFMPEG entwickelt worden. Weitere Bibliotheken zur Entwicklung von Rich-Clients fehlen jedoch. Eine Integration in andere Plattformen ist damit unumgänglich und nicht ganz einfach. Eine Integration dieser Bibliotheken in das JMF befindet sich in der Entwicklung (JFFMPEG). FFMPEG unterstützt progressive Downloads ebenso wie das Streaming (z.B. über RTP und MMS) von audio-visuellen Medien. Es lassen sich mit den FFMPEG-Bibiliotheken für spezielle Zielgruppen multimediale Client-Serversysteme konzipieren.

RealMedia Der RealMedia Player unterstützt im Gegensatz zum JMF, DirectShow und FFMEPG wesentliche Teile des SMIL-Standards zur Komposition und Synchronisation mehrerer Medien. Darüber hinaus wird von RealMedia ein Streaming-Server angeboten. RealMedia unterstützt progressive Downloads ebenso wie das (Live-) Streaming (über RTP) von audio-visuellen Medien. Es lassen sich mit der RealMedia-Technologie durch Einbettung in die HTML/CSS/-JavaScript/AJAX-Technologie multimediale Client-Serversysteme aufbauen.

QuickTime Eine ähnliche Situation wie bei RealMedia liegt bei dem QuickTime Format von Apple vor. Von Apple wird für das (Live-) Streaming der QuickTime Streaming-Server angeboten, welcher jedoch nur auf Mac OS X Betriebssystemen lauffähig ist. Zudem gibt es noch eine Open Source Variante, der Darwin Streaming Server, welcher auch auf Windows und Unix/Linux Systemen lauffähig ist.

Flash Die FLEX/Flash-Plattform bietet mit dem `flash.*`-Package das derzeit leistungsstärkste API für die Verarbeitung und zum Streaming von Audio- und Videomedien. Die Funktionalitäten entsprechen dem SMIL-Standard sowie die Leistungsmerkmale der MPEG 4 VOP Codierung (On2 VP6-Codec) und die Integration der leistungsstärksten Encoder (H.264-Codec). Das Flash-API ist besonders einfach gehalten und auf die Standardanwendungsfälle bei der multimedialen Anwendungsentwicklung zugeschnitten. Dabei werden durch das Flash-Autorenwerkzeug umfangreiche Werkzeuge zur Komposition und Synchronisation mehrerer Medien bereitgestellt. Jedoch ist das Flash-API kaum erweiterbar durch Fremdanbieter, sondern ist speziell auf die multimediale Webentwicklung innerhalb der FLEX/Flash-Plattform ausgerichtet. Flash unterstützt progressive Downloads ebenso wie das (Live-) Streaming (über RTMP) von audio-visuellen Medien. Hierfür wird ein leistungsstarker Streaming-Server (Flash Media Server) angeboten. Während mit JMF und DirectShow serverseitige Streaming-Module auf der Basis von RTP bzw. MMS auch für Live-Streaming-Anwendungen entwickelt werden können, ist man im Rahmen der FLEX/Flash-Plattform bei der Nutzung von RTMP auf den Einsatz des Flash Media Servers angewiesen.

1.4.8 Programmierschnittstellen zur Entwicklung von Serversystemen

Die Anwendungs- und Datenhaltungsschichten (siehe Kap. 2.2) bilden in dem vorliegenden Buch außer im Grundlagenbereich keinen besonderen Schwerpunkt, da hier nur selten multimediale Aspekte zu berücksichtigen sind. Im Vordergrund stehen in diesen Schichten die Unterstützung von Geschäftsprozessen in Unternehmen und Verwaltungen. Für eine Entscheidung, welche Technologie zu bevorzugen ist, werden jedoch die Unterstützung dieser Schichten auch im Rahmen multimedialer Client-Server-Systeme eine große Rolle spielen. Daher werden im Folgenden die wichtigsten Programmierschnittstellen für diese Schichten kurz beschrieben:

Java EE, Java-Servlets, JSP In der umfangreichsten Java-Plattform, der Java EE (Java Enterprise Edition), werden sogenannte Servlet-Klassen bereitgestellt. Servlet ist ein Kunstwort, das aus den Worten Server und Applet zusammen gesetzt ist und kleine Mini-Programme meint, welche auf einem Server laufen. Servlets können dynamisch HTML-Code generieren (z.B. können in Abhängigkeit der Eingabedaten des Nutzers Datenbankabfragen erzeugt werden), welcher dann per HTTP an den Client übertragen wird. Die Technologie der Java Server Pages (JSP) stellt eine Erweiterung von Servlets dar. Eine JSP-Seite ist eine normale HTML-Seite (siehe Abschn. 4.3), in die spezielle JSP-Tags eingebettet sind. Diese Tags umschließen Java-Code, der auf dem Server ausgeführt wird und durch die Servlettechnologie dann dynamisch generierten HTML-Code an den Client überträgt.

Microsoft Windows Server, ASP Microsoft stellt für die .Net-Plattform ebenfalls leistungsfähige Server-APIs zur Verfügung. Bei den Active Server Pages (ASP) handelt es sich um Skripte in der Sprache VBScript. Die Technologie ist mit Java-JSP vergleichbar. Der Windows Server fungiert sowohl als HTTP-Server als auch ebenfalls als MMS-Streamingserver.

PHP Ebenfalls mit der JSP-Technologie vergleichbar ist PHP (PHP Hypertext Preprocessor). Auch hier werden Kommandos in HTML-Seiten eingebettet, die dann auf dem Server ausgeführt werden. PHP ist eine Open Source Entwicklung.

Die herausragenden Eigenschaften von PHP sind die zahlreichen Datenbank-Schnittstellen (nahezu jede Datenbank kann angesprochen werden) sowie die leichte Erlernbarkeit. Zusätzlich gibt es umfangreiche Funktionsbibliotheken, für nahezu jeden Anwendungsfall existieren vorgefertigte Bibliotheken.

1.5 Vergleich der Technologien zur Entwicklung multimedialer Client-Server Systeme

In diesem Abschnitt soll ein kurzes Resümee zum Einsatz der genannten Technologien gezogen werden. Zunächst werden einige Kriterien aufgezeigt, aufgrund derer eine Abgrenzung der Technologien untereinander möglich ist. In den letzten Abschnitten wurden Technologien vorgestellt, welche eine Unterstützung

- der Entwicklung von Rich-Clients
- der Client-Server-Interaktion
- der Verarbeitung und dem Streaming von Audio- und Videomedien
- der Entwicklung von Serversystemen

ermöglichen. Wenn die gewünschte Zielgruppe für eine geplante Anwendung nicht stark eingegrenzt werden kann (was bei den meisten Web-Anwendungen der Fall ist), dann kommt dem

- Verbreitungsgrad auf Clientrechnern

ebenfalls eine wesentliche Bedeutung zu. Mit Verbreitungsgrad ist gemeint, wie weit eine jeweilige Technologie ohne weitere Installationen von Plattformen oder Plugins auf potenziellen Clientrechnern einsatzbereit ist. Zusätzliche Installationen führen bei vielen Nutzern dazu, dass diese sich nicht weiter mit einer Webseite beschäftigen wollen. Der Verbreitungsgrad von Silverlight, JavaFX, FFMPEG, RealMedia und QuickTime ist derzeit vergleichsweise gering, sodass diese Technologien im Speziellen in diesem Buch nicht weiter betrachtet werden. Doch insbesondere für Silverlight und JavaFX kann sich dies innerhalb weniger Jahre ändern.

Folgende Technologiebündel kommen aufgrund der o.g. Kriterien in die engere Wahl:

AJAX (HTML, CSS und JavaScript) mit PHP, JSP oder ASP Dieses Technologiebündel bildet den einzigen Vertreter, der bei den Client-Technologien ausschließlich auf Standards setzt, welche auf über 99 % aller Client-Systeme verfügbar sind. Eine mit diesem Technologiebündel entwickelte Web-Anwendung kann daher auf fast allen Clientsystemen ohne weiteres in vollem Umfang ausgeführt werden.

Die Java- oder die .Net-Plattform Diese Plattformen bieten eine sehr gute Unterstützung bei der Entwicklung von Serversystemen sowie bei der Client-Server-Interaktion und haben aus diesem Grund in Unternehmen eine hohe Akzeptanz gefunden. Darüber hinaus existieren äußerst umfangreiche Produktpaletten mit leistungsstarken Entwicklungswerkzeugen (z.B. NetBeans und Eclipse) der unterschiedlichsten Hersteller. Als Vertreter dieser Technologieausrichtung werden wir in dem vorliegenden Buch die Java-Plattform anwenden.

Die FLEX/Flash-Plattform in Kombination PHP, JSP oder ASP   Dieses Technologiebündel bietet eine leistungsstarke Unterstützung für die Verarbeitung von Audio- und Videomedien. Neben der sehr gut zur Medienverarbeitung geeigneten ActionScript-Klassen-Bibliothek der Flash-Plattform wird von Adobe eine große Produktpalette mit Werkzeugen zur Entwicklung von Medien und Rich-Clients angeboten. Angefangen mit der Medienproduktion z.B. mit Photoshop, Premiere und AfterEffects, über Werkzeuge zur internetgerechten Kompression der Medien, wie dem Flash Media Live Encoder, über die Webentwicklung mit Flash/Flex bis hin zur Veröffentlichung aller Komponenten mit dem Flash-Media-Server werden alle Entwicklungsbereiche abgedeckt.

Neben diesem Überblick, der sich an den herausragenden Stärken der jeweiligen Technologien orientiert, muss jedoch hinsichtlich einiger Kriterien etwas weiter differenziert werden.

1.5.1 AJAX in Kombination mit PHP, JSP oder ASP

Unterstützung der Entwicklung von Rich-Clients   Der Aufwand attraktive Nutzeroberflächen zu entwickeln ist im Vergleich zu anderen Technologien recht groß, da HTML nur einfache Komponenten zur Generierung von Nutzeroberflächen zur Verfügung stellt. Zudem gibt es hinsichtlich CSS und JavaScript einige Brwoser-Inkompatibilitäten, sodass je nach Browser unterschiedliche Implementierungen benötigt werden. Um ansprechende, interaktive Bedienelemente zu erzeugen (z.B. Drag- und Drop-Funktionalitäten) muss mit Hilfe von JavaScript und CSS ein beträchtlicher Aufwand betrieben werden. Der Entwicklungsaufwand lässt sich mit Hilfe von JavaScript- oder AJAX-Frameworks erheblich verringern, weshalb der Einsatz eines solchen Frameworks zu empfehlen ist. Wenn eine Web-Anwendung mit AJAX (HTML, CSS und JavaScript) auskommen kann, so fällt derzeit und wohl auch mittelfristig die Entscheidung zu Gunsten dieser Technologie, da hierdurch die Installation weiterer Player oder Plugins beim Anwender vermieden werden kann. Jedoch müssen mit steigender Komplexität der Bedienelemente der Web-Anwendungen und der damit verbundenen aufwändigeren AJAX-Frameworks auch größere Ladezeiten berücksichtigt werden. Das AJAX-Framework muss zunächst beim Betreten der Web-Seite auf den Client übertragen werden. Dies geschieht auch, wenn sich der Anwender zu einer anderen Web-Seite bewegt, welche das zuvor geladene AJAX-Framework ebenfalls benutzt. Aufgrund dieser zusätzlichen Wartezeiten beim Betreten einer Seite können die Grenzen der Akzeptanz beim Nutzer überschritten werden

Unterstützung für Audio- und Videomedien   Leistungsstark komprimierte zeitbasierte Medien wie Audio und Video und anspruchsvollere Animationen können mit dieser Technologie nicht wiedergegeben werden. Die Installation eines weiteren Players oder Plugins ist dann unverzichtbar. Zur Zeit ist die Verwendung des Flash-Plugins naheliegend, da dieses für Streaming-Anwendungen den mit Abstand größten Verbreitungsgrad und das größte Leistungsspektrum aufweist. Wenn jedoch der Flash-Player ohnehin installiert werden muss, stellt sich die Frage, ob nicht weitere Teile des Rich-Clients mit der FLEX/Flash-Plattform entwickelt werden sollten.

1.5.2 Die Java-Plattform

Verbreitungsgrad auf Clientrechnern Bislang sind mit der Java-Plattform vorwiegend Thin-Client Systeme auf der Basis von JSP und Java Server Faces (JSF) entwickelt worden. JSF bilden ein serverseitiges Komponentenmodell, welches Klassen für komplexe Nutzeroberflächenelemente wie in dem Paket `javax.swing.*` bereitstellt. Eine clientseitige Programmierung mit JavaScript kann dann durch eine leistungsstärkere Java-Programmierung ersetzt werden. Für die Entwicklung von Rich-Clients können innerhalb der Java-Plattform nun zwei Wege beschritten werden:

1. Man verwendet weiterhin die JSP- und JSF-Technologie und zusätzlich ein an diese Technologien angepasstes AJAX-Framework. Wie auch bei dem HTML-, CSS- und JavaScript-Ansatz wird durch AJAX die Nutzerfreundlichkeit wesentlich verbessert. Der Verbreitungsgrad auf Clientrechnern liegt dann bei über 99%. Jedoch ist damit das Problem der Integration von Audio- und Videomedien nicht gelöst, und ebenso existiert der Nachteil von hohen Ladezeiten durch das AJAX-Framework.

2. Man verwendet einen Java-Applet-basierten Fat- bzw. Rich-Client-Ansatz. Dieses setzt eine installierte Java Laufzeitumgebung (Java Runtime Environment, JRE) auf dem Client voraus. Die Entwicklung von Fat/Rich-Client-Systemen mit Applets eröffnet dann die gesamte Fülle der Möglichkeiten der J2SE-Plattform. Ebenso kann die neuere JavaFX-Technologie als ein Applet auf dem Client ausgeführt werden. Die Verbreitung von Applets ist anfänglich nicht in dem Maße fortgeschritten, wie es erwartet wurde. Ein maßgeblicher Grund hierfür ist, dass das JRE in der benötigten Fassung nicht von allen Browsern unterstützt wird bzw. nicht aktiviert ist. Über den Verbreitungsgrad liegen nur sehr unterschiedliche und unverlässliche Zahlen vor (50% bis 90%), die auch hinsichtlich der Aktualität der entsprechenden Version unterschieden werden müssen. Der Verbeitungsgrad scheint jedoch zuzunehmen und so werden auch in neueren Projekten (z.B. für graphische Konfiguratoren auf Webseiten der Automobilindustrie) wieder stärker Applets eingesetzt.

Unterstützung der Entwicklung von Rich-Clients Die Funktionalitäten sind bei der Verwendung auch von älteren JRE sehr umfangreich und mit dem Leistungsspektrum von FLEX/Flash vergleichbar, solange keine Audio- und Videomedien integriert werden müssen. Für die Integration von Audio- und Videomedien ist entweder die zusätzliche Installation des JMF, eines JavaFX-Plugins oder einer sehr aktuellen JRE, welche auch JavaFX in Applets unterstützt, erforderlich. Der Verbreitungsgrad solch aktueller Plugins bzw. JREs ist jedoch gering. Die Flash-Plattform bietet dann ein größeres Leistungsspektrum und auch einen höheren Verbreitungsgrad.

1.5.3 Die FLEX / Flash Plattform

Verbreitungsgrad auf Clientrechnern Der Nachteil gegenüber AJAX (HTML, CSS und JavaScript) ist natürlich in der zusätzlichen Installation des Flash-Players zu sehen. Über den Verbreitungsgrad liegen wie für das Java Runtime Environment sehr unterschiedliche Zahlen vor, die je nach Quelle und Aktualität der Player-Version zwischen 50% bis über 90% variieren.

Literaturverzeichnis

1. Bultermann D C A, Rutledge L (2004) SMIL 2.0 Interactive Multimedia for Web and Mobile Devices. Springer
2. Eberleh E, Oberquelle H, Oppermann R (1994) Einführung in die Software-Ergonomie. deGruyter
3. Ohm R (1995) Digitale Bildcodierung. Springer
4. Pereira F, Ebrahimi T (2002) The MPEG 4 Book. Prentice-Hall
5. Plag F, Riempp R, (2007) Interaktives Video im Internet mit Flash. Springer

Kapitel 2
Grundlagen verteilter Systeme

2.1 Einleitung

Im ersten Kapitel wurden an Beispielen die Technologien für multimediale Client-Server-Systeme vorgestellt. Es wurde dargestellt, dass sich häufig eine Kommunikation zwischen Client und Server ergibt, wobei z.B. ein Medienserver Videoinhalte zur Verfügung stellt, welche dann von einem oder mehreren Clients abgerufen und genutzt werden. In diesem Kapitel liegt daher der Schwerpunkt auf der Darstellung der grundlegenden Strukturen und Prinzipien von verteilten Systemen, da diese insbesondere für die Entwicklung komplexer multimedialer Client-Server-Systeme bedeutsam sind.

Bei einem verteilten System sind bei der Lösung einer gemeinsamen Aufgabe mehrere Computersysteme beteiligt. Eine Anwendung wird hierzu in mehrere Komponenten aufgeteilt und über die Computersysteme verteilt. Um die gemeinsame Aufgabe lösen zu können, müssen die einzelnen Komponenten miteinander in Verbindung stehen und miteinander kommunizieren können. Insbesondere bei multimedialen verteilten Systemen werden häufig aus Gründen der Lastverteilung einzelne Aspekte einer Anwendung auf mehrere Systeme verteilt. So werden z.B. stark nachgefragte Inhalte (wie z.B. Wikipedia oder YouTube) mehrfach im Internet angeboten, da ein einziger Server mit der Flut von Anfragen leicht überfordert wäre.

Es gibt jedoch viele Gründe, eine Anwendung als verteiltes System zu entwerfen. Häufig werden diese Gründe sogar von der Anwendung selbst bestimmt, z. B. bei einem Online-Buchungssystem, bei dem auf eine entfernte Datenbank zugegriffen werden muss. Oder um die Ausfallsicherheit zu erhöhen, werden bestimmte Komponenten oder Dienste mehrfach an unterschiedlichen Orten angeboten.

Die wichtigsten Gründe für die Verteilung von Anwendungen können folgende sein:

Gleichzeitigkeit   Mehrere Aufgaben können gleichzeitig ausgeführt werden.

Verteiltes Rechnen   Einzelne Rechenschritte einer Aufgabe werden auf mehrere Systeme verteilt.

Ausfallsicherheit Zur Erhöhung der Ausfallsicherheit werden bestimme Funktionen ganz oder teilweise von mehreren Systemen redundant bzw. repliziert angeboten.

Ressourcenverteilung Bestimmte Ressourcen sind nur begrenzt und/oder nur an bestimmten Orten verfügbar.

Lastverteilung Aufgaben oder Teilaufgaben werden je nach Auslastung auf die zur Verfügung stehenden Systeme verteilt.

2.2 Schichten-Modell

Es gibt mehrere Wege, die Aufgaben einer Anwendung durch ein verteiltes System erledigen zu lassen. Grundsätzlich ist dabei immer die Frage zu betrachten, wie Anwendungen in mehrere Teile zerlegt werden können, sodass sie auf mehreren Computersystemen ausgeführt werden können. Eine Art der Aufteilung ergibt sich beim Zerteilen der Anwendung in unterschiedliche Komponenten, die untereinander in Beziehung stehen. Die Aufteilung erfolgt hierbei häufig in Schichten, die untereinander kommunizieren. Gebräuchlich sind z.B. drei Schichten:

1. Präsentationsschicht (Benutzerschnittstelle, Darstellung der Daten)
2. Anwendungslogik (Verarbeitung)
3. Persistenzschicht (Datenspeicherung)

Die Präsentationsschicht stellt dabei die Schicht dar, mit der der Nutzer mit der Anwendung in Verbindung steht. Hier werden die Daten für den Nutzer (meist) visuell aufbereitet und entsprechende Möglichkeiten zur Interaktion angeboten. In der Schicht 3, der Persistenz- oder Datenhaltungsschicht, werden die anwendungsrelevanten Daten in strukturierter Form abgelegt, z.B. als Dateien oder in einer Datenbank. Die Schicht 2, die Anwendungslogik, dient nun, einfach betrachtet, als Vermittler zwischen Schicht 1 und 3. Hier werden die Eingaben des Nutzers bzw. die Daten aus der Persistenzschicht verarbeitet und entsprechend weitergereicht.

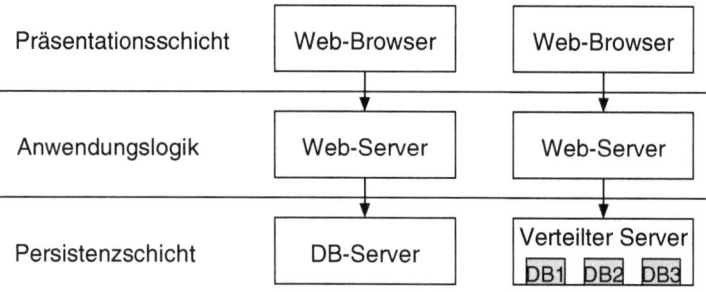

Abb. 2.1 Schichten verteilter Anwendungen, die Kommunikation geht immer von einer höheren Schicht aus

Wichtig ist hierbei, dass die einzelnen Schichten des Anwendungssystems miteinander kommunizieren müssen, wobei immer eine höhere Schicht mit den niedrigeren Schichten Kontakt aufnimmt. Kommunikation ist aber auch innerhalb einer Schicht möglich und zwar dann, wenn in einer Schicht wiederum ein verteiltes System seine Arbeit verrichtet, z.b. ein verteiltes Datenbanksystem.

2.2.1 Mehrschichtige Architekturen

Die Aufteilung einer Anwendung in Schichten hat nicht notwendigerweise etwas mit einem verteilten System zu tun. Die Aufgaben in den einzelnen Schichten können genausogut auch von nur einem einzigen System ausgeführt werden. Das Schichtenmodell ist lediglich ein Modell, um Softwaresysteme zu strukturieren. Ein Softwaresystem wird dabei in Komponenten aufgeteilt, welche in Schichten angeordnet sind und miteinander kommunizieren. Durch die nach unten gerichtete Kommunikation verringern sich die Abhängigkeiten in dem Softwaresystem und Verständlichkeit und Wartbarkeit des Systems werden erhöht. Solange die Schnittstellen zwischen den einzelnen Komponenten nicht verändert werden, können Änderungen an den einzelnen Komponenten durchgeführt werden, z.B. in einer niedrigeren Schicht, ohne dass Änderungen in den anderen Komponenten, z.B. den höheren Schichten, notwendig werden. Bei einem entsprechenden Entwurf der Komponenten bzw. der Schnittstellen lassen sich mit Hilfe des Schichtenmodells Anwendungen auch sehr leicht auf mehrere Computersysteme verteilen.

2.2.1.1 N-Schicht-Modell

Prinzipiell ist es möglich, Anwendungen in beliebig viele Schichten (engl.: tiers) zu unterteilen. Man spricht dann von einem N-Schicht-Modell (engl. n tier- oder multi tier model). In der Praxis wird häufig noch zwischen folgenden 5 Schichten unterschieden:

1. Präsentationsschicht
2. Steuerungsschicht
3. Verarbeitungs- bzw. Anwendungsschicht
4. Datenverwaltungsschicht
5. Datenhaltung bzw. Speicherung

2.2.1.2 2-Schicht-Modell

Beim 2-Schicht-Modell (engl. two tier model) wird eine Anwendung in nur 2 Schichten eingeteilt: die Anwendungsschicht und die Persistenzschicht. Da die Kommunikation immer von der höheren Schicht ausgeht und die niedrigere Schicht auf Anfragen der höheren Schicht reagiert, wird das 2-Schicht-Modell auch häufig als Client-Server-Architektur bezeichnet.

2.3 Client-Server-Modell

In verteilten Systemen kommt häufig das Client-Server-Modell zum Einsatz. Es stellt hierbei eine Beziehung zwischen 2 Programmen dar, die miteinander kommunizieren: Ein Programm (Client) fordert von einem anderen Programm (Server) einen Dienst an, das Serverprogramm bearbeitet diese Anfrage und sendet, falls notwendig, ein Ergebnis zurück an den Client. Client und Server stehen also nur über die Kommunikation mit Anfrage und Antwort miteinander in Beziehung und sind ansonsten voneinander unabhängige Programme. Die Kommunikation geht dabei immer vom Client aus, der eine Anfrage (request) an den Server stellt, während der Server passiv auf Anfragen wartet, diese bearbeitet und eine Antwort (reply) zurücksendet.

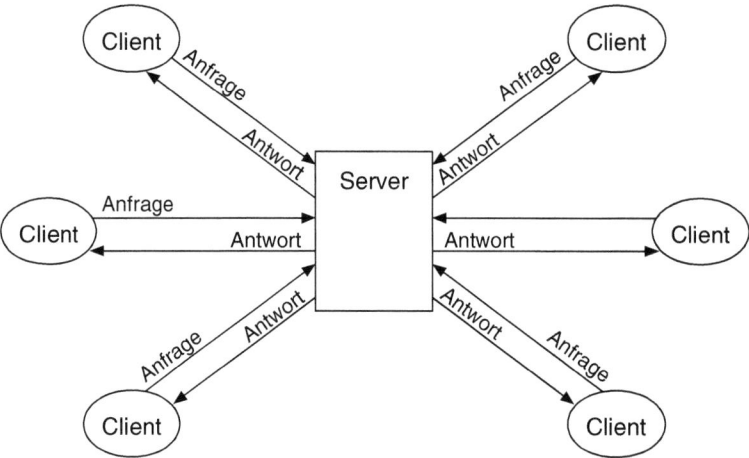

Abb. 2.2 Client-Server-Modell, der Server wartet passiv auf Anfragen und sendet daraufhin Antworten zurück

Client Ein Programm wird dann zum Client, wenn es von einem anderen Programm (Server) einen Dienst anfordert. Das Programm nimmt dabei Kontakt mit dem Server auf. Ein Client kann mit mehreren Servern in Kontakt sein.

Server Ein Programm ist dann ein Server, wenn es einen Dienst für andere Programme (Clients) zur Verfügung stellt. Der Server wartet passiv auf eine Anfrage durch einen Client. Ein Server kann mehreren Clients gleichzeitig bedienen.

Ein Server kann selbst wiederum Dienste eines anderen Servers in Anspruch nehmen, in diesem Falle wird der Server für den anderen Server zum Client. Somit

2.3 Client-Server-Modell

entstehen Client-Server-Ketten und es lassen sich so auch mehrschichtige Architekturen als Client-Server-Systeme realisieren.

In der Regel verläuft die Kommunikation zwischen Client und Server über ein Netzwerk, wodurch sich eine leichte Verteilung von verschiedenen Aufgaben auf verschiedene Rechner ergibt. Es ist jedoch nicht zwangsläufig notwendig, die Client- und Server-Programme auf unterschiedlichen Rechnern laufen zu lassen. Client und Server befinden sich sogar in der Praxis recht häufig auf nur einem einzigen System.[1]

2.3.1 Fat- und Thin-Clients

Je nachdem wieviel Arbeit ein Client am Gesamtsystem verrichtet unterscheidet man zwischen einem leichtgewichtigen Client (Thin-Client, wenig Arbeit) oder einen schwergewichtigen Client (Fat-Client, viel Arbeit). Legt man hier das in Abschn. 2.2 beschriebene Schichtenmodell zugrunde, dann lässt sich der Sachverhalt wie in folgender Abbildung darstellen:

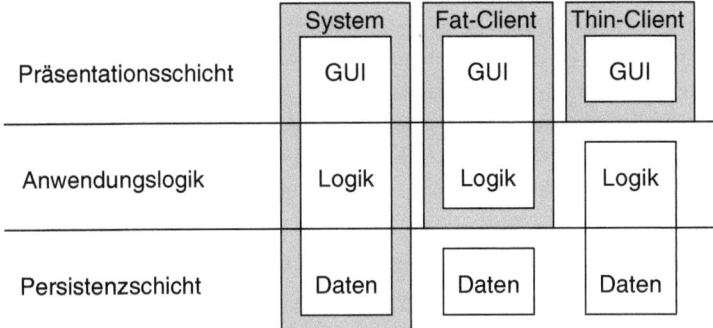

Abb. 2.3 Gegenüberstellung: Monolithisches System, Fat- und Thin-Client

Thin-Client Übernimmt der Client nur die Aufgaben der Präsentationsschicht, so spricht man von einem Thin-Client. Die Anwendungslogik wird von einem oder mehreren anderen Systemen bearbeitet. Der Client hat daher nur wenig Intelligenz und dient lediglich dazu, mit dem Anwender mittels einer grafischen Benutzeroberfläche in Verbindung zu treten. Der Client erhält nur die Daten, die zur Ein- und Ausgabe bzw. zur Repräsentation notwendig sind. Die Daten müssen daher vom Server möglichst vollständig aufbereitet werden, woraus sich eine stärkere Belastung für den Server ergibt. Bei manchen Anwendungen resultiert hieraus auch ein höherer Kommunikationsaufwand. Ein Beispiel könnte ei-

---

[1] So kann z.B. ein Web-Server und ein Datenbankserver auf demselben System laufen, wobei der Web-Server die Dienste des Datenbankservers in Anspruch nimmt.

ne Web-Anwendung sein, wobei der Web-Server die Seiten dynamisch generiert und der Web-Browser diese Seiten anzeigt, die Nutzereingaben entgegennimmt und an den Server weiterleitet.[2]

Fat-Client Erweitert man den Client nun um Aufgaben der Anwendungslogik, so spricht man von einem Fat-Client. Hierbei werden die Daten (oder Teile davon) auf dem Client selbst verarbeitet und dadurch der Server stark entlastet. Der Nachteil des Fat-Clients ist, dass auf dem Client nun Anwendungslogik installiert sein, bzw. diese vor der Benutzung an den Client übertragen werden muss.

Rich-Client Viele der clientseitigen Anwendungsbausteine, die Teil der Präsentationsschicht sind, sind mittlerweile so komplex, dass hier nicht mehr von einem Thin-Client gesprochen werden kann. Dies betrifft insbesondere multimediale Anwendungen, wo häufig recht aufwändige Operationen (wie z.B. Dekomprimieren von Videodaten) clientseitig erledigt werden müssen. Da bei solchen Anwendungen keine (oder nur sehr wenige) Aufgaben der Anwendungslogik im Client verarbeitet werden, ist der Begriff Fat-Client nicht ganz zutreffend. Hierfür hat sich der Begriff Rich-Client durchgesetzt.

Smart-Client Eine Besonderheit in diesem Zusammenhang stellt ein sog. *Smart-Client* dar. Hierbei werden die benötigten Programmteile für eine Rich-Client- oder Fat-Client-Anwendung vor oder während der Benutzung des Anwendungssystems über das Netzwerk automatisch auf den Client übertragen und installiert. Der Vorteil ist eine einfachere Aktualisierung bzw. Installation der Anwendung beim Client, dies geschieht häufig vom Anwender unbemerkt. Als Beispiele für solche Smart-Clients wären hier Ajax- oder Flash-Basierte Anwendungen zu nennen, wobei das benötigte AJAX-Framework oder die Flash-Anwendung[3] erst bei Benutzung der Anwendung auf den Client übertragen werden.

Monolithisches System Findet keine Aufgabenteilung zwischen Client und Server statt und werden alle Aufgaben von nur einem einzigen System erledigt, so spricht man von einem monolithischen System oder nicht verteiltem System.

2.4 Client-Server-Interaktion

Die Grundlage für die Beziehung zwischen Client und Server bildet die Kommunikation. Ein Client fragt bei einem Server einen Dienst ab und der Server antwortet. Der Client ist hierbei aktiv und stellt seine Anfrage an den Server. Der Server ist passiv und wartet auf Anfragen, eine Kommunikation wird niemals durch einen Server initiiert. Der Server versteht sich als ein Programm, welches einen bestimmten

---

[2] Inwiefern die Aufbereitung und Darstellung einer Web-Seite im Anbetracht der Komplexität häutiger Web-Anwendungen noch als Aufgaben eines Thin-Clients zu bezeichnen ist, ist durchaus diskutabel.

[3] Mit Flash-Anwendung ist nicht das Flash-Plugin gemeint, welches vom Anwender selbst installiert werden muss, sondern die Anwendung, welche durch das Plugin wiedergegeben werden soll.

2.4 Client-Server-Interaktion

Dienst oder Service zur Verfügung stellt. Ein Client ist ein Programm, welches die Dienste eines Servers nutzt. Ein oder mehrere Clients stellen dabei zu verschiedenen Zeitpunkten Anfragen an den Server. Der Server reagiert auf Anfragen, bearbeitet diese und sendet nach Beendigung das Ergebnis an den anfragenden Client zurück, wie dies bereits in Abb. 2.2 dargestellt wurde.

2.4.1 Kommunikationsmodell

Client und Server gehen eine Interaktion ein und kommunizieren miteinander. Prinzipiell lassen sich die Aufgaben, die ein Client- und ein Server-Programm gemeinsam bewältigen auch nur durch ein einziges System bzw. Programm lösen. Geht man nun von einem solchen monolithischen System aus, bei dem es also keine Einteilung in Client/Server bzw. Schichten gibt und zudem auch keine Parallelverarbeitung vorgesehen ist, so müssen alle Teilaufgaben der Anwendung sequenziell abgearbeitet werden. Bei einer parallelen oder gar verteilten Anwendung sollte am Ende das Ergebnis der Anwendung genau dem Ergebnis einer sequenziellen Abarbeitung entsprechen.

Bei einer sequenziellen Verarbeitung könnte man die Aufgaben des Servers in einer Bibliothek von Funktionen bzw. Diensten ansammeln, welche von einer Anwendung aufgerufen und nacheinander ausgeführt werden. Die aufgerufenen Funktionen werden somit Teil der Anwendung, der Ausführungsstrang der Anwendung wird beim Aufruf einer Funktion quasi unterbrochen und stattdessen in der Funktion der Bibliothek fortgeführt. Nach Beendigung der Funktion wird dann wieder die Abarbeitung der eigentlichen Anwendung fortgesetzt.

Dies ist eine sehr einfache Beschreibung eines Programmablaufes bei einer nichtverteilten und nichtparallelen Anwendung. Erweitert man die Anwendung nun um das Client-Server Modell, so werden bestimmte Aufgaben durch ein Server-Programm ausgeführt und andere Aufgaben durch ein Client-Programm. Hieraus ergibt sich die Möglichkeit einer gleichzeitigen Abarbeitung der unterschiedlichen Aufgaben, da Client und Server zwei voneinander unabhängige Programme sind, die gleichzeitig, ja sogar auf unterschiedlichen Systemen ablaufen können. Die Interaktion zwischen Client und Server kann dabei prinzipiell auf zwei unterschiedliche Arten ablaufen:

synchron   Bei der synchronen Interaktion blockiert der Client nach einer Anfrage an den Server und wartet auf die Antwort. Erst wenn die Antwort eintrifft, setzt der Client seine Arbeit fort, siehe Abb. 2.4a.

asynchron   Hier setzt der Client seine Arbeit direkt nach dem Stellen der Anfrage an den Server fort, siehe Abb. 2.4b. Wenn die Rückantwort des Servers eintrifft, wird beim Client eine zuvor dafür eingerichtete Ereignisbehandlungsroutine aufgerufen und die Antwort entgegengenommen bzw. verarbeitet.

Als dritte Möglichkeit gibt es auch eine Ein-Weg-Interaktion, hier sendet der Client seine Anfragen an den Server und erwartet keine Rückantwort.

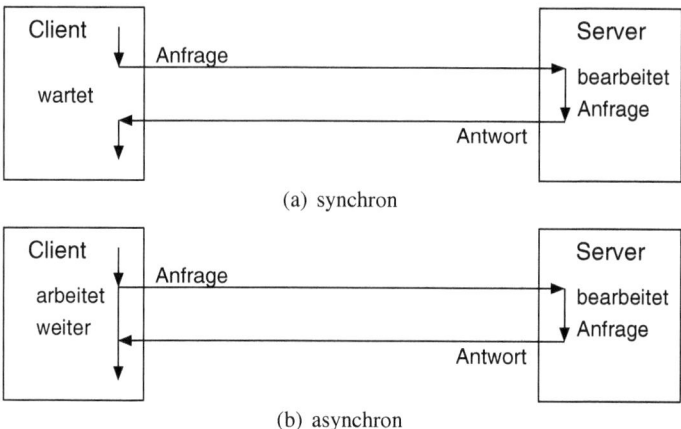

Abb. 2.4 Synchrone und asynchrone Interaktion

Der Vorteil der synchronen Interaktion ist, dass sie sich recht einfach implementieren lässt. Nachteilig ist allerdings, dass die zur Verfügung stehenden Ressourcen des Clients nicht optimal genutzt werden. Manchmal ergibt sich jedoch auch aus der Anwendung heraus die Notwendigkeit einer synchronen Interaktion, beispielsweise dann, wenn das Weiterarbeiten des Clients ohne das Ergebnis vom Server nicht möglich ist.

Die asynchrone Interaktion hat hingegen den Vorteil, dass der Client seine Arbeit fortsetzen kann und nicht auf die Antwort des Servers warten muss. Allerdings müssen hierzu im Client Mechanismen vorhanden sein (Ereignisbehandlung), welche auf das Eintreffen der Antwort vom Server reagieren und eine entsprechende Ereignisbehandlungsroutine des Client-Programms aufrufen. Relativ anschaulich wird dies an einem Beispiel in Abschn. 4.3.6 dargestellt.

2.4.1.1 Fehler bei der Kommunikation

Da die Interaktion zwischen Client und Server in der Regel über ein Netzwerk geht, können hierbei selbstverständlich auch Übertragungsfehler auftreten. Folgende Fehlerarten sind dabei möglich:

1. Anfrage geht verloren
2. Rückantwort geht verloren
3. Client oder Server stürzen ab

Es ist verständlich, dass geeignete Maßnahmen ergriffen werden müssen, um eine zuverlässige Kommunikation zu gewährleisten. Um Fehler erkennen zu können, können sich Client und Server, ähnlich wie bei der Fehlererkennung beim TCP-Protokoll, gegenseitig Quittungen über die erhaltenen Anfragen bzw. Rückantworten

2.4 Client-Server-Interaktion

zusenden. Das Quittieren kann entweder explizit erfolgen oder „huckepack" zusammen mit der Rückantwort oder einer erneuten Anfrage erfolgen. Der Ablauf einer möglichen fehlerlosen Kommunikation ist in Abb. 2.5a wiedergegeben.

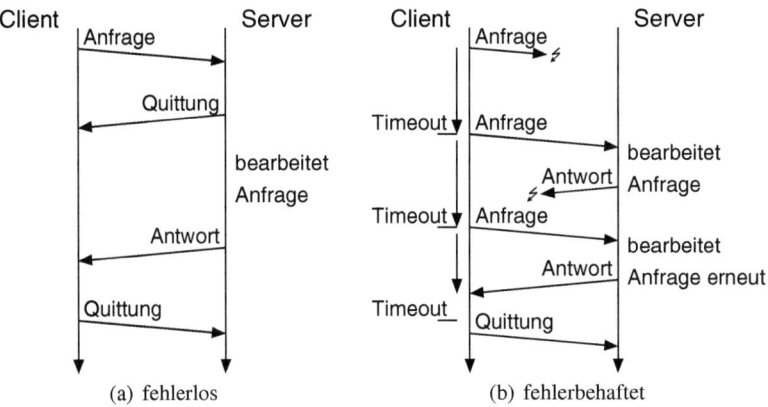

Abb. 2.5 Fehlerlose und fehlerbehaftete Kommunikation

Das bloße Zusenden von Quittungen ist jedoch nicht ausreichend, da während der Übertragung ja auch die Quittungen selbst verlorengehen können. Für diesen Fall wird ein Zeitintervall eingeführt und sowohl Sender als auch Empfänger erwarten innerhalb dieses Zeitintervalls eine Reaktion der Gegenseite. Trifft nicht während einer vorgegebenen Zeit eine entsprechende Reaktion der Gegenseite ein, so wird von einem Kommunikationsfehler ausgegangen und die entsprechende Anfrage bzw. Antwort wird, wie in Abb. 2.5b dargestellt, erneut versendet.

Diese Vorgehensweise mag bei bei vielen Anwendungen ausreichend sein, bringt jedoch bei manchen Client-Server-Systemen u.U. ein bedeutendes Problem mit sich. Werden durch verlorengegangene Ergebnisse des Servers vom Client Anfragen wiederholt gestellt, wie in Abb. 2.5b angedeutet, so wird auch die Anfrage vom Server erneut verarbeitet.

Bei dem Beispiel in Abb. 2.5b geht zunächst die Anfrage des Clients verloren, der Server kann daher keine Quittung für den Erhalt der Anfrage senden. Nach Ablauf eines Zeitintervalls geht der Client von einem Kommunikationsfehler aus und sendet deshalb seine Anfrage erneut. Der Client ist hier nicht in der Lage festzustellen, ob seine Anfrage verlorengegangen, oder ob die Quittung des Servers verlorengegangen ist. Im nächsten Schritt erreicht die Anfrage den Server und wird nun verarbeitet. Nach der Verarbeitung sendet der Server seine Antwort mit Quittung im „Huckepack-Verfahren". Die Antwort mitsamt Quittung geht aber nun verloren und beim Client läuft wiederum das Zeitintervall aus. Der Client sendet nun die gleiche Anfrage zum dritten Mal an den Server. Für den Server ist an diesem Punkt nicht feststellbar, ob hier ein Kommunikationsproblem vorliegt oder ob die gleiche Anfrage vom Client einfach ein weiteres Mal gestellt wurde. Seine Aufgabe als Server ist es gestellte Anfragen zu verarbeiten, was er zu diesem Zeitpunkt auch tun wird.

Es ist hier unerheblich, wie nach diesem Punkt die weitere Kommunikation verläuft, die Anfrage wurde zweimal verarbeitet.

Je nach Art der Anwendung kann dies zu unterschiedlichen oder gar unerwünschten Ergebnissen führen. Man stelle sich z.B. einen Datenbankserver vor, der Kontodaten verwaltet und die Anfrage bzw. der Auftrag des Clients an den Server lautet, einen bestimmten Betrag abzubuchen. Aufgrund der Kommunikationsprobleme wird nun fälschlicherweise der Betrag mehrfach abgebucht. Das ist unakzeptabel.

Um auch dieses Problem zu vermeiden, führt der Server eine Liste mit den schon bearbeiteten Anfragen. Trifft eine erneute Anfrage beim Server ein, so wird zunächst die Liste überprüft, ob diese Anfrage bereits in der Liste ist und somit schon verarbeitet wurde. Ist dies der Fall und ist auch das serverseitige Zeitintervall für die Quittung vom Client abgelaufen, so bedeutet dies, dass die Rückantwort verlorengegangen ist. Der Server vermeidet nun die Verarbeitung und sendet stattdessen nur die zuvor gespeicherte Rückantwort zu dieser Anfrage an den Client. Erst wenn der Server eine Quittung für die Rückantwort erhält, gilt der Auftrag als erledigt und die zutreffende Anfrage wird aus der Liste entfernt. In Abb. 2.6 ist die Vermeidung einer fälschlichen Mehrfachverarbeitung dargestellt.

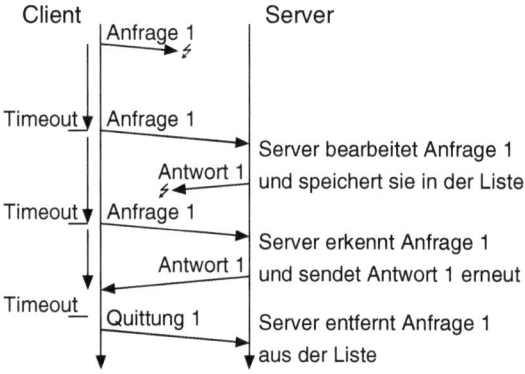

Abb. 2.6 Erneutes Verarbeiten wird verhindert

Ein weiteres Problem bei der Interaktion zwischen Client und Server kann der Ausfall von Client oder Server sein. Fällt der Client aus, so ist für den Server kein Abnehmer mehr für das Ergebnis vorhanden. Der Server müsste nun jeweils immer nach Ablauf des Zeitintervalls versuchen, die Rückantwort erneut an den Client zu senden. Nach einer gewissen Anzahl an Versuchen muss selbstverständlich der Versuch, den Client zu erreichen, aufgegeben werden. Interessant ist hier die Frage, wie mit evtl. geänderten Daten auf dem Server umgegangen wird. Unter Umständen muss der Server geänderte Daten, nachdem der Ausfall des Clients erkannt wurde, wieder rückgängig machen. Denn möglicherweise kennt nur der Client die komplexen Zusammenhänge der geänderten Daten, die nun unvollständig sein können.

Bei einem Ausfall des Servers versucht nun auch der Client mehrfach mit dem Server Verbindung aufzunehmen und muss ebenfalls nach einer gewissen Anzahl aufgeben. Hat zuvor jedoch eine Anfrage den Server erreicht und wurde somit unter Umständen auch verarbeitet, so ergibt sich wiederum das Problem, dass Daten auf dem Server unvollständig oder falsch sind.

2.4.2 Serveraktivierung

Wenn ein Client einen Dienst von einem Server anfragt, so muss das Serverprogramm aktiviert sein, um darauf regieren zu können. Das Serverprogramm läuft dabei entweder permanent und wartet auf Anfragen durch einen Client, oder es wird erst durch die Anfrage eines Clients aktiviert.

Ein Serverprogramm läuft im Hintergrund ab, d.h. es ist normalerweise keine (grafische) Nutzerschnittstelle vorhanden und eine direkte Steuerung durch einen Anwender ist nicht möglich. Server reagieren in der Regel nur auf Anfragen von Clients und stellen für diese bestimmte Dienste zur Verfügung.

Serverprogramme werden häufig beim Systemstart automatisch geladen und stehen somit während der Laufzeit des Betriebsystems zur Verfügung. Unter Unix/Linux bezeichnet man Serverprogramme als Daemon, unter Windows werden sie als Dienste bezeichnet. Als Beispiele können hier ein Web-Server oder ein Datenbankserver genannt werden, welche unsichtbar im Hintergrund ihre Arbeit verrichten. Die entsprechenden Namen der zugehörigen Programme, bzw. Prozesse dieser Server sind im Unix/Linux z.B. *httpd* für einen Web-Server bzw. *mysqld* für einen MySQL Datenbankserver. Das „d" am Ende des Namens deutet auf die in Unix-Systemen gebräuchliche Bezeichnung *Daemon* hin.

2.4.2.1 Super-Server

Ein Serverprogramm verhält sich wie jedes andere Programm, welches in einem Betriebssystem läuft ist, es taucht in der Prozessliste auf und verbraucht Speicher. Zudem werden noch andere Systemressourcen verbraucht, da auf Anfragen über die entsprechenden Netzwerkschichten des Betriebssystems reagiert werden muss. Häufig gibt es jedoch einzelne Dienste oder Server, die nur selten in Anspruch genommen werden, aber dennoch möglichst immer erreichbar sein sollen. Hier stellt sich die Frage, inwiefern der genannte Ressourcenverbrauch gerechtfertigt ist. An dieser Stelle kommt ein sog. Super-Server zum Einsatz.

Ein Super-Server überwacht stellvertretend für mehrere Server die entsprechenden Netzwerk-Sockets bzw. Ports und startet bei einer Anfrage durch einen Client das entsprechende Serverprogramm, welches dann erst den eigentlichen Dienst leistet. Ein Super-Server spart somit Systemressourcen, da die eigentlichen Serverprogramme nur bei Bedarf gestartet und anschließend wieder gestoppt werden. Allerdings muss man hierbei mit langsameren Antwortzeiten des Servers rechnen, da das Starten der Programme nicht unwesentlich Zeit und Ressourcen verbraucht.

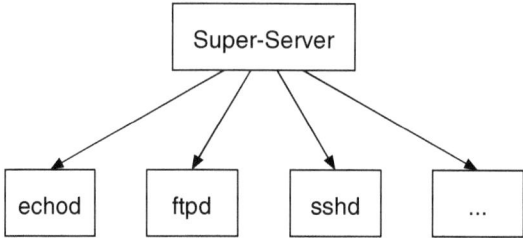

Abb. 2.7 Ein Super-Server startet nach Bedarf die entsprechenden Serverprogramme

Ein Beispiel eines solchen Super-Servers ist der *inetd* bzw. die erweiterte Version der *xinetd* (eXtended InterNET Daemon), welche häufig in Unix- bzw. Linux-Systemen zum Einsatz kommen. Konfiguriert wird der *inetd* bzw. *xinetd* über eine einfache Textdatei, in der die wichtigsten Netzwerkdaten des Dienstes (Protokoll, Portnummer etc.) und das zu startende Serverprogramm angegeben ist.

Ein besonderer Vorteil bei der Verwendung eines Super-Servers wie *inetd* oder *xinetd* ist, dass das eigentliche Serverprogramm keine Netzwerkprogrammierung mehr benötigt. Die komplette Kommunikation erfolgt für das Serverprogramm lediglich über die Standard-Ein- und Ausgabeströme. Die eigentliche Netzwerkkommunikation übernimmt der Super-Server. Auf diese Weise wird die Entwicklung von Serverprogrammen deutlich vereinfacht.

2.4.3 Serverzustände

Zugriffe von Clients auf einen Server können, je nach Aufbau des Systems, Daten bzw. Objekte auf dem Server verändern. Dies hat Auswirkung auf zukünftige Anfragen entweder desselben Clients oder anderer Clients. Dementsprechend werden Server bzw. Dienste in zwei Klassen eingeteilt:

zustandsinvariant Anfragen von Clients verändern nicht den Zustand von Objekten auf dem Server. Dennoch können gleiche Anfragen zu unterschiedlichen Ergebnissen führen, z.B. liefern Anfragen an einen Time-Server je nach Zeitpunkt unterschiedliche Ergebnisse.

zustandsändernd: Anfragen bzw. Aufträge von Clients können Objekte auf dem Server ändern. Gleiche Anfragen können zu unterschiedlichen Ergebnissen führen bzw. sogar unmöglich werden, beispielsweise können Objekte zwischenzeitlich von einem File-Server oder Datenbankserver gelöscht worden sein.

Bei zustandsändernden Servern spielt selbstverständlich die Reihenfolge der Anfragen eine große Rolle, da sich Objekte, auf die zugegriffen werden soll, zwischenzeitlich geändert haben können. So kann z.B. eine Datei auf einem File-Server durch einen anderen, gleichzeitig zugreifenden Client zwischenzeitlich geändert oder gar gelöscht worden sein.

2.4 Client-Server-Interaktion

Desweiteren wird noch zwischen zustandslosen und zustandsspeichernden Servern unterschieden:

zustandslos Einzelne Anfragen eines Clients werden vom Server voneinander losgelöst betrachtet und werden nicht mit vorhergehenden Anfragen in Beziehung gebracht.

zustandsspeichernd Einzelne Aktionen eines Clients werden beim Server vorgehalten und können so mit vorhergehenden Anfragen in Beziehung gebracht werden.

Bei einem zustandslosen Server erscheinen einzelne Anfragen von Clients jeweils so, als würde der Client zum ersten Mal mit dem Server in Verbindung stehen. Beziehungen zu vorhergehenden Aktionen können nicht hergestellt werden. Ein zustandsspeichernder Server hingegen speichert Informationen zu vorhergehenden Aktionen eines Clients. Dies ermöglicht die einzelnen Aktionen miteinander in Beziehung zu bringen, um daraus z.B. eine Sitzung (engl. Session) zu generieren. Ein anschauliches Beispiel für einen zustandsspeichernden Server ist ein Onlineshop mit Warenkorb, wo für jeden einzelnen Nutzer ein eigener Warenkorb verwaltet wird und somit immer eine Verbindung zum entsprechenden Client besteht. Bei einem zustandslosen Server müsste der Warenkorb beim Client gespeichert und bei jeder Anfrage an den Server übertragen werden.

2.4.4 Caching

Häufig werden Objekte oder Daten, die von einem Client benutzt werden, für zukünftige Zugriffe in einem extra dafür vorgesehenen Zwischenspeicher, dem Cache, im Client abgelegt. Zukünftige Zugriffe können somit schneller ausgeführt werden, da die Daten nicht nochmals über das relativ langsame Netzwerk übertragen werden müssen, sondern aus dem Cache geladen werden können. Ein Beispiel ist ein Web-Browser, der bereits geladene Webseiten und dazugehörige Ressourcen wie z.B. Bilder im Cache ablegt, um sie bei erneutem Zugriff nicht nochmals laden zu müssen. Auf diese Weise werden sowohl Netzwerk- als auch Server-Ressourcen gespart.

Der Cache besitzt jedoch eine begrenzte Größe[4], sodass sich die Frage stellt, welche Daten im Cache gehalten werden bzw. welche aus dem Cache entfernt werden, falls neue Daten eingefügt werden sollen. Hierzu gibt es zwei gebräuchliche Strategien:

LRU-Strategie Least Recently Used - Die am längsten nicht benutzten Objekte im Cache werden durch neue ersetzt. Zur Realisierung dieser Strategie wird eine Sortierung der Objekte benötigt, die sich aus den zeitlichen Zugriffen auf die Objekte ergibt. Dies kann z.B. in einer Liste geschehen, indem immer das zuletzt benutzte Objekt an die oberste Stelle der Liste gesetzt wird.

---

[4] bei aktuellen Web-Browsern beträgt die Größe ca. 50MB

LFU-Startegie Least Frequently Used - Die am wenigsten benutzten Objekte werden aus dem Cache entfernt. Zur Realisierung braucht jedes Objekt einen Zugriffszähler, der wiedergibt, wie oft auf das Objekt zugegriffen wurde.

2.4.4.1 Konsistenzprobleme durch den Einsatz von Caches

Die Caching-Technik bringt jedoch auch einige Probleme mit sich. So können Daten im Cache bereits veraltet sein, da sich die entsprechenden Objekte auf dem Server inzwischen geändert haben. Bei der Entwicklung von Webseiten trifft man häufig auf dieses Problem, z.B. wird eine geänderte HTML-Datei nicht angezeigt, da noch die alte Datei aus dem Browser-Cache angezeigt wird.

Doch insbesondere auch ändernde Zugriffe führen zu Konsistenzproblemen. Werden Änderungen an Daten durchgeführt, so befinden sich diese geänderten Daten zunächst nur im Cache des jeweiligen Clients. Der Server oder auch andere Clients, die diese Daten möglicherweise ebenfalls in ihrem Cache haben, besitzen diese aktualisierten Daten jedoch noch nicht. Um die Vorteile des Caches möglichst optimal auszunutzen, und um somit Ressourcen wie Netzwerk- oder Serverlast zu schonen, sollen die Änderungen möglichst lange im Cache vorgehalten werden. Irgendwann müssen jedoch Änderungen aus dem Cache an der Server übertragen werden. Hierzu müssen nur die Objekte bzw. Daten übertragen werden, die sich auch geändert haben. Geänderte Objekte werden hierzu mit einem sog. *dirty-bit* markiert. Ist das *dirty-bit* gesetzt, so müssen die Daten mit dem Server abgeglichen werden. Es gibt jedoch unterschiedliche Strategien, zu welchem Zeitpunkt die Daten zurückgeschrieben werden.

write-back Die geänderten Daten werden erst dann zurückgeschrieben, wenn sie aus dem Cache verdrängt werden, also durch neue Daten ersetzt werden sollen.

Bei dieser Strategie bleiben die Daten unter Umständen sehr lange im Cache. Hier wird zwar der Cache optimal genutzt, jedoch kann dies zu sehr großen Inkonsistenzen im System führen, da andere Clients oder auch der Server u.U. sehr lange mit veralteten Daten arbeiten.

delayed-write Verzögertes schreiben. Die geänderten Daten werden erst nach einem gewissen Zeitintervall zurückgeschrieben. Zur Reduktion des Netzverkehrs werden geänderte Daten eine gewisse Zeit gesammelt und später gemeinsam übertragen.

write-on-close Schreiben beim Schließen. Daten werden erst dann zurückgeschrieben, wenn die Verbindung zum Server abgebaut wird bzw. wenn ein Objekt nicht mehr benötigt wird, z.B. beim Schließen einer Datei.

Durch diese beiden recht ähnlichen Strategien werden Änderungen verzögert an den Server übertragen. Dies kann zu Problemen führen und zwar dann, wenn Clients zwischenzeitlich auf die gleichen Daten zugreifen, sie arbeiten dann mit veralteten Versionen der Daten.

2.4 Client-Server-Interaktion

write-through Durch den Cache hindurch schreiben. Ändernde Zugriffe werden sofort an den Server weitergeleitet.

Hier wird das zuvor genannte Problem gelöst, indem die Änderungen sofort an den Server geleitet werden. Der Server und andere Clients können somit sofort mit den aktuellen Daten arbeiten. Jedoch hat diese Vorgehensweise große Nachteile: Bei jedem ändernden Zugriff muss das Netzwerk angesprochen werden, und somit bringt auch der Cache beim Schreiben keinen Vorteil mehr.

Doch auch wenn der Cache sich nur bei lesenden Zugriffen bemerkbar macht, können Clients mit veralteten Daten arbeiten. Denn Daten, die auf dem Server aktualisiert wurden, werden nicht in den Caches der Clients aktualisiert. Um zu vermeiden, dass Clients mit veralteten Daten in ihren Caches arbeiten, können die Clients bei jedem Zugriff auf ein Objekt im Cache beim Server nachfragen, ob bereits eine aktualisierte Version des Objektes vorliegt. Falls ja, muss das Objekt im Cache als ungültig markiert und das aktuelle Objekt vom Server abgerufen werden. Dieses Verfahren erhöht zwar ein wenig die Netzlast, da jedoch nur kurze Statusinformationen, wie z.B. ein Zeitstempel, abgefragt werden müssen, kann sich der Einsatz insbesondere bei Objekten mit großem Datenvolumen lohnen. Diese Technik wird häufig von Web-Browsern und entsprechend konfigurierten Web-Servern benutzt, denn auch der Server muss bei Anfragen entsprechende Statusinformationen zur Verfügung stellen.

2.4.4.2 Lese- und Schreib-Sperren

Geben Clients bei Anfragen dem Server die Art des Zugriffes auf ein Objekt bekannt, ob lesend oder schreibend, so hat der Server die Möglichkeit den Zugriff auf die Objekte zu koordinieren. Werden Zugriffe auf Objekte nur durch eine Instanz im System geregelt, so lassen sich viele Konsistenzprobleme vermeiden. Der gleichzeitige lesende Zugriff mehrerer Clients stellt dabei kein Problem dar, da sich lesende Zugriffe nicht gegenseitig beeinflussen und somit auch keine Inkonsistenzen auftreten können. Bei schreibenden Zugriffen müssen allerdings lesende Zugriffe oder weitere schreibende Zugriffe für die Dauer des Schreibzugriffes blockiert werden. Auf diese Weise lassen sich Konsistenzprobleme zumindest auf der Seite des Servers vermeiden. Der Server verhängt je nach angefragtem Zugriff entweder eine Lese-Sperre oder eine Schreib-Sperre für das jeweilige Objekt.

Lese-Sperre Gleichzeitige lesende Zugriffe sind möglich, wird jedoch das Objekt zum Schreiben angefordert, so wird der schreibende Zugriff solange blockiert, bis alle lesenden Zugriffe beendet wurden.

Schreib-Sperre Falls ein Objekt zum Schreiben angefordert wurde, wird kein weiteres Lese- oder Schreibrecht vergeben, alle weiteren Zugriffe werden bis zur Beendigung des schreibenden Zugriffs blockiert.

Da lesende Zugriffe unter Umständen bei einem Client durch den Cache abgedeckt werden, ergibt sich auch hier wieder das Problem, dass die Daten im Cache veraltet sein können. Um dies zu beheben, muss der Server die Clients benachrichtigen, wenn Objekte zum Schreiben angefordert werden. Diese Objekte werden dann vom Caching durch die Clients ausgeschlossen und alle Zugriffe, lesend oder schreibend, werden direkt an den Server weitergeleitet. Der Server muss sich hierzu merken, welche Clients welche Objekte im Cache halten. Ein Server kann jedoch nicht unaufgefordert Nachrichten an Clients senden, weshalb hier das Client-Server-Modell gelockert werden muss.

2.4.5 Vermittlung und Lastverteilung

Häufig befindet sich zwischen Client und Server noch ein weiteres System, welches vermittelnde Aufgaben wahrnimmt. Diese Systeme können für Clients sichtbar sein, und Clients können somit auch explizit deren Dienste in Anspruch nehmen. Sie können jedoch auch unsichtbar sein. Die Aufgaben solcher Systeme können folgende sein:

- Das vermittelnde System nimmt als Stellvertreter (Proxy) für den Server Anfragen der Clients entgegen.
- Anfragen von Clients oder Antworten von Servern können modifiziert bzw. gefiltert werden.
- Clients kennen die Adressen der Server nicht und angeforderte Dienste werden durch einen Vermittler (Broker) weitergereicht.
- Das System steuert die Lastverteilung (load-balancing) zwischen mehreren Servern.

Manche dieser Systeme können als Server bezeichnet werden und zwar dann, wenn dem Client das System bekannt ist und dessen Dienste nutzt. Häufig ist für den Client dieses System jedoch unsichtbar, weshalb sich keine direkte Client-Server-Beziehung ergibt.

2.4.5.1 Proxy-Server

Proxy-Server werden häufig bei der Client-Server Kommunikation eingesetzt und verrichten oft unbemerkt von den Anwendern ihre Dienste. Anstatt die Anfrage eines Clients direkt an einen Server zu leiten, geht die Anfrage zunächst an einen „Stellvertreter", den Proxy. Ein Proxy-Server befindet sich zwischen Client und Server und nimmt für den Server stellvertretend Anfragen des Clients entgegen. Der Proxy versucht nun entweder die Anfragen selbst zu bearbeiten oder leitet sie an den Server weiter. Das Vorhandensein eines Proxys ist meist für den Client und auch für den Server unsichtbar.

Die Aufgaben eines Proxy-Servers können vielfältig sein, so können Proxys dazu eingesetzt werden die wahre Adresse des Servers (oder auch des Clients) zu verbergen. Ein Proxy kann auf diese Weise dem Schutz der Systeme (sowohl Client

2.4 Client-Server-Interaktion

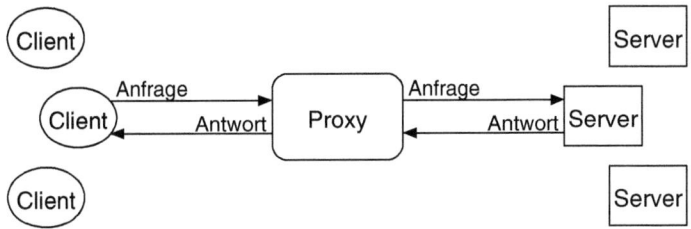

Abb. 2.8 Ein Proxy-Server kann für die beteiligten System sichtbar oder unsichtbar sein

also auch Server) dienen. Ein anderer Grund kann die Filterung von Anfragen bzw. Antworten sein. Bestimmte Anfragen bzw. Antworten werden dabei vom Proxy entweder gar nicht oder nur gefiltert durchgereicht.

Eine häufige Anwendung von Proxys ist die Funktion als Cache. Anstatt bei jedem Client einen eigenen Cache zu implementieren, kann man auch für mehrere Clients einen gemeinsamen Cache anbieten. Hierbei versucht der Proxy die Anfragen des Clients zunächst selbst zu erledigen. Kann er dies nicht, so leitet er die Anfrage an den Server weiter und speichert anschließend die Rückantwort des Servers zwischen, um sie bei zukünftigen Anfragen selbst an die Clients übertragen zu können.

Ein solcher Proxy kann entweder dazu benutzt werden einen Server zu entlasten oder (z.B. in einem Firmennetzwerk) dabei helfen, den Netzwerkverkehr zu reduzieren. Der Cache kann dabei auch recht intelligent und vorausschauend vorgehen, indem z.B. häufig aufgerufene Dokumente oder Objekte in Zeiten mit wenig Netzverkehr (z.B. in der Nacht) in den Cache geladen bzw. aktualisiert werden.

2.4.5.2 Vermittler

Eine Voraussetzung bei einem Client-Server System ist, dass dem Client die Adresse eines Dienstes bekannt sein muss, um ihn in Anspruch zu nehmen. Verändert sich der Ort eines Dienstes, z.B. wenn er aus Belastungsgründen von einem Rechner auf einen anderen verlagert wird, so müssen auch alle Clients, die diesen Dienst nutzen, darüber in Kenntnis gesetzt werden. Dies kann insbesondere bei komplexen verteilten Systemen schwierig sein. Hier kann ein Dienst helfen, der zwischen Client und dem eigentlichen Server vermittelt. Ein solcher Dienst wird dann entsprechend auch als Vermittler bzw. als Broker bezeichnet. Der Vermittler enthält Informationen über Ort und Zugriff auf einen Dienst, und die Clients greifen nur über diesen Vermittler auf die Dienste zu. Alle Dienste und Server des Systems werden beim Vermittler registriert. Das Einzige, was die Clients nun kennen müssen, ist die Adresse des Vermittlers, um einen Dienst abfragen zu können. Auf diese Weise wird es leicht Dienste im System zu verschieben, da Veränderungen nur noch dem Vermittler mitgeteilt werden müssen. Vermittler können prinzipiell auf 2 Arten funktionieren:

Forwarding Broker   Hier leitet der Vermittler die Anfragen der Clients an den entsprechenden Server weiter und gibt die Antwort des Servers an den Client zurück. Der komplette Datenverkehr wird durch den Vermittler geleitet. Nachteilig kann hier sein, dass viele Zugriffe von Clients die Leistung des gesamten Systems beeinträchtigen können.

Handle Driven Broker   Bei einem Handle Driven Broker erfragt der Client zunächst den gewünschten Dienst bei dem Vermittler ab, welcher daraufhin einen Handle bzw. eine Adresse des eigentlichen Servers zurückliefert. Mit dieser Information nimmt der Client dann Verbindung mit dem eigentlichen Server auf. Der Vorteil ist hier, dass der Datenverkehr nicht mehr komplett über den Vermittler läuft und sich somit kein Leistungseinbruch mehr ergibt.

Zur weiteren Leistungsverbesserung können beim Einsatz eines *Handle Driven Brokers* die Handles bzw. die Adressen der Server im Cache der Clients zwischengespeichert werden. Dadurch werden erneute Anfragen derselben Dienste beim Vermittler unnötig.

Ein Problem beim Einsatz von Vermittlern ist der Ausfall des Vermittlers. Hierdurch kann das gesamte System unbenutzbar werden, da in dem Fall auch kein Dienst mehr erreicht werden kann. Dieses Problem kann man umgehen, indem Vermittler repliziert, also mehrfach und redundant angeboten werden. Weitergehend könnte man sogar jedem einzelnen Client einen Vermittler zur Verfügung stellen, d.h., der Vermittler läuft u.U. als Programm im Client. Dies bedeutet jedoch, dass die Datenbasis des Vermittlers bei jedem Client vorgehalten und somit auch aktuell gehalten werden muss.

2.4.5.3 Lastverteilung

Eine weitere wichtige Aufgabe bei vielen verteilten Systemen ist die Steuerung der Lastverteilung der vorhandenen Server. Dienste wie Wikipedia, Google, YouTube, ZDFmediathek oder größere Online-Shops wären ohne Lastverteilung aufgrund des hohen Nutzeraufkommens nicht benutzbar. Bei einem hohem Nuzteraufkommen wäre ein einziger Server aufgrund der hohen System- bzw. Netzbelastung einfach überfordert.

Zur Lastverteilung werden die im System vorhandenen Dienste mehrfach angeboten. Anfragen von Clients gehen zunächst an einen Balancer, welcher dann den am wenigsten belasteten Server aufruft. Auf diese Weise kann eine gleichmäßige Belastung der vorhandenen Server erreicht werden. Eine Voraussetzung ist jedoch, dass der Balancer die aktuelle Auslastung der beteiligten Server kennt. Auch ein Balancer kann wie ein Vermittler bzw. Broker als *Forwarding Balancer* oder als *Handle Driven Balancer* implementiert sein.

Eine Lastverteilung kann auf unterschiedliche Art realisiert werden. Eine häufig anzutreffende Art ist die Lastverteilung über DNS. Jeder Client fragt die IP-Adresse eines Servers über seinen Namen bei einem Nameserver (DNS) ab. Dies geschieht unbemerkt und ist einer der wichtigsten Dienste im WWW. Ohne DNS wären Aufrufe wie www.fh-schmalkalden.de nicht möglich, und Anwender müssten immer die IP-Adresse des entsprechenden Servers kennen. Zur Lastverteilung über DNS werden nun beim DNS-Server hinter einem Hostnamen mehrere IP-Adressen hinterlegt, welche dann nach einem bestimmten Verfahren an die Clients übergeben werden. So liefern z.B. DNS Anfragen an Google, ZDFmedithek oder YouTube zu unterschiedlichen Zeiten unterschiedliche IP-Adressen.[5]

2.5 Parallelverarbeitung

In einem verteilten System arbeiten mehrere System an der Lösung einer gemeinsamen Aufgabe. Die beteiligten Systeme befinden sich dabei häufig an unterschiedlichen Orten. Viele Aktionen oder Teilaufgaben können gleichzeitig erledigt werden und Server können gleichzeitige Anfragen mehrerer Clients parallel bearbeiten. Zudem können sogar ganze Dienste an unterschiedlichen Orten mehrfach, redundant bzw. repliziert angeboten werden. Die Begriffe Nebenläufigkeit, Parallelität und Verteiltheit treten in diesem Zusammenhang immer wieder auf und sollen daher zunächst definiert werden:

Nebenläufigkeit Nebenläufige Aktivitäten laufen gleichzeitig ab, sind aber voneinander unabhängig und beeinflussen sich nicht. Ein Beispiel nebenläufiger Aktivität wäre das Arbeiten mit einer Textverarbeitung, während im Hintergrund eine Musikdatei abgespielt wird. Beide Aktivitäten stehen nicht miteinander in Beziehung.

Parallelität Hier sind mehrere Prozessoren oder auch Systeme an einer Aktivität beteiligt. Die Ergebnisse der einzelnen Systeme oder Prozessoren haben eine Beziehung zueinander oder hängen voneinander ab. Ein Beispiel wäre die Videokompression auf einem Multiprozessorsystem. Der Begriff Parallelität wird häufig mit Nebenläufigkeit gleichgesetzt.

Verteiltheit Hiermit ist die räumliche Aufteilung eines Systems gemeint, z.B. in einem Computernetzwerk. Verteilte Aktivitäten können sowohl parallel als auch nebenläufig sein.

Parallele oder verteilte Programme haben recht komplexe Eigenschaften, wie zum Teil in den vorhergehenden Abschnitten bereits gezeigt wurde. Zunächst sollen daher die Eigenschaften eines nichtverteilten bzw. nichtparallelen Systems gegenüber einem parallelen System dargestellt werden. Ein nichtparalleles System hat folgende Eigenschaften:

- Nur ein System bzw. Programm arbeitet an der Lösung einer Aufgabe
- Ein eindeutiger Ablauf des Programmes ist gegeben

---

[5] Dies ist jedoch stark abhängig von der Konfiguration des Clients, da diese häufig einen DNS-Cache verwenden.

- Unter gleichen Bedingungen und gleichen Eingaben wird immer das gleiche Ergebnis geliefert

Bei einem parallelen System hingegen können trotz gleicher Bedingungen und gleicher Eingaben u.U. unterschiedliche Ergebnisse entstehen. Zudem sind auch die Arbeitsgeschwindigkeiten der beteiligten Systeme bei einem parallelen System unterschiedlich, sodass sich ein nicht eindeutiger Programmablauf ergibt. Dies soll an einem Beispiel mit einem Zugriff auf ein gemeinsam genutztes Objekt dargestellt werden:

```
Konto = 100;

Transaktion-A: Konto = Konto + 50;
Transaktion-B: Konto = Konto - 50;
```

Bei diesem Beispiel soll von einem Konto durch zwei Nutzer entweder Geld abgehoben bzw. eingezahlt werden. Dieses Beispiel wird häufig benutzt, um die Verzahnung paralleler Aktivitäten darzustellen. Bei einer sequenziellen Abarbeitung beider Transaktion durch ein nichtparalleles System beträgt nach Abschluss beider Transaktionen der Kontostand 100. Es ist hierbei unerheblich, ob Transaktion A vor Transaktion B oder umgekehrt ausgeführt wird.

Werden jedoch bei einem parallelen System beide Transaktionen gleichzeitig ausgeführt, so kann der abschließende Kontostand (ohne entsprechende Vorkehrungen) entweder 150 oder 50 betragen, je nachdem, welche Transaktion später endet. Der Grund ist, dass jede der beiden Transaktionen wiederum in einzelne Teilschritte zerlegt werden muss und somit beide Transaktionen verzahnt ablaufen. Genauer wird dies mit entsprechenden Lösungsmöglichkeiten im Abschn. 2.5.3 erläutert. Parallele oder nebenläufige Aktionen müssen daher die Möglichkeit besitzen, miteinander kommunizieren zu können, um den Zugriff auf gemeinsam genutzte Objekte zu koordinieren.

2.5.1 Parallele Server

Server wenden auch meist Parallelverarbeitung an, da sie auf Anfragen mehrerer Clients, die häufig gleichzeitig ankommen, reagieren müssen. Grundsätzlich gibt es jedoch zwei Möglichkeiten, wie Server die einzelnen Anfragen der Clients abarbeiten können:

sequenziell Wenn der Server eine Anfrage von einem Client erhält, so bearbeitet er die Anforderung und sendet nach Beendigung das Ergebnis an den Client zurück. Danach bearbeitet der Server entweder die nächste Anfrage oder wartet, falls noch keine weitere Anfrage eingetroffen sein sollte, auf die nächste Anfrage. Zwischendurch eingehende Anfragen werden in einer Warteschlange eingereiht und nacheinander abgearbeitet.

2.5 Parallelverarbeitung

parallel Erhält der Server eine Anfrage, so startet er für die Bearbeitung dieser Anforderung einen neuen Prozess. Der Server-Prozess selbst wartet nach dem Erzeugen des neuen Prozesses auf weitere Anfragen von Clients und startet daraufhin wiederum neue Prozesse. Der Prozess für die Bearbeitung sendet nach Beendigung seiner Arbeit das Ergebnis an den Client und beendet sich anschließend selbst.

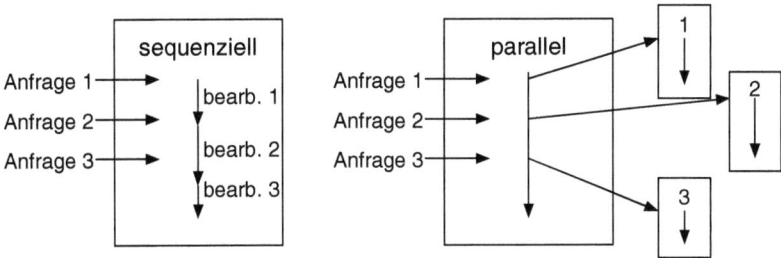

Abb. 2.9 Arbeitsweise sequenzieller und paralleler Server

Da die Bearbeitung unterschiedlicher Anfragen auch von unterschiedlicher Dauer sein kann, müssen bei einem sequenziellen Server die Clients u.U. lange auf eine Reaktion des Servers warten, da erst auf die Beendigung vorhergehender Anfragen gewartet werden muss. Diese Wartezeiten fallen bei einem parallelen Server weg und somit sind auch die Antwortzeiten eines parallelen Servers deutlich besser.

2.5.2 Prozesse und Threads

Unabhängig vom Client-Server Modell-gibt es bei einem System immer die Frage, wie mehrere anstehende Aufgaben gleichzeitig oder parallel ausgeführt werden können. Heutige Betriebssysteme führen ohne weiteres mehrere Programme gleichzeitig aus, z.B. arbeitet ein Anwender im Vordergrund mit einer Textverarbeitung, während im Hintergrund ein Audio-Player eine Musikdatei im mp3-Format dekodiert und wiedergibt. Handelt es sich um ein Multiprozessorsystem, so können die einzelnen Programme auf verschiedenen Prozessoren ausgeführt werden und man erhält echte Gleichzeitigkeit. Handelt es sich jedoch um ein Einprozessorsystem oder stehen nicht genügend Prozessoren für alle Programme zur Verfügung, so muss durch Software dafür gesorgt werden, dass die Prozessorzeit auf die einzelnen Programme aufgeteilt wird. Eine gleichzeitige Abarbeitung wird somit simuliert. Bei modernen Betriebssystemen wird diese Zuteilung der Prozessorzeit durch das Betriebssystem organisiert, z.B. durch ein prioritätsgesteuertes Zeitscheiben-Verfahren (round robin). In diesem Zusammenhang sollen hier zunächst ein paar Begriffe definiert werden:

Programm Ein Programm ist eine Datei, welche von einem Computersystem ausgeführt werden kann.

Prozess Ein Prozess ist ein Programm, welches von einem Betriebssystem geladen wurde und ausgeführt wird. Ein Prozess wird auch häufig als Task bezeichnet.

Thread Ein Thread ist ein Ausführungsstrang in einem Prozess, ein Prozess hat immer mindestens einen Thread.

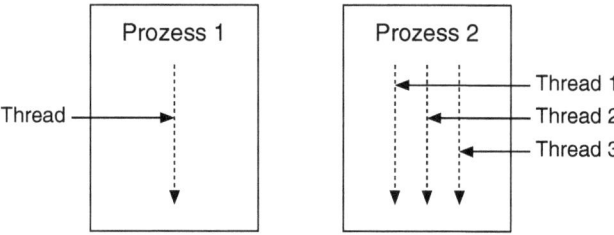

Abb. 2.10 Prozesse mit einem und mit 3 Threads

Können in einem System mehrere Prozesse gleichzeitig ablaufen, so spricht man von *Multitasking*. Können innerhalb eines Prozesses mehrere Threads gleichzeitig ablaufen, so spricht man von *Multithreading*.

2.5.2.1 Prozesswechsel

Laufen in einem System mehr Prozesse als Prozessoren vorhanden sind[6], so muss, wie oben bereits beschrieben, der gleichzeitige Ablauf der Prozesse durch Zuteilung der Prozessorzeit durch Software realisiert werden. Normalerweise geschieht dies durch das Betriebssystem, welches die Prozessorzeit nach unterschiedlichen Verfahren den Prozessen zuteilen kann. Hierzu muss das Betriebssystem zu jedem Prozess die zugehörigen Daten wie Befehlszähler, Adressraum, Hard- und Softwareressourcen verwalten. All diese Verwaltungsdaten werden in einem sog. Prozess-Kontrollblock (Process Control Block) oder auch PCB verwaltet. Eine schematische Darstellung eines PCB ist in Abb. 2.11a wiedergegeben.

Wird nun vom Betriebssystem ein Prozess gestoppt, weil ein anderer gestartet werden soll (der sog. Prozess- oder Kontextwechsel), so muss der PCB des alten Prozesses gespeichert und der Kontext des neuen Prozesses wiederhergestellt werden. Das Wiederherstellen des Prozesskontextes umfasst recht umfangreiche Aufgaben, wie das Laden der Registerwerte der CPU, Laden des Befehlszählers und insbesondere das Wiederherstellen der Speicherverwaltungsstrukturen des Prozesses. Ein Prozesswechsel ist eine recht aufwändige Angelegenheit. Auf einem Linux-System

---

[6] In heutigen Desktop PC-Systemen ist es normal, dass 50–100 Prozesse oder auch mehr vom Betriebssystem verwaltet werden.

2.5 Parallelverarbeitung

werden hierzu ca. 10.000–20.000 Taktzyklen benötigt. Man ist daher natürlich bestrebt den PCB möglichst klein zu halten und den Prozesswechsel mit möglichst wenig Ressourcen durchzuführen. Bei heutigen Systemen finden pro Sekunde zwischen 100 bis 1000 Prozesswechsel statt, je nach Konfiguration oder Anwendung des Systems. Bei einem Serversystem, bei welchem meist ein hoher Datendurchsatz gefragt ist, wird eher mit einer geringeren Anzahl an Prozesswechseln pro Sekunde gearbeitet, beispielsweise mit 100 Prozesswechseln. Bei Desktopsystemen ist hingegen eine schnelle Reaktionszeit gefragt, weshalb hier 1000 Prozesswechsel durchaus üblich sind.

2.5.2.2 Threadwechsel

Prozesse haben einen eigenen Speicherbereich und eigene Ressourcen und können diese exklusiv und geschützt vor anderen Prozessen beliebig nutzen. Dies ist möglich, da das Betriebssystem durch eine entsprechende Speicherverwaltung die Prozesse voreinander schützt. Jeder Prozess sieht daher nur seine eigenen Ressourcen und kann nicht auf Daten anderer Prozesse zugreifen. Prozesse sind also voneinander abgekapselt und eignen sich daher besonders gut für voneinander unabhängige Anwendungen. Braucht jedoch eine Anwendung parallele Aktivitäten oder müssen viele unabhängige Anfragen gleichzeitig bedient werden (z.B. bei einem Web-Server), dann sind Prozesse weniger geeignet, da häufig gemeinsame Daten genutzt werden müssen. Ebenso sind von mehreren Prozessen gemeinsam genutzte Ressourcen, wie Speicherbereiche oder Variablen, sehr aufwändig in der Handhabung, bedürfen der Hilfe des Betriebssystems und sind daher häufig sehr kostspielig.

An dieser Stellen kommen Threads zum Einsatz. Die Idee hinter Threads ist, parallelen Aktivitäten die Nutzung gemeinsamer Ressourcen, wie Speicherbereich, Variablen und auch Systemressourcen zu ermöglichen. Threads sind parallel ablaufende Aktivitäten innerhalb eines Prozesses. Sie benutzen den gleichen Adressraum und die gleichen globalen Variablen. Alle Ressourcen, die dem Prozess zugeordnet sind, werden von allen Threads des Prozesses gemeinsam genutzt. Zwischen den Threads eines Prozesses besteht daher nun auch kein Schutz mehr vor Veränderung von Daten. Es müssen deshalb Mechanismen existieren, wie gemeinsam genutzte Daten beim Zugriff mehrerer Threads geschützt werden können. Diese Mechanismen werden in Abschn. 2.5.3 genauer besprochen. Aufgrund der gemeinsamen Nutzung aller Prozessressourcen ergeben sich folgende Eigenschaften für Threads:

- Globale Variablen oder Objekte eines Prozesses können von allen Threads gemeinsam genutzt werden.
- Lokale Thread-Variablen oder Objekte sind jedoch „privat".
- Besitzt ein Thread eine Referenz auf ein „privates" Objekt eines anderen Threads, so kann darauf ungehindert zugegriffen werden.
- Mehrere Threads können den gleichen Programmcode ausführen.

Dadurch, dass Threads zu einem Prozess gehören und gemeinsam alle Ressourcen nutzen, ergeben sich für das Betriebssystem beim Threadwechsel innerhalb eines Prozesses erhebliche Erleichterungen. Beim Threadwechsel innerhalb eines Prozesses muss nur der Thread-Kontext, der durch den Thread-Kontrollblock (Thread Control Block) beschrieben wird, gewechselt werden. Das aufwändige

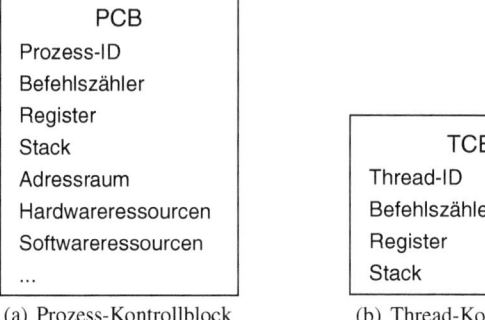

Abb. 2.11 Größenvergleich PCB und TCB

Wechseln und Herstellen der kompletten Prozessumgebung mit allen System- und Speicherressourcen entfällt beim Threadwechsel. Ein Threadwechsel ist dadurch erheblich günstiger als ein Prozesswechsel, weshalb Threads zur Bearbeitung mehrerer kurzer Aufgaben oder paralleler Aktivitäten besser geeignet sind als Prozesse. Die wesentlichen Vorteile von Threads sind hier noch einmal zusammengefasst wiedergegeben:

- schnellere Umschaltung zwischen Threads als zwischen Prozessen
- einfachere Nutzung gemeinsamer Ressourcen
- bei einem Multiprozessorsystem können Threads leicht auf mehrere Prozessoren verteilt werden

Nachteilig bei Threads ist, dass durch die gemeinsame Nutzung gemeinsamer Ressourcen ein Thread bei einem Problem den gesamten Prozess zum Blockieren oder sogar zum Absturz bringen kann. Ohne die Anwendung geeigneter Schutzmaßnahmen beim Zugriff auf gemeinsame Ressourcen kann es zudem leicht zu Dateninkonsistenzen kommen. Die Anwendung dieser Schutzmaßnahmen erhöht jedoch auch die Komplexität bei der Programmierung, Genaueres über die Programmierung hierzu wird in Abschn. 3.7 besprochen.

2.5.3 Synchronisation

Bei parallelen bzw. nebenläufigen Aktivitäten treten häufig Zugriffe auf gemeinsam genutzte Daten oder Ressourcen auf. Dieser gleichzeitige Zugriff kann leicht zu Problemen führen. Ein sehr einfaches Beispiel soll dies verdeutlichen: In einem

2.5 Parallelverarbeitung

Computersystem senden gleichzeitig zwei Prozesse Dokumente an einen Drucker. Bei einem seitenweisen Ausdruck kann es hierbei zur Vermischung der Dokumente kommen. Ein anderes Beispiel ist der gleichzeitige Zugriff zweier oder mehrerer Prozesse/Threads auf ein Konto. Wollen mehrere Prozesse die Kontodaten ändern, z.B. abbuchen, so müssen die Prozesse zunächst jeweils den aktuellen Kontostand lesen, den Betrag ändern und danach den geänderten Betrag auf das Konto zurückschreiben. Wird nun zwischendurch der Zugriff auf das Konto durch einen Zugriff eines anderen Prozesses unterbrochen, so entspricht hinterher der Betrag des Kontos u.U. nicht dem gewünschten Ergebnis.

Tabelle 2.1 Verzahnung zweier Prozesse beim gleichzeitigen Zugriff auf ein Konto

Zeit	1	2	3	4	5	6
Prozess-A +50	Start	Read	Add 50	Write	End	-
Ergebnis-A	-	100	150	150	-	-
Prozess-B -50	-	Start	Read	Sub 50	Write	End
Ergebnis-B	-	-	100	50	50	-
Konto	100	100	100	**150**	**50**	50

Ein Beispiel ist in Tab. 2.1 dargestellt. Hier wollen zwei Prozesse den Kontostand ändern, ein Prozess A möchte 50 einzahlen und ein anderer Prozess B möchte 50 abbuchen. Die Veränderung des Kontostandes erfordert 3 Schritte: Lesen des aktuellen Kontostandes in eine lokale Variable, Ändern des lokalen Wertes und anschließend Zurückschreiben des aktualisierten Wertes auf das Konto. Beide Prozesse tun dies in etwa zur gleichen Zeit. Eine mögliche Verzahnung beider Prozesse mit der jeweiligen zeitlichen Abfolge ist oben wiedergegeben. In den Schritten 4 und 5 ist zu sehen, wie der geänderte Kontostand von A einfach durch B überschrieben wird, der Wert von A ist somit verloren und der Kontostand ist falsch.

Es muss daher Möglichkeiten geben, den Zugriff auf gemeinsam genutzte Ressourcen zu synchronisieren, sodass das Ergebnis verzahnter Zugriffe am Ende dem Ergebnis einer seriellen Hintereinanderausführung der einzelnen Prozesse entspricht.

2.5.3.1 Semaphore

Eine einfache und sichere Methode zur Synchronisation ist die Verwendung sog. Semaphoren. Ein Semaphor ist, einfach gesagt, eine Variable, die anzeigt, ob ein Objekt gerade benutzt wird. Ein Semaphor gleicht somit einem Signal bei der Eisenbahn. Wollen zwei Züge über eine Weiche gleichzeitig auf ein Gleis fahren, so kann es hierbei zu einem Zusammenstoß kommen. Um dies zu vermeiden wird durch ein Signal angezeigt, ob die Weiche gerade befahrbar ist. Ist sie nicht befahrbar, so muss der Zug warten, bis die Weiche freigegeben wird. Einen ähnlichen Ablauf kennt man auch aus einer alltäglichen Situation an einer Verkehrsampel.

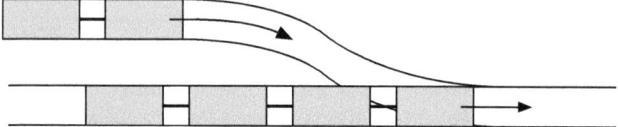

Abb. 2.12 Zwei Züge wollen zur gleichen Zeit eine Weiche befahren

Dieses Konzept wurde durch den niederländischen Informatiker Edsger W. Dijkstra in der Informatik eingeführt. Über spezielle Variablen, den Semaphoren, soll die Synchronisation von Prozessen bzw. Threads geregelt werden. Dijkstra definiert hierzu zwei Operationen auf Semaphore: P („Passering", holl. für passieren, durchlassen) und V („Vrijgave", holl. für freigeben). Tritt nun z.B. ein Thread in in einen zu synchronisierenden Bereich ein (dem kritischen Abschnitt), so ruft er die Operation P auf. Ist der Bereich gerade belegt, so wird der Thread blockiert und in einer Warteschlange eingereiht. Beim Beenden des kritischen Abschnitts wird hingegen die Operation V aufgerufen und somit der Bereich wieder passierbar gemacht für andere, möglicherweise blockierte Threads.

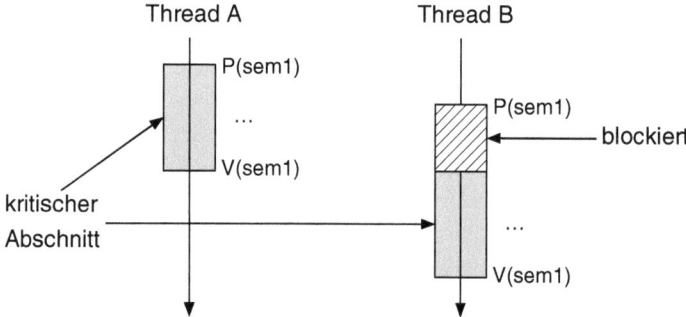

Abb. 2.13 Zwei Threads betreten zur gleichen Zeit einen kritischen Abschnitt

Ein Semaphor ist lediglich eine Zählvariable, ist der Wert <= 0, so wird der kritische Abschnitt gerade benutzt, ist der Wert > 0, so kann der kritische Abschnitt betreten werden. Eine P-Operation dekrementiert den Wert der Semaphore und eine V-Operationen inkrementiert den Wert. Die P- und V-Operationen werden daher auch oft als down- bzw. up-Operationen bezeichnet.

Geregelt werden muss allerdings auch der Zugriff auf die Semaphoren selbst. Mit einer einfachen Variablen, die gemeinsam genutzt wird, kann dieser Mechanismus nicht funktionieren, denn das Synchronisationsproblem besteht auch für diese Variable selbst. Der Zugriff muss daher atomar ablaufen, darf also nicht durch andere Prozesse oder Threads unterbrochen werden. Hierzu ist also zumindest Unterstützung durch das Betriebssystem gefragt, welches Semaphorenoperationen zur Verfügung stellt. In den allermeisten Fällen werden unteilbare Operationen zum Zugriff auf Semaphore sogar durch die Hardware unterstützt.

2.5.3.2 Monitorkonzept

Ein anderer Synchronisationsmechanismus ist das sog. Monitorkonzept. In einem Monitor werden Funktionen und Daten, die gemeinsam genutzt werden, in einer Einheit zusammengefasst, z.B. in einer Klasse. Ein Monitor ist als eine höhere Abstraktion zum Semaphorenkonzept anzusehen. Ein Objekt oder eine Funktion kann zu einem Monitor deklariert werden und der Monitor stellt sicher, dass ein Zugriff immer nur von einem Thread bzw. Prozess zur gleichen Zeit geschehen kann. Alle anderen Threads bzw. Prozesse, die ebenfalls zugreifen wollen, werden blockiert. Intern benutzt ein Monitor das Semaphorenkonzept und stellt sicher, dass zu einer P-Operation beim Eintritt immer eine V-Operation beim Verlassen des Monitors ausgeführt wird. Die Programmiersprache Java unterstützt zur Synchronisation auf recht einfache Weise das Monitorkonzept und wird in Abschn. 3.7.1 behandelt.

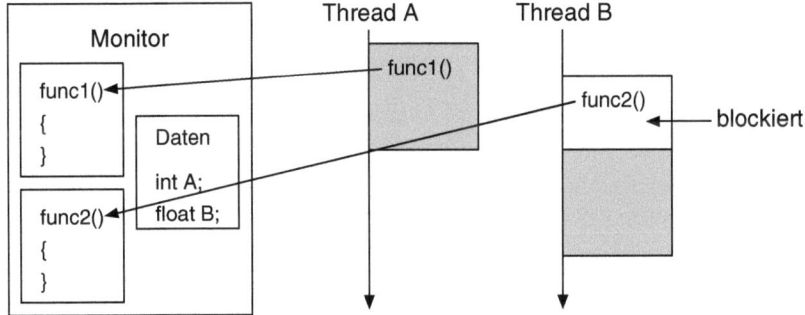

Abb. 2.14 Anwendung des Monitorkonzepts

2.5.3.3 Erzeuger-Verbraucher-Problem

Ein anderes zu synchronisierendes Problem beim gleichzeitigen Zugriff auf gemeinsame Daten ist das Erzeuger-Verbraucher-Problem. Hierbei wird von einem Prozess (dem Erzeuger) eine bestimmte Ressource produziert und in einem bestimmten Speicherbereich abgelegt (Puffer oder Lager). Ein anderer Prozess (der Verbraucher) holt nun diese Ressource aus dem Puffer und verbraucht sie.

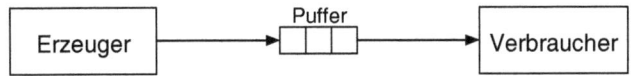

Abb. 2.15 Erzeuger und Verbraucher greifen auf einen gemeinsamen Puffer zu

Da der Puffer eine begrenzte Größe besitzt, muss der Erzeuger warten, es kann kein weiteres Objekt in den Puffer gelegt werden. Erst wenn ein Verbraucher ein

Objekt aus dem Puffer holt, wird wieder ein Speicherplatz frei. Das Gleiche gilt umgekehrt für den Verbraucher, ist der Puffer leer, muss er warten, bis ein Objekt durch einen Erzeuger abgelegt wurde. Erzeuger und Verbraucher müssen sich also benachrichtigen können, ob ein Objekt erzeugt oder verbraucht wurde, um die Blockade des jeweils anderen aufheben zu können.

Weiterhin ist es möglich, dass mehrere Erzeuger oder mehrere Verbraucher gleichzeitig auf den Puffer zugreifen. Der Zugriff auf den Puffer muss daher ebenfalls synchronisiert werden.

Lösung mit Semaphore

Zur Lösung des Erzeuger-Verbraucher Problems mit Semaphoren werden 3 Semaphoren benötigt, die für alle Prozesse gemeinsam genutzt werden:

mutex   mutual exclusion (wechselseitiger Ausschluss), wird benötigt, um den Zugriff auf den Puffer zu synchronisieren

full   zeigt dem Erzeuger an, ob der Puffer voll ist (Erzeuger muss warten), Anfangswert = Puffergröße

empty   zeigt dem Verbraucher an, ob der Puffer leer ist (Verbraucher muss warten), Anfangswert = 0

Die Semaphoren *full* und *empty* sind mehrwertige Semaphoren, ein blockierender Zugriff erfolgt erst bei dem Wert 0. Somit führt bei mehreren produzierten Objekten nicht jeder Zugriff auf den Puffer zum Blockieren des Verbrauchers. Hier ist die Lösung des Erzeuger-Verbraucher-Problems in Pseudocode wiedergegeben:

```
Producer:                        Consumer:
while (true)                     while (true)
{                                {
    P(full);                         P(empty);
    P(mutex);                        P(mutex);
    write(buffer);                   read(buffer);
    V(mutex);                        V(mutex);
    V(empty);                        V(full);
}                                }
```

Dieses Beispiel ist stark vereinfacht, sowohl Erzeuger als auch Verbraucher laufen in einer Endlosschleife und produzieren bzw. verbrauchen unentwegt Objekte. Zunächst sehen wir uns den inneren Teil an, den Zugriff auf den Puffer. Dieser wird jeweils durch P(mutex) und V(mutex) gesichert. Dies entspricht der normalen Verwendung von Semaphoren und ist ohne weiteres verständlich.

Der Zugriff auf die weiteren Semaphoren erfolgt jedoch wechselseitig. Möchte der Verbraucher ein Objekt aus den Puffer holen, so ruft er zunächst P(empty) auf (down-Operation) und prüft damit, ob der Puffer leer ist. Falls empty den Wert 0 hat, muss der Verbraucher warten, bis ein Objekt im Puffer abgelegt wurde. Aus

2.5 Parallelverarbeitung

diesem Grund ruft der Erzeuger beim Verlassen des kritischen Abschnitts die Operation V(empty) auf, somit wird einem wartenden Verbraucher das Vorhandensein eines Objektes signalisiert. Umgekehrt verläuft es mit der Semaphore full, diese zählt rückwärts und zeigt somit dem Erzeuger an, ob alle Speicherplätze des Puffers belegt sind. Der Erzeuger prüft daher zunächst, ob mindestens ein Speicherplatz frei ist, falls kein Platz frei ist, muss er warten, bis durch einen Verbraucher ein Objekt verbraucht und somit ein Platz freigegeben wurde.

Lösung mit Monitor

Monitore erlauben nur den exklusiven Zugang zu einem kritischen Abschnitt, gleichzeitige Zugriffe werden blockiert, bis der kritische Abschnitt freigegeben wurde. Zur Lösung des Erzeuger-Verbraucher-Problems muss es zudem eine Möglichkeit geben, andere Prozesse/Threads zu informieren. Hierzu gibt es im Monitor Bedingungsvariablen und damit verbundene Operationen signal() und wait():

wait(c)
    Der aufrufende Prozess wird blockiert, gibt den Monitor frei und wartet auf ein Aufruf von signal(c) durch einen anderen Prozess.

signal(c)
    Weckt einen mit wait(c) wartenden Prozess auf.

Die Lösung des Erzeuger-Verbraucher-Problems mit Monitoren ist hier als Pseudocode wiedergegeben:

```
MonitorObject MO
{
    Condition c;
    boolean empty = true;
    int buffer();

    Consumer()                          Producer()
    {                                   {
        while (true)                        while (true)
        {                                   {
            if (empty)                          if (!empty)
                wait(c);                            wait(c);

            read(buffer);                       write(buffer);
            empty = true;                       empty = false;
            signal(c);                          signal(c);
        }                                   }
    }                                   }
}
```

Das Monitorobjekt MO hat die Bedingungsvariable c und eine Variable, die anzeigt, ob der Puffer leer ist: empty. Die Variable empty könnte auch eine Zählvariable sein, falls es mehr als einen Speicherplatz im Puffer gibt. Der Verbraucher prüft zunächst, ob der Puffer leer ist. Falls ja, wartet er auf die Bedingung c und gibt somit den Monitor wieder frei. Falls nein wird ein Objekt verbraucht, der Puffer auf leer gestellt (bzw. um eins dekrementiert) und mit signal(c) ein evtl. wartender Prozess aufgeweckt. Für den Erzeuger verläuft der Ablauf umgekehrt, er muss prüfen, ob beim Eintritt in den kritischen Anschnitt der Puffer voll ist und muss dann entsprechend warten. Beim Verlassen wird hingegen der Puffer auf voll gesetzt (bzw. um eins inkrementiert) und mit signal(c) ein evtl. wartender Prozess aufgeweckt.

2.5.3.4 Verklemmungen - Deadlocks

Zu einer Verklemmung oder einem sog. Deadlock kann es kommen, wenn mehrere Prozess/Threads blockierend auf gleiche Objekte zugreifen wollen. Fordert z.B. ein Thread nacheinander Sperren auf mehrere Objekte an (z.B. Semaphore), so kann es passieren, dass ein Objekt bereits belegt ist und der Thread deshalb blockiert wird. Steckt nun ein anderer Thread in der gleichen Situation kann es zu einer Verklemmung kommen. Folgendes Beispiel soll dies demonstrieren:

1. Thread 1 sperrt Objekt A
2. Thread 2 sperrt Objekt B
3. Thread 1 will Objekt B sperren und wird blockiert
4. Thread 2 will Objekt A sperren und wird blockiert
5. Deadlock

Thread 1 wartet nun darauf, dass Objekt A freigegeben wird, welches jedoch zuvor von Thread 2 gesperrt wurde. Gleiches gilt umgekehrt für Thread 2. Beide Threads warten nun ewig, da keiner der beiden Threads in der Lage ist, eine Sperre freizugeben.

Umgang mit Deadlocks

Die Verhinderung von Deadlocks kann eine recht aufwändige Angelegenheit sein, weshalb es ein durchaus angebrachter Ansatz ist, das Problem einfach zu ignorieren. Dieses wird auch als *Vogel-Straus Taktik* bezeichnet, da der Strauß (fälschlicherweise) den Ruf hat, seinen Kopf bei Problemen in den Sand zu stecken, um sie zu ignorieren. Eine auftretende Verklemmung muss hierbei „von Hand" gelöst werden, z.B. durch Beenden eines beteiligten Prozesses. Diese Taktik kann je nach Anwendungsfall durchaus sinnvoll sein, z.B. dann, wenn Deadlocks im System akzeptiert werden können, oder aber auch wenn die Deadlock-Häufigkeit gering ist.
Es gibt jedoch auch Möglichkeiten Deadlocks zu verhindern, zwei praktikable Möglichkeiten sollen hier genannt werden:

2.6 Synchronisation in verteilten Systemen

Hold and Wait   Alle benötigten Ressourcen werden zu Beginn in einer einzigen Operation angefordert. Das Anfordern aller Ressourcen muss hierbei unterbrechungsfrei ablaufen. Das Problem hierbei ist, dass oftmals am Anfang nicht bekannt ist, welche Objekte während der Verarbeitung benötigt werden.

Circular Wait   Zyklisches Warten, hier werden alle sperrbaren Objekte durchnummeriert und Sperren dürfen nur in aufsteigender Reihenfolge angefordert werden. Wird während der Bearbeitung festgestellt, dass eine Sperre mit niedriger Nummer benötigt wird, müssen zunächst alle Sperren freigegeben und es muss von vorn begonnen werden.

2.6 Synchronisation in verteilten Systemen

Die im vorhergehenden Abschnitt besprochenen Möglichkeiten zur Synchronisation betreffen Systeme, die auf nur einem einzigen Computersystem laufen, sie sind also nicht verteilt. Diese Synchronisationsmechanismen kommen z.B. in einem parallelen Server zum Einsatz. Bei einem verteilten System lassen sich diese Mechanismen nicht anwenden, denn es gibt hier keinen gemeinsamen Speicher, in dem sich Mechanismen wie z.B. Semaphoren realisieren lassen würden. Doch insbesondere in verteilten Systemen müssen sich mehrere Systeme, die auf gemeinsam genutzte Objekte zugreifen wollen, synchronisieren.

2.6.1 Zentrale Koordination

Eine Möglichkeit zur Synchronisation in verteilten Systemen ist der Einsatz eines zentralen Koordinators. Jeder Prozess, bzw. jeder Client, der einen kritischen Abschnitt betreten möchte, fordert eine Sperre (*request*) für ein gemeinsam genutztes Objekt bei einem Koordinator an. Falls der kritische Abschnitt frei ist, erteilt der Koordinator die Erlaubnis (*reply*), den kritischen Abschnitt zu betreten. Beim Verlassen des kritischen Abschnitts teilt der Client dies dem Koordinator mit (*release*) und gibt so das Objekt wieder frei.

Der Zugriff auf gemeinsam genutzte Objekte wird so durch einen zentralen Prozess koordiniert. Der Koordinator muss für alle Teilnehmer im System erreichbar sein und stellt für die zugreifenden Prozesse einen Server dar. Das zu synchronisierende Objekt muss sich jedoch nicht auf diesem Koordinator befinden, es genügt, wenn der Koordinator nur den Zugriff auf die Objekte regelt.

Fällt jedoch der Koordinator aus, so kann das gesamte verteilte System ausfallen bzw. unbenutzbar werden, denn nun kann kein Prozess mehr auf gemeinsame Objekte zugreifen. Fehlt nach einer Anfrage das *reply* vom Server, so kann dies entweder den Ausfall des Koordinators bedeuten oder es wurde (noch) kein Zutritt zum kritischen Abschnitt erteilt. Wenn der Koordinator ausgefallen ist, so muss ein neuer Koordinator bestimmt werden. Eine Voraussetzung hierfür ist jedoch, dass

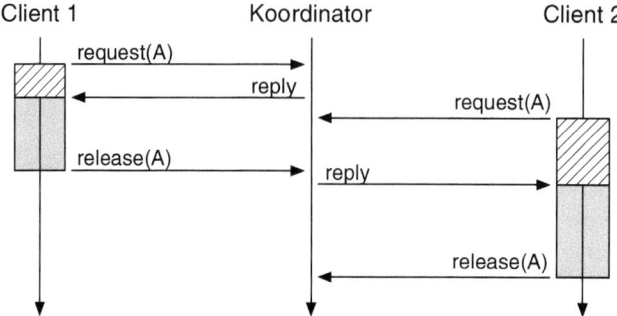

Abb. 2.16 Zwei Clients wollen zur gleichen Zeit Objekt A benutzen

der Koordinator-Algorithmus im System mehrfach vorhanden ist. Es müssen allerdings noch mehr Kriterien erfüllt sein, damit in einem System ein neuer Koordinator bestimmt werden kann:

- jeder Koordinator-Prozess funktioniert gleich
- jeder Prozess hat im System eine eindeutige Priorität
- jeder Prozess kennt alle anderen, replizierten Koordinatoren
- keinem Koordinator-Prozess ist bekannt, welcher Prozess „lebt"
- ein ausgefallener Koordinator weiß von seinem Ausfall

Es übernimmt immer der Prozess mit der höchsten Priorität die Koordination im System.

2.6.1.1 Auswahlalgorithmen

Wenn es in einem verteilten System Prozesse gibt, die spezielle Aufgaben lösen, wie z.B. ein zentraler Koordinator, dann muss beim Vorhandensein mehrerer solcher Prozesse ein Prozess ausgewählt werden, welcher diese Aufgaben übernimmt. Hier kommen die Auswahlalgorithmen zum Einsatz.

Bully-Algorithmus

Ein Auswahlalgorithmus ist der Bully Algorithmus, er erlaubt es, den „stärksten" Prozess in einem System ausfindig zu machen. Hierzu schicken sich die Prozesse gegenseitig Nachrichten und es wird in einer Art Wahl der „stärkste" noch „lebende" Prozess ermittelt.

Der Algorithmus hat folgenden Ablauf:

1. Stellt ein Prozess Pi fest, dass der Koordinator ausgefallen ist, so sendet er eine „Wahl-Nachricht" an alle Prozesse mit höherer Priorität, um einen neuen Koordinator zu bestimmen.

2.6 Synchronisation in verteilten Systemen

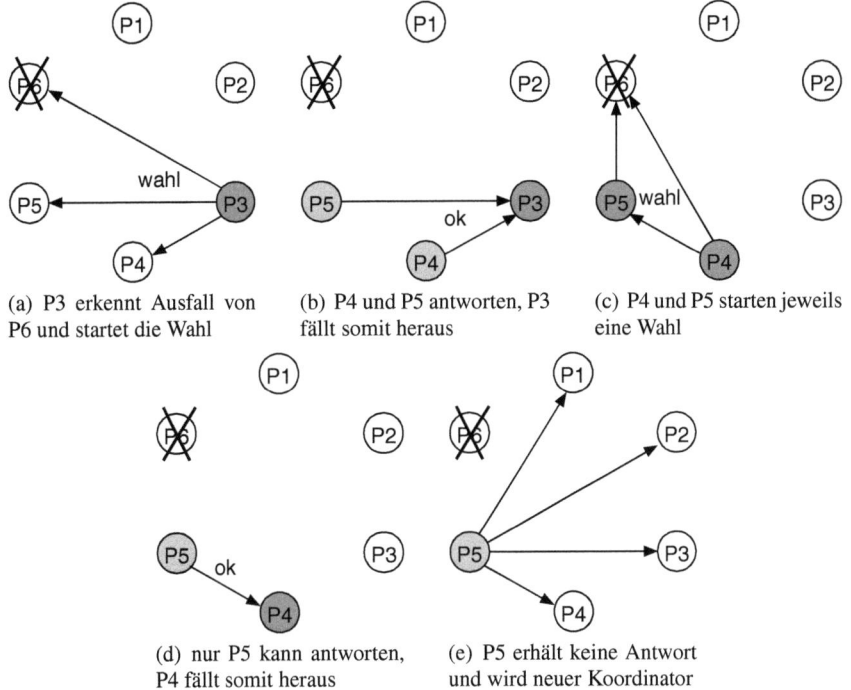

Abb. 2.17 Ablauf des Bully-Algorithmus mit 6 Prozessen

2. Antwortet innerhalb eines bestimmten Zeitintervalls kein anderer Prozess, so übernimmt der Prozess Pi die Koordination und teilt dies allen anderen Prozessen niederer Priorität mit.
3. Erhält Pi eine Antwort, so wartet Pi ein weiteres Zeitintervall auf die Bekanntgabe eines neuen Koordinators. Trifft keine Bekanntgabe ein, so beginnt er den Algorithmus von vorn.
4. Erhält ein anderer Prozess Pj mit höherer Priorität eine „Wahl-Nachricht", so sendet er eine Antwort und startet den Algorithmus bei Punkt 1.

Falls ein Prozess vor seinem Ausfall Koordinator war, so startet er nach seinem Neustart den Auswahlalgorithmus. Hat der Prozess die höchste Priorität im System, so wird er wieder Koordinator des Systems. Zur besseren Verständlichkeit ist der Bully-Algorithmus in Abb. 2.17 an einem Beispiel demonstriert. Alle beteiligten Prozess sind durchnummeriert und die Prozessnummer ist gleichzeitig die Priorität.

Ring-Algorithmus

Ein anderer Algorithmus zum Festlegen eines neuen Koordinators bzw. zur Auswähl des „stärksten" Prozesses ist der Ring-Algorithmus. Hierbei sind alle Prozesse in einem logischen Ring angeordnet. Zudem kennt jeder Prozess alle seine Nachfolger. Die Wahl eines neuen Koordinators bei Ausfall erfolgt durch eine rundlaufende „Wahl-Nachricht".

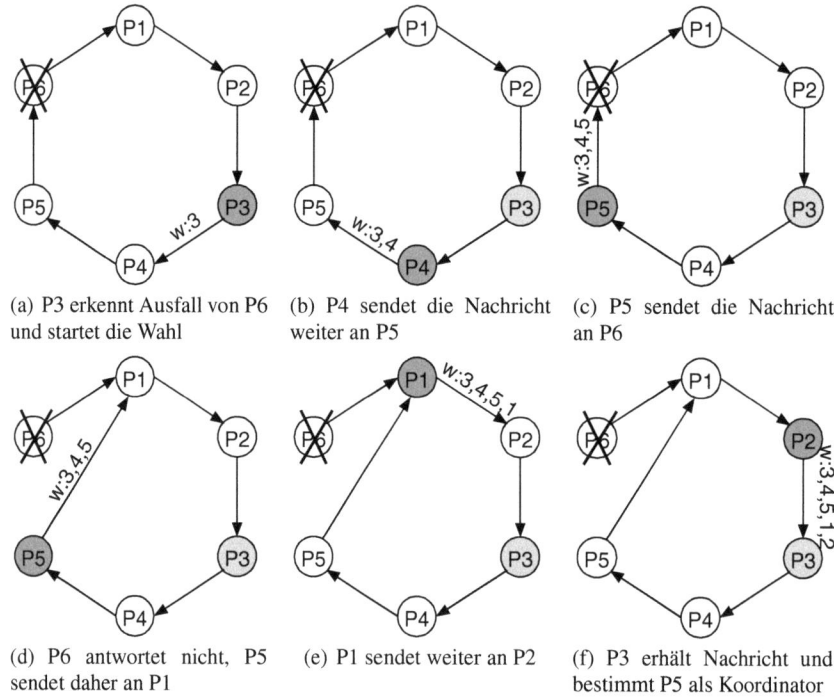

(a) P3 erkennt Ausfall von P6 und startet die Wahl

(b) P4 sendet die Nachricht weiter an P5

(c) P5 sendet die Nachricht an P6

(d) P6 antwortet nicht, P5 sendet daher an P1

(e) P1 sendet weiter an P2

(f) P3 erhält Nachricht und bestimmt P5 als Koordinator

Abb. 2.18 Beispiel des Ring-Algorithmus mit 6 Prozessen

Der Ring-Algorithmus hat folgenden Ablauf:

1. Stellt ein Prozess fest, dass der Koordinator ausgefallen ist, so sendet er eine „Wahl-Nachricht" mit seiner Prozessnummer bzw. seiner Priorität an seinen Nachfolger. Erfolgt keine Bestätigung durch den Nachfolger, so wird die „Wahl-Nachricht" an den nächsten Nachfolger gesendet.
2. Empfängt ein Prozess eine „Wahl-Nachricht", so bestätigt er den Erhalt der Nachricht. Der Prozess erweitert nun die „Wahl-Nachricht" um die eigene Prozessnummer und sendet sie weiter an seinen Nachfolger.
3. Erreicht die „Wahl-Nachricht" den ursprünglichen Prozess, so wählt er aus der erhaltenen Prozess-Liste den Prozess mit der höchsten Nummer und sendet diese Nummer durch den Ring, um alle anderen Prozesse im Ring über den neuen Koordinator zu informieren.

2.6.2 Verteilte Synchronisationsalgorithmen

Neben der Möglichkeit einen zentralen Koordinator im System zu haben, der den Zugriff auf gemeinsame Objekte regelt, können auch verteilte Algorithmen zum Einsatz kommen. Hier nehmen alle Prozesse im verteilten System an der Vergabe einer Sperre teil. Voraussetzung ist, dass alle am System beteiligten Prozesse bekannt und auch erreichbar sind.

2.6.2.1 Ricart-Agrawala-Algorithmus

Ein solcher Algorithmus ist der Ricart-Agrawala-Algorithmus. Hier stimmen sich die Prozesse mit Hilfe von Nachrichten ab. Möchte ein Prozess einen kritischen Abschnitt betreten, so sendet er an alle anderen Prozesse im System eine Anfrage mit Zeitstempel. Es wird dabei davon ausgegangen, dass es im System eine totale Ordnung bezüglich der Zeit gibt. Erhält nun der Prozess von allen anderen Prozessen eine Bestätigung bzw. Erlaubnis, so kann er den kritischen Abschnitt betreten.

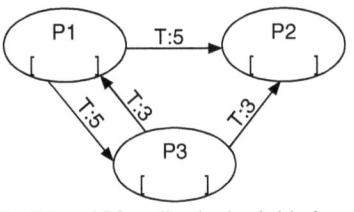

(a) P1 und P3 wollen in den kritischen Abschnitt und senden ihre Anfragen mit Zeitstempel

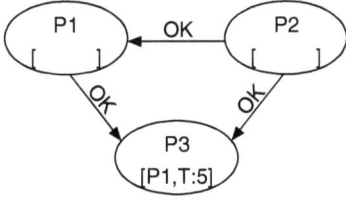

(b) P2 sendet OK an P1 und P3; P1 sendet OK an P3 wegen Zeitstempel; P3 betritt kritischen Abschnitt

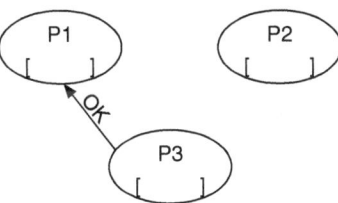

(c) P3 verlässt kritischen Abschnitt und sendet OK an P1; P1 tritt in den kritischen Abschnitt

Abb. 2.19 Beispiel des Ricart-Agrawala-Algorithmus mit 3 Prozessen

Erhält ein Prozess eine solche Anfrage, so entscheidet sich seine Reaktion darauf aufgrund seines eigenen Zustandes:

1. Befindet sich der Prozess nicht im kritischen Abschnitt und möchte ihn auch nicht betreten, so sendet er eine Bestätigung.

2. Befindet sich der Prozess gerade im kritischen Abschnitt, so speichert er die Anfrage in einer Warteschlange und sendet eine Bestätigung, sobald er den kritischen Abschnitt verlassen hat.
3. Möchte der Prozess ebenfalls in den kritischen Abschnitt, so vergleicht er den eigenen Zeitstempel mit dem der Anfrage. Kam die Anfrage früher, so sendet er eine Bestätigung. Kam die Anfrage aber später, so speichert er die Anfrage in einer Warteschlange und betritt den kritischen Abschnitt.

Dieser Algorithmus hat eine Reihe von Nachteilen. Zur Anforderung einer Sperre müssen alle Prozesse im System mitarbeiten, zudem ist auch ein erheblicher Kommunikationsaufwand erforderlich. Prozesse, die gar nicht an dem kritischen Abschnitt interessiert sind, müssen ebenfalls mitarbeiten. Jeder Prozess muss jedem Prozess im System bekannt sein, wird ein neuer Prozess hinzugefügt, so muss er jedem bekannt gemacht werden. Fällt ein Prozess aus oder ist die Kommunikation unzuverlässig, so wird der Algorithmus unbrauchbar. Dieser Algorithmus ist daher in der Praxis kaum anwendbar.

2.6.2.2 Token-Ring-Algorithmus

Ein anderer Algorithmus zur Bestimmung, welcher Prozess den kritischen Abschnitt betreten darf, ist der Token-Ring-Algorithmus. Hier sind wieder die Prozesse in einem logischen Ring angeordnet und es „wandert" ein Token durch den Ring. Das Token wird immer von einem Prozess an seinen Nachfolger weitergeleitet. Ein Prozess kann nur den kritischen Abschnitt betreten, wenn er das Token besitzt. Befindet sich der Prozess im kritischen Abschnitt, so leitet er das Token erst weiter, wenn er den kritischen Abschnitt wieder verlassen hat. Ein Prozess darf den kritischen Abschnitt nur einmal betreten und muss danach das Token weiterreichen. Das Problem bei diesem Algorithmus ist auch hier, dass der Ausfall eines Prozesses oder eine unzuverlässige Kommunikation den Algorithmus unbrauchbar machen kann. Es müssen daher Mechanismen vorgesehen werden, welche den Ausfall eines Prozesses und den Verlust des Tokens feststellen und beheben können.

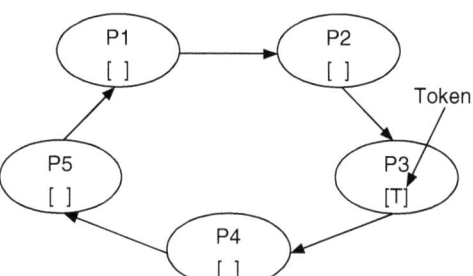

Abb. 2.20 Token-Ring-Algorithmus

Literaturverzeichnis

1. Bengel G (2004) Grundkurs Verteilte Systeme. Vieweg
2. Boger M (1999) Java in verteilten Systemen. dpunkt Verlag
3. Glatz E (2006) Betriebssysteme. dpunkt Verlag
4. Orliaf R (1999) Client/Server Survival Guide. Wiley
5. Tanenbaum A S (2002) Moderne Betriebssysteme. Pearson Studium
6. Tanenbaum A S (2003) Computernetzwerke. Pearson Studium

Kapitel 3
Client-Server-Programmierung

3.1 Einleitung

In den ersten Kapiteln wurden die Technologien und Strukturen bei Client-Server-Systemen dargestellt. Bei der Kommunikation zwischen Client und Server müssen Nachrichten ausgetauscht, Dienste von einem Server abgerufen und insbesondere bei multimedialen Systemen umfangreiche Medien übertragen werden.

Die grundlegenden Protokolle, die zur Kommunikation zwischen Anwendungen eingesetzt werden, sind IP, TCP, UDP und HTTP. Zum Austausch der Daten werden meist Datenströme verwendet. In diesem Kapitel soll daher die Verwendung von Datenströmen und die Anwendung der Netzwerkkommunikation über Sockets anhand der Programmiersprache Java dargestellt werden. Die Protokolle IP, TCP, UDP und HTTP werden grundlegend eingeführt und anhand dieser Informationen wird ein einfacher HTTP-Server entwickelt.

Speziell das HTTP-Protokoll besitzt für die Interaktion multimedialer Client-Server-Systeme eine besonderen Bedeutung. Neben dem Abrufen einfacher HTML-Seiten, verwenden Rich-Client-Anwendungen auf AJAX-Basis HTTP. Beim progressiven Download, von z.B. Videomedien, kommt ebenfalls HTTP zum Einsatz. Weiterführende Möglichkeiten zur Übertragung von Video-Datenströmen (dem sog. Streaming), z.B. über das RTP-Protokoll, werden in Kap. 5 behandelt.

3.2 Einführung in Java

In Kap. 1 wurden bereits verschiedene Technologien zur Entwicklung von Rich-Client-Anwendungen verglichen. Bei diesen Technologien kommen unterschiedliche Programmiersprachen wie Java, JavaScript oder ActionScript zum Einsatz. Java war von Anfang an als Sprache zur Entwicklung von verteilten Anwendungen konzipiert worden und unterstützte als erste Sprache, mit Hilfe von Java-Applets, die Entwicklung von Rich-Client-Anwendungen.[1] Zudem hat Java die Entwicklung viele moderner Sprachen, wie z.B. ActionScript 3.0, stark beeinflusst.

Da Java einen umfassenden Funktionsumfang bietet, ist es im Gegensatz zu JavaScript oder ActionScript universell einsetzbar. So kann Java auch zur Socket-Programmierung und zur Entwicklung von Servern eingesetzt werden, was mit JavaScript oder ActionScript nicht möglich ist. Java besitzt aufgrund seines Funktionsumfangs eine hohen Grad an Attraktivität zur Entwicklung von multimedialen Client-Server-Systemen und ist geeignet, alle in diesem Buch behandelten Aspekte abzudecken. Viele der in diesem Buch gezeigten Techniken werden daher anhand der Sprache Java demonstriert.

Es soll in dieser Einführung jedoch keine komplette Einführung in Java wiedergegeben werden. Beim Leser werden elementare Kenntnisse der objektorientierten Programmierung in den Sprachen C++ bzw. Java vorausgesetzt. Es soll deshalb hier nur auf die wichtigsten Eigenschaften von Java eingegangen werden, die in Verbindung mit diesem Buch relevant sind.

3.2.1 Die Programmiersprache Java

Java besitzt gegenüber vielen Programmiersprachen, insbesondere C++, einige Besonderheiten. Auf diese Besonderheit sowie auf die für dieses Buch wichtigen Eigenschaften soll im Folgenden eingegangen werden. Java besitzt folgende Eigenschaften:

- Java ist eine objektorientierte Programmiersprache und Java ist rein objektorientiert, d.h. es gibt keine Funktionen oder Variablen außerhalb von Klassen.
- Die Syntax ist in weiten Teilen C++ ähnlich.
- Java besitzt keine Möglichkeiten der Zeigerarithmetik, Objekte werden immer als Referenzen repräsentiert.
- Java besitzt keine Mehrfachvererbung, jedoch existiert das Konzept der Schnittstellen (Interfaces).
- Durch den Einsatz der JVM sind Java-Programme plattformunabhängig.
- Java besitzt eine sehr umfangreiche Klassen-Bibliothek.

3.2.1.1 Java-Programme

Java-Programme müssen zunächst als Quellcode in einer Textdatei vorliegen. Eine Quellcode-Datei hat die Endung `.java`. Zusätzlich muss die Datei den Namen der Java-Klasse enthalten, welche im Quellcode beschrieben wird. Als Beispiel sei hier eine Klasse in der Datei `HelloWorld.java` wiedergegeben:

```
public class HelloWorld
```

---

[1] Obwohl der Begriff „Rich-Client" zur Entstehungszeit von Java-Applets noch nicht existierte.

3.2 Einführung in Java   77

```
    {
        public static void main(String[] args)
        {
            System.out.println("Hello World!");
        }
    }
```

Zum Ausführen muss diese Datei mit dem Java Compiler in den Bytecode übersetzt werden. Durch das Übersetzen entsteht eine Datei mit dem Klassennamen und der Endung .class:

> **javac** HelloWorld.java

Durch diesen Aufruf wird die Datei HelloWorld.class erzeugt, welche das Programm als Bytecode enthält. Diese Datei kann nun über die Java Virtual Machine (JVM) ausgeführt werden:

> **java** HelloWorld

Die Endung .class kann hierbei weggelassen werden. Die JVM übersetzt nun den Bytecode in Maschinencode für die zugrundeliegende Hardware. Das Übersetzen des Programms in Maschinencode geschieht während der Laufzeit des Programms und muss bei jedem Start erneut durchgeführt werden.

3.2.1.2 Statische Attribute

Beim Starten dieses kleinen Programms wird die main() Methode der Klasse HelloWorld ausgeführt. Grundsätzlich stellt sich hier jedoch die Frage, wieso die Methode main() ausgeführt werden kann, obwohl noch gar kein Objekt der Klasse HelloWorld erzeugt wurde? Dies ist möglich, da die main() Methode mit dem Schlüsselwort static deklariert ist. Ist ein Attribut als static deklariert, so ist es in jeder Instanz der Klasse gleich und existiert unabhängig von der Existenz eines Objektes dieser Klasse. Methoden oder Attribute können aufgerufen werden, ohne dass ein Objekt der Klasse existiert.

3.2.1.3 Zeichenkodierung bei Strings

Der Datentyp char ist in Java ein vorzeichenloser 16-Bit-Wert zur Repräsentation von druckbaren Zeichen. Zur Kodierung von national unterschiedlichen Schriftzeichen wird Unicode im UTF-16 Format benutzt.

Strings werden in Java durch die Klasse String repräsentiert. Hier werden Zeichenfolgen vom Datentyp char abgelegt und sind somit ebenfalls im UTF-16 Format kodiert. Die Verwendung des UTF-16 Formats ist eine häufige Ursache für fehlerhafte Zeichenkonvertierung, da sich insbesondere im Internet das UTF-8 Format als Austauschformat mehr und mehr durchsetzt und somit beim Austausch von Texten häufig Zeichenkonvertierungen notwendig werden.

3.2.1.4 Parameter von Funktionen

Die Parameterübergabe an Funktionen, oder besser Methoden[2], kann auf zwei Arten erfolgen:

call by value Vom übergebenen Parameter wird eine Kopie angelegt und der Methode zum Arbeiten zur Verfügung gestellt. Änderungen an der Kopie schlagen sich somit nicht zum Original durch.

call by reference Vom Parameter wird eine Referenz an die Methode übergeben, das Objekt befindet sich somit nur einmal im Speicher. Änderungen an dem Objekt sind somit für alle, die eine Referenz auf dieses Objekt haben, sichtbar.

Im Gegensatz zu C/C++ (wo der Programmierer die Wahl hat, auf welche Art die Parameterübergabe erfolgen soll) ist in Java die Art der Parameterübergabe festgelegt. Parameter vom Typ Objekt oder Array werden immer *call by reference*, alle anderen Parameter werden immer *call by value* übergeben.

3.2.1.5 Zugriff auf die Superklasse

Bei einer Vererbungsbeziehung werden häufig in der abgeleiteten Klasse Methoden der Basisklasse überschrieben. In Java wird die Klasse, von der abgeleitet wird (also die Basisklasse) als Superklasse bezeichnet und die abgeleitete Klasse als Subklasse. Oftmals besteht die Notwendigkeit von der Subklasse auf überschriebene Methoden der Superklasse zuzugreifen. Hierzu existiert in Java das Schlüsselwort `super`:

```
public class A
{
    public void m()
    { ... }
}

public class B extends A
{
    public void m()
    {
        super.m();   // Aufruf von A.m()
        ...
    }
}
```

Ebenso lässt sich auch mittels `super()` ein Konstruktor der Superklasse aufrufen.

---

[2] In Java wird für den Begriff *Funktion* der Begriff *Methode* verwendet.

3.2.1.6 Schnittstellen - Interfaces

Mit Hilfe von sog. Schnittstellen lassen sich einheitliche Eigenschaften über mehrere Klassen hinweg definieren. Eine Schnittstelle bezeichnet hierbei nur eine Vorgabe von Methoden, welche von den Klassen dann angeboten werden müssen. Alle Klassen, die eine spezielle Schnittstelle implementieren, besitzen dann die gleichen Methoden und können somit gleich behandelt werden. Als Beispiel sei die Schnittstelle eines Medienabspielers genannt, der (egal für welches Format) immer mindestens die Methoden *Play* und *Stop* anbieten muss.

In Java gibt es hierzu Interfaces, die ähnlich einer Klasse mit dem Schlüsselwort `interface` definiert werden. Ein Interface enthält nur Methodendeklarationen, ohne Anweisungsblock. In Java gibt es keine Mehrfachvererbung, allerdings ist es einer Klasse möglich, mehrere Interfaces zu implementieren. So könnte ein mögliches Interface für einen Medienabspieler aussehen:

```
public interface Player
{
    public void play();
    public void stop();
}
```

Klassen können nun mit `implements` dieses Interface implementieren und müssen die vorgegebenen Methoden implementieren:

```
public class VideoPlayer implements Player
{
    ...
    // implementiere Methoden vom Interface Player
    public void play()
    { ... }
    public void stop()
    { ... }
    ...
}
```

3.2.1.7 Ausnahmebehandlung

Um während der Laufzeit auf Ausnahmen oder Fehler in strukturierter Weise reagieren zu können, existiert in Java der sog. Exception-Mechanismus. Als Grundlage dienen Objekte von Fehler- bzw. Ausnahme-Klassen, welche bei einem Fehler zur Laufzeit geworfen (`throw`) werden. Um auf eine Ausnahme reagieren zu können, müssen die Ausnahme-Objekte durch `try{}` und `catch{}` aufgefangen werden.

Alle Ausnahme-Klassen sind von der Klasse `Throwable` abgeleitet. In Java gibt es bereits einige von `Throwable` abgeleitete Klassen. Hierbei wird zwischen zwei Typen unterschieden: Ausnahmen vom Typ `Exception` müssen immer aufgefangen werden, und Ausnahmen vom Typ `RuntimeException` können, müssen aber nicht aufgefangen werden. Hieraus ergibt sich die Konsequenz, dass Methodenaufrufe, die im Fehlerfall ein Objekt vom Typ `Exception` werfen, sich in einem entsprechenden `try{}` Block befinden oder mit `throws` gekennzeichnet werden müssen. Bei Ausnahmen anderen Typs ist dies hingegen nicht notwendig.

3.3 Datenströme in Java

In Java werden Datenströme zur Ein- und Ausgabe benutzt. Dies betrifft die Ein- und Ausgabe über eine Textkonsole (Tastatur und Textausgabe), der Dateiverarbeitung und die Kommunikation über das Netzwerk. Multimediale Daten (wie z.B. Audio oder Video) werden auch als Datenströme aufgefasst. Hierbei bekommt der Begriff Datenstrom eine besondere Bedeutung. Videodaten sind in der Regel so groß, dass ein komplettes Übertragen einer Videodatei vor dem Ansehen häufig nicht zweckmäßig ist. Die Verarbeitung als Datenstrom erlaubt es, die Daten bereits zu nutzen, obwohl noch nicht alle Daten übertragen wurden. Datenströme bilden ein grundlegendes Mittel zum Datenaustausch, und die wesentlichsten Eigenschaften sollen nun Anhand von Java nachvollzogen werden.

3.3.1 Eigenschaften von Datenströmen

Bei der Verarbeitung von Daten geht man gewöhnlich davon aus, dass die notwendigen Daten vollständig im Arbeitsspeicher oder zumindest vollständig verfügbar sind. Hieraus ergibt sich die Eigenschaft, dass zu jeder Zeit auf beliebige Positionen innerhalb der Daten zugegriffen werden kann. Diese Eigenschaft geht bei Datenströmen verloren, die Daten werden als eine kontinuierliche Folge von Zeichen geliefert und somit ist es nicht möglich auf beliebige Positionen zuzugreifen. Datenströme haben folgende Eigenschaften:

- Datenströme sind eine kontinuierliche Abfolge von Zeichen, meistens Bytes.
- Die Menge der Daten in einem Datenstrom kann unbegrenzt sein.
- Die Geschwindigkeit, mit der die Daten im Datenstrom transportiert werden, kann variieren.
- Daten können nur sequenziell bearbeitet werden, und es kann nicht auf eine beliebig Position im Datenstrom zugegriffen werden.
- Ein Datenstrom ist entweder Eingang oder Ausgang.
- Aus Performancegründen können Datenströme gepuffert sein.

Viele dieser Eigenschaften lassen sich z.B. bei der alltäglichen Nutzung des Internets erkennen: Daten müssen sequenziell geladen werden und die Geschwindigkeit variiert.

3.3 Datenströme in Java

Ein sehr einfaches Beispiel für einen Datenstrom ist die Eingabe über die Tastatur. Hier sieht man die wichtigsten Eigenschaften eines Datenstroms: Die Eingabe erfolgt zeichenweise, unregelmäßig und hat nur eine Richtung (Eingabe, es gibt keine Tastaturausgabe). Zudem kann die Eingabe, zumindest theoretisch, endlos sein. Weitere Anwendungsgebiete, in denen Datenströme zum Einsatz kommen, sind Speichermedien (Festplatte, CD/DVD, Bandlaufwerke, ...), Dateiverabeitung und Netzwerkkommunikation.

3.3.1.1 Gepufferte Datenströme

Datenströme werden häufig aus Performancegründen gepuffert. Hierbei werden die zeichenweise ankommenden Daten zunächst in einen Puffer angesammelt, um sie dann später in einem Paket gemeinsam übertragen zu können. Der Grund ist, dass beim Zugriff auf das Übertragungsmedium häufig ein großer Ressourcenaufwand nötig ist. So müssen z.B. bei der Kommunikation über das Netzwerk entsprechende Protokolle und minimale Paketgrößen eingehalten werden. Legt man Ethernet als Netzwerktechnik zugrunde, so beträgt das kleinste Ethernet-Frame 64 Bytes. Würde man bei einem Ethernet-basierten Netzwerk Daten ungepuffert übertragen, so müsste für jedes einzelne zu übertragende Zeichen immer mindestens 64 Bytes übertragen werden. Gleiches gilt auch für den Zugriff auf Speichermedien wie z.B. Festplatten. Bei Festplatten werden die Daten physikalisch in 512 Bytes großen Sektoren verwaltet, welche dann häufig durch das Betriebssystem zu Dateisystem-Blöcken zusammengefasst werden (z.B. 4k = 8 Sektoren). Ein Festplattenzugriff erfordert demnach immer (ob lesend oder schreibend) den Zugriff auf mindestens einen Sektor bzw. Dateisystem-Block. Die Art der Pufferung und die Größe des Puffers wird dabei entweder vom Betriebssystem oder von der Programmierumgebung festgelegt.

Die Pufferung hat aber auch negative Eigenschaften. Über eine Netzwerkverbindung gesendete Daten erreichen nicht sofort den Empfänger bzw. in eine Datei geschriebene Daten werden nicht sofort auf die Festplatte geschrieben. Daten können deshalb u.U. den Empfänger zu spät erreichen oder bei einem Programmabbruch verlorengehen. In den Programmierumgebungen existieren daher Möglichkeiten den Puffer zu einer gewünschten Zeit zu leeren, um damit eine vorzeitige Übertragung der Daten zu erwirken. Diese Möglichkeit muss jedoch entsprechend sinnvoll eingesetzt werden, um nicht die Vorteile der Pufferung zu verlieren.

3.3.2 Basisklassen zur Verarbeitung von Datenströmen

Der wohl bekannteste und am meisten verwendete Datenstrom in Java ist `System.out`. Die am häufigsten aufgerufene Methode von `out` ist vermutlich `println()`. Das Objekt `out` ist der Datenstrom für die Standardausgabe des Anwendungsprogramms, d.h. Ausgabe von Text auf der Konsole. Neben `out` stehen jeder

Anwendung noch die Datenströme `in` (Standardeingabe, Tastatur) und `err` (Ausgabe von Fehlermeldungen) zur Verfügung. Diese drei Datenströme sind statische Objekte der Klasse `System` und stehen somit immer zur Verfügung.

Der Datenstrom `err` dient zur Ausgabe von Fehlermeldungen, welche normalerweise wie die Ausgabe über `out` auf der Konsole ausgegeben werden. Das zugrundeliegende System unterscheidet jedoch zwischen normalen Textausgaben und Fehlermeldungen, so können Fehlermeldungen u.U. vom Betriebssystem mitprotokolliert werden. Hier die Datenströme, die jedem Anwendungsprogramm zur Verfügung stehen, noch einmal zusammengefasst:

- `out` Datenstrom zur Standardausgabe, Konsole (Typ `PrintStream`)
- `in` Datenstrom zur Standardeingabe, Tastatur (Typ `InputStream`)
- `err` Datenstrom zur Ausgabe von Fehlermeldungen (Typ `PrintStream`)

Wie man sieht, sind die Datenströme von unterschiedlichen Datentypen, die je nach Verwendungszweck unterschiedliche Eigenschaften haben. In Java werden grundsätzlich 2 Arten von Datenströmen unterschieden, die sich im Datentyp der zu übertragenden Zeichen unterscheiden: *byteorientiert* (Datentyp `byte`) und *zeichenorientiert* (druckbare Zeichen, Datentyp `char`). Die zur Verfügung stehenden Klassen werden durch das Paket `java.io` bereitgestellt. Die grundlegendsten Klassen zur Verarbeitung von Datenströmen sind:

- `InputStream` und `OutputStream` stellen byteorientierte Ein- und Ausgabe zur Verfügung
- `Reader` und `Writer` stellen zeichenorientierte Ein- und Ausgabe zur Verfügung
- `InputStream/OutputStream` und `Reader/Writer` sind jeweils abstrakte Klassen

Da diese Klassen abstrakt sind, können von ihnen keine Objekte erzeugt werden. Alle weiteren Klassen für Datenströme sind von diesen Klassen abgeleitet. Datenströme sind immer an ein Objekt gebunden (z.B. an eine Datei) und werden beim Erzeugen oder Öffnen eines Objektes zur Verfügung gestellt.

3.3.2.1 Subklassen von InputStream und OutputStream

Da die Klassen `InputStream` und `OutputStream` abstrakte Klassen sind, können von ihnen keine Objekte erzeugt werden. Es gibt daher eine Reihe abgeleiteter Klassen, welche für spezielle Einsätze geeignet sind. Die Konstruktoren dieser Klassen erwarten in den meisten Fällen ein Objekt vom Typ `InputStream` bzw. `OutputStream`. Da aufgrund der Polymorphie alle byteorientierten Datenströme immer auch ein Objekt vom Typ `InputStream` bzw. `OutputStream` sind, ergibt sich die Möglichkeit der Verschachtelung der Subklassen untereinander. Im Folgenden soll erst einmal die Klassenhierarchie wiedergegeben werden, zunächst für `InputStream`:

3.3 Datenströme in Java

```
InputStream
    ByteArrayInputStream
    FileInputStream
    ObjectInputStream
    PipedInputStream
    SequenceInputStream
    FilterInputStream
        BufferedInputStream
        DataInputStream
        PushbackInputStream
```

und folgend für `OutputStream`:

```
OutputStream
    ByteArrayOutputStream
    FileOutputStream
    ObjectOutputStream
    PipedOutputStream
    FilterOutputStream
        BufferedOutputStream
        DataOutputStream
        PrintStream
```

Nicht alle diese Klassen finden in diesem Buch Verwendung, die genaue Verwendung einiger wichtiger Klassen wird später an Beispielen demonstriert. Der Einsatzzweck der o.g. Klassen soll jedoch hier kurz wiedergegeben werden:

`ByteArrayInputStream`
`ByteArrayOutputStream`
  macht aus einem Byte-Array einen Ein- bzw. Ausgabedatenstrom. Mit Hilfe dieser Klassen können Byte-Arrays wie ein Datenstrom behandelt werden.

`FileInputStream`
`FileOutputStream`
  dient zum lesen bzw. schreiben in Dateien.

`ObjectInputStream`
`ObjectOutputStream`
  mit Hilfe dieser Klassen lassen sich ganze Java Objekte serialisieren und somit in einem Datenstrom übertragen. Auf diese Weise lassen sich Objekte z.B. in einer Datei abspeichern oder über das Netzwerk übertragen.

`PipedInputStream`
`PipedOutputStream`
  ermöglichen Threads die Kommunikation mittels sog. Pipes. Pipes sind Kommunikationskanäle, die nur in eine Richtung funktionieren. Ein `PipedInputStream` eines Threads wird hierzu mit einem `PipedOutputStream` eines anderen Threads verbunden.

`SequenceInputStream`
dient zum Aneinanderreihen mehrerer Eingabedatenströme. Wird das Ende eines Datenstromes erreicht, so wird automatisch auf den nächsten `InputStream` in der Sequenz zugegriffen.

`FilterInputStream`
`FilterOutputStream`
erlauben Manipulationen oder besondere Behandlungen der ein- bzw. ausgehenden Daten. Ein gefilterter Datenstrom benötigt immer einen anderen Datenstrom zum Arbeiten. Hieraus ergibt sich die Möglichkeit zur Verschachtelung mehrerer Filter.

Von den Klassen `FilterInputStream` bzw. `FilterOutputStream` gibt es einige abgeleitete Klassen:

`BufferedInputStream`
`BufferedOutputStream`
fügen dem entsprechenden Datenstrom zur gepufferten Ein- bzw. Ausgabe einen Puffer hinzu. Der Einsatz eines gepufferten Datenstromes erhöht häufig die Performance (siehe Abschn. 3.3.1.1).

`DataInputStream`
`DataOutputStream`
dienen zum Lesen oder Schreiben von fundamentalen Datentypen in den Datenstrom. Datenströme vom Typ `InputStream` bzw. `OutputStream` verarbeiten nur Daten, die in Byte-Form vorliegen. Mit Hilfe von `DataInputStream` bzw. `DataOutputStream` lassen sich auch Daten anderer Typen wie `int`, `float` usw. verarbeiten.

`PushbackInputStream`
mit Hilfe dieser Klasse lassen sich aus dem Datenstrom gelesene Daten wieder in den Datenstrom zurückschreiben, sodass sie noch einmal gelesen werden können.

`PrintStream`
erlaubt es, die Werte verschiedener Datentypen als Text auszugeben. Einer der bekanntesten `PrintStreams` ist `System.out`.

3.3.2.2 Subklassen von Reader und Writer

Ebenso wie die byteorientierten Datenströme sind auch die Klassen `Reader` und `Writer` abstrakte Klassen, und es existieren auch hier eine Reihe abgeleiteter Klassen. Die Klassenhierarchie einiger wichtiger `Reader` Klassen ist hier wiedergegeben:

3.3 Datenströme in Java

```
Reader
    BufferedReader
    CharArrayReader
    InputStreamReader
        FileReader
    PipedReader
    StringReader
    FilterReader
        PushbackReader
```

und hier die Klassenhierarchie einiger `Writer` Klassen:

```
Writer
    BufferedWriter
    CharArrayWriter
    FilterWriter
    OutputStreamWriter
        FileWriter
    PipedWriter
    StringWriter
    PrintWriter
```

Die meisten dieser Klassen entsprechen in Funktion und Handhabung den entsprechenden byteorientierten Datenströmen. Der Einsatzzweck dieser Klassen soll hier ebenfalls nur kurz beschrieben und später an Beispielen demonstriert werden:

`BufferedReader`
`BufferedWriter`
: fügt zur Erhöhung der Performance dem Datenstrom einen Puffer hinzu (siehe Abschn. 3.3.1.1).

`CharArrayReader`
`CharArrayWriter`
: machen aus einem `char`-Array einen Ein- bzw. Ausgabedatenstrom. Mit Hilfe dieser Klassen können `char`-Arrays wie Datenströme behandelt werden.

`FilterReader`
`FilterWriter`
: dies sind abstrakte Klassen, mit deren Hilfe ein- bzw. ausgehende Daten manipuliert bzw. gefiltert werden können. Genau wie bei den byteorientierten Datenströmen können mehrere gefilterte Datenströme miteinander verschachtelt werden.

`InputStreamReader`
`OutputStreamWriter`
: diese Klassen bilden die Brücke zwischen den byteorientierten und den zeichenorientierten Datenströmen. `InputStreamReader` macht aus den eingehenden Bytes eines `InputStreams` einen zeichenorientierten Datenstrom

(`Reader`). `OutputStreamWriter` macht hingegen aus eingehenden Zeichen (`char`) einen byteorientiert Datenstrom (`OutputStream`).

`FileReader`
`FileWriter`
: mit Hilfe dieser Klassen können Textdaten in Dateien geschrieben oder gelesen werden, die vom System verwendete Zeichenkodierung wird hierbei berücksichtigt.

`PipedReader`
`PipedWriter`
: ermöglichen, wie bei den byteorientierten Datenströmen, die Kommunikation zwischen Threads mittels Pipes, bei denen allerdings Zeichen bzw. Textdaten übertragen werden.

`StringReader`
`StringWriter`
: machen aus einem String einen Datenstrom bzw. machen aus einem Datenstrom einen String.

`PushbackReader`
: gelesene Zeichen aus einem `Reader` können wieder in den Datenstrom zurückgeschrieben werden, sodass sie nochmal gelesen werden können.

`PrintWriter`
: Hiermit werden die Werte verschiedener Datentypen als Text ausgegeben.

3.3.3 Byteorientierte Datenströme

Mit byteorientierten Datenströmen lassen sich beliebige binäre Daten übertragen. Dies reicht von der Übermittlung von einfachen Textinformationen bis hin zu den hochkomplexen Datenstrukturen multimedialer Daten, wie sie in Kap. 5 besprochen werden. Erreicht wird dies, indem die Daten in eine Abfolge von Bytes zerlegt und jeweils einzeln im Datenstrom verarbeitet werden. In Java bilden die Klassen `InputStream` und `OutputStream` die Basis für byteorientierte Datenströme.

3.3.3.1 Methoden der Klasse InputStream

Die Klasse `InputStream` ist eine abstrakte Klasse und bildet die Basisklasse aller byteorientierten Eingabedatenströme. Lesende Methoden führen zum Blockieren des aufrufenden Threads, falls keine Daten im Datenstrom vorhanden sind. Im Fehlerfall werfen alle Methoden eine `IOException`, welche von `Exception` abgeleitet ist und somit aufgefangen werden muss. Die wichtigsten Methoden von `InputStream` sind:

3.3 Datenströme in Java

`int available()`
:   liefert die Anzahl an Bytes, die ohne Blockieren gelesen werden können.

`abstract int read()`
:   liest das nächste Byte aus dem Datenstrom und liefert den Wert -1, falls das Ende des Datenstroms erreicht ist. Die Methode blockiert, falls momentan keine Daten im Datenstrom enthalten sind.

`int read(byte[] b)`
:   liest max. `b.length` Bytes aus dem Datenstrom und speichert sie im Array b. Der Rückgabewert ist entweder die Anzahl der tatsächlich gelesenen Bytes oder -1 für das Ende des Datenstroms.

`int read(byte[] b, int off, int len)`
:   liest max. `len` Bytes aus dem Datenstrom und speichert sie an der Position `pos` im Array b ab. Der Rückgabewert ist entweder die Anzahl der tatsächlich gelesenen Bytes oder -1 für das Ende des Datenstroms.

`void close()`
:   schließt den Eingabestrom.

3.3.3.2 Methoden der Klasse OutputStream

Die Klasse `OutputStream` ist ebenso wie `InputStream` eine abstrakte Klasse und bildet die Basisklasse für alle byteorientierten Ausgabedatenströme. Im Fehlerfall wird von den Methoden ebenfalls eine `IOException` geworfen.

`abstract void write(int b)`
:   schreibt die unteren 8 Bits (das unterste Byte) von b in den Datenstrom.

`void write(byte[] b)`
:   schreibt alle Bytes aus dem Array b in den Datenstrom.

`void write(byte[] b, int off, int len)`
:   schreibt `len` Bytes aus dem Array b beginnend bei Position `pos` in den Datenstrom.

`void flush()`
:   erzwingt das Leeren des Puffers und schreibt die gepufferten Daten in den Datenstrom.

`void close()`
:   schließt den Ausgabestrom.

3.3.3.3 Datentyp `int` als Ein- oder Ausgabeparameter

Sowohl bei den byteorientierten als auch bei den zeichenorientierten Datenströmen liefert die `read()` Methode als Ergebnis ein Wert vom Datentyp `int`. Ebenso muss als Übergabeparameter der `write()` Methode ein Wert vom Datentyp `int` angegeben werden. Dies bedeutet, dass die Werte zur Weiterverarbeitung entsprechend gecastet werden müssen.

Die Verwendung des Datentyps `int` mag auf den ersten Blick verwirrend erscheinen, hat jedoch eine bedeutende Ursache. Die `read()` Methode liefert am Ende eines Datenstromes (z.B. am Ende einer Datei) als Ergebnis den Wert -1, da keine Daten mehr im Datenstrom vorhanden sind. Der Wert -1 ist also das Kennzeichen für das Ende eines Datenstromes. Es müssen jedoch auch Daten, die den Wert -1 enthalten, über den Datenstrom übertragen werden können. Ein Byte (bzw. `char`), welches als `int` übergeben wird, besitzt im Wertebereich von `int` einen anderen Wert, weshalb dieser vom Ende des Datenstromes (-1) unterschieden werden kann. Dies wird in Tab. 3.1 verdeutlicht.

Tabelle 3.1 Der Wert -1 in unterschiedlichen Zahlenbereichen

Datentyp	byte	int	(byte)-1 als int
Dezimal	-1	-1	255
Hexadezimal	0xFF	0xFFFFFFFF	0x000000FF

Es ist zu sehen, dass das Ende des Datenstroms (-1) im Wertebereich von `int` sich deutlich vom Wert -1 im Wertebereich von `byte` unterscheidet. Das Gleiche gilt auch für den Datentyp `char`, welcher nur die unteren 16 Bit in einem `int` Datenwort belegen würde.

3.3.3.4 Eingabe über Tastatur - `System.in`

Jede Anwendung besitzt einen Datenstrom zur Standardeingabe, welches gewöhnlich die Tastatur ist. Diese Standardeingabe wird über das Objekt `System.in` zur Verfügung gestellt und ist ein byteorientierter Datenstrom vom Datentyp `InputStream`. Über die `read()` Methode werden alle Eingaben, die an das Programm gerichtet sind, als Bytes geliefert:

```
int b;
b = System.in.read();
```

Obwohl auf diese Weise Daten von der Tastatur eingelesen werden können, so ist die Anwendung eines gepufferten Datenstroms über `BufferedInputStream` zu empfehlen. `BufferedInputStream` stellt folgende Konstruktoren zur Verfügung:

3.3 Datenströme in Java

BufferedInputStream(InputStream in)
: erzeugt einen gepufferten Eingabedatenstrom von `in`.

BufferedInputStream(InputStream in, int size)
: erzeugt einen gepufferten Eingabedatenstrom von `in` mit `size` Puffergröße.

Unter anderem bietet `BufferedInputStream` auch eine Implementierung der Methode `read()`, welche in der Klasse InputStream noch abstrakt war:

int read()
: liest das nächste Byte aus dem Datenstrom und liefert den Wert -1, falls das Ende des Datenstroms erreicht ist.

Die Anwendung von `BufferedInputStream` auf den Standardeingabestrom würde dann so aussehen:

```
BufferedInputStream in = new BufferedInputStream(
    System.in)

int b;
b = in.read();
```

Das Einlesen aller Daten des Datenstroms kann durch eine Endlosschleife realisiert werden. Bei jedem Schleifendurchlauf wird ein weiteres Byte vom Datenstrom gelesen. Ist das Ende des Datenstroms erreicht, kann dies durch den Rückgabewert -1 festgestellt und somit die Schleife verlassen werden:

```
int b;
while (true)
{
    b = in.read();

    // Ende des Datenstroms?
    if (b == -1)
        break;   // Verlassen der Schleife
}

in.close();   // Datenstrom schliessen
```

Es ist immer darauf zu achten, einen nicht mehr benötigten Datenstrom durch den Aufruf von `close()` zu schließen, um somit der Laufzeitumgebung die Freigabe der verwendeten Ressourcen zu signalisieren.

3.3.3.5 Ausgabe über Standardausgabe - System.out

Die eingelesenen Bytes können dann z.B. mittels des Datenstroms `System.out` ausgegeben werden. `System.out` ist der Standardausgabestrom, der jeder Anwendung zur Verfügung steht und ist vom Datentyp `PrintStream`. Die ausgegebenen Werte werden hierbei normalerweise als Text auf der Konsole angezeigt.

Werte vom Typ char werden hierbei gemäß der Zeichenkodierung der zugrundeliegenden Plattform konvertiert. Der PrintStream hat zudem die Eigenschaft, nach Ausgabe eines Zeilenumbruchs seinen Puffer automatisch zu leeren. Diese Eigenschaft lässt sich durch Aufruf eines entsprechenden Konstruktors steuern. Folgende 2 Methoden von PrintStream sind wichtig:

void print(var)
: gibt var als Text aus, var kann hierbei aus folgenden Datentypen bestehen: boolean, char, int, long, float, double, char[], String oder auch ein Object. In Java ist Object immer die Basisklasse aller Klassen. Ist var vom typ Object, so wird von diesem Objekt bzw. dieser Klasse die Methode String toString() aufgerufen, welche eine textuelle Repräsentation des Objektes als String zurückgibt.

void println(var)
: verhält sich wie print(), jedoch wird am Ende immer ein Zeilenumbruch ausgegeben. Zusätzlich kann der Parameter var weggelassen werden, in diesem Fall wird nur der Zeilenumbruch ausgegeben.

Mit Hilfe von System.out lässt sich nun ein einfaches Programm zur Ein- und Ausgabe realisieren:

```java
import java.io.*;

class KeyboardInput
{
    public static void main(String[] args)
    {
        try
        {
            // BufferedInputStream – gepufferte Eingabe
            // System.in – Standard Eingabestrom (Tastatur)
            BufferedInputStream in = new
                BufferedInputStream(System.in);

            int b;
            while (true)
            {
                b = in.read();   // naechstes Byte einlesen

                if (b == -1)
                    break;

                // Ausgabe eines Bytes
                System.out.println("Byte: " + (byte)b);
            }
```

3.3 Datenströme in Java

```
            in.close();    // Datenstrom schliessen
        }
        catch (IOException e) {}
    }
}
```

Listing 3.1 Ein- und Ausgabe über Standard-Ein- und Ausgabe

Die Ausgabe des Programms zeigt die Werte der eingegebenen Zeichen (Buchstaben) als Zahlenwerte an. Zu beachten ist, dass die Werte vor der Ausgabe auf den Datentyp `byte` gecastet werden, um die Bytes nicht im falschen Wertebereich von `int` auszugeben. Um die Zeichen wieder als Text auszugeben, müssen die Bytes in Werte des Typs `char` umgewandelt werden, dies kann z.B. mit Hilfe der Klasse `Reader` geschehen. Ein entsprechendes Beispiel befindet sich in Abschn. 3.3.4.3.

3.3.3.6 Datei-Ein- und Ausgabe

Byte-Daten, z.B. die vom `InputStream` eingelesenen Bytes aus Listing 3.1, können mit Hilfe eines `FileOutputStreams` und der Methode `write()` leicht in eine Datei geschrieben werden. Die Klasse `FileOutputStream` besitzt folgende Konstruktoren:

`FileOutputStream(File f)`
`FileOutputStream(String f)`
> öffnen den Ausgabedatenstrom für die Datei `f`. Beinhaltet die Datei bereits Daten, so werden die Daten gelöscht und die Dateigröße auf 0 gesetzt.

`FileOutputStream(File f, boolean append)`
`FileOutputStream(String f, boolean append)`
> öffnen den Ausgabedatenstrom für die Datei `f`, ist `append = true`, so werden die Daten an die Datei angehängt und es werden keine Daten überschrieben.

Insbesondere bei Dateioperationen sollte der geöffnete Datenstrom aus Performancegründen mit Hilfe von `BufferedOutputStream` gepuffert werden:

`BufferedOutputStream(OutputStream out)`
> fügt dem Ausgabestrom `out` einen Puffer hinzu.

`BufferedOutputStream(OutputStream out, int size)`
> fügt dem Ausgabestrom `out` einen Puffer der Größe `size` hinzu.

Das Öffnen einer Datei zum Schreiben und das Schreiben von Werten in diese Datei könnte dann im einfachsten Fall so aussehen:

```
BufferedOutputStream out = new BufferedOutputStream
    (new FileOutputStream("Dateiname"));
```

```
...
out.write(b);   // schreiben von b in Datei
```

Weiterhin ist es bei Dateioperationen unerlässlich, die Datei bzw. den Datenstrom mittels `close()` wieder zu schließen, um so dem System die Freigabe der Datei bzw. der Ressource mitzuteilen. Desweiteren sollte vor dem Schließen eines Ausgabestroms die Methode `flush()` aufgerufen werden, um möglicherweise gepufferte Daten in den Datenstrom zu schreiben (in diesem Falle in die Datei), um so Datenverlust zu vermeiden:

```
...
out.flush();   // Puffer leeren
out.close();   // Datei schliessen
```

Der Aufruf von `close()` führt in Java bei Dateien scheinbar zum automatischen Leeren des Puffers. Diese Eigenschaft wird jedoch in der Java API nicht dokumentiert, sodass der Aufruf von `flush()` in jedem Falle zu empfehlen ist.

Ebenso wie das Schreiben in eine Datei gestaltet sich auch das Lesen aus einer Datei mit Hilfe der Klasse `FileInputStream`:

```
FileInputStream(File f)
FileInputStream(String f)
```
 öffnen den Eingabedatenstrom der Datei `f`, ist die Datei nicht vorhanden, wird eine `FileNotFoundException` ausgelöst.

Der Zugriff auf die Datei sollte ebenfalls wieder gepuffert erfolgen:

```
BufferedInputStream in = new BufferedInputStream(
    new FileInputStream("Dateiname"));

...

b = in.read();   // lesen eines Wertes aus Datei
```

3.3.3.7 Ein- und Ausgabe von Binärdaten

Solange sich die zu verarbeitenden Daten auf Byte-Daten beschränken, ist die Anwendung von Datenströmen, die auf `InputStream` `OutputStream` basieren, relativ einfach. In der Praxis hat man jedoch häufig mit anderen Datentypen (wie z.B. `int` oder `float`) zu tun, welche meist auch noch miteinander vermischt werden.

Datenströme erlauben jedoch nur das Lesen bzw. Schreiben von Byte-Daten. Um auch andere Datentypen (wie `int`) in einem Datenstrom übertragen zu können, müssen diese Daten in eine Abfolge von Bytes zerlegt werden. Ein `int` ist in Java ein 32 Bit Datentyp, welcher somit aus 4 Bytes besteht. Diese 4 Bytes müssen beim Schreiben einzeln und nacheinander in den Datenstrom geschrieben werden und

3.3 Datenströme in Java

beim Lesen in der gleichen Reihenfolge wieder zu einen 32 Bit int Wert zusammengesetzt werden. Das Zerlegen und Schreiben eines int Wertes in eine Datei könnte etwa so aussehen:

```
BufferedOutputStream out = new BufferedOutputStream
    (new FileOutputStream("Number.bin"));

int number = 4711;

// einzelne Bytes von number abspeichern
out.write( (number & 0x000000ff) );           // Byte 0
out.write( (number & 0x0000ff00) >>> 8 );     // Byte 1
out.write( (number & 0x00ff0000) >>> 16 );    // Byte 2
out.write( (number & 0xff000000) >>> 24 );    // Byte 3
out.close();
```

Jedes einzelne Byte von number wird zunächst mit Hilfe der binären Und-Operation (number & 0x0000ff00) isoliert und dann mit Hilfe der Bit-Schiebe-Operation (>>> 8) an die unterste Stelle geschoben. Das Bit-Schieben ist notwendig, da nur die unteren 8 Bit bzw. das unterste Byte des übergebenen int Wertes mittels write() in den Datenstrom geschrieben werden.

Der Dezimalwert 4711 der Variable number entspricht dem Hexadezimalwert 0x00001267. Mit Hilfe der obigen Operationen wird zunächst das unterste Byte dieses Wertes (0x67) abgespalten und als Byte 0 in die Datei geschrieben. Danach wird das nächst-höherwertige Byte (0x12) abgespalten, an die unterste Position verschoben und als Byte 1 in die Datei geschrieben usw. Die Reihenfolge der geschriebenen Bytes ist demnach Byte-0: 0x67, Byte-1: 0x12, Byte-2: 0x00, Byte-3: 0x00.

Die so in eine Datei geschriebenen Bytes müssen dann beim Einlesen wieder in der richtigen Reihenfolge zusammengesetzt werden. Der Programmcode zum Zusammensetzen der einzelnen Bytes zu einen int könnte so aussehen:

```
BufferedInputStream in = new BufferedInputStream(
    new FileInputStream("Number.bin"));

int b0 = (in.read());          // Byte 0
int b1 = (in.read()) << 8;     // Byte 1
int b2 = (in.read()) << 16;    // Byte 2
int b3 = (in.read()) << 24;    // Byte 3
in.close();

// Byte-Daten als int zusammensetzen
int readNumber = (b0 | b1 | b2 | b3);
```

Die eingelesenen Bytes werden einzeln wieder an die richtige Position verschoben und anschließend mittels binärer Oder-Operation wieder zu einem int zusammengesetzt. Die Variable readNumber sollte dann wieder den ursprünglichen Wert

4711 haben. Entscheidend ist hierbei die Reihenfolge, werden die einzelnen Bytes in einer anderen Reihenfolge gelesen bzw. zusammengesetzt, so entspricht der Wert der Variablen nicht mehr dem Ursprungswert. Sowohl lesende als auch schreibende Programme müssen daher die gleiche Reihenfolge bei der Zerlegung bzw. Zusammensetzung verwenden.

Byte-Reihenfolge

Die Reihenfolge der Bytes ist eine häufige Ursache für das Entstehen von fehlerhaften Daten beim Datenaustausch zwischen Programmen bzw. Computern. Die Reihenfolge, in der die Bytes in Computersystemen abgelegt werden, unterscheidet sich und wird häufig durch die zugrundeliegende Hardware bestimmt. Es existieren u.a. zwei unterschiedliche Möglichkeiten Werte z.B. im RAM eines Computers abzulegen. Wird z.B. von einem `int` Wert zuerst das höchstwertige Byte abgelegt (entspricht Byte 3 im Beispiel oben), so spricht man vom *Big-Endian*-Format (großes Ende). Vom *Little-Endian*-Format (kleines Ende) spricht man hingegen, wenn zuerst das niederwertigste Byte (entspricht Byte 0 im Beispiel) abgelegt wird. Das oben eingeführte Beispiel speichert also den Wert von `number` im Little-Endian-Format in der Datei ab.

Java arbeitet intern nach dem Big-Endian-Format. Die zugrundeliegende Hardware, welche meist aus x86 bzw. x64 Prozessoren besteht, arbeitet hingegen häufig im Little-Endian-Format. Viele andere Prozessorarchitekturen (wie z.B. PowerPC, Mips oder Sparc) arbeiten dagegen im Big-Endian-Format. Werden zwischen den Systemen Daten ausgetauscht, so muss jeweils die verwendete Byte-Reihenfolge bekannt sein. Beim Austausch von Daten über ein Netzwerk wird, wie im Falle des IP-Protokolls, häufig das Big-Endian-Format verwendet. In den Programmierumgebungen existieren daher Methoden, welche die Konvertierung der Daten (Host zu Netzwerk oder Netzwerk zu Host) entsprechend vornimmt, sodass der Programmierer dazu angehalten ist, diese Methoden zu nutzen.

DataInputStream und DataOutputStream

Das oben eingeführte Beispiel zum Abspeichern eines `int` Wertes ist sehr komplex, schwer zu verstehen und fehleranfällig. Um fundamentale Datentypen (wie `int`, `long`, `float`, usw.) nicht in dieser umständlichen Form über einen Datenstrom zu übertragen, existieren die Klassen `DataInputStream` und `DataOutputStream`. Mit Hilfe dieser Klassen werden die Daten immer im Big-Endian-Format verarbeitet, weshalb sie sich auch zur Übertragung von Daten über das IP-Protokoll eignen. `DataOutputStream` hat folgenden Aufbau:

`DataOutputStream(OutputStream out)`
    Konstruktor, erzeugt einen Ausgabedatenstrom zur Ausgabe von fundamentalen Datentypen.

3.3 Datenströme in Java

Weiterhin werden folgende Methoden angeboten:

```
void writeBoolean(boolean b)
void writeByte(int b)
void writeChar(int c)
void writeShort(int s)
void writeInt(int i)
void writeLong(long l)
void writeFloat(float f)
void writeDouble(double d)
```
    diese Methoden schreiben die Daten des entsprechenden Datentyps in den Ausgabestrom.

```
void writeBytes(String s)
```
    schreibt den String s als eine Folge von Bytes in den Datenstrom.

```
void writeChars(String s)
```
    schreibt den String s als eine Folge von char in den Datenstrom.

```
void writeUTF(String s)
```
    schreibt den String s in den Datenstrom und konvertiert die Zeichen dabei in das UTF-8 Format.

```
int size()
```
    liefert die Anzahl an Bytes, die bisher in den Datenstrom geschrieben wurden.

Zum Lesen von fundamentalen Datentypen aus einem Datenstrom existiert die Klasse `DataInputStream`, welche lesende Methoden für die entsprechenden Datentypen zur Verfügung stellt und folgenden Aufbau besitzt:

```
DataInputStream(InputStream in)
```
    Konstruktor zum Erzeugen eines Eingabedatenstroms für fundamentale Datentypen.

Folgende Methoden werden angeboten:

```
boolean readBoolean()
byte readByte()
char readChar()
short readShort()
int readInt()
long readLong()
float readFloat()
double readDouble()
```
    diese Methoden lesen die entsprechenden Datentypen aus dem Eingabestrom.

```
String readUTF()
```
    liest Strings im UTF-8 Format.

```
void readFully(byte[] b)
```
liest max. b.length Bytes aus dem Datenstrom und speichert sie im Array b.

```
void readFully(byte[] b, int off, int len)
```
liest max. len Bytes aus dem Datenstrom und speichert sie an der Position pos im Array b ab.

Wird mit Hilfe dieser Methoden von einem Datenstrom gelesen, so wird nicht wie sonst üblich der Wert -1 für das Ende eines Datenstroms zurückgeliefert, sondern es wird stattdessen eine EOFException ausgelöst.

Ein einfaches Beispiel zur Anwendung von DataInputStream und DataOutputStream ist hier wiedergegeben:

```java
import java.io.*;

class DataWrite
{
    public static void main(String[] args)
    {
    try
        {
            // Binear-Daten in Datei speichern
            DataOutputStream out = new DataOutputStream
                (new FileOutputStream("Data.bin"));

            out.writeInt(4711);        // int-Wert
            out.writeDouble(65.536);   // double-Wert
            out.writeUTF("Hallo Welt");  // String UTF-8
                                         //   codiert
            out.close();

            // Binaer-Daten wieder einlesen
            DataInputStream in = new DataInputStream(
                new FileInputStream("Data.bin"));

            int readInt = in.readInt();       // int einlesen
            double readDouble = in.readDouble(); // double
                                                 //   einlesen
            String readString = in.readUTF();    // String
                                                 //   UTF-8 einlesen
            in.close();

            // Ausgabe der gelesenen Daten
            System.out.println("readInt: " + readInt);
            System.out.println("readDouble: " +
                readDouble);
```

3.3 Datenströme in Java

```
            System.out.println("readString: " +
                readString);
        }
        catch (IOException e) {System.out.println(e);}
    }
}
```

Listing 3.2 Fundamentale Datentypen in Datenströmen am Beispiel einer Datei

Serialisieren von Objekten

Ähnlich wie fundamentale Datentypen mit `DataOutputStream` und `DataInputStream` über einen Datenstrom übertragen werden können, so gibt es in Java auch die Möglichkeit ganze Objekte in einen Datenstrom zu überführen. Hierzu wird die interne Repräsentation eines Objektes mit Hilfe der Klasse `ObjectOutputStream` serialisiert, d.h. in eine Folge von Bytes überführt. Ein solcher Datenstrom lässt sich dann wieder mit Hilfe von `ObjectInputStream` in ein benutzbares Objekt überführen. Mit Hilfe der Serialisierung können ganze Objekte über ein Netzwerk übertragen oder auch in Dateien, Datenbanken usw. abgelegt werden. `ObjectOutputStream` hat folgenden Konstruktor:

`ObjectOutputStream(OutputStream out)`
    erzeugt einen Ausgabedatenstrom zum Serialisieren von Objekten.

Die angebotenen Methoden entsprechen bis auf `size()` den Methoden der im vorigen Abschnitt genannten Klasse `DataOutputStream`. Zusätzlich gibt es:

`void writeObject(Object obj)`
    schreibt das Objekt `obj` mit all seinen Attributen (einschließlich aller Referenzen) in den Ausgabestrom. Attribute, die als `static` oder `transient` deklariert sind, werden nicht serialisiert.

Objekte, die serialisiert werden sollen, müssen serialisierbar sein. Hierzu muss die zugehörige Klasse das Interface `Serializable` aus dem Package `java.io` implementieren. Alle Subklassen dieser Klasse sind dann ebenfalls serialisierbar. Das Interface `Serializable` schreibt keine Methoden vor und dient nur dazu anzuzeigen, ob ein Objekt serialisierbar ist.

Ist eine Basisklasse in der Klassenhierarchie eines Objektes nicht serialisierbar, so muss diese Basisklasse einen parameterlosen Konstruktor zur Verfügung stellen. Dieser parameterlose Konstruktor wird aufgerufen, sobald das Objekt aus seinem serialisierten Zustand wieder in ein nutzbares Objekt überführt wird, um sicherzustellen, dass die Attribute der Basisklasse initialisiert werden.

Als Beispiel soll eine Klasse dienen, die eine einfache Repräsentation eines Bankkontos darstellen soll:

```
import java.io.*;
```

```
class Account implements Serializable
{
    private int number;      // Kontonummer
    private double balance;  // Kontostand
    ...
}
```

Die interne Repräsentation eines Objektes dieser Klasse lässt sich dann leicht z.B. in einer Datei abspeichern:

```
...
Account accountA = new Account(1000, 4711);   // Betrag:
    1000; Nummer: 4711

// Kontodaten serialisiert in Datei speichern
ObjectOutputStream out = new ObjectOutputStream(new
    FileOutputStream("Account.dat"));

out.writeObject(accountA);   // alle Daten von accountA
    abspeichern
out.close();
...
```

Um ein serialisiertes Objekt aus einem Datenstrom zu lesen und wieder in ein Objekt zu verwandeln, wird die Klasse ObjectInputStream verwendet, welche folgenden Konstruktor bietet:

ObjectInputStream(InputStream in)
    erzeugt einen Eingabestrom zum Lesen serialisierter Objekte.

Ähnlich wie ObjectOutputStream bietet auch ObjectInputStream alle im vorigen Abschnitt genannten Methoden der Klasse DataInputStream zum Einlesen fundamentaler Datentypen sowie:

Object readObject()
    liest ein Objekt vom Eingabestrom und liefert als Ergebnis ein Objekt vom Typ Object. In Java ist Object die Basisklasse aller Klassen, das zurückgelieferte Objekt sollte daher vor Benutzung auf den entsprechenden Typ gecastet werden.

Das Einlesen und Rekonstruieren eines serialisierten Objektes kann nach dem oben eingeführten Kontobeispiel etwa so aussehen:

```
...
// serialisiertes Konto wieder einlesen
ObjectInputStream in = new ObjectInputStream(new
    FileInputStream("Account.dat"));
```

3.3 Datenströme in Java

```
// eingelesene Daten sind von typ "Object", deshalb cast auf Account
Account accountB = (Account)in.readObject();
in.close();
...
```

Zu bemerken ist, dass das eingelesene Objekt sofort auf den entsprechenden Datentyp `Accout` gecastet wird.

3.3.4 Zeichenorientierte Datenströme

Zeichenorientierte Datenströme dienen in Java zur Übertragung von Textinformationen. Java nutzt intern eine Zeichenkodierung im UTF-16 Format. Das zugrundeliegende Hostsystem, in dem die JVM läuft, nutzt möglicherweise eine andere Zeichenkodierung, beispielsweise UTF-8. Bei der Ausgabe von Textinformationen, z.B. in eine Datei, muss daher eine Zeichenkonvertierung von UTF-16 auf UTF-8 vorgenommen werden. Die notwendige Zeichenkonvertierung wird durch die Klassen `Reader` und `Writer` automatisch vorgenommen. Falsche Zeichenkonvertierung ist eine häufige Ursache zur fehlerhaften Übertragung von Textinformationen. Aufgrund der automatischen Konvertierung dürfen die zeichenorientierten Datenströme niemals zur Verarbeitung von binären Daten verwendet werden.

3.3.4.1 Methoden der Klasse Reader

Die Klasse `Reader` ist die Basisklasse für zeichenorientierte Eingabedatenströme. Sie ist abstrakt und besitzt viel Ähnlichkeit mit der Klasse `InputStream`. Es werden jedoch keine Bytes, sondern Daten vom Typ `char` verarbeitet. Im Fehlerfall wird von den Methoden eine `IOException` erzeugt.

`boolean ready()`
　　liefert `true`, wenn vom Eingabestrom ohne Blockieren gelesen werden kann.

`int read()`
　　liest das nächste Zeichen vom Typ `char` aus dem Eingabestrom und liefert den Wert -1, falls das Ende des Datenstroms erreicht ist. Die Methode blockiert, falls keine Daten im Datenstrom enthalten sind.

`int read(char[] c)`
　　liest max. `c.length` Zeichen aus dem Datenstrom und speichert sie im Array c. Der Rückgabewert ist entweder die Anzahl der tatsächlich gelesenen Zeichen oder -1 für das Ende des Datenstroms.

`abstract int read(char[] c, int off, int len)`
  liest max. `len` Zeichen aus dem Datenstrom und speichert sie an der Position `pos` im Array `c` ab. Der Rückgabewert ist entweder die Anzahl der tatsächlich gelesenen Bytes oder -1 für das Ende des Datenstroms.

`abstract void close()`
  schließt den Eingabestrom.

3.3.4.2 Methoden der Klasse Writer

Die Klasse `Writer` ist die Basisklasse für zeichenorientierte Ausgabedatenströme, ist ebenso wie `Reader` abstrakt und besitzt große Ähnlichkeit mit der Klasse `OutputStream`. Auch in dieser Klasse wird von den Methoden im Fehlerfall eine `IOException` erzeugt.

`void write(int c)`
  schreibt die unteren 16 Bits (`char`) von `c` in den Datenstrom.

`void write(char[] c)`
  schreibt alle Zeichen aus dem Array `c` in den Datenstrom.

`abstract void write(char[] c, int off, int len)`
  schreibt `len` Zeichen aus dem Array `c`, beginnend bei Position `pos` in den Datenstrom.

`void write(String s)`
  schreibt alle Zeichen aus dem String `s` in den Datenstrom.

`void write(String s, int off, int len)`
  schreibt `len` Zeichen aus dem String `s`, beginnend bei Position `off` in den Datenstrom.

`abstract void flush()`
  erzwingt das Leeren des Puffers und schreibt die gepufferten Daten in den Datenstrom.

`abstract void close()`
  schließt den Ausgabestrom.

3.3.4.3 Verbindung mit byteorientierten Datenströmen

Byteorientierte Datenströme sind universell einsetzbar und dazu geeignet beliebige Daten zu übertragen. Da Datenströme an Objekte gebunden sind, wie z.B. Dateien oder Netzwerkverbindungen, werden von diesen auch meist nur byteorientierte Datenströme angeboten. Um byteorientierte Datenströme in zeichenorientierte Datenströme zu verwandeln, existieren die Klassen `InputStreamReader` und `OutputStreamWriter`. Diese Klassen stellen somit eine Brücke zwischen byteorientierten und zeichenorientierten Datenströmen dar.

Zu beachten ist hierbei jedoch, dass die Zeichen bei der Umwandlung in Bytes in eine andere Zeichenkodierung konvertiert werden. Diese Konversion dient z.B. der Kommunikation mit dem Hostsystem, wenn z.B. Textdateien (die im Hostsystem beispielsweise im UTF-8 Format vorliegen) in Java verarbeitet werden sollen und deshalb ins UTF-16 Format konvertiert werden müssen. `InputStreamReader` bzw. `OutputStreamWriter` bieten folgende Konstruktoren:

`InputStreamReader(InputStream in)`
    wandelt die eingehenden Bytes des Datenstroms `in` in Zeichen `char` um. Als Zeichenkodierung wird hierbei die Einstellung des Host-Systems übernommen.

`InputStreamReader(InputStream in, String charset)`
    wandelt die eingehenden Bytes gemäß der mit `charset` angegebenen Zeichenkodierung um, beispielsweise in `UTF-8`.

`OutputStreamWriter(OutputStream out)`
    wandelt geschriebene `char` in Bytes und gibt sie auf `out` aus. Als Zeichenkodierung wird hierbei die Einstellung des Hostsystems übernommen.

`OutputStreamWriter(OutputStream out, String charset)`
    wandelt die geschriebenen `char` gemäß der mit `charset` angegebenen Zeichenkodierung in Bytes um und gibt sie auf `out` aus.

Mit Hilfer von `InputStreamReader` lassen sich nun die im Listing 3.1 eingelesenen Zeichen von der Tastatur (Bytes) in druckbare Zeichen vom Typ `char` umwandeln und entsprechend ausgeben. Der Programmcode muss hierzu nur minimal geändert werden:

```
InputStreamReader in = new InputStreamReader(System
    .in));
...
c = in.read();    // naechstes Zeichen von Tastatur lesen
...
System.out.println("Char: " + (char)c);   // Ausgabe eines
    Zeichens
```

Auch hier ist es aus Effizienzgründen sinnvoll mit einem gepufferten Datenstrom zu arbeiten. Für zeichenorientierte Eingabedatenströme existiert hierfür die Klasse `BufferedReader`:

```
BufferedReader(Reader in)
```
erzeugt einen gepufferten Eingabedatenstrom.

```
BufferedReader(Reader in, int size)
```
erzeugt eine gepufferten Eingabedatenstrom mit `size` Puffergröße.

Zudem bietet `BufferedReader` noch eine Methode zum Einlesen ganzer Textzeilen:

```
String readLine()
```
liest eine komplette Textzeile vom Datenstrom, wenn das Ende das Datenstroms erreicht ist, wird `null` zurückgegeben. Der Zeilenumbruch, mit dem die Zeile beendet wurde, ist nicht im String enthalten.

Ein Beispiel zum Verarbeiten ganzer Textzeilen ist hier wiedergegeben:

```java
import java.io.*;

class LineInput
{
    public static void main(String[] args)
    {
        try
        {
            BufferedReader in = new BufferedReader(new
                InputStreamReader(System.in));

            String line;
            while (true)
            {
                System.out.print("> ");
                line = in.readLine();    // Zeile einlesen

                if (line == null)
                    break;

                System.out.println(line); // Ausgabe der Zeile
            }

            in.close();      // Datenstrom schliessen
        }
        catch (IOException e) {}
    }
}
```

Listing 3.3 Einlesen von Textzeilen über den Standardeingabestrom (Tastatur)

3.3 Datenströme in Java

Die Anwendung von `OutputStreamWriter` ist analog der Anwendung von `InputStreamReader`, ein entsprechendes Anwendungsbeispiel ist in Abschn. 3.4.3.4 wiedergegeben.

3.3.4.4 Zeichenorientierte Datei-Ein- und Ausgabe

Zum Verarbeiten von Textdateien existieren die Klassen `FileReader` und `FileWriter`. Mit Hilfe dieser Klasse wird die Konvertierung der Zeichen gemäß der im Hostsystem verwendeten Zeichenkodierung vorgenommen. `FileReader` besitzt folgende Konstruktoren:

```
FileReader(File f)
FileReader(String f)
```
öffnen die Textdatei f zum Lesen.

Mit Hilfe von `FileReader` lässt sich ähnlich Listing 3.3 eine Textdatei zeilenweise einlesen:

```java
BufferedReader in = new BufferedReader(new
    FileReader("Textdatei.txt"));

int i = 0;          // Zeilennummern
String line;
while (true)
{
    line = in.readLine();   // Zeile von Datei einlesen

    if (line == null)
        break;

    System.out.println(i + " : " + line);
    i++;
}
```

Die eingelesenen Zeichen werden hierbei entsprechend der Systemeinstellung konvertiert. Falls eine andere Zeichenkodierung in der Textdatei verwendet wird, so kann durch eine Kombination von `FileInputStream` mit `InputStreamReader` im Konstruktor von `InputStreamReader` die entsprechende Zeichenkodierung gewählt werden.

Zum Schreiben von Textdateien existiert die Klasse `FileWriter`:

```
FileWriter(File f)
FileWriter(String f)
```
öffnet die Textdatei f zum Schreiben. Beinhaltet die Datei bereits Daten, so werden die Daten gelöscht und die Dateigröße auf 0 gesetzt.

```
FileWriter(File f, boolean append)
```

`FileWriter(String f, boolean append)`
    öffnen die Textdatei f zum Schreiben, ist `append = true`, so werden die Daten an die Datei angehängt und es werden keine Daten überschrieben.

Auch hier empfiehlt sich die Verwendung einer gepufferten Ausgabe über `BufferedWriter`:

`BufferedWriter(Writer out)`
    erzeugt einen gepufferten `Writer`.

`BufferedWriter(Writer out, int size)`
    erzeugt einen gepufferten `Writer` mit `size` Puffergröße.

`BufferedWriter` bietet zudem eine Methode zum Ausgeben eines Zeilenumbruchs:

`void newLine()`
    gibt einen Zeilenumbruch aus.

Mit Hilfe von `FileWriter` lassen sich nun recht einfach Textdaten in Dateien schreiben, z.B. die über die Tastatur eingelesenen Textzeilen aus Listing 3.3:

```java
// FileWriter – schreiben von char in eine Datei
BufferedWriter out = new BufferedWriter(new
    FileWriter("Textdatei.txt"));

String line;
while (true)
{
    System.out.print("> ");
    line = in.readLine();    // Zeile einlesen

    if (line == null || line.length() == 0)
        break;               // Abbruch bei Ende oder Leerzeile

    out.write(line);         // schreibt Zeile in Datei
    out.newLine();           // Zeilenumbruch
    out.flush();             // Puffer leeren (sofort abspeichern)
}
```

Auch beim Schreiben von Textdaten in eine Datei werden die Zeichen gemäß der dem Hostsystem zugrundeliegenden Zeichenkodierung konvertiert (z.B. nach UTF-8). Falls eine andere Zeichenkodierung gewünschten ist, kann auch hier mit einer Kombination aus `FilterOutputStream` und `OutputStreamWriter` im Konstruktor von `OutputStreamWriter` die entsprechende Zeichenkodierung eingestellt werden.

3.4 Socket Programmierung

Im vorhergehenden Abschnitt war an der Verarbeitung von Daten über Datenströme immer nur ein Programm beteiligt. Bei Dateien können zwar mehrere Programme beteiligt sein, jedoch sind insbesondere gleichzeitig schreibende Zugriffe auf Dateien immer nur einem Programm erlaubt. Zum Datenaustausch zwischen mehreren gleichzeitig laufenden Programmen sind Dateien nur bedingt geeignet. Sollen über mehrere Programme (oder besser Prozesse) hinweg Daten ausgetauscht werden, sind weitere Mechanismen notwendig. Man spricht hierbei von der sog. Interprozess-Kommunikation. Ein Mechanismus, der die Interprozess-Kommunikation erlaubt sind Sockets. Sockets erlauben zudem die Kommunikation über ein Netzwerk und somit auch über Rechnergrenzen hinweg. Die Kommunikation erfolgt über die Transportschicht im OSI-Schichtenmodell, und es werden meist die Protokolle TCP/IP oder UDP/IP verwendet. Man unterscheidet daher zwei Arten von Sockets:

Stream Socket Daten werden über einen Datenstrom ausgetauscht und verwenden meist TCP. Bei der Verwendung von TCP ist die Kommunikation zuverlässig und verbindungsorientiert.

Datagramm Socket Hier werden die Daten in Form von einzelnen Nachrichten bzw. Paketen ausgetauscht. Es wird meist UDP verwendet, weshalb die Kommunikation unzuverlässig und verbindungslos ist.

Sockets sind eine Programmierschnittstelle und unterliegen der Verwaltung des Betriebssystems. Das Betriebssystem stellt dabei Funktionen zur Verfügung, um auf die Netzwerkschnittstelle zugreifen zu können. Sockets bieten eine bidirektionale Verbindung zwischen zwei Prozessen, mit deren Hilfe Prozesse miteinander kommunizieren können. Die Verbindung ist jedoch nicht notwendigerweise an ein Netzwerk gebunden. Häufig werden Sockets auch zur Interprozess-Kommunikation bei lokalen Prozessen verwendet.

Abb. 3.1 Sockets stellen eine bidirektionale Verbindung zwischen zwei Prozessen her

Ein Socket benötigt eine Portnummer, um mit einem anderen Prozess in Verbindung zu treten. Diese Portnummer wird normalerweise vom Betriebssystem dynamisch vergeben, d.h., das Betriebssystemen wählt einfach eine freie Portnummer aus und weist sie dem Socket zu. Server bzw. Dienste müssen jedoch an feste

Portnummern gebunden werden können (siehe Abschn. 3.4.1.1), damit andere Prozesse (Clients) mit ihnen Verbindung aufnehmen können. Hierzu existieren *Server-Sockets*, welche an feste Ports gebunden werden können und die Eigenschaft haben Verbindungen von mehreren Clients entgegenzunehmen.

3.4.1 Kommunikation über IP

Das Internetprotokoll (IP) ist eines der am weitesten verbreiteten Netzwerkprotokolle und bildet die Basis des Internets. IP erlaubt die Übertragung von Daten über unterschiedliche Netzwerktechnologien hinweg, z.B., wenn der heimische Nutzer über einen DSL-Anschluss mit einem Server kommuniziert, der vermutlich über Ethernet angebunden ist. Erreicht wird dies über die Vergabe einer weltweit eindeutigen IP-Adresse, mit deren Hilfe Computer eindeutig adressiert werden können. Das Design von Netzwerkprotokollen basiert auf Schichtenmodellen wie das OSI-Modell (Open Systems Interconnection Reference Model), welches von der ISO herausgegeben wurde, oder wie das TCP/IP Modell, welches auf der Basis eines 4-Schichten Modells des US-Verteidigungsministeriums seit den 1970er Jahren entwickelt worden ist. Das IP-Protokoll arbeitet nach dem OSI-Modell auf der Schicht 3, der Vermittlungsschicht, und befindet sich im TCP/IP-Modell in der Internetschicht. In der Darstellung ist zu sehen, dass die Netzzugangsschicht des TCP/IP-

OSI-Schichten		TCP/IP-Schichten
7	Anwendung	Anwendung
6	Darstellung	
5	Sitzung	
4	Transport	Transport
3	Vermittlung	Internet
2	Sicherung	Netzzugang
1	Bitübertragung	

Abb. 3.2 Gegenüberstellung OSI-Schichtenmodell und TCP/IP-Schichtenmodell

Modells den Schichten 1 und 2 des OSI-Modells entsprechen. Die Technik, die in der Netzzugangsschicht verwendet wird, ist im TCP/IP-Modell nicht genau definiert. Hier können beliebige Netzwerktechniken verwendet werden, z.B. Ethernet, WLAN, PPP usw.

In den anderen Schichten des TCP/IP-Modells sind jedoch genau definierte Protokolle vorgesehen, einige häufige Vertreter sollen hier kurz genannt werden:

Anwendungsschicht HTTP, FTP, SSH, POP3, RTP, RTSP, IMAP, DNS, ...

Transportschicht TCP, UDP, TLS, ...

Internetschicht IP, ICMP, OSPF, RIP, ...

3.4 Socket Programmierung

3.4.1.1 Portnummern

Zur Kommunikation zwischen mehreren Rechnern findet häufig das IP-Protokoll Verwendung. Hierzu müssen die Rechner über eindeutige IP-Adressen Identifiziert werden. Sollen Anwendungen miteinander kommunizieren, so ist darüber hinaus noch eine Portnummer notwendig. Eine Portnummer ist eine 16-Bit-Zahl und hat einen Zahlenbereich von 0 - 65535. Portnummern werden vom Betriebssystem verwaltet, eindeutig an Anwendungen vergeben und stellen Kommunikationsendpunkte dar. Somit können spezifische Anwendungen auf einem Rechner eindeutig identifiziert werden.

Ein Web-Server benutzt normalerweise den Port 80. Soll ein Web-Server erreicht werden, z.B. www.fh-schmalkalden.de, so muss zunächst der Name „www.fh-schmalkalden.de" in eine IP-Adresse übersetzt (im Beispiel: 194.94.30.34) und dann mit Hilfe dieser IP-Adresse auf Port 80 zugegriffen werden. Befindet sich noch ein weiterer Dienst auf demselben Rechner, so kann dieser Dienst zwar mit der gleichen IP-Adresse, jedoch mit einer anderen Port Nummer angesprochen werden.

Einige Anwendungen benutzen fest zugeordnete Portnummern, welche allgemein bekannt sind und von der IANA (Internet Assigned Numbers Authority) vergeben werden. Portnummern werden in 3 Bereiche eingeteilt:

- Well-Known Ports von 0 - 1023 sind für allgemein bekannte Anwendungen reserviert.
- Registered Ports von 1024 - 49151 sind für registrierte Anwendungen vorgesehen und können bei der IANA registriert werden (z.B. 3306 für MySQL oder 5432 für PosgreSQL).
- Private Ports von 49152 - 65535 stehen zur dynamischen Nutzung zur Vefügung.

Einige der wichtigste Well-Known Ports sind in Tab. 3.2 wiedergegeben. Die

Tabelle 3.2 Auflistung einiger wichtiger Portnummern

Port	Dienst	Beschreibung
7	Echo	Zurücksenden empfangener Daten
21	FTP	Dateitransfer
22	SSH	Secure Shell
23	Telnet	Terminal
25	SMTP	E-Mail versenden
53	DNS	Aufösung von Domainnamen
80	HTTP	Web-Server
110	POP3	Zugriff auf E-Mail Server
143	IMAP	Zugriff auf Mailbox (E-Mail)

Portnummern dieser Anwendungen sind allerdings nicht fest vorgegeben, so kann ein Administrator oder Anwender eines Rechners ohne weiteres einen Web-Server z.B. auf Port 8080 laufen lassen oder den Port 80 für einen anderen Dienst als HTTP benutzen.

3.4.1.2 IP-Paket

Daten, die über das IP-Protokoll versendet werden, müssen in ein sog. IP-Paket verpackt werden. Vereinfacht gesagt werden hierbei die Nutzdaten mit der Absender- und Empfängeradresse versehen und so der Netzzugangsschicht übergeben. Man spricht hierbei auch von einem IP-Datagramm. Der Aufbau eines IP-Datagramms der Version IPv4 ist in Abb. 3.3 dargestellt. Das Datagramm besteht aus einem Kopf

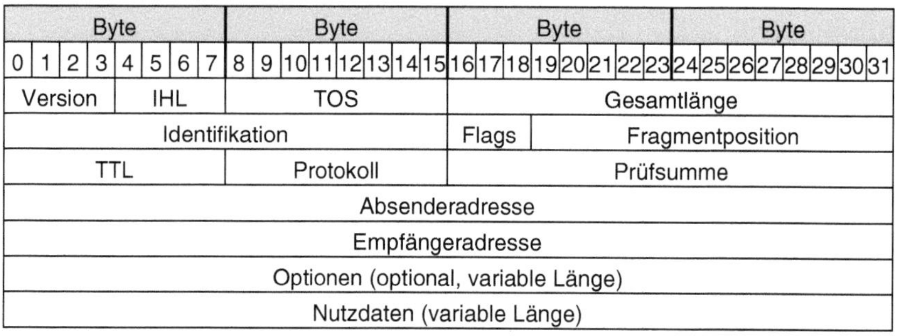

Byte		Byte		Byte		Byte	
0 1 2 3	4 5 6 7	8 9 10 11 12 13 14 15	16 17 18 19 20 21 22 23	24 25 26 27 28 29 30 31
Version	IHL	TOS	Gesamtlänge
Identifikation		Flags	Fragmentposition
TTL	Protokoll	Prüfsumme
Absenderadresse
Empfängeradresse
Optionen (optional, variable Länge)
Nutzdaten (variable Länge)

Abb. 3.3 Aufbau des IP-Headers

(Header), in welchem Metadaten (wie Empfängeradresse usw.) angegeben sind, und einen Nutzdatenanteil.

Die einzelnen Elemente der Metadaten haben folgende Bedeutung:

Version gibt die IP Protokoll Version an. In diesem Beispiel Version 4.

IHL *Internet Header Length* gibt die Länge des IP-Headers in 32 Bit Worten an.

TOS *Type Of Service* Hiermit kann in gewissen Grenzen die Dienstgüte gesteuert werden (quality of service). Diese Bits werden jedoch von den meisten Routern ignoriert.

Gesamtlänge gibt die Gesamtlänge des Pakets inklusive Header in Bytes an. Die Maximallänge ist 65535 Bytes (64kB).

Identifikation dient zur Identifikation zusammengehöriger Fragmente.

Flags hier kann angegeben werden, ob noch weitere Fragmente folgen und ob das Paket fragmentiert werden darf.

Fragmentposition gibt bei fragmentierten Paketen die Byteposition des Fragmentes im IP-Paket an.

TTL *Time To Live* maximale Anzahl an Routern, die das Paket passieren darf, bevor es verworfen wird. Es wird bei jedem Routerdurchlauf um eins dekrementiert.

Protokoll gibt das Protokoll der nächsthöheren Schicht an (Transportschicht), z.B. TCP oder UDP.

3.4 Socket Programmierung

Prüfsumme gibt eine Prüfsumme über den Header an.

Absenderadresse: gibt die IP-Adresse des Absenders an.

Empfängeradresse: gibt die IP-Adresse des Empfängers an.

Optionen gibt zusätzliche Protokolloptionen an, ist optional und muss ein Vielfaches von 32 Bit lang sein.

Die maximale Gesamtlänge eines IP-Datagramms ist 64kB. Der Header hat eine minimale Größe von 20 Bytes. Ein solches Datagramm wird zum Versenden an die Netzzugangsschicht im TCP/IP-Schichtenmodell übergeben. Die verwendete Netzwerktechnik in dieser Schicht könnte z.B. Ethernet sein. Um ein IP-Datagramm über Ethernet zu übertragen, wird zunächst dem IP-Datagramm ein Ethernet-Header vorangesetzt. Ethernet braucht nichts über den eigentlichen Inhalt der zu versendenden Daten zu wissen.

Im Ethernet selbst werden die Daten wiederum in Paketen versendet, den sog. Ethernet-Frames. Ein Ethernet-Frame hat nun aber einen maximalen Nutzdatenanteil von 1500 Bytes, die maximal zu übertragenden Daten mit IP wären demnach 1480 Bytes (mindestens 20 Bytes benötigt der IP-Header). Andere Netzwerktechniken bieten ähnliche Beschränkungen, so beträgt z.B. die maximale Nutzdatengröße bei WLAN 2312 Bytes oder bei DSL (PPPoE) 1492 Bytes.

Es ist jedoch mit Hilfe der Attribute *Identifikation Flags* und *Fragmentposition* des IP-Headers möglich, größere IP-Datagramme zu übertragen. Hierzu werden die IP-Datagramme in passende kleinere Einheiten zerlegt und jeweils mit einem eigenen IP-Header versehen. Diese IP-Header sind dabei nahezu identisch, besitzen die gleiche Identifikation, Absender- und Empfängeradresse und unterscheiden sich hauptsächlich in den Attributen *Flags* und *Fragmentposition*. Dieser Vorgang nennt sich Fragmentierung. Die einzelnen Fragmente können dann in der Empfängerstation wieder zu einem kompletten, zusammengehörigen IP-Datagramm zusammengesetzt werden.

3.4.1.3 TCP - Verbindungsorientierte und gesicherte Kommunikation

Das *Transmission Control Protocol* (TCP) steuert die Übertragung von Daten über IP. Es befindet sich oberhalb des IP-Protokolls in der Transportschicht und erlaubt eine zuverlässige und verbindungsorientierte Übertragung von Daten in einem Netzwerk. Hierzu wird zwischen zwei beteiligten Stationen zunächst eine Verbindung aufgebaut. Anschließend befinden sich die beiden Stationen in der Datenübertragungsphase und können Daten austauschen. Wenn eine der beiden Stationen die Verbindung nicht mehr benötigt, so kann sie einseitig die Verbindung abbauen. Jede Station muss für sich die Verbindung abbauen.

TCP stellt sicher, dass die in Paketen versendeten Daten in der richtigen Reihenfolge beim Empfänger ankommen und erkennt und behebt Fehler. Das Erkennen von Fehlern wird realisiert, indem der Empfänger dem Sender den Erhalt von Paketen quittiert. Das zusätzliche Versenden von Quittungen führt unter Umständen zu einer gesteigerten Netzwerkbelastung, was bei multimedialen Daten, welche häufig ein großes Datenvolumen haben, störend sein kann.

Für den Verbindungsaufbau sind neben den im IP-Header enthaltenen Absender- und Empfängeradressen auch noch die Portnummern der miteinander kommunizierenden Programme notwendig. Die Portnummern werden daher im einem zusätzlichen TCP-Header angegeben. Der Aufbau des TCP-Headers ist in Abb. 3.4 zu sehen.

Byte								Byte								Byte								Byte							
0	1	2	3	4	5	6	7	8	9	10	11	12	13	14	15	16	17	18	19	20	21	22	23	24	25	26	27	28	29	30	31
Sender-Port																Empfänger-Port															
Sequenznummer																															
Bestätigungsnummer																															
Daten-zeiger				Reserviert								URG	ACK	PSH	RST	SYN	FIN			Fenstergröße											
Prüfsumme																Dringlichkeitszeiger															
Optionen (optional, variable Länge)																															
Nutzdaten (variable Länge)																															

Abb. 3.4 Aufbau des TCP-Headers

Die einzelnen Elemente des TCP-Headers haben folgende Bedeutung:

Sender-Port gibt die Portnummer der Anwendung des Senders an.

Empfänger-Port gibt die Portnummern der Anwendung des Empfängers an.

Sequenznummer gibt die Reihenfolge der versendeten Daten an und dient der Sortierung der Daten.

Bestätigungsnummer: gibt die Sequenznummer der Daten an, die als nächstes vom Empfänger erwartet werden, und quittiert gleichzeitig alle bis zu dieser Sequenznummer erhaltenen Daten.

Datenzeiger zeigt die Startadresse der Nutzdaten an.

Reserviert wird nicht verwendet.

Steuerungsbits dienen zur Steuerung:

- URG: zeigt an, ob der Dringlichkeitszeiger gültig ist.
- ACK: zeigt an, ob die Bestätigungsnummer gültig ist.
- PSH: dient zum Übergehen des sender- und empfängerseitigen Puffers, die Daten werden der Anwendung sofort zugestellt.
- RST: dient zum Abbrechen der Verbindung.

3.4 Socket Programmierung

- SYN: wird beim Verbindungsaufbau verwendet.
- FIN: dient zum abbau der Verbindung.

Fenstergröße gibt die Größe der Daten an, die der Empfänger bereit ist zu empfangen und dient der Flusskontrolle.

Prüfsumme gibt eine Prüfsumme über den Header und die Daten an und dient der Fehlererkennung.

Dringlichkeitszeiger der Nutzdatenteil kann in Vorrangdaten und Nutzdaten aufgeteilt sein, wobei die Vorrangdaten immer am Anfang stehen. Dieses Feld zeigt an, wo diese Vorrangdaten enden.

Optionen gibt zusätzliche Informationen an, ist optional und muss ein Vielfaches von 32 Bit lang sein.

Für den Versand von Daten wird ein TCP-Paket an die Internetschicht übergeben und dort mit einem IP-Header versehen. Der TCP-Header besitzt keine IP-Adresse der entfernten Station, sondern lediglich die Portnummer einer spezifischen Anwendung. Zur Adressierung einer entfernten Station über eine IP-Adresse ist daher die Einbettung in ein IP-Paket notwendig. TCP und IP sind deshalb eng miteinander verbunden.

Der TCP-Header hat eine Mindestgröße von 20 Bytes. Da nun auch noch mindestens 20 Bytes für den IP-Header benötigt werden, ergibt sich ein Bandbreitenverlust von mindestens 40 Bytes für jedes Datenpaket. Für die Übertragung über Ethernet bleiben demnach noch 1460 Bytes übrig und für DSL (PPPoE) nur 1452 Bytes. Zusätzlich kommen noch Kapazitätsverluste durch die Fehlerbehebung hinzu. Geht ein Datenpaket verloren oder es kommt fehlerhaft an, so wird das Paket neu angefordert und muss erneut versendet werden. Bei einer schlechten Verbindung kann dies zusätzlich dazu beitragen, die verfügbare Bandbreite weiter zu verringern. Dies kann insbesondere bei zeitkritischen und/oder multimedialen Daten zu Problemen führen. Kommt es aufgrund häufiger Fehlerkorrektur bei der Übertragung von Sprache bzw. Video zu starken Verzögerungen, so kann die Anwendung unbrauchbar werden.

3.4.1.4 UDP - Verbindungslose und ungesicherte Kommunikation

Das *User Datagram Protocol* (UDP) erlaubt eine verbindungslose und ungesicherte Kommunikation über IP. Anders als bei TCP erfolgt kein expliziter Verbindungsaufbau und auch keine Fehlerbehebung. Es wird durch UDP weder sichergestellt, dass die Daten in der richtigen Reihenfolge ankommen, noch das die Daten den Empfänger überhaupt erreichen. UDP stellt somit einen höchst unzuverlässigen Dienst zur Verfügung und erweitert IP lediglich um die Adressierung von Anwendungen mittels Portnummern.

Die Elemente des UDP-Headers haben folgende Bedeutung:

Sender-Port gibt die Portnummer der Anwendung des Senders an.

Empfänger-Port gibt die Portnummer der Anwendung des Empfängers an.

Länge gibt die Gesamtlänge des Datagramms an.

Prüfsumme gibt eine Prüfsumme über den Header und die Daten an.

Byte								Byte								Byte								Byte							
0	1	2	3	4	5	6	7	8	9	10	11	12	13	14	15	16	17	18	19	20	21	22	23	24	25	26	27	28	29	30	31
Sender-Port																Empfänger-Port															
Länge																Prüfsumme															
Nutzdaten (variable Länge)																															

Abb. 3.5 Aufbau des UDP-Headers

Die Größe des UDP-Headers ist 8 Byte. In Verbindung mit dem IP-Header ergibt sich daher ein Bandbreitenverlust von mindestens 28 Bytes. Die für Nutzdaten übrigbleibende Bandbreite ist zwar gegenüber TCP minimal größer, dies dürfte jedoch in Anbetracht der heute zur Verfügung stehenden Bandbreiten und der bei multimedialen Daten anfallenden Datenmenge kaum nennenswerte Auswirkungen haben. UDP besitzt jedoch gegenüber TCP für manche Anwendungen Vorteile. Zum einen verringert der fehlende Verbindungsaufbau insbesondere bei sehr kurzen Anfragen die Netzlast. Ebenso verringern die fehlenden Quittungen die Netzlast. Zum anderen sorgt die fehlende Fehlerkorrektur für geringere Verzögerungen bei der Übertragung. Insbesondere Multimedia-Anwendungen sind häufig gegenüber fehlerhaften oder verlorengegangenen Daten tolerant. Ein verlorengegangenes oder fehlerhaftes Datenpaket führt z.B. bei einer Sprachübertragung zu einer fehlerhaften Wiedergabe, wohingegen eine durch Fehlerkorrektur hervorgerufene Verzögerung die Wiedergabe zum Stocken bringen kann. Jedoch reagieren manche der stark komprimierten multimedialen Daten recht empfindlich auf fehlerhafte Daten, näheres Hierzu ist in Kap. 5.1 zu lesen.

3.4.2 Sockets in Java

Sockets stellen eine plattformunabhängige Schnittstelle zur Kommunikation zwischen Anwendungen dar und werden meist zur Interprozess- oder zur Netzwerk-Kommunikation eingesetzt. Die Sockets selbst werden vom Betriebssystem verwaltet und zur Programmierung werden entsprechende Bibliotheken zur Verfügung gestellt.

Die Programmierung ist in Sprachen wie C/C++ meist recht schwierig. Java kapselt den Socket-Mechanismus in recht einfache Klassen und abstrahiert das Konzept sehr weit. Die Programmierung wird dadurch deutlich vereinfacht. Alle Klassen, die zur Socket Programmierung in Java benötigt werden, befinden sich im Paket `java.net`. Die wichtigsten Klassen sind:

3.4 Socket Programmierung

- `Socket` und `ServerSocket` für Stream Sockets zur gesicherten, verbindungsorientierten Kommunikation über TCP
- `DatagramSocket` und `DatagramPacket` für Datagramm Sockets zur verbindungslosen Kommunikation über UDP
- `InetAddress` dient der Behandlungen von IP-Adressen und Hostnamen

3.4.2.1 Die Klasse InetAdress

Um eine Socketverbindung zwischen zwei Prozessen aufzubauen, muss dem jeweils anderen Prozess die IP-Adresse und die Portnummern des Kommunikationspartners bekannt sein. In den Socket-Klassen wird für die Repräsentation von IP-Adressen bzw. Hostnamen, häufig ein Objekt vom Typ `InetAdress` verwendet.

Die Klasse `InetAdress` stellt einige nützliche Methoden zum Umgang mit IP-Adressen und Hostnamen zur Verfügung. Viele dieser Methoden sind `static` deklariert, d.h., sie können benutzt werden, ohne dass ein Objekt der Klasse existiert. Einige wichtige Methoden sollen hier genannten werden:

`static InetAdress getByName(String Host)`
    liefert ein `InetAddress` Objekt zu einen gegebenen Host, `host` kann entweder ein Hostname sein: „www.fh-schmalkalden.de" oder eine IP-Adresse in Textform: „194.94.30.34". Ist der Host nicht erreichbar, so wird eine `UnknownHostException` ausgelöst.

`static InetAddress getByAddress(byte[] addr)`
    liefert ein `InetAddress` Objekt zu einer gegebenen IP-Adresse, die IP-Adresse wird als ein Byte-Array angegeben. Ist der Host nicht erreichbar, so wird eine `UnknownHostException` ausgelöst.

`static InetAddress getByAddress(String host, byte[] addr)`
    erzeugt ein `InetAddress` Objekt zum gegebenen Host und zur gegebenen IP Adresse. Die Gültigkeit des Hostnamens wird nicht überprüft. Enthält das Array `addr` eine ungültige IP-Adresse, wird eine `UnknownHostException` ausgelöst.

`static InetAddress getLocalHost()`
    liefert den Lokalen Host als `InetAddress` Objekt.

`String getHostAddress()`
    liefert die IP-Adresse als Textform.

`String getHostName()`
    ergibt den Hostnamen für dieses `InetAddress` Objekt.

`byte[] getAddress()`
   liefert ein Byte Array mit der IP-Adresse des Objektes.

`boolean isLoopbackAddress()`
   liefert `true`, falls es sich um die Loopback-Adresse (127.0.0.1) handelt.

`boolean isReachable(int timeout)`
   testet `timeout` Millisekunden, ob der Host erreichbar ist.

Mit Hilfe von `InetAdress` können z.B. Informationen über einen Client oder Server ermittelt werden, ein Beispiel ist in Listing 3.4 zu finden.

3.4.3 Stream Sockets

Stream Sockets kommunizieren über TCP/IP und stellen eine gesicherte und verbindungsorientierte Kommunikation zur Verfügung. Abgesendete Daten erreichen den Empfänger in der richtigen Reihenfolge und es wird durch TCP eine Fehlerkontrolle durchgeführt. Die Kommunikation zwischen den beteiligten Prozessen erfolgt über Datenströme.

Bei Stream Sockets wird zwischen Sockets (für Clients) und Server-Sockets (für Server) unterschieden. Java stellt daher die entsprechenden Klassen `Socket` und `ServerSocket` zur Verfügung. `Socket` wird verwendet, um mit einem anderen Prozess (einem Server) an einer festen IP-Adresse und Portnummern Kontakt aufzunehmen. `ServerSocket` hingegen wartet auf eine Kontaktaufnahme durch einen Client und ist in der Lage mehrere Clients zu bedienen.

3.4.3.1 Die Klasse `Socket`

Die Klasse `Socket` dient zur Kontaktaufnahmen mit einem Server und bietet folgende Konstruktoren:

`Socket(InetAddress address, int port)`
   erzeugt einen Stream Socket und verbindet ihn mit der Portnummer `port` der angegebenen IP-Adresse `address`. Kann der Socket nicht erzeugt werden, wird eine `IOException` ausgelöst.

`Socket(String host, int port)`
   erzeugt einen Stream Socket und verbindet ihn mit der Portnummer und dem angegebenen Hostnamen. Kann der Socket nicht erzeugt werden, wird eine `IOException` ausgelöst, kann der Hostname nicht gefunden werden, wird eine `UnkownHostException` ausgelöst.

Weiterhin werden folgende Methoden angeboten:

3.4 Socket Programmierung

`InputStream getInputStream()`
   liefert den Eingabestrom für diesen Socket. Über diesen Datenstrom können Daten gelesen werden, die von dem entfernten Prozess gesendet werden.

`OutputStream getOutputStream()`
   liefert den Ausgabestrom für diesen Socket. Über diesen Datenstrom können dem entfernten Prozess Daten gesendet werden.

Wird einer dieser beiden Datenströme geschlossen, so wird auch der zugehörige Socket geschlossen. Um nur einen Datenstrom zu deaktivieren, existieren daher folgende Methoden:

`void shutdownInput()`
   setzt den Eingabestrom auf EOF (End Of File) und deaktiviert ihn somit.

`void shutdownOutput()`
   deaktiviert den Ausgabestrom.

`void close()`
   schließt den Socket.

All diese Methoden erzeugen im Fehlerfall eine `IOException`. Weitere nützliche Methoden von `Socket` sind:

`boolean isClosed()`
   liefert `true`, falls der Socket geschlossen ist.

`int getPort()`
   liefert die Portnummer des entfernten Prozesses, mit der der Socket verbunden ist.

`int getLocalPort()`
   liefert die lokale Portnummer, die vom Betriebssystem zugewiesen wurde.

`InetAddress getInetAddress()`
   liefert die entfernte IP-Adresse, mit der der Socket verbunden ist.

`InetAddress getLocalAddress()`
   liefert die Lokale IP-Adresse.

`void setSoTimeout(int timeout)`
   beim Lesen mit `read()` vom Eingabestrom wird maximal `timeout` Millisekunden blockiert, danach wird eine `SocketTimeoutException` ausgelöst. Bei einem `timeout` von 0 kann ewig blockiert werden.

Mit Hilfe von `Socket` lässt sich nun recht einfach eine Verbindung zu einem Server aufbauen:

```
import java.net.*;
...

try
{
    // Verbindung mit Server aufnehmen
    Socket so = new Socket("www.fh-schmalkalden.de"
        , 80);

    ...

    // Socket schliessen
    if (so != null) so.close();
}
catch (IOException e) { }
```

Um mit dem Server kommunizieren zu können, muss zusätzlich mit `getInputStream()` und `getOutputStream()` auf die Ein- und Ausgabedatenströme zugegriffen werden, ein Beispiel ist in Listing 3.6 wiedergegeben. Es ist darauf zu achten, einen nicht mehr benötigten Socket wieder zu schließen.

3.4.3.2 Die Klasse `ServerSocket`

Ein Server-Socket wartet auf Verbindungsaufnahme durch Clients. Bei Verbindungsaufnahme wird ein Objekt von Typ `Socket` zurückgegeben, mit dessen Hilfe dann mit dem Client kommuniziert werden kann. Der Server-Socket ist direkt nach Verbindungsaufnahme wieder frei und kann Verbindungen anderer Clients entgegennehmen. Die Klasse `ServerSocket` besitzt folgenden Konstruktor:

`ServerSocket(int port)`
  erzeugt einen Server-Socket und bindet ihn an die angegebene Portnummer. Kann der Port nicht belegt werden, so wird eine `IOException` ausgelöst.

Weiterhin werden folgende Methoden von `ServerSocket` angeboten:

`Socket accept()`
  blockiert den Aufrufer und wartet auf eine Verbindung durch einen Client. Bei Verbindungsaufnahme wird ein `Socket` zurückgegeben, mit dessen Hilfe mit dem entfernten Prozess kommuniziert werden kann. Im Fehlerfall wird eine `IOException` ausgelöst.

`void setSoTimeout(int timeout)`
  der Aufruf von `accept` wird maximal `timeout` Millisekunden blockiert, da-

3.4 Socket Programmierung

nach wird eine `SocketTimeoutException` ausgelöst. Bei `timeout 0` kann ewig blockiert werden.

`void close()`
    schließt den Server-Socket.

`boolean isClosed()`
    liefert `true`, falls der Socket geschlossen ist.

Im Folgenden ein einfaches Beispiel eines Servers:

```java
import java.io.*;
import java.net.*;

public class Server
{
    public static void main(String[] args)
    {
        Socket client = null;

        try
        {
            // ServerSocket zum warten auf Client
            ServerSocket server = new ServerSocket
                (8080);
            while (true)
            {
                // warten auf Client
                client = server.accept();

                // Informationen ueber Client ausgeben
                InetAddress clientAddr = client.
                    getInetAddress();
                System.out.println("Client IP: " +
                    clientAddr.getHostAddress() + " -
                    Port: " + client.getPort());

                // Verbindung zum Client schliessen
                if (client != null) client.close();
            }
        }
        catch (IOException e) { }
    }
}
```

Listing 3.4 Ein einfacher Server zum Anzeigen von Informationen über Clients

Dieser Server wartet auf Port 8080 auf eine Verbindungsaufnahme durch einen Client. Zum Testen kann ein Web-Browser benutzt werden, indem in der URL neben dem Namen des Rechners noch eine Portnummer angegeben wird (z.B. „http://127.0.0.1:8080"). Der Server gibt direkt nach Verbindungsaufnahme IP-Adresse und Portnummer des aufrufenden Clients aus und schließt danach sofort die Verbindung. Der nächste Client kann erst dann mit dem Server eine Verbindung aufnehmen, es handelt sich also um einen sequenziellen Server.

3.4.3.3 Port-Scanner

Mit Hilfe der Klasse Socket lassen sich nun Verbindungen zu Servern aufnehmen. Als nächstes Beispiel soll ein Port-Scanner dienen, welcher einfach testet, ob an bestimmten Portnummern eines Systems Verbindungen angenommen werden. Hierzu werden in einer Schleife bestimmte Portnummern durchlaufen und es wird jeweils immer versucht eine Socketverbindung aufzubauen:

```java
import java.io.*;
import java.net.*;

public class Scanner
{
    public static void main(String[] args)
    {
        String host = "localhost";
        int from = 0;
        int to = 1023;
        Socket so = null;

        for (int port = from; port <= to; port++)
        {
            try
            { // Verbindung mit Server aufnehmen
                so = new Socket(host, port);
                System.out.println("Verbindung auf Port
                    : " + port);

                if (so != null)
                    so.close();   // Socket schliessen
            }
            catch (IOException e) {}
        }
    }
}
```

Listing 3.5 Ein einfacher Port-Scanner

3.4 Socket Programmierung

Falls eine Verbindung aufgebaut werden konnte, wird eine entsprechende Meldung ausgegeben und anschließend der Socket wieder geschlossen. Falls keine Verbindung aufgebaut werden konnte, weil kein Prozess an der entsprechenden Portnummer reagiert, so wird eine IOException ausgelöst und der nächste Schleifendurchlauf beginnt.[3]

3.4.3.4 Echo-Client

Es wurde im vorhergehenden Abschnitt gezeigt, wie mit Sockets Verbindungen zu Servern aufgebaut werden können. Um nun mit dem entsprechenden Server kommunizieren zu können, muss darüber hinaus nach der Verbindungsaufnahme auf die Datenströme (die zu dem Socket gehören) zugegriffen werden. Dies soll am Beispiel eines Echo-Servers demonstriert werden. Ein Echo-Server sendet einfach alle eingehenden Daten unverändert an den Absender zurück. Echo ist ein Dienst auf Port 7 und dient lediglich zu Testzwecken. Da dieser Dienst jedoch ein gewisses Sicherheitsrisiko darstellt (Denial of Service-Attacken), ist ein frei zugänglicher Echo-Server im Internet kaum zu finden. Falls kein Echo-Server zur Verfügung steht, kann der Echo-Server aus dem nächsten Abschnitt verwendet werden.

Zunächst soll jedoch erst einmal ein Client aufgebaut werden, der den Dienst eines Echo-Servers in Anspruch nimmt. Als Ausgangsbasis soll Listing 3.3 dienen, welches zeilenweise Text von der Tastatur einliest und auf der Konsole ausgibt. Diese eingelesenen Zeilen sollen an einen Echo-Server gesendet werden und dann soll die Rückantwort (das Echo) des Servers ausgegeben werden.

Zuerst wird vor dem Initialisieren der Datenströme eine Verbindung zu einem Echo-Server aufgenommen (alternativ kann auch eine andere Portnummer gewählt werden, falls kein Echo-Server auf Port 7 bekannt ist):

```
Socket so = new Socket("localhost", 7);
```

Und anschließend werden die Datenströme mit getInputStream() und getOutputStream() geholt und zu zeichenorientierten Datenströmen umgewandelt:

```
// Input- OutputStream's des Sockets als Reader/Writer oeffnen
BufferedReader sockIn = new BufferedReader(new
    InputStreamReader(so.getInputStream()));
BufferedWriter sockOut = new BufferedWriter(new
    OutputStreamWriter(so.getOutputStream()));
```

Innerhalb der Schleife wird dann statt der Ausgabe der Zeilen auf der Konsole jede einzelne Zeile an den Server gesendet und anschließend die Antwort des Servers ausgegeben:

```
sockOut.write(line);    // Zeile an den Server senden
sockOut.newLine();      // Zeilenumbruch
```

---
[3] Auf Windows-Systemen kann die Abarbeitung dieses einfachen Port-Scanners sehr langsam sein.

```
        sockOut.flush();      // Puffer leeren (sofort ausgeben)

    // Antwort vom Server empfangen und ausgeben
    System.out.println(sockIn.readLine());
```

Der vollständige Programmcode sollte etwa so aussehen:

```java
public class EchoClient
{
    public static void main(String[] args)
    {
        String host = "localhost";
        int port = 7;

        Socket so = null;

        try
        {
            // Verbindung mit Server aufnehmen
            so = new Socket(host, port);

            // System.in — Standard Eingabestrom (Tastatur)
            BufferedReader in = new BufferedReader(new
                InputStreamReader(System.in));

            // Input- OutputStream's des Sockets als Reader/Writer oeffnen
            BufferedReader sockIn = new BufferedReader(
                new InputStreamReader(so.getInputStream
                ()));
            BufferedWriter sockOut = new BufferedWriter
                (new OutputStreamWriter(so.
                getOutputStream()));

            String line;
            while (true)
            {
                System.out.print("> ");
                line = in.readLine();    // Zeile einlesen

                if (line == null || line.length() == 0)
                    break;         // Abbruch bei Ende oder Leerzeile

                sockOut.write(line);    // Zeile an den Server
                    senden
                sockOut.newLine();     // Zeilenumbruch
```

3.4 Socket Programmierung

```
            sockOut.flush();    // Puffer leeren (sofort
                                   ausgeben)

            // Antwort vom Server empfangen und ausgeben
            System.out.print("Echo: ");
            System.out.println(sockIn.readLine());
        }

        if (so != null) so.close();   // Socket schliessen
    }
    catch (IOException e) {System.err.println(e);}
    }
}
```

Listing 3.6 Beispiel eines Clients für einen Echo-Server

Zum Testen des Clients kann der Echo-Server des nächsten Abschnitts verwendet werden, hierzu muss die Portnummer auf 8080 gestellt werden.

3.4.3.5 Echo-Server

Ein Echo-Server ist ein Dienst zum Testen von IP-Verbindungen. Hierbei werden die eingehenden Daten unverändert an den Absender zurückgesendet. Dies kann sowohl für TCP als auch für UDP implementiert sein. In diesem Beispiel beschränken wir uns auf TCP Verbindungen. Desweiteren soll der Server nur einfache Textinformationen verarbeiten.

Als Ausgangsbasis dient das Listing 3.4 des einfachen Servers. Nach der Ausgabe der Informationen über den Client werden die Datenströme geholt:

```
// Input- OutputStream's des Sockets als Reader/Writer oeffnen
BufferedReader sockIn = new BufferedReader(new
    InputStreamReader(client.getInputStream()));
BufferedWriter sockOut = new BufferedWriter(new
    OutputStreamWriter(client.getOutputStream()));
```

Somit besteht über `sockIn` und `sockOut` die Möglichkeit mit dem Client zu kommunizieren. Der nachfolgende Teil ähnelt der inneren Schleife des Echo-Clients, mit der Ausnahme, dass statt von der Tastatur vom Socket gelesen wird:

```
String line;
while (true)
{
    line = sockIn.readLine();   // Zeile von client

    if (line == null)
        break;            // Abbruch bei Ende oder Leerzeile
```

```
        sockOut.write(line);    // Zeile an den Client senden
        sockOut.newLine();      // Zeilenumbruch
        sockOut.flush();        // Puffer leeren (sofort ausgeben)

        System.out.println("Client sagt: " + line);
    }

    System.out.println("Client hat Verbindung
        geschlossen.");
    if (client != null) client.close();
```

Zur Kontrolle werden die eingehenden Textzeilen des Clients ausgegeben. Falls der Client die Verbindung geschlossen hat, wird eine entsprechende Meldung ausgegeben und der nächste Durchlauf der Hauptschleife beginnt. Erst nachdem ein Client die Verbindung geschlossen hat, kann ein weiterer Client vom Server bearbeitet werden.

3.4.3.6 Übertragen von Binärdaten

In diesem Beispiel soll über eine Socketverbindung eine Datei (Binärdaten) übertragen werden. Der Server soll bei Verbindungsaufnahme eine Datei öffnen und über die Socketverbindung an den Client senden:

```
ServerSocket server = new ServerSocket(port);
client = server.accept();    // warten auf Client

// Datenstroeme oeffnen
BufferedOutputStream sockOut = new
    BufferedOutputStream(client.getOutputStream());
FileInputStream fileIn = new FileInputStream("Image
    .jpg");

// Daten von Datei lesen und an Client senden
int b;
while ((b = fileIn.read()) != -1)
    sockOut.write(b);

sockOut.flush();      // Puffer leeren

if (fileIn != null) fileIn.close();     // Datei schliessen
if (client != null) client.close();     // Client Socket
    schliessen
if (server != null) server.close();     // Server Socket
    schliessen
```

3.4 Socket Programmierung

Der dazu passende Client hat fast den gleichen Aufbau, er speichert nach Verbindungsaufnahme alle empfangenen Daten in einer Datei ab:

```
// Verbindung mit Server aufnehmen
server = new Socket(host, port);

// Datenstroeme oeffnen
BufferedInputStream sockIn = new
    BufferedInputStream(server.getInputStream());
BufferedOutputStream fileOut = new
    BufferedOutputStream(new FileOutputStream("
    Image_Copy.jpg"));

// Daten vom Server in Datei speichern
int b;
while ((b = sockIn.read()) != -1)
    fileOut.write(b);

fileOut.flush();       // Puffer leeren

if (fileOut != null) fileOut.close();   // Datei schliessen
if (server != null) server.close();     // Socket zum
    Server schliessen
```

Es ist beim Übertragen von Binärdaten darauf zu achten, dass immer byteorientierte Datenströme (`InputStream` bzw. `OutputStream`) verwendet werden. Werden wie in den vorhergehenden Beispielen zeichenorientierte Datenströme verwendet (`Reader` bzw. `Writer`), so werden die Binärdaten in Zeichen von Typ `char` konvertiert und dadurch verfälscht und unbrauchbar.

3.4.4 Datagramm Sockets

Die Kommunikation über Stream Sockets stellt eine gesicherte, verbindungs- und datenstromorientierte Kommunikation dar. Es findet ein expliziter Verbindungsaufbau statt und die Verbindung zwischen den beteiligten Prozessen bleibt so lange bestehen, bis sie wieder abgebaut wird. Die Daten erreichen in der gleichen Reihenfolge den Empfänger, wie sie abgesendet werden, und es findet eine Fehlerkontrolle statt.

Bei Datagramm Sockets ist dies anders. Die Kommunikation erfolgt über UDP und ist daher ungesichert und verbindungslos. Es muss keine Verbindung zwischen den beteiligten Prozessen aufgebaut werden, und es findet auch keine Fehlerkontrolle statt. Die Kommunikation erfolgt nicht über Datenströme, sondern über Nachrichten bzw. Datagramme. Ob die gesendeten Datagramme den Empfänger in der richtigen Reihenfolge erreichen oder überhaupt erreichen, wird nicht sichergestellt.

Für Datagramm Sockets werden in Java die Klassen `DatagramPacket` und `DatagramSocket` zur Verfügung gestellt. `DatagramPacket` stellt ein Datagramm-Paket mit einem Puffer zum Senden oder Empfangen von Datagrammen dar. `DatagramSocket` stellt einen Socket zum Senden und Empfangen von Datagramm-Paketen dar. Die Programmierung einer Kommunikation über Datagramme ist gegenüber Datenströmen etwas aufwändiger. Die zu versendenden Daten müssen zuvor in Datagramme verpackt und beim Empfangen wieder ausgepackt werden.

3.4.4.1 Die Klasse `DatagramPacket`

Ein Datagramm-Paket dient zum Senden und Empfangen von Datagrammen. Es stellt einen Byte-Puffer fester Größe zur Verfügung. Jedes Datagramm wird zum Versenden mit der Adresse und Portnummer des Empfängers versehen. Die Klasse `DatagramPacket` stellt folgende Konstruktoren zur Verfügung:

`DatagramPacket(byte[] buf, int len)`
 erzeugt ein Datagramm-Paket zum Empfangen von Daten, `buf` ist der Puffer für die Daten mit einer maximalen Länge `len`.

`DatagramPacket(byte[] buf, int len, InetAddress addr, int port)`
 erstellt ein Datagramm-Packet zum Senden von Daten, es werden `len` Daten aus dem Puffer `buf` an den angegebenen `port` der Adresse `addr` gesendet.

Der benötigte Byte-Puffer muss sowohl zum Senden als auch zum Empfangen selbst zur Verfügung gestellt werden. Da UDP/IP verwendet wird, ergibt sich aufgrund der maximalen Länge eines IP-Pakets (65535 Bytes) und der minimalen Größe der Protokoll-Header (IP 20 Bytes + UDP 8 Bytes) eine maximale Puffergröße von 65507 Bytes. Die tatsächliche Größe kann jedoch von Plattform zu Plattform variieren.

Problematisch ist der Empfang von Datagrammen, wenn nichts über die vom Sender verwendete Puffergröße bekannt ist. Verwendet der Sender eine Puffergröße von beispielsweise 1000 Bytes, aber der Empfänger nur 500 Bytes, so werden zwar die Daten empfangen, jedoch geht alles oberhalb der 500 Bytes beim Empfänger verloren.

`DatagramPacket` bietet weiterhin folgende Methoden:

`byte[] getData()`
 gibt den Byte-Puffer zurück.

`void setData(byte[] buf)`
 setzt den angegebenen Byte-Puffer in diesem Datagramm.

3.4 Socket Programmierung

```
void setData(byte[] buf, int off, int len)
```
setzt den Byte-Puffer in diesem Datagramm beginnend bei `off` mit der Länge `len`.

```
int getLength()
```
liefert die Länge der empfangenen bzw. der zu sendenden Daten des Byte-Puffers.

```
void setLength(int len)
```
setzt die Länge der Daten zum Senden oder Empfangen.

```
void setAddress(InetAddress addr)
```
setzt die IP-Adresse, an die das Datagramm gesendet werden soll.

```
void setPort(int port)
```
setzt die Portnummer, an die das Datagramm gesendet werden soll.

```
InetAddress getAddress()
```
liefert die IP-Adresse des Senders.

```
int getPort()
```
liefert die Portnummer des Senders.

3.4.4.2 Die Klasse `DatagramSocket`

Zum Senden bzw. Empfangen von Datagrammen wird ein Socket benötigt. Ein Datagramm Socket stellt einen Endpunkt zur Kommunikation mit Datagrammen dar. Datagramme können an beliebige Stationen gesendet werden. Da jedoch nicht wie bei den Stream Socktes vorher eine Verbindung zwischen Sender und Empfänger aufgebaut und dann gehalten wird, können Datagramme auch an nicht vorhandene Stationen gesendet werden. Solche Datagramme werden zwar durch das Netz geleitet, aber irgendwann von einem Router verworfen.

In Java werden Datagramm Sockets durch die Klasse `DatagramSocket` repräsentiert, welche folgende Konstruktoren besitzt:

```
DatagramSocket()
```
bindet den Socket an einen beliebigen freien Port.

```
DatagramSocket(int port)
```
bindet den Socket an einen angegebenen Port.

Im Fehlerfall wird von den Konstruktoren eine `SocketException` ausgelöst. Es findet bei Datagramm Sockets keine Unterscheidung zwischen Sockets für Clients und Server Sockets statt. Es können prinzipiell von jeder Station Datagramme empfangen werden. Weiterhin bietet `DatagramSocket` folgende Methoden:

`void close()`
  schließt den Socket.

`void send(DatagramPacket p)`
  versendet das Datagramm p

`void receive(DatagramPacket p)`
  blockiert den Aufrufer bis zum Empfang eines Datagramms.

`InetAddress getLocalAddress()`
  liefert die lokale IP-Adresse.

`int getLocalPort()`
  liefert den lokalen Port, an dem der Socket angebunden ist.

`void connect(InetAddress addr, int port)`
  erlaubt die Kommunikation (Senden und Empfangen) nur mit dem angegebenen Host und Port.

`void disconnect()`
  hebt die Verbindung von `connect()` wieder auf.

`InetAddress getInetAddress()`
  liefert die IP-Adresse des mit `connect()` verbundenen Hosts.

`int getPort()`
  liefert die Portnummer, des mit `connect()` verbundenen Hosts.

`void setSoTimeout(int timeout)`
  beim Aufruf von `receive()` wird maximal `timeout` Millisekunden blockiert, dann wird eine `SocketTimeoutException` ausgelöst. Bei einem `timeout` von 0 wird kann ewig blockiert werden.

Mit Hilfe von `connect()` wird der Socket mit einer bestimmten Station und Port verbunden. Das Senden und Empfangen von Datagrammen ist dann nur noch mit dieser Station möglich. Mit Hilfe dieser Methode kann z.B. das Empfangen von Datagrammen von beliebigen Stationen unterbunden werden:

3.4 Socket Programmierung

```
String remoteHost = "www.fh-schmalkalden.de";
DatagramSocket so = new DatagramSocket(localPort);
```

// nur den Empfang von bestimmten Host erlauben
```
InetAddress remoteAddr = InetAddress.getByName(
    remoteHost);
so.connect(remoteAddr, remotePort);
...
```

3.4.4.3 Senden und Empfangen von Daten

Das Senden und Empfangen von Daten über Datagramm Sockets ist ein bisschen schwieriger als mit Stream Sockets. Die Daten können nicht einfach mit einem Datenstrom empfangen oder gesendet werden, sondern müssen selbstständig in Pakete verpackt werden.

Es soll nun ein einfaches Programm zum Senden und Empfangen von Textnachrichten entwickelt werden. Als Ausgangsbasis kann der Echo-Client aus Listing 3.6 dienen. Als erstes wird statt des Stream Sockets ein Datagramm Socket erzeugt:

```
DatagramSocket so = null;

try
{
    // Datagram Socket zur Verbindung mit Receiver
    // beliebigen freien Port verwenden
    so = new DatagramSocket();
    ...
}
catch (IOException e) { }
```

Das Öffnen der Datenströme zur Kommunikation mit dem anderen Prozess ist nicht mehr möglich, stattdessen wird ein Datagramm benötigt:

// Datagramm zum Senden an Receiver vorbereiten
```
InetAddress addr = InetAddress.getByName("localhost
    ");
DatagramPacket packet = new DatagramPacket(new byte
    [1], 1, addr, 8080);
```

Die Datagramme werden an den Port 8080 des Empfängers gesendet. Zunächst wird der Byte-Puffer für das Datagramm nur mit der Größe 1 festgelegt, da der Konstruktor die Angabe eines Byte-Arrays erfordert. Die von der Tastatur eingelesenen Zeilen (Strings) werden dann später in Byte-Arrays umgewandelt, welche dann mit `setData()` dem Datagramm als neuen Byte-Puffer übergeben und versendet werden:

```
        line = in.readLine();    // Zeile einlesen

    ...

    // line als Byte-Puffer fuer packet
    packet.setData(line.getBytes());
    so.send(packet);    // packet versenden
```

Der vollständige Programmcode könnte dann etwa so aussehen:

```java
import java.io.*;
import java.net.*;

public class Send
{
    public static void main(String[] args)
    {
        String host = "localhost";
        int port = 8080;

        DatagramSocket so = null;

        try
        {
            // Datagram Socket zur Verbindung mit Receiver
            // beliebigen freien Port verwenden
            so = new DatagramSocket();

            // System.in - Standard Eingabestrom (Tastatur)
            BufferedReader in = new BufferedReader(new
                InputStreamReader(System.in));

            // Datagramm zum Senden an Receiver vorbereiten
            InetAddress addr = InetAddress.getByName(
                host);
            DatagramPacket packet = new DatagramPacket(
                new byte[1], 1, addr, port);

            String line;
            while (true)
            {
                System.out.print("> ");
                line = in.readLine();    // Zeile einlesen

                if (line == null || line.length() == 0)
                    break;       // Abbruch bei Ende oder Leerzeile
```

3.4 Socket Programmierung

```
            // line als Byte–Puffer fuer packet
            packet.setData(line.getBytes());
            so.send(packet);      // packet versenden
        }

        if (so != null) so.close();   // Socket schliessen
    }
    catch (IOException e) {System.err.println(e);}
}
```

Listing 3.7 Beispiel zum Versenden von Daten über Datagramm Sockets

Zum Empfangen der gesendeten Datagramme wird ein entsprechendes Gegenstück benötigt. Da dem Sender die Portnummer des Empfängers bekannt sein muss, wird beim Empfänger zunächst ein Datagramm Socket mit fester Portnummer erzeugt. Zusätzlich wird ein Datagramm mit einem genügend großen Byte-Puffer zur Aufnahme der Daten benötigt:

```
DatagramSocket so = null;

try
{
    // DatagramSocket mit voreingestelltem Port
    so = new DatagramSocket(8080);

    // Byte–Puffer und Datagramm zum Empfangen festlegen
    byte[] buffer = new byte[500];
    DatagramPacket packet = new DatagramPacket(
        buffer, 500);
    ...
}
catch (IOException e) { }
```

Danach werden in einer `while` Schleife Datagramme empfangen, wieder zu Strings umgewandelt und ausgegeben:

```
String line;
while (true)
{
    so.receive(packet);      // empfangen eines Datagramms

    // Zeile vom Sender in String umwandeln
    line = new String(packet.getData(), 0, packet.
        getLength());

    System.out.println("Sender sagt: " + line);
```

```
    // veraenderte Puffergroesse korrigieren
    packet.setLength(bufSize);
}
```

Am Ende der Schleife sollte mit setLength() die Puffergröße wieder auf den Ursprungswert gesetzt werden, um beim erneuten Empfang wieder die volle Puffergröße zur Verfügung zu haben. Der vollständige Empfänger könnte etwa so aussehen:

```java
import java.io.*;
import java.net.*;

public class Receive
{
    public static void main(String[] args)
    {
        int port = 8080;
        int bufSize = 500;     // Groesse des Byte-Puffers

        DatagramSocket so = null;

        try
        {
            // DatagramSocket mit voreingestelltem Port
            so = new DatagramSocket(port);

            // Byte-Puffer und Datagramm zum Empfangen festlegen
            byte[] buffer = new byte[bufSize];
            DatagramPacket packet = new DatagramPacket(
                buffer, bufSize);

            String line;
            while (true)
            {
                // empfangen eines Datagramms
                so.receive(packet);

                // Zeile vom Sender in String umwandeln
                line = new String(packet.getData(), 0,
                    packet.getLength());

                System.out.println("Sender sagt: " +
                    line + " Laenge: " + packet.
                    getLength());
```

```
                // veraenderte Puffergroesse korrigieren
                packet.setLength(bufSize);
            }

            // if (so != null) so.close();  // Socket schliessen
        }
        catch (IOException e) {System.err.println(e);}
    }
}
```

Listing 3.8 Empfang von Daten über Datagramm Sockets

Ein Problem des Empfängers ist, dass er im gezeigten Beispiel keine Möglichkeit hat festzustellen, wann der Sender beendet wurde und somit auch keine Datagramme mehr empfangen werden können. Bei Stream Sockets konnte dies aufgrund des Verbindungsabbaus festgestellt werden. Bei Datagramm Sockets müssen hierfür andere Möglichkeiten gefunden werden. Eine Möglichkeit ist, in jedem Datagramm neben den Nutzdaten noch zusätzliche Statusdaten zu übertragen, was somit einer Erweiterung der Daten um ein Protokoll entspricht. Eine weitere Möglichkeit ist das zusätzliche Öffnen einer gesicherten Verbindung über Stream Sockets, über welcher die benötigten Statusinformationen zugestellt werden können. Diese Methode wird z.B. beim Übertragen von Multimediadaten angewendet, z.B. bei den Protokollen RTP oder MMS.

3.5 Kommunikation mit HTTP

Das Hypertext Transport Protokoll (HTTP) ist eines der am meisten genutzten Protokolle im Internet. Es dient zum Übertragen von Daten im Internet und arbeitet in der Anwendungsschicht im OSI- bzw. TCP/IP-Schichtenmodell. Als Transportprotokoll wird TCP verwendet. HTTP wird hauptsächlich dazu verwendet, Web-Seiten im WWW zu übertragen. Zunehmend wird HTTP jedoch auch verwendet, um multimediale Daten zu übertragen.

HTTP wurde ursprünglich zur Verknüpfung von wissenschaftlichen Dokumenten am Forschungszentrum CERN entwickelt. Hierbei enthalten Dokumente Verweise auf andere Dokumente und werden so logisch miteinander verknüpft. So verknüpfte Dokumente werden als Hypertexte oder auch Hypermedia bezeichnet. Die einzelnen Dokumente werden hierbei z.B. in HTML (Hypertext Markup Lanuage) verfasst und verteilt auf mehreren Rechnern in einem Computernetzwerk abgelegt (z.B. im WWW). Um ein Dokument auf einem entfernten Rechner ansprechen zu können, bedarf es einer eindeutigen Identifizierung des Dokumentes. Diese Identifizierung geschieht über einen URL (Uniform Resource Locator), der ebenfalls im Zusammenhang mit HTTP und HTML am CERN entwickelt wurde.

3.5.1 URL Aufbau

Ein URL (Uniform Resource Locator) ist eine Adresse, über die eine Ressource (z.B. HTML-Seite, Bild-Datei, Sound-Datei, Programmdaten usw.) im Internet eindeutig identifiziert werden kann. So bezeichnet z.B. der URL `http://www.fh-schmalkalden.de/` den Web-Server der Fachhochschule Schmalkalden. Ein URL hat folgenden Aufbau:

```
protocol://[username:password@]domain[:port][/path][?
   query][#ancor]
```

Die in Klammern angegebenen Elemente sind optional. Die einzelnen Elemente haben folgende Bedeutung:

`protocol:`
    Name des Netzwerkprotokolls, gewöhnlich `http` aber auch `ftp`, `https` und andere:

    http`://www.sonstwo.de`
    ftp`://www.sonstwo.de`

`username:password@`
    Nutzername und Passwort, um sich beim Server zu authentifizieren:

    `http://`**`ich:geheim@`**`www.sonstwo.de`

`domain`
    Domainname oder IP-Adresse des Servers:

    `http://`**`www.fh-schmalkalden.de`**
    `http://`**`194.94.30.34`**

`:port`
    Portnummer des Servers, wird kein Port angegeben wird automatisch der Standardport des angegebenen Protokolls verwendet, z.B. Port 80 bei HTTP:

    `http://www.fh-schmalkalden.de:`**`80`**
    `ftp://194.94.30.34:`**`21`**

`/path`
    Pfad zum Verzeichnis oder Datei auf dem Server:

    `http://www.sonstwo.de`**`/pub/index.html`**

`?query`
    gibt einen String an, mit dem zusätzliche Informationen an den Server gesendet werden können:

    `http://www.sonstwo.de/index.php`**`?id=25`**

3.5 Kommunikation mit HTTP

`#ancor`
gibt eine Einsprungstelle (Anker) innerhalb eines Dokumentes an:

`http://www.sonstwo.de/index.html`**`#Kapitel4`**

URLs werden in Web-Browsern verwendet, um im WWW HTML-Dateien usw. zu adressieren. Ein URL wird deshalb auch häufig als Internet-Adresse bezeichnet. Nach der Spezifikation von URLs in RFC 1738 gibt es für die Länge eines URLs keine Beschränkung. Dennoch akzeptieren manche Browser oder auch Server nur eine beschränkte Länge. So akzeptiert z.B. der Microsoft Internet Explorer nur eine maximale Länge von 2083 Zeichen. Dies ist insbesondere bei der Verwendung von Pfadangaben und Query-Strings zu beachten.

3.5.1.1 Zeichenverwendung in URLs

In einem URL können nicht beliebige Zeichen verwendet werden. Der Grund ist, dass national unterschiedliche Schriftzeichen aufgrund der unterschiedlichen Kodierung nicht durch jeden Server auf der Welt zweifelsfrei verstanden werden können. In URLs dürfen nur die druckbaren Zeichen aus dem US-ASCII Kode verwendet werden. Für die Zeichen im Query-String gelten noch weitere Einschränkungen: Jedes Leerzeichen wird durch „+" ersetzt, nur die Zeichen „`a-z`", „`A-Z`", „`0-9`", „`.`", „`-`" und „`_`" werden nicht ersetzt. Alle anderen Zeichen werden durch % und dem Hexadezimalcode des Zeichens ersetzt, z.B. wird „+" durch „`%2b`" ersetzt. Um diese Kodierung des URL beim Entwickeln von Web-Anwendungen nicht selbst durchführen zu müssen, existieren in den Programmierumgebungen meist entsprechende Hilfsfunktionen zur Konvertierung.

3.5.2 Ablauf der Kommunikation zwischen Client und Server

Die Kommunikation zwischen Client und Server läuft immer nach dem Anfrage/Antwort Prinzip ab (Request/Response). Ein Client wird aktiv und stellt eine Anfrage an einen Server. Ein Server wartet passiv auf Anfragen, bearbeitet diese und sendet eine Rückantwort. Dieses Schema trifft insbesondere auch für HTTP zu. Die Kommunikation über HTTP läuft grob gesehen folgendermaßen ab:

1. Der Client baut mittels TCP eine Verbindung zum Server auf.
2. Der Client sendet eine HTTP-Anfrage und fordert die in dem URL spezifizierte Ressource vom Server an.
3. Der Server verarbeitet die Anfrage (z.B. dynamisches Generieren einer Web-Seite).
4. Der Server sendet eine HTTP-Antwort mit Ergebnis an den Client.
5. Der Client verarbeitet die Antwort (z.B. Darstellen des HTML-Codes).
6. Client oder Server schließt die Verbindung.

Die Kommunikation läuft im Wesentlichen wie bei jeder anderen Kommunikation zwischen Client und Server ab. Die Anfragen bzw. Antworten (Request und Response) werden jedoch mit einem HTTP-Header versehen. Der Header besteht aus einer Folge von Statusinformationen im Klartext sowie einer Leerzeile, die das Ende des Headers und den Anfang der optionalen Nutzdaten markiert. Eine Anfrage des URL http://www.fh-schmalkalden.de/ durch einen Web-Browser an einen Web-Server könnte im einfachsten Fall folgenden HTTP-Header erzeugen:

```
GET / HTTP/1.1\r\n
Host: www.fh-schmalkalden.de\r\n
\r\n
```

Die Zeichen \r\n kennzeichnen ein Zeilenende und den Beginn einer neuen Zeile (CRLF - Carriage Return Line Feed) und sind normalerweise unsichtbar. Jede Option im Header muss in einer eigenen Zeile angegeben werden. Die letzte Leerzeile ist notwendig, um das Ende des Headers anzuzeigen. Nach dem Header können optional Nutzdaten folgen. Die Leerzeile muss auch angegeben werden, wenn keine Nutzdaten folgen.

Die HTTP-Antwort des Web-Servers auf die oben angegebene Anfrage könnte folgendermaßen aussehen:

```
HTTP/1.1 200 OK\r\n
Server: Apache/2.0.52 (CentOS)\r\n
Content-Length: 4321\r\n
Content-Type: text/html\r\n
\r\n
<html>...<\html>
```

Der Antwort-Header ist ähnlich wie der Anfrage-Header aufgebaut. Am Beispiel ist zu sehen, dass nach dem Header im Nutzdatenteil eine HTML-Seite ausgeliefert wird. Beinhaltet eine gesendet HTML-Seite weitere Ressourcen, wie z.B. Bilder, so werden diese Ressourcen durch den Web-Server nicht automatisch ausgeliefert. Es ist Aufgabe des Clients, die HTML-Seite zu interpretieren und eventuell darin enthaltene, weitere Ressourcen vom Server abzufragen.

Für die Abfrage weiterer Ressourcen wäre es wünschenswert, wenn die zu Beginn aufgebaute TCP-Verbindung zwischen Client und Server aufrechterhalten bleibt. Die Verbindung kann jedoch nach erfolgter Datenübertragung von einer der beiden Stationen beendet werden. Wird die Verbindung aufrecht erhalten, so spricht man von einer persistenten Verbindung. Es gibt 2 Versionen des HTTP-Protokolls, welche persistente Verbindungen unterschiedlich handhaben:

HTTP 1.0 persistente Verbindungen müssen zwischen den Stationen ausgehandelt werden. Standardmäßig sind die Verbindungen nicht persistent.

HTTP 1.1 die Verbindung ist standardmäßig persistent.

Näheres zu persistenten Verbindungen ist in Abschn. 3.5.2.4 zu lesen. HTTP ist ein zustandsloses Protokoll, d.h.. der Server besitzt keine Informationen über frühere

3.5 Kommunikation mit HTTP   135

Aktionen des Clients und muss daher jede Anfrage unabhängig von vorhergehenden Anfragen betrachten. Der Server kann zwar Zustände für die jeweiligen Clients speichern, jedoch muss dies in der Anwendung realisiert werden und ist nicht Bestandteil des HTTP-Protokolls.

3.5.2.1 HTTP-Anfrage Header

Im Anfrage-Header werden u.a. die in den URL angegebenen Elemente in einen HTTP-Header verpackt. Eine HTTP-Anfrage hat folgenden schematischen Aufbau:

```
Kopfzeile:   Methode Ressource Version\r\n
Parameter:   Parametername: Wert\r\n
             ...
             \r\n
Nutzdaten:   ...
```

Jede einzelne Zeile muss mit `\r\n` beendet werden und zwischen Header und Nutzdaten muss sich eine Leerzeile befinden. Die Nutzdaten sind optional, dennoch muss das Ende des Headers mit einer Leerzeile gekennzeichnet werden. Die Angabe von Parametern ist, bist auf den Parameter `Host`, ebenfalls optional.

Kopfzeile

Die Kopfzeile enthält die Elemente `Methode`, `Ressource` und `Version`. `Version` gibt die HTTP-Protokollversion an und kann z.Z. die Werte `HTTP/1.0` oder `HTTP/1.1` annehmen. `Ressource` gibt die in dem URL angeforderte Ressource (HTML-Datei, Bilddatei, ...) an. Der URL `http://www.sonstwo.de/pub/Bild.jpg` wird zu:

```
GET /pub/Bild.jpg HTTP/1.1\r\n
...
```

Für `Methode` sind folgende Methoden möglich (Auswahl):

GET
    ist vermutlich die am häufigsten verwendete Methode und fordert den Server auf, eine bestimmte Ressource auszuliefern.

POST
    wie `GET`, jedoch folgen nach dem Header noch Nutzdaten. Diese Methode wird recht häufig beim Versenden von HTML-Formularen verwendet, wobei hier die Formulardaten als Nutzdaten dem Header angehängt werden.

HEAD
    fordert nur den Antwort-Header einer Ressource an, die Ressource selbst wird

nicht übertragen. Diese Methode dient z.B. zur Steuerung des Caches beim Client. Da im Header z.B. Datumsinformationen (o.ä.) über die Ressource enthalten sind, kann der Client hierüber Informationen erhalten, ob ein Objekt im Cache noch aktuell ist.

PUT
: legt eine Ressource auf dem Server ab.

DELETE
: löscht eine Ressource auf dem Server.

Die Methoden PUT und DELETE sind jedoch auf den meisten Web-Servern nicht aktiviert bzw. implementiert, da diese Methoden zu Problemen führen und ein erhöhtes Sicherheitsrisiko darstellen. Diese Methoden wurden entworfen, um Ressourcen auf den Server zu übertragen oder auch zu löschen. Mit WebDAV (Web Distributed Authoring and Versioning), einer Erweiterung des HTTP-Protokolls zur Bereitstellung von Dateien im Internet, gewinnen diese Methoden jedoch wieder an Bedeutung.

Anfrageparameter (Auswahl)

Für den Anfrage-Header sind noch eine Reihe Anfrageparameter vorgesehen, welche bis auf Host optional sind. Jeder Parameter steht dabei in einer eigenen Zeile.

Host:
: Zwingender Parameter, welcher den Rechnernamen und die optionale Portnummer des Servers angibt. Der URL http://www.sonstwo.de/pub/Bild.jpg wird zu:

    GET /pub/Bild.jpg HTTP/1.1\r\n
    Host: **www.sonstwo.de**\r\n

Mit Hilfe des Parameters Host können z.B. Multi-Domain Web-Server betrieben werden. Solche Web-Server betreiben mehrere Web-Seiten, die über unterschiedliche Domain-Namen angesprochen werden, sich jedoch physisch auf demselben Server befinden. Der Web-Server selbst besitzt hierbei jedoch nur eine IP-Adresse. Aufgrund des Host-Parameters kann der Web-Server entscheiden, welche Ressource von welcher Domain angesprochen wurde.

Date:
: enthält Zeit und Datum, zu dem die Anfrage gesendet wurde:

    Date: Mon, 6 Jul 2009 22:43:15 GMT\r\n

3.5 Kommunikation mit HTTP

User-Agent:
: gibt Informationen über den Client und dessen Betriebssystem an:

  `User-Agent: Mozilla/5.0 (X11; U; Linux i686; en-US; rv:1.8.1.12) Gecko/20080208 Galeon/2.0.3 (2008.0) Firefox/2.0.0.12\r\n`

Content-Length:
: Länge der optionalen Nutzdaten in Bytes:

  `Content-Length: 4321\r\n`

Accept-Language:
: gibt Sprachen an, die der Client verarbeiten kann:

  `Accept-Language: de-de,en\r\n`

Accept-Encoding:
: gibt Kodierungen an (z.B. Kompression), die der Client verarbeiten kann:

  `Accept-Encoding: gzip,deflate\r\n`

Accept:
: gibt akzeptierte Medientypen als MIME Typ an (siehe Abschn. 3.5.2.3), die der Client verarbeiten kann:

  `Accept: text/html,text/plain,image/png, image/jpeg\r\n`

Cookie:
: sendet ein vom Server zuvor gesetztes Cookie an den Server zurück:

  `Cookie: ID=25\r\n`

Connection:
: steuert persistente HTTP-Verbindungen (siehe Abschn. 3.5.2.4):

  HTTP/1.0: `Connection: Keep-Alive\r\n`
  HTTP/1.1: `Connection: close\r\n`

Range: bytes=[from]-[to][, [from]-[to], ...]
: erlaubt das Anfordern nur eines Teils einer Ressource, beginnend bei `from` bis einschließlich Byte `to`, `from` und `to` sind jeweils optional, es muss jedoch mindestens eine der beiden Optionen angegeben werden; Mehrfachangaben sind möglich:

  `Range: bytes=0-999` liefert die ersten 1000 Bytes
  `Range: bytes=1000-1999` liefert 1000 Bytes beginnend bei 1000
  `Range: bytes=-1000` liefert die letzten 1000 Bytes
  `Range: bytes=3000-` liefert alle Bytes ab 3000
  `Range: bytes=0-0,-1` liefert das erste und das letzte Byte

3.5.2.2 HTTP-Antwort-Header

Bekommt der Server eine Anfrage, so antwortet er mit einem entsprechenden Antwort-Header. Dieser Header ist dem Anfrage-Header sehr ähnlich und liefert neben der angefragten Ressource Statusinformationen über die Anfrage und die Ressource zurück. Der Antwort-Header hat folgenden Aufbau:

```
Kopfzeile:   Version Code Meldung\r\n
Parameter:   Parametername: Wert\r\n
             ...
             \r\n
Nutzdaten:   ...
```

Die Nutzdaten, die Angabe der Meldung sowie der Parameter sind optional. Auch hier gilt wie beim Anfrage-Header, dass jede Zeile durch \r\n beendet werden und der Header bei nicht vorhandenen Nutzdaten durch eine Leerzeile beendet werden muss.

Kopfzeile

Die Angabe `Version` in der Kopfzeile gibt die HTTP-Protokollversion an (`HTTP/1.0` oder `HTTP/1.1`). `Code` und `Meldung` geben Statusinformationen an, wie die Anfrage durch den Server bearbeitet wurde, wobei `Meldung` optional ist. `Code` gibt einen dreistelligen Statuscode an und `Meldung` eine kurze textuelle Beschreibung zu dem Statuscode. Die Statuscodes sind in 5 Gruppen eingeteilt:

1xx Informative Meldung
  100 `Continue` : Server stimmt zu, Client kann fortfahren

2xx Anfrage erfolgreich
  200 `OK` : Anforderung erfolgreich
  204 `No Content` : kein Inhalt vorhanden
  206 `Partial Content` : für teilweise (mit `Range:`) angeforderte Daten

3xx Anfrage wurde umgeleitet
  301 `Moved Permanetly` : Seite verzogen
  304 `Not Modified` : Seite hat sich nicht geändert

4xx Fehlerhafte Anfrage
  400 `Bad Request` : Anfrage fehlerhaft
  404 `Not Found` : Seite nicht gefunden

5xx Server Fehler
  500 `Internal Server Error` : interner Server Fehler
  501 `Not Implemented` : Dienst wird nicht angeboten
  503 `Service Unavailable` : Dienst im Moment nicht verfügbar

Die angegebenen Statuscodes sind mit zugehöriger Meldung aufgelistet und stellen nur eine Auswahl häufiger Codes dar, z.B. dürfte der Statuscode 404 jedem Internetbenutzer schon einmal beggnet sein.

3.5 Kommunikation mit HTTP

Antwortparameter (Auswahl)

`Date`:
: enthält Zeit und Datum, zu dem die Antwort gesendet wurde:
  `Date: Mon, 6 Jul 2009 22:12:27 GMT\r\n`

`Server`:
: enthält Informationen über den Server:
  `Server: Apache/2.0.52 (CentOS)\r\n`

`Content-Type`:
: Datentyp der Nutzdaten im MIME Format (siehe Abschn. 3.5.2.3):
  `Content-Type: text/html\r\n`

`Content-Length`:
: enthält Länge der Nutzdaten in Bytes, sofern bekannt:
  `Content-Length: 4321\r\n`

`Content-Encoding`:
: enthält Informationen, wie die Nutzdaten kodiert sind (z.B. Komprimierung):
  `Content-Encoding: gzip\r\n`

`Content-Language`:
: gibt die Sprache der Ressource an:
  `Content-Language: de\r\n`

`Connection`:
: steuert persistente HTTP-Verbindungen (siehe Abschn. 3.5.2.4):
  HTTP/1.0: `Connection: Keep-Alive\r\n`
  HTTP/1.1: `Connection: close\r\n`

`Set-Cookie`:
: fordert den Client auf Daten (Cookie) zu speichern:
  `Set-Cookie: ID=25\r\n`

`Last-Modified`:
: gibt Zeit und Datum an, wann die Ressource zuletzt geändert wurde:
  `Last-Modified: Fri, 12 Sep 2008 20:47:11 GMT\r\n`

Der `Last-Modified` Header wird z.B. bei einer Anfrage mit der Methode `HEAD` zurückgegeben und kann zur Steuerung eines Caches beim Client benutzt werden. Der Client kann somit beim Server abfragen, ob sich eine Ressource geändert hat, ohne dass dabei die Ressource übertragen wird. Die Ressource kann daraufhin bei Bedarf mit einer weiteren Anfrage angefordert werden.

3.5.2.3 MIME Typen

Zur Angabe des Datentyps der akzeptierten Daten oder der Nutzdaten im HTTP-Header wird das MIME Format verwendet. MIME (Multipurpose Internet Mail Extension) ist ein Standard, der zur Kodierung und Übertragung von Medien-Typen definiert worden ist. Als Medien sind dabei Daten unterschiedlichen Typs gemeint (z.B. Bilder, Text, Video, Programme, ...). MIME wurde ursprünglich für Email entwickelt und wird heute weit verbreitet zum Kennzeichnen des Datentyps beim Austausch von Medien verwendet. Ursprünglich konnte mit Email nur reine Textinformation übertragen werden. Später wurde Email jedoch erweitert, um auch Dateianhänge in Emails zu übertragen, wobei zum Kennzeichnen und Kodieren der Dateianhänge MIME verwendet wird.

Der Aufbau der Header-Informationen im HTTP-Protokoll besitzt viel Ähnlichkeit mit dem Aufbau der Header in MIME. Insbesondere der Header Content-Type, der in HTTP zur Angabe des Datentyps verwendet wird, besitzt den gleichen Aufbau. Eine Typangabe hat in MIME und HTTP folgenden Aufbau:

```
Content-Type: typ/subtyp[; attribut=wert]
```

Die Angabe von `attribut=wert` ist optional und kennzeichnet zusätzliche Parameter des angegebenen Typs, wie z.B. die verwendete Zeichenkodierung. Die Angabe des Datentyps erfolgt in der Form `typ/subtyp`, wobei `typ` zunächst eine Klasse von Medientypen angibt. Folgende Klassen sind dabei definiert:

- `text` für Textdaten
- `image` für Bilddaten oder Graphiken
- `video` für Videodaten
- `audio` für Audiodaten
- `application` Binärdaten für ein bestimmtes Programm
- `multipart` für Daten, die aus mehreren Teilen bestehen
- `message` für Nachrichten
- `modell` für Modelldaten (z.B. 3D Modelle)

Mit `subtyp` wird dann noch der genaue Datentyp festgelegt, eine Angaben für eine Bilddatei könnte z.B. so aussehen:

```
image/jpeg
```

Die Subtypen werden bei der IANA (Internet Assigned Numbers Authority) registriert und somit festgelegt. Nichtregistrierte Typen werden als Nichtstandard-Typen oder als private Typen bezeichnet und werden mit einem `x-` gekennzeichnet. Die folgende Angabe kennzeichnet z.B. das proprietäre Flash Videoformat:

```
video/x-flv
```

Hier noch eine kurze Liste häufig vorkommender Medientypen:

- `text/html` für HTML-Dateien
- `text/plain` normaler, einfacher ASCII Text
- `text/enriched` ASCII Text mit Formatieranweisungen

3.5 Kommunikation mit HTTP

- `image/gif` Bilddaten im GIF Format
- `image/jpeg` Bilddaten im JPEG Format
- `image/png` Bilddaten im PNG Format
- `video/mpeg` Videodaten im MPEG Format
- `application/octet-stream` beliebige Binärdaten

Die Typangabe `application/octet-stream` ist die allgemeinste Angabe. Hiermit können beliebige Daten übertragen werden, für die kein Medientyp bekannt ist. Im Falle von `application/octet-stream` oder einer fehlenden Typangabe hat der Empfänger noch zwei Möglichkeiten, den Datentyp in Erfahrung zu bringen: das Untersuchen des Dateianfangs auf eindeutige Merkmale[4] oder die Dateiendung. HTTP schreibt vor, dass die Angabe des `Content-Type` zur Typerkennung dem Untersuchen des Dateianfangs oder der Dateiendung vorzuziehen ist.

3.5.2.4 Persistente HTTP-Verbindungen

Eine Web-Seite besteht in der Regel aus mehreren Ressourcen (Bilder, CSS-Dateien, JavaScript,...), die alle einzeln durch den Client beim Server abgefragt werden müssen. Wird für jede einzelne Abfrage eine neue TCP-Verbindung aufgebaut, so bedeutet dies einen großen Ressourcenaufwand. Der Aufbau der TCP-Verbindung zwischen Client und Server erfordert eine Zustimmung und Annahme der Verbindung auf beiden Seiten. Durch das Senden der Verbindungsanforderung und den zugehörigen Antworten über das Internet geht beim Verbindungsaufbau eine gewisse Zeit verloren. Zwar ist diese Zeit relativ gering, jedoch summieren sich diese Zeiten bei jeder Anfrage, sodass dies bei vielen Anfragen stören kann. Zudem wird zumindest auf der Serverseite für jede Verbindungsannahme ein Thread (bzw. Prozess) für die Bearbeitung der Anfragen gestartet, welches ebenfalls Zeit und Ressourcen verbraucht. Es ist daher wünschenswert, gleich mehrere HTTP-Anfragen über die gleiche TCP-Verbindung an den Server stellen zu können. Eine solche Verbindung nennt man eine persistente, also dauerhafte, HTTP-Verbindung.

Bei HTTP 1.0 wird davon ausgegangen, dass Verbindungen zunächst nicht persistent sind und persistente Verbindungen zwischen Client und Server ausgehandelt werden müssen. Sendet der Client den Header:

`Connection: Keep-Alive`

so signalisiert er dem Server, dass er die Verbindung aufrechterhalten möchte. Antwortet der Server nun ebenfalls mit `Connection: Keep-Alive`, so kommt eine persistente HTTP-Verbindung zustande. Die Verbindung ist beendet, sobald einer der beiden Systeme die TCP-Verbindung abbaut.

Persistente Verbindungen nach dem HTTP 1.0 Protokoll sind jedoch fehleranfällig, da sie z.B. von Proxys falsch verarbeitet werden und dadurch „hängende" Verbindungen entstehen können. Aus diesem Grunde sind bei HTTP 1.1 die Verbin-

---

[4] Die meisten Datentypen können auf diese Weise erkannt werden.

dungen automatisch persistent. Möchte ein Client oder ein Server die Verbindung unterbrechen, so muss im Header Folgendes gesendet werden:

```
Connection: close
```

Somit wird signalisiert, dass nach der Anfrage, bzw. Antwort die TCP-Verbindung geschlossen wird. Erfolgt eine Anfrage mit `Connection: close` im Header, so wird diese Anfrage vom Server noch verarbeitet und auch eine Antwort gesendet. Das Behandeln einer persistenten Verbindung ist jedoch nach HTTP 1.1 nicht vorgeschrieben, kann z.B. einer der Teilnehmer nicht mit persistenten Verbindungen umgehen, so muss er jeweils im Header `Connection: close` senden.

3.5.2.5 Partielle Datenübertragung

Bei der Kommunikation über persistente HTTP-Verbindungen können mehrere Anfragen bzw. Antworten über die gleiche Verbindung gesendet werden. Damit der jeweilige Empfänger erkennen kann, wo die Nutzdaten enden und der nächste HTTP-Header beginnt, wird der Parameter `Content-Length` angegeben, welcher die Länge der Nutzdaten in Bytes angibt. Alle nach diesen Nutzdaten eingehenden Daten sind dann als ein neuer HTTP-Header zu interpretieren.

Steht jedoch die Größe der Nutzdaten nicht fest, weil sie z.B. dynamisch generiert werden (dynamische Web-Seite oder Live-Daten), so ist eine Angabe über `Content-Length` nicht möglich. Bei HTTP 1.0 wird in diesem Fall einfach nach dem Übertragen der Nutzdaten die HTTP-Verbindung durch den Sender abgebaut. Der Empfänger geht dann davon aus, die Nutzdaten vollständig erhalten zu haben.

Seit HTTP 1.1 gibt es jedoch die Möglichkeit, die Nutzdaten partiell zu übertragen. Hierzu wird im Header:

```
Transfer-Encoding: chunked\r\n
```

angegeben. Dies besagt, dass die Nutzdaten in beliebig vielen, unterschiedlich großen Blöcken gesendet werden können. Jeder Block beginnt dann mit einer Größenangabe, welche die Größe des nachfolgenden Blockes als Hexadezimalzahl in Textform, gefolgt von `\r\n` angibt. Direkt darauf folgt der Nutzdaten-Block, ebenfalls gefolgt von `\r\n`. Um das Ende der Nutzdaten zu kennzeichnen, wird ein Block der Größe 0 angehängt und das Ende der HTTP-Übertragung durch eine zusätzliche Leerzeile (`\r\n`) gekennzeichnet:

```
HTTP/1.1 200 OK\r\n
Content-Type: text/plain\r\n
Transfer-Encoding: chunked\r\n
\r\n
E\r\n
Eine Textzeile\r\n
16\r\n
Eine weitere Textzeile\r\n
0\r\n
```

3.5 Kommunikation mit HTTP

\r\n

Werden als Nutzdaten komprimierte Daten versendet, so hat dies keinen Einfluss auf die Blockgröße der versendeten Daten. Es wird also nicht jeder einzelne über HTTP gesendete Datenblock für sich komprimiert, sondern die Kompression geschieht unabhängig von der HTTP Blockung. Somit ist es z.B. auch möglich multimediale Daten, die zur Laufzeit komprimiert werden, über HTTP zu übertragen.

3.5.3 Ein einfacher HTTP-Server

Mit Hilfe der Informationen aus den vorhergehenden Abschnitten läßt sich nun ein einfacher HTTP-Server aufbauen. Zunächst entwickeln wir einen Server, der auf Port 8080 auf den Eingang einer TCP-Verbindung wartet und Informationen über den verbundenen Client sowie dessen HTTP-Anfrage ausgibt. Als Ausgangsbasis kann der in Abschn. 3.4.3.5 entwickelte Echo-Server dienen.

Zum Einlesen der einzelnen Zeilen der HTTP-Anfrage wird die Methode `readLine()` aus `BufferedReader` benutzt. Obwohl der eingehende Datenstrom ein byteorientierter Datenstrom ist, wird hier zur einfacheren Bearbeitung mit einem zeichenorientierten Datenstrom (`BufferedReader`) gearbeitet. Beim Empfangen von HTTP-Anfragen mit Nutzdatenanteil sollte allerdings der byteorientierte Datenstrom benutzt werden. Die eingelesenen Zeilen des Anfrage-Headers werden nacheinander an die Variable `request` angehängt und anschließend ausgegeben:

```java
import java.io.*;
import java.net.*;

public class HTTPServer
{
    public static void main(String[] args)
    {
        int port = 8080;
        Socket client = null;

        try
        {
            ServerSocket server = new ServerSocket(port
                );
            while (true)
            {
                // warten auf Client
                client = server.accept();

                // Informationen ueber Client ausgeben
```

```
                InetAddress clientAddr = client.
                    getInetAddress();
                System.out.println("Client IP: " +
                    clientAddr.getHostAddress() + " -
                    Port: " + client.getPort());

                // HTTP–Anfrage–Header einlesen
                BufferedReader sockIn = new
                    BufferedReader(new InputStreamReader
                    (client.getInputStream()));

                String request = "";     // HTTP–Anfrage
                String line;
                while (true)
                {
                    // Zeile einlesen
                    line = sockIn.readLine();

                    // Abbruch bei Ende oder Leerzeile
                    if (line == null || line.length()
                        == 0)
                        break;

                    request = request + line + "\r\n";
                }

                // HTTP–Anfrage ausgeben
                System.out.print(request);

                if (client != null) client.close();
                System.out.println("Verbindung
                    geschlossen.");
            }
        }
        catch (IOException e) {System.err.println(e);}
    }
}
```

Listing 3.9 Server zur Ausgabe von HTTP-Anfragen

Zum Testen des Servers kann ein einfacher Web-Browser dienen, indem als URL http://127.0.0.1:8080 aufgerufen wird. Auf der Textkonsole des Servers sollte dann die HTTP-Anfrage des Clients erscheinen.

Im nächsten Schritt erweitern wir diesen einfachen Server, indem wir folgende HTTP-Antwort senden:

```
HTTP/1.1 200 OK\r\n
```

3.5 Kommunikation mit HTTP   145

```
Content-Type: text/html\r\n
Connection: close\r\n
\r\n
<html><body><h1>Hallo Client!</h1></body></html>
```

Die Antwort enthält eine kleine HTML-Seite, welche eine Überschrift mit dem Inhalt „Hallo Client!" enthält. Um dem Client zu signalisieren, dass der Server keine persistente HTTP-Verbindung aufrechterhalten kann, ist in der Antwort `Connection: close` angegeben. Auf die Angabe von `Content-Length` kann verzichtet werden, da der Server keine persistenten Verbindungen verarbeiten kann und am Ende jeweils die HTTP-Verbindung geschlossen wird.

Zur Ausgabe des Headers mit den Nutzdaten werden die einzelnen Zeilen in der Variable `response` gespeichert und über den byteorientierten Ausgabedatenstrom an den Client gesendet. Um die Übersichtlichkeit des Codes zu erhöhen und um nicht alle Aufgaben in der `main()` Methode zu erledigen, verpacken wir den Code zum Senden des Headers und der Nutzdaten in eine eigene Methode:

```
protected void sendResource() throws IOException
{
    BufferedOutputStream sockOut = new
        BufferedOutputStream(client.getOutputStream());

    // Antwort-Header zusammenstellen
    String response = "HTTP/1.1 200 OK\r\n" +
                      "Content-Type: text/html\r\n" +
                      "Connection: close\r\n" +
                      "\r\n" +
                      "<html><body><h1>Hallo Client!</
                          h1></body></html>";

    sockOut.write(response.getBytes());
    sockOut.flush();
}
```

Diese Methode wird dann innerhalb der Server-Schleife aufgerufen. Die Server-Schleife selbst verpacken wir ebenfalls in eine eigene Methode `startServer()`, welche zusätzlich als Parameter die Portnummer des Servers übergeben bekommt. Hierzu verlagern wir den `try/catch` Block aus der `main()` Methode in die Methode `startServer()` und fügen den Aufruf von `sendResource()` hinzu:

```
public void startServer(int port)
{
    try
    {
        ServerSocket server = new ServerSocket(port);
        while (true)
        {
```

```
            client = server.accept();    // warten auf Client

            ...

            // HTTP-Anfrage ausgeben
            System.out.print(request);

            // Ressource senden
            sendResource();

            if (client != null) client.close();
            System.out.println("Verbindung geschlossen.
               ");
        }
    }
    catch (IOException e) {System.err.println(e);}
}
```

Die Variable `port` wird nicht mehr benötigt, da der Port nun als Parameter der Methode übergeben wird. Die Variable `client` wird als privates Attribut der Klasse hinzugefügt und kann so von jeder Methode verwendet werden. In der `main()` Methode muss nun nur noch der Server mit der Portnummer 8080 gestartet werden:

```
public class HTTPServer
{
    private Socket client;

    ...

    public static void main(String[] args)
    {
        HTTPServer server = new HTTPServer();
        server.startServer(8080);
    }
}
```

Statt einer HTML-Seite kann auch eine Datei versendet werden. Als Beispiel soll eine Bilddatei übertragen werden. Hierzu muss die HTTP-Antwort in `sendResource()` angepasst, die Datei geöffnet und nach dem Senden des Headers an den Client gesendet werden:

```
protected void sendResource() throws IOException
{
    BufferedOutputStream sockOut = new
        BufferedOutputStream(client.getOutputStream());

    // Datei oeffnen
```

3.5 Kommunikation mit HTTP

```
FileInputStream fileIn = new FileInputStream("Image
    .jpg");
```

// Antwort–Header zusammenstellen
```
String response = "HTTP/1.1 200 OK\r\n" +
                  "Content-Type: image/jpg\r\n" +
                  "Connection: close\r\n" +
                  "\r\n";
```

// Datei an Client senden
```
int b;
while ((b = fileIn.read()) != -1)
    sockOut.write(b);

sockOut.flush();      // Puffer leeren

if (fileIn != null) fileIn.close();
}
```

Beim Aufruf des URL `http://127.0.0.1:8080` sollte der Browser nun statt der HTML-Seite die Bildressource anzeigen.

3.5.3.1 Ausliefern angefragter Ressourcen

Bei der bisherigen Implementierung liefert der HTTP-Server bei jeder Anfrage immer die gleiche Ressource aus. Um die vom Client angefragte Ressource auszuliefern, muss die HTTP-Anfrage analysiert werden. Die angefragte Ressource ist das zweite Wort in der Anfrage. Wird z.B. die Ressource `Image.jpg` abgefragt, so sieht die entsprechende HTTP-Anfrage etwa so aus:

```
GET /Image.jpg HTTP/1.1
Host: 127.0.0.1:8080
...
```

Um die Anfrage in die einzelnen bestandteile zu zerlegen, kann die Klasse `String-Tokenizer` aus dem Paket `java.util` behilflich sein. Mit Hilfe diese Klasse können Worte aus einem Text, die durch Leerzeichen voneinander getrennt sind, nacheinander extrahiert werden. Zur einfacheren Anwendung verlegen wir das Extrahieren der Ressource in eine eigene Methode:

```
import java.util.*;

public class HTTPServer
{
    ...
```

```java
protected String getResource(String request)
{
    // HTTP-anfrage (request) zerlegen
    StringTokenizer tokenizer = new StringTokenizer
        (request);

    // rueckgabe der Methode (GET, POST,...)
    String method = tokenizer.nextToken();
    // angeforderte Ressource mit Pfand
    String resource = tokenizer.nextToken().
        substring(1);

    // falls keine Ressource angegeben "index.html" ausgeben
    if (resource.length() == 0)
        resource = "index.html";

    return resource;
}

...
}
```

Als erstes Wort wird durch `StringTokenizer` die HTTP Methode zurückgegeben (GET, POST, ...). Beim nächsten Zugriff erhalten wir die Ressource mit Pfad, was nach o.g. Beispiel `/Image.jpg` entsprechen würde. Da der angeführte Slash / beim Zugriff auf eine Datei zu Problemen führen kann (URL, Windows- und Unix-Systeme haben unterschiedliche Notationen), wird er mit `substring(1)` entfernt. Falls keine Ressource abgefragt wurde, wird die Datei `index.html` als Ressource angenommen.

Als weiteres muss nun die Ressource an den Client ausgeliefert werden. Hierzu muss ein entsprechender Antwort-Header erstellt, die Datei geöffnet und an den Client gesendet werden. Falls die Datei nicht vorhanden ist, muss im Antwort-Header der Statuscode `404 Not Found` ausgegeben werden. Dies kann beim Öffnen der Datei durch das Auffangen der `FileNotFoundException` realisiert werden. Um den Code übersichtlicher zu gestalten, wird der Methode `sendResource()` als Parameter die zu versendende Ressource übergeben:

```java
protected void sendResource(String resource) throws
    IOException
{
    try
    {
        // Datei oeffnen
        FileInputStream fileIn = new
            FileInputStream(resource);
        ...
```

3.5 Kommunikation mit HTTP

```
        }
        catch (FileNotFoundException e)
        { // falls Datei nicht vorhanden
            String response = "HTTP/1.1 404 Not Found\r
                \n" +
                "Content-Type: text/html\r\n" +
                "Connection: close\r\n" +
                "\r\n" +
                "<html><body><h1>Error 404: File
                    Not Found!</h1></body></html>";

            sockOut.write(response.getBytes());
            sockOut.flush();
        }
    }
```

Nach dem erfolgreichen Öffnen der Datei muss ein entsprechender Antwort-Header zusammengestellt und vor dem Senden der Datei an den Client gesendet werden:

```
...
// Datei oeffnen
FileInputStream fileIn = new FileInputStream(
    resource);

// Antwort–Header zusammenstellen
String mimeType = getMIME(resource);
String response = "HTTP/1.1 200 OK\r\n" +
        "Content-Type: " + mimeType + "\r\n" +
        "Connection: close\r\n" +
        "\r\n";

sockOut.write(response.getBytes());

// Datei an Client senden
int b;
while ((b = fileIn.read()) != -1)
    sockOut.write(b);

sockOut.flush();

if (fileIn != null) fileIn.close();
...
```

Für die Angabe des Datetyps der Datei muss der MIME-Typ ermittelt werden, dies wird in der Methode getMIME() erledigt:

```
protected String getMIME(String resource)
```

```java
{ // Extension ermitteln
    // letzten "." im String suchen
    int pos = resource.lastIndexOf(".");
    // alle Zeichen ab "." zureuckgeben
    String ext = resource.substring(pos);

    // Default-Typ
    String mimeType = "application/octet-stream";
    if (ext.equals(".jpg"))
        mimeType = "image/jpeg";
    if (ext.equals(".gif"))
        mimeType = "image/gif";
    if (ext.equals(".png"))
        mimeType = "image/png";
    if (ext.equals(".mpg"))
        mimeType = "video/mpeg";
    if (ext.equals(".flv"))
        mimeType = "video/x-flv";
    if (ext.equals(".html"))
        mimeType = "text/html";

    return mimeType;
}
```

Das Ermitteln des Datentyps geschieht aufgrund der Dateinamen-Erweiterung. Die Erweiterung wird mit Hilfe der String-Operationen `substring()` und `lastIndexOf()` ermittelt. Die Festlegung des MIME-Types geschieht dann durch einen einfachen String-Vergleich. Falls keiner der vorgegebenen Typen passen sollte, wird der allgemeinste Typ `application/octet-stream` verwendet. In diesem Falle muss der Client versuchen, aufgrund des Inhaltes der Daten den Datentyp zu ermitteln, um die Datei der passenden Applikation zukommen zu lassen.

Um den Server nun zu vervollständigen, muss noch die `startServer()` Methode angepasst werden:

```java
...
System.out.print(request);   // HTTP-Anfrage ausgeben

// Angefragte Ressource ermitteln
String resource = getResource(request);

// Ressource senden
sendResource(resource);

if (client != null) client.close();
...
```

3.5 Kommunikation mit HTTP

Zur Übersichtlichkeit soll hier nun der Quellcode des kompletten HTTP-Servers wiedergegeben werden:

```java
import java.io.*;
import java.net.*;
import java.util.*;

public class HTTPServer
{
    private Socket client;

    protected String getResource(String request)
    {
        // HTTP-anfrage (request) zerlegen
        StringTokenizer tokenizer = new StringTokenizer
            (request);

        // rueckgabe der Methode (GET, POST,...)
        String method = tokenizer.nextToken();
        // angeforderte Ressource mit Pfand
        String resource = tokenizer.nextToken().
            substring(1);

        // falls keine Ressource angegeben "index.html" ausgeben
        if (resource.length() == 0)
            resource = "index.html";

        return resource;
    }

    protected String getMIME(String resource)
    { // Extension ermitteln
        // letzten "." im String suchen
        int pos = resource.lastIndexOf(".");
        // alle Zeichen ab "." zureuckgeben
        String ext = resource.substring(pos);

        // Default Typ
        String mimeType = "application/octet-stream";
        if (ext.equals(".jpg"))
            mimeType = "image/jpeg";
        if (ext.equals(".gif"))
            mimeType = "image/gif";
        if (ext.equals(".png"))
            mimeType = "image/png";
        if (ext.equals(".mpg"))
```

```java
            mimeType = "video/mpeg";
    if (ext.equals(".flv"))
        mimeType = "video/x-flv";
    if (ext.equals(".html"))
        mimeType = "text/html";

    return mimeType;
}

protected void sendResource(String resource) throws
    IOException
{
    BufferedOutputStream sockOut = new
        BufferedOutputStream(client.getOutputStream
        ());

    try
    {
        // Datei oeffnen
        FileInputStream fileIn = new
            FileInputStream(resource);

        // Antwort–Header zusammenstellen
        String mimeType = getMIME(resource);
        String response = "HTTP/1.1 200 OK\r\n" +
                "Content-Type: " + mimeType + "\r\n
                " +
                "Connection: close\r\n" +
                "\r\n";

        sockOut.write(response.getBytes());

        // Datei an Client senden
        int b;
        while ((b = fileIn.read()) != -1)
            sockOut.write(b);

        sockOut.flush();

        if (fileIn != null) fileIn.close();
    }
    catch (FileNotFoundException e)
    { // falls Datei nicht vorhanden
        String response = "HTTP/1.1 404 Not Found\r
            \n" +
```

3.5 Kommunikation mit HTTP

```
                "Content-Type: text/html\r\n" +
                "Connection: close\r\n" +
                "\r\n" +
                "<html><body><h1>Error 404: File
                    Not Found!</h1></body></html>";

            sockOut.write(response.getBytes());
            sockOut.flush();
        }
    }

    public void startServer(int port)
    {
        try
        {
            ServerSocket server = new ServerSocket(port
                );
            while (true)
            {
                // warten auf Client
                client = server.accept();

                // Informationen ueber Client ausgeben
                InetAddress clientAddr = client.
                    getInetAddress();
                System.out.println("Client IP: " +
                    clientAddr.getHostAddress() + " -
                    Port: " + client.getPort());

                // HTTP-Anfrage-Header einlesen
                BufferedReader sockIn = new
                    BufferedReader(new InputStreamReader
                    (client.getInputStream()));

                String request = "";    // HTTP-Anfrage
                String line;
                while (true)
                {
                    // Zeile einlesen
                    line = sockIn.readLine();

                    // Abbruch bei Ende oder Leerzeile
                    if (line == null || line.length()
                        == 0)
                        break;
```

```java
                    request = request + line + "\r\n";
                }

                // HTTP-Anfrage ausgeben
                System.out.print(request);

                // Angefragte Ressource ermitteln
                String resource = getResource(request);

                // Ressource senden
                sendResource(resource);

                if (client != null) client.close();
                System.out.println("Verbindung
                    geschlossen.");
            }
        }
        catch (IOException e) {System.err.println(e);}
    }

    public static void main(String[] args)
    {
        HTTPServer server = new HTTPServer();
        server.startServer(8080);
    }
}
```

Listing 3.10 Ein einfacher HTTP-Server

Der Server arbeitet bisher nur als sequenzieller Server, d.h., alle eingehenden Anfragen werden nacheinander bearbeitet. Jede Anfrage muss erst beendet werden, bevor die nächste Anfrage bearbeitet werden kann. Dies kann aus Performancegründen ungünstig sein, weshalb der Server für jede Anfrage einen eigenen Thread starten sollte. Eine entsprechende Implementierung ist in Abschn. 3.6.5 wiedergegeben.

3.6 Thread-Programmierung in Java

In Computersystemen können Threads auf zwei unterschiedliche Arten implementiert sein, entweder auf Betriebssystem- bzw. Kernelebene oder auf der Benutzerebene. Bei Threads auf Betriebssystemebene werden die Threads eines Prozesses vom Betriebssystem verwaltet und auch entsprechend vom Betriebssystem umge-

3.6 Thread-Programmierung in Java

schaltet (Threadwechsel, siehe Abschn. 2.5.2.2). Die zur Verfügung stehende Rechenkapazität kann durch das Betriebssystem optimal zwischen den Threads und Prozessen aufgeteilt werden. Bei Threads auf Benutzerebene weiß das Betriebssystem nichts von der Existenz der Threads, sieht nur die Prozesse und verteilt die Rechenkapazität auch nur zwischen den Prozessen auf. Bei solchen Threads sorgt eine bestimmte Software (z.B. eine Bibliothek) in einem Prozess für die Umschaltung zwischen den Threads eines Prozesses. Dies kann sich insbesondere bei Prozessen mit vielen Threads als ungünstig erweisen, da die dem Prozess zugeteilte Rechenzeit auf viele Threads aufgeteilt werden muss. Zudem ist es bei Threads auf Benutzerebene nicht möglich die Vorteile eines Multiprozessorsystems auszunutzen.

In der Programmiersprache Java sind Threads fester Bestandteil der Java-Plattform. Java-Programme werden in der JVM (Java Virtual Machine) ausgeführt, welche somit auch für die Realisierung von Threads zuständig ist. Unterstützt das zugrundeliegende Hostsystem (oder Betriebssystem), in dem die JVM läuft, Threads, so werden die Java-Threads direkt auf Threads im Hostsystem abgebildet. Werden jedoch Threads vom Hostsystem nicht unterstützt, so werden Threads durch die JVM simuliert. Bei den simulierten Threads gelten dann die gleichen Bedingungen wie in den oben beschriebenen Threads auf Benutzerebene.

In Java werden Threads durch die Klasse `Thread` und durch das Interface `Runnable` realisiert. Beide sind im Paket `java.lang` definiert. Zur Erzeugung von Threads gibt es demnach zwei Möglichkeiten: Eine Klasse wird entweder von der Klasse `Thread` abgeleitet oder eine Klasse implementiert das Interface `Runnable`.

`Runnable`
Das Interface `Runnable` besitzt lediglich die Methode `void run()`, welche beim Start des Threads ausgeführt wird und den eigentlich Programmcode des Thread enthält.

`Thread`
Die Klasse `Thread` implementiert das Interface `Runnable`. Die `run()` Methode der Klasse `Thread` muss jedoch in einer von ihr abgeleiteten Klasse überschrieben werden.

Die Klasse `Thread` besitzt folgende Konstruktoren:

`Thread()`
erzeugt ein neues `Thread` Objekt.

`Thread(String name)`
erzeugt ein neues `Thread` Objekt und gibt dem Thread den Namen: `name`.

`Thread(Runnable target)`
erzeugt ein `Thread` Objekt von einem `Runnable` Objekt, die `run()` Methode von `target` wird ausgeführt.

`Thread(Runnable target, String name)`
wie vorher, nur bekommt das `Thread` Objekt einen Namen.

Mit Hilfe dieser Konstruktoren lassen sich nun `Thread` Objekte erzeugen. Doch zum Starten von Threads sind noch weitere Methoden wichtig:

`void run()`
  diese Methode von `Thread` tut nichts und **muss** daher in der abgeleiteten Klasse überschrieben werden. Die `run()` Methode enthält den Programmcode, der als Thread ausgeführt werden soll.

`void start()`
  startet den Thread und führt die `run()` Methode aus.

Nun lässt sich ein einfaches `Thread` Objekt erzeugen und ein Thread starten:

```
// Starten von Threads mittels Thread-Klasse
// Klasse Worker ist von Thread abgeleitet
class Worker extends Thread
{
    // run() muss ueberschrieben werden
    public void run()
    { // Code, der als Thread ausgefuehrt werden soll
        System.out.println("Thread gestartet.");
        ...
        System.out.println("Thread beendet.");
    }
}

class ThreadExample
{
    public static void main(String[] args)
    {
        // Thread erzeugen
        Worker a = new Worker();
        a.start();    // Thread starten
        System.out.println("Hautprogramm beendet.");
    }
}
```

Listing 3.11 Einfaches Beispiel zum Erzeugen und Starten eines Threads

Das Erzeugen eines Threads mit dem `Runnable` Interface ist oftmals notwendig, da in Java keine Mehrfachvererbung erlaubt ist. Ist also eine Klasse bereits von einer anderen Klasse abgeleitet, so kann sie nicht zusätzlich von `Thread` abgeleitet werden. Nach unserem Beispiel muss daher die Klasse `Worker` nicht mehr von `Thread` abgeleitet werden, sondern es muss das `Runnable` Interface implementiert werden:

// Klasse Worker implementiert Runnable

3.6 Thread-Programmierung in Java

```
class Worker implements Runnable
{
    // run() muss implementiert werden
    public void run()
    { // Code, der als Thread ausgefuehrt werden soll
        ...
    }
}
```

Zum Starten des Threads muss dann ein `Worker` Objekt und mit diesem dann ein über einen entsprechenden Konstruktor ein `Thread` Objekt erzeugt werden:

```
// Worker-Objekt erzeugen
Worker w = new Worker();
// Thread von Runnable Objekt erzeugen
Thread a = new Thread(w);
a.start();    // Thread starten
```

Die `start()` Methode lässt sich auch im Konstruktor aufrufen, in diesem Fall wird der Thread schon beim Erzeugen des Objektes gestartet:

```
// Starten im Konstruktor
class Worker extends Thread
{
    public Worker()
    { // startet sich selbst
        this.start();
    }
    ...
}
```

Zum Starten des Threads genügt es dann nur noch das Objekt zu erzeugen, ein expliziter Aufruf von `start()` nach dem Erzeugen des Objektes ist nicht mehr notwendig:

```
// Objekt erzeugen und Thread starten
Worker a = new Worker();
```

Bei Threads über das `Runnable` Interface existiert die `start()` Methode nicht, da diese von `Thread` abstammt, um den Thread über den Konstruktor zu starten muss daher zunächst ein `Thread` Objekt erzeugt werden:

```
class Worker implements Runnable
{
    public Worker()
    {
        // erzeugen eines Thread-Objektes von sich selbst
        Thread t = new Thread(this);
        t.start();
```

        }
        ...
}

In der Klasse `Thread` existieren noch weitere Methoden, die insbesondere zur Steuerung von Threads bzw. zur Interaktion zwischen Threads Verwendung finden. Einige dieser Methoden sind als `static` deklariert, d.h., sie können ohne das Vorhandensein eines `Thread` Objektes aufgerufen werden.

`static void sleep(long ms)`
: der Thread wird für `ms` Millisekunden angehalten und danach fortgeführt. Bei einer Unterbrechung (interrupt) wird eine `InterruptedException` ausgelöst.

`void join()`
`void join(long ms)`
: warten bis der Thread beendet ist, der optionale Parameter `ms` gibt die maximale Wartezeit in Millisekunden an, 0 wartet ewig. Bei einer Unterbrechung (interrupt) wird eine `InterruptedException` ausgelöst.

`static void yield()`
: hält den Thread an und gibt anderen Threads die Möglichkeit zur Ausführung. Diese Methode ist notwendig, da Threads nicht auf jedem System in gleicher Weise implementiert sind. Erlaubt das zugrundeliegende System keine Aufteilung der Prozessorzeit auf mehrere Threads, so muss diese Methode in regelmäßigen Abständen aufgerufen werden, um auch anderen Threads die Möglichkeit zur Ausführung zu geben.

`void interrupt()`
: sendet ein Unterbrechungssignal (interrupt) an den Thread.

`boolean isInterrupted()`
: liefert `true`, falls der Thread eine Unterbrechung (interrupt) erhalten hat.

`static boolean interrupted()`
: liefert `true`, falls der Thread eine Unterbrechung (interrupt) erhalten hat und löscht den Status der Unterbrechung.

`static Thread currentThread()`
: liefert eine Referenz auf den aktuellen Thread, der diese Methode aufgerufen hat.

`void setName(String name)`
: ändert den Namen eines Threads.

3.6 Thread-Programmierung in Java

```
String getName()
```
liefert den Namen eines Threads.

```
void setPriority(int pri)
```
ändert die Thread-Priorität. Die Priorität muss zwischen `Thread.MIN_PRIORITY` (1) und `Thread.MAX_PRIORITY` (10) sein. Die normale Priorität ist `Thread.NORM_PRIORITY` (5)

```
int getPriority()
```
liefert die aktuelle Thread Priorität.

3.6.1 Parallele Abarbeitung

Mit Hilfe der Methode `sleep()` lässt sich nun die parallele Abarbeitung von Threads demonstrieren. Hierzu erweitern wir zunächst die `run()` Methode und die `main()` Methode des Hauptprogrammes um eine Zählschleife, die jeweils den Schleifenzähler ausgibt:

```java
for (int i = 0; i < 5; i++)
{
    System.out.println("Zaehler: " + i);
}
```

Da die Schleifen jedoch zu schnell ablaufen, verzögern wir die Schleifen mit `sleep()` um jeweils 500 Millisekunden. Da sowohl die `main()` Methode als auch `Runnable` Objekte nicht vom Typ `Thread` sind, muss `sleep()` über `Thread` aufgerufen werden. Die Methode `sleep()` wirft zudem eine `InterruptedException`, welche zumindest formal aufgefangen werden muss:

```java
// aktuellen Thread anhalten (verlangsamen)
try { Thread.sleep(500); }
catch (InterruptedException e) {}
```

Nun sollte man eine Ausgabe sehen, welche die Verzahnung beider Threads erahnen lässt. Ohne `sleep()` würden beide Schleifen zu schnell ablaufen und man würde nur eine Hintereinanderausführung beider Threads bemerken. Man könnte alternativ die Anzahl der Schleifendurchläufe erhöhen (beispielsweise auf 100000), allerdings müsste man dann die Ausgabe des Programmes sehr genau beobachten, um zu sehen, dass die Threads verzahnt ablaufen.

Um nun noch die Ausgaben der Threads besser unterscheiden zu können, geben wir den Threads Namen und geben diesen zusammen mit dem Schleifenzähler aus. Zum Erzeugen eines Threads mit Namen kann der entsprechende `Thread` Konstruktor verwendet werden:

```
// Thread von Runnable Objekt erzeugen
Thread a = new Thread(new Worker(), "Thread A");
```

Der Zugriff auf die Methoden getName(), setName() usw. funktioniert jedoch in Runnable Objekten oder der main() Methode nicht, da diese nicht vom Typ Thread sind. Abhilfe schafft die Methode currentThread(), da diese static ist und somit immer aufgerufen werden kann:

```
Thread myThread = Thread.currentThread();
String name = myThread.getName();
```

Das vollständige Programmbeispiel ist in Listing 3.12 wiedergegeben:

```java
class Worker implements Runnable
{
    public void run()
    {
        Thread myThread = Thread.currentThread();
        String name = myThread.getName();

        System.out.println(name + " gestartet.");
        for (int i = 0; i < 5; i++)
        {
            // aktuellen Thread anhalten (verlangsamen)
            try { Thread.sleep(500); }
            catch (InterruptedException e) {}

            System.out.println(name + " - Zaehler: " +
                i);
        }
        System.out.println(name + " beendet.");
    }
}

class ParallelExample
{
    public static void main(String[] args)
    {
        Thread a = new Thread(new Worker(), "Thread A")
            ;
        a.start();   // Thread starten

        Thread myThread = Thread.currentThread();
        String name = myThread.getName();
        for (int i = 0; i < 5; i++)
        {
            // main-Thread verlangsamen
```

3.6 Thread-Programmierung in Java

```
            try { Thread.sleep(500); }
            catch (InterruptedException e) {}

            System.out.println(name + " - Zaehler: " +
                i);
        }
        System.out.println(name + " beendet.");
    }
}
```

Listing 3.12 Demonstration der parallelen Abarbeitung von Threads

3.6.2 Warten auf Threads

Mit der Methode `join()` kann auf das Ende eines Threads gewartet werden. Der aufrufende Thread wird hierzu blockiert, bis der entsprechende Thread beendet wurde. Falls der Thread bereits beendet ist, so kehrt die Methode ohne zu warten zurück.

Um nun beide Fälle zu demonstrieren, brauchen wir einen Thread, der eine längere Laufzeit als der `main` Thread hat, und einen mit einer kürzeren Laufzeit. Hierzu erweitern wir zunächst unseren `Worker` um einen Konstruktor, der eine Verzögerungszeit für `sleep()` entgegennimmt:

```
class Worker implements Runnable
{
    private long wait;

    public Worker(long w)
    {
        wait = w;
    }

    ...
        try { Thread.sleep(wait); }
        catch (InterruptedException e) {}
    ...
```

Nun erzeugen wir in der `main()` Methode zwei Threads mit jeweils unterschiedlicher Laufzeit:

```
Thread a = new Thread(new Worker(500), "Thread A");
Thread b = new Thread(new Worker(300), "Thread B");
a.start();   // Thread starten
b.start();   // Thread starten
```

und setzen die Verzögerung im `main` Thread auf einen Wert, der dazwischen liegt, z.B. auf 400:

```
try { Thread.sleep(400); }
catch (InterruptedException e) {}
```

Nach der Zählschleife in der main() Methode warten wir nun auf die Beendigung der Threads:

```
System.out.println(name + " wartet auf Threads.");
```

```
// warten bis Threads beendet sind
try { a.join(); } catch (InterruptedException e) {}
try { b.join(); } catch (InterruptedException e) {}

System.out.println(name + " beendet.");
```

Die Laufzeit von Thread A dauert länger als die Laufzeit des main Threads, deshalb sollte a.join() den main Thread blockieren. Die Laufzeit von Thread B ist jedoch kürzer als die des main Threads und zudem bereits beendet, wenn b.join() aufgerufen wird. Deshalb sollte der main Thread hier nicht blockieren und sich direkt danach beenden. Die Textausgabe der letzten Zeilen des Programms sollte entsprechend so aussehen:

```
...
Thread B - Zaehler: 4
Thread B beendet.
main - Zaehler: 3
main - Zaehler: 4
main wartet auf Threads.
Thread A - Zaehler: 3
Thread A - Zaehler: 4
Thread A beendet.
main beendet.
```

3.6.3 Unterbrechen von Threads

Um einen Thread zu beenden, kann man ihm ein Unterbrechungssignal mit der Methode interrupt() senden. Hier wird jedoch nur ein Unterbrechungsstatus gesetzt, welcher vom laufendem Thread mit isInterrupted() zyklisch abgefragt werden muss:

```
while (!myThread.isInterrupted())
{
    ...
}
```

Diese while-Schleife läuft so lange, wie der Unterbrechungsstatus negativ ist. Laufende Threads können dann so gestoppt werden:

```
a.interrupt();
b.interrupt();
```

Ein Problem ist hierbei jedoch, dass wartende Methoden wie `sleep()` und `join()` eine `InterruptedException` auslösen und dabei den Unterbrechungsstatus löschen, die `while`-Schleife würde daher weiter laufen. Der Unterbrechungsstatus muss deshalb für die o.g. Schleife im `catch`-Block neu gesetzt werden. Der aktualisierte Teil in der `run()` Methode könnte daher so aussehen:

```
System.out.println(name + " gestartet.");
int i = 0;
while (!myThread.isInterrupted())
{
    try { Thread.sleep(wait); }
    catch (InterruptedException e)
    {
        System.out.println(name + " Interrupt in 
            sleep!");
        // interrupt-status neu setzten
        myThread.interrupt();
    }
    System.out.println(name + " - Zaehler: " + i++)
        ;
}
System.out.println(name + " beendet.");
```

Die `Worker` Threads laufen nun so lange, bis sie durch einen `interrupt()` Aufruf gestoppt werden.

3.6.4 Thread-Pools

Wird z.B. an einen Server eine Anfrage gestellt, so wird für die Bearbeitung der Anfrage ein eigener Thread erzeugt und dieser am Ende wieder zerstört. Das Erzeugen und Zerstören von Threads erfordert gewisse System-Ressourcen und bedeutet daher Aufwand. Wünschenswert wäre es daher, wenn es bereits vorbereitete Threads gäbe, denen man bei Bedarf neue Aufgaben übergeben kann.

Dies kann durch einen Thread-Pool realisiert werden. Im Thread-Pool existiert eine gewisse Anzahl vorbereiteter Threads, denen bei Bedarf Aufgaben übergeben werden können. Hierzu wird bei einer zu erledigenden Aufgabe ein freier Thread aus dem Pool ausgewählt und ihm die Aufgabe übergeben. Steht kein freier Thread zur Verfügung, so wird entweder ein neuer Thread erzeugt und dem Pool hinzugefügt oder die anstehende Aufgabe wird in einer Warteschlange eingereiht und ausgeführt, sobald ein Thread freigeworden ist.

Seit Java Version 1.5 sind Thread-Pools über das Paket `java.util.concurrent` in Java verfügbar. Für die Benutzung sind zahlreiche Klassen und Interfaces eingeführt worden. Diese Klassen und Interfaces sind sehr flexibel gehalten, sodass leider die Verständlichkeit etwas erschwert ist. Dennoch ist die Handhabung, nachvollzogen an einem Beispiel, recht einfach. Daher sollen zunächst ein paar wichtige Klassen und Interfaces kurz erläutert und anschließend an einem praktikablen Beispiel eingesetzt werden.

Executor
: dies ist ein Interface, über welches mit der Methode `void execute(Runnable command)` ein `Runnable` Objekt ausgeführt werden kann.

ExecutorService
: ist ein weiteres Interface, welches von `Executor` abgeleitet ist und einige weitere Methoden zur Verfügung stellt. Eine Methode ist z.B. `void shutdown()`, welche alle Threads des Pools beenden lässt und nach Aufruf keine weiteren Threads mehr entgegennimmt.

ThreadPoolExecutor
: ist eine benutzbare Klasse, die `Executor` und `ExecutorService` implementiert.

Neben diesem existiert noch eine Hilfsklasse `Executors`, mit deren Hilfe man leicht Thread-Pools erzeugen kann. Die Klasse besitzt keinen Konstruktor und alle Funktionen sind `static` deklariert. Zwei praktikable Methoden aus dieser Hilfsklasse sollen hier genannt werden:

`static ExecutorService newCachedThreadPool()`
: erzeugt einen Thread-Pool mit anwachsender Größe. Stehen nicht genügend Threads im Pool zur Verfügung, wird ein neuer Thread erzeugt, ansonsten wird ein nicht benutzter Thread benutzt.

`static ExecutorService newFixedThreadPool(int n)`
: erzeugt einen Thread-Pool mit einer festen Anzahl Threads.

Beide Methoden liefern ein Objekt zurück, welches eine Implementierung des Interfaces `ExecutorService` enthält, und somit können die Methoden `execute()` und `shutdown()` darauf angewendet werden. Ein Thread-Pool kann nun wie folgt erzeugt werden:

```java
import java.util.concurrent.*;
...
    // Thread-Pool erzeugen
    ExecutorService myExecutor = Executors.
        newCachedThreadPool();
...
```

Diesem Thread-Pool können dann `Runnable` Objekte zum Ausführen übergeben werden, welche wie gewöhnlich zunächst erzeugt:

3.6 Thread-Programmierung in Java

```
// Runnable Objekte erzeugen
Worker a = new Worker();
Worker b = new Worker();
```

und danach mit `execute()` dem Thread-Pool übergeben werden:

```
myExecutor.execute(a);
myExecutor.execute(b);
```

Die `run()` Methoden der beiden Objekte werden nun als eigenständige Threads gleichzeitig ausgeführt. Lässt man sich mit `getName()` den Namen des Threads geben, so erhält man `pool-1-thread-1` für Objekt a und `pool-1-thread-2` für Objekt b.

Werden erneut `Runnable` Objekte ausgeführt, so werden die bereits erzeugten Threads, sofern die Aufgaben der vorhergehenden Threads beendet sind, wiederverwendet. Lässt man also eine gewisse Zeit verstreichen, bis die beiden Objekte a und b ihre Aufgabe erledigt haben und lässt daraufhin neue Objekte ablaufen, z.B.:

```
// neue Runnable Objekte erzeugen
Worker c = new Worker();
Worker d = new Worker();

myExecutor.execute(c);
myExecutor.execute(d);
```

so werden auch die bereits verwendeten Namen `pool-1-thread-1` und `pool--1-thread-2` für die Objekte c und d wiederverwendet.

3.6.5 Paralleler HTTP-Server

Der in Listing 3.10 entwickelte HTTP-Server arbeitet nur als sequenzieller Server, alle eingehenden Anfragen müssen nacheinander abgearbeitet werden. Aus Performancegründen soll hier der Server mit Hilfe von Threads parallelisiert werden.

Hierzu implementieren wir das Interface `Runnable` und fügen der `HTTP-Server` Klasse einen Konstruktor hinzu, indem wir jedem Objekt die Verbindung zum Client mit einem eigenen Socket angeben:

```java
public class HTTPServer implements Runnable
{
    private Socket client;

    public HTTPServer(Socket c)
    {
        client = c;
    }
```

```
...
public static void main(String[] args)
{
    HTTPServer server = new HTTPServer(null);
    server.startServer(8080);
}
}
```

In der `startServer()` Methode befindet sich dann die Server-Schleife, welche mit einem `ServerSocket` auf Verbindungsaufnahme durch einen Client wartet. Bei Verbindungsaufnahme wird dann ein Thread-Objekt erzeugt und der Thread gestartet:

```
public void startServer(int port)
{
    try
    {
        ServerSocket server = new ServerSocket(port
            );
        while (true)
        {
            // warten auf Client
            Socket c = server.accept();

            // Thread starten
            HTTPServer s = new HTTPServer(c);
            Thread t = new Thread(s);
            t.start();
        }
    }
    catch (IOException e) {System.err.println(e);}
}
```

Der eigentliche Teil des implementierten Servers, welcher die Anfragen bearbeitet, wird nun in der `Run()` Methode implementiert:

```
public void run()
{
    try
    {
        // Informationen ueber Client ausgeben
        InetAddress clientAddr = client.
            getInetAddress();
        System.out.println("Client IP: " +
            clientAddr.getHostAddress() + " - Port:
            " + client.getPort());
```

```
            // HTTP-Anfrage-Header einlesen
            BufferedReader sockIn = new BufferedReader(
                new InputStreamReader(client.
                getInputStream()));

            ...

            if (client != null) client.close();
            System.out.println("Verbindung geschlossen.
                ");
        }
        catch (IOException e) {System.err.println(e);}
}
```

3.7 Synchronisation in Java

Bei der Nutzung gemeinsamer Ressourcen bei parallelen oder nebenläufigen Aktivitäten kann es leicht zu unerwünschten Ergebnissen kommen. Greifen mehrere ablaufende Threads auf gleiche Objekte oder Variablen zu, so können sie z.B. gegenseitig geänderte Daten überschreiben und die Ergebnisse verfälschen. Näher wurde dies bereits in Abschn. 2.5.3 erläutert. Bei der Programmierung muss daher darauf geachtet werden, welche Programmabschnitte von mehreren Threads (bzw. Prozessen) gleichzeitig betreten werden und wo zusätzlich gemeinsam genutzte Daten verändert werden können. Solche Programmabschnitte werden als *kritischer Abschnitt* bezeichnet und müssen vom Programmierer erkannt und besonders behandelt werden. Insbesondere der Zugriff auf Daten, die durch andere Threads verändert werden können, muss geschützt ablaufen, d.h., der Zugriff muss synchronisiert werden. Dies bedeutet, dass immer nur ein Thread einen kritischen Abschnitt betreten darf und weitere gleichzeitige Zugriffe auf denselben Bereich gesperrt werden müssen.

In Java existieren mehrere Möglichkeiten kritische Abschnitte zu synchronisieren, doch zunächst soll ein Beispiel konstruiert werden, an dem sich die Notwendigkeit der Synchronisation paralleler Aktivitäten verdeutlichen lässt. Um uns an dem Beispiel in Tab. 2.1 in Abschn 2.5.3 zu orientieren, entwickeln wir zunächst eine Klasse, die ein einfaches Konto bei einer Bank darstellen soll:

```
class Account
{
    private double balance = 0;   // Kontostand

    // aktuellen Kontostand ermitteln
    public double getBalance()
    {
```

```
        return balance;
    }

    // neuen Kontostand setzen
    public void setBalance(double b)
    {
        balance = b;
    }
}
```

Das Konto besitzt nach dem Anlegen einen Kontostand von 0, und auf das Konto kann nur mit der entsprechenden `get`- bzw. `set`-Methode zugegriffen werden.

Nun brauchen wir noch eine Thread-Klasse, die den Kontostand ändert. Damit wir möglichst viele Änderungen am Konto durchführen können und somit die Wahrscheinlichkeit eines Fehlers beim gleichzeitigen Zugriff steigt, lassen wir den Kontostand in diesem Thread in einer Schleife jeweils um den gleichen Betrag ändern. Ein solcher Thread könnte folgendermaßen aussehen:

```
class Worker implements Runnable
{
    private Account accountA;  // Konto das geaendert werden soll
    private double ammount;    // zu aendernder Betrag

    public Worker(Account a, double b)
    {
        accountA = a;
        ammount = b;
    }

    public void run()
    {
        while (true)
        {
            // neuen Kontostand berechnen
            double tmp = accountA.getBalance() +
                ammount;
            // geaenderten Kontostand setzen
            accountA.setBalance(tmp);
        }
    }
}
```

Nun brauchen wir nur noch mindestens zwei Threads, die das gleiche Konto mit einem jeweils unterschiedlichen Betrag ändern. Ein Thread `Einzahlen` soll den Kontostand jeweils um 1 erhöhen und ein anderer Thread `Abheben` soll jeweils um 1 den Kontostand verringern:

```
    // Konto mit Kontostand 0 erzeugen
```

3.7 Synchronisation in Java

```
Account accountA = new Account();

// Threads erzeugen
Thread in = new Thread(new Worker(accountA, 1), "
    Einzahlen"); // Einzahlen 1
Thread out = new Thread(new Worker(accountA, -1), "
    Abheben"); // Abheben 1

in.start();     // Thread Einzahlen starten
out.start();    // Thread Abheben starten

// warten bis Threads beendet sind
try { in.join(); } catch (InterruptedException e)
    {}
try { out.join(); } catch (InterruptedException e)
    {}
```

Jetzt hätten wir zwei laufende Threads, die sich gegenseitig beeinflussen. Diese Beeinflussung ist für uns jedoch z.Z. jedoch nicht sichtbar. Deshalb erweitern wir die Schleife innerhalb des Threads, sodass wir direkt nach dem Setzen des neuen Kontostandes den aktuellen Kontostand wieder auslesen und mit dem gerade geschriebenen vergleichen. Falls die Werte unterschiedlich sind, geben wir eine Meldung aus. Die aktualisierte Schleife in der `run()` Methode sollte nun etwa so aussehen:

```
while (true)
{
    // neuen Kontostand berechnen
    double tmp = accountA.getBalance() + ammount;
    // geaenderten Kontostand setzen
    accountA.setBalance(tmp);

    // Kontostand wieder auslesen
    double actual = accountA.getBalance();
    // Ausgabe wenn Kontostand veraendert wurde
    if (actual != tmp)
        System.out.println("Kontostand: " + actual
            + " - sollte sein: " + tmp);
}
```

Als Verfeinerung könnte man noch zusätzlich den Thread-Namen ausgeben, welcher eine Abweichung beim Kontostand festgestellt hat. Beim Ablaufen des Programms sollte eine Ausgabe ähnlich dieser zu sehen sein:

```
Abheben Kontostand: 57.0 - sollte sein: 55.0
Einzahlen Kontostand: 3978.0 - sollte sein: 3984.0
Einzahlen Kontostand: 2876.0 - sollte sein: 2880.0
```

```
Abheben Kontostand: 2005.0 - sollte sein: 2003.0
...
```

Um noch mehr Abweichungen zu provozieren, kann man in der Schleife des Threads zwischen dem Abspeichern des geänderten Kontostandes und der Überprüfung eine kurze Verzögerung einbauen:

```
...
// geaenderten Kontostand setzen
accountA.setBalance(tmp);

// aktuellen Thread verzoegern
try { Thread.sleep(1); }
catch (InterruptedException e) {}

// Kontostand wieder auslesen
double actual = accountA.getBalance();
...
```

Dieses Beispiel zeigt deutlich, dass der geänderte Kontostand eines Threads immer wieder durch den anderen Thread überschrieben wird. Der Zugriff auf das Konto (oder zumindest auf den Kontostand) sollte daher immer nur exklusiv einem einzigen Thread erlaubt sein. Auch wenn dieses Beispiel mit Hilfe der get- und set-Methoden zur Verdeutlichung des Sachverhaltes konstruiert wurde, so würde ein direkter Zugriff auf die Variable bzw. den Kontostand das Problem nicht lösen, sondern nur verschieben. Denn auch der Zugriff auf eine Speicherzelle, und somit auf die Variable, läuft nicht unterbrechungsfrei ab.

3.7.1 Java Monitor

Eines der in Abschn. 2.5.3 gezeigten Mechanismen zur Synchronisation sind Monitore. Monitore werden in Java direkt durch die Sprache unterstützt und sind daher ein einfach zu handhabendes und bevorzugtes Mittel zur Synchronisation. Kritische Abschnitte werden einfach durch das Schlüsselwort synchronized gekennzeichnet. Hierzu gibt es zwei Möglichkeiten, entweder wird eine Methode in den Monitor für ein Objekt aufgenommen:

```
public synchronized void transaction() { ... }
```

oder es wird ein Anweisungsblock für ein Objekt in den Monitor aufgenommen:

```
synchronized (obj) { ... }
```

Für das angegebene Objekt obj laufen hierbei die Anweisungen im Block geschützt ab.

Prinzipiell unterstützt jedes Objekt in Java Monitorfähigkeit. Alle Zugriffe auf eine synchronized Methode oder eines mit synchronized deklarierten Anweisungsblockes eines Objektes laufen hierbei atomar, d.h. geschützt voreinander

3.7 Synchronisation in Java

ab. Nicht `synchronized` Zugriffe sind jedoch erlaubt, auch wenn sich bereits ein anderer Thread in einem geschützten kritischen Abschnitt desselben Objektes befindet! Es laufen also nur mit `synchronized` gekennzeichnete Bereiche geschützt voreinander ab.

Um nun unser Konto-Beispiel zu synchronisieren, können wir den gesamten inneren Teil des Schleifenkörpers unseres Threads als einen `synchronized` Block deklarieren:

```
while (true)
{
    // synchronized block – es werden solche Threads blockiert, die das
    // selbe (referenzierte) Objekt (accountA) "synchronized" benutzen
    synchronized (accountA)
    {
        // neuen Kontostand berechnen
        double tmp = accountA.getBalance() +
            ammount;
        ...
    }
}
```

Für die Dauer dieses Anweisungsblockes werden nun alle `synchronized` Zugriffe auf das Objekt `accountA` gesperrt und andere Threads müssen warten. Nicht `synchronized` Zugriffe oder Zugriffe auf andere Objekte sind hiervon jedoch nicht betroffen.

Für unser Konto-Beispiel wäre es jedoch wünschenswert, wenn der kritische Abschnitt, und somit der zu synchronisierende Bereich, nicht außerhalb der Klasse definiert wäre. Hierzu bietet es sich an, eine Methode in unserer Konto-Klasse anzubieten, die den kritischen Abschnitt enthält:

```
class Account
{
    ...
    // eine "synchronized" Methode wird atomar ausgefuehrt, andere Zugriffe
    // auf einen "synchronized" Bereich des selben Objektes werden blockiert!
    public synchronized void transaction(double a)
    {
        // neuen Kontostand berechnen
        double tmp = getBalance() + a;

        // geaenderten Kontostand setzen
        setBalance(tmp);

        // aktuellen Thread verzoegern
        try { Thread.sleep(1); }
        catch (InterruptedException e) {}
```

```java
    // Kontostand wieder auslesen
    double actual = getBalance();
    // Ausgabe wenn Kontostand veraendert wurde
    if (actual != tmp)
        System.out.println("Kontostand: " + actual
            + " - sollte sein: " + tmp);
    }
}
```

Listing 3.13 Synchronisierte Transaktionsmethode der Konto-Klasse

Alle Zugriffe auf die Methode `transaction()` laufen nun für das jeweilige Objekt geschützt voreinander ab. Nun braucht im Thread nur noch in der Schleife die entsprechende Methode aufgerufen werden:

```java
while (true)
{
    accountA.transaction(ammount);
}
```

Die Verwendung eines `synchronized` Blocks erlaubt gegenüber einer Methode, den nötigen kritischen Abschnitt auf ein Minimum zu reduzieren. Der kritische Abschnitt sollte so kurz wie möglich sein, um nicht andere Threads unnötig lange zu blockieren. Die Definition der Methode mit `synchronized`:

```java
public synchronized void transaction(double a)
{
}
```

ist gleichbedeutend mit der Definition:

```java
public void transaction(double a)
{
    synchronized (this)
    {
    }
}
```

Somit ließe sich auch innerhalb einer Methode der kritische Abschnitt minimieren. Im Konto-Beispiel könnte so der Test zur Überprüfung des geänderten Kontostandes mit der Ausgabe aus dem kritischen Abschnitt entfernt werden.

3.7.1.1 Benachrichtigung anderer Threads

In Abschn. 2.5.3.3 wurde gezeigt, dass es beim Einsatz von Monitoren einer Möglichkeit bedarf, andere evtl. wartende Threads zu informieren. Dies ist insbesondere bei der Lösung des Erzeuger-Verbraucher-Problems der Fall. In Java existieren hierzu die Methoden `wait()`, `notify()` und `notifyAll()`, welche nur innerhalb eines `synchronized` Bereichs aufgerufen werden können.

3.7 Synchronisation in Java

void wait()
   der aufrufende Thread wird blockiert und gibt den Monitor für einen anderen Thread frei. Die Blockade wird erst wieder aufgehoben, wenn durch einen anderen Thread notify() oder notifyAll() aufgerufen wurde. Während des Wartens kann eine InterruptedException ausgelöst werden.

void notify()
   hebt die Blockade eines beliebigen, mit wait() wartenden Threads für diesen Monitor auf.

void notifyAll()
   wie notify(), jedoch werden alle wartenden Threads entblockiert.

Die Methoden notify() und notifyAll() geben lediglich ein Signal, das die Bedingung für einen mit wait() wartenden Thread für dieses Objekt eingetroffen ist. Der signalisierte Thread beginnt allerdings erst zu laufen, wenn der aufrufende Thread die Sperre für dieses Objekt frei gibt. Mit Hilfe dieser Methoden lässt sich nun das Erzeuger-Verbraucher-Problem lösen.

Zunächst brauchen wir eine Klasse, die den gemeinsam genutzten Puffer darstellt. Um das Problem möglichst einfach zu gestalten, beschränken wir uns auf nur eine Speicherzelle im Puffer. Zudem benötigen wir synchronisierte Methoden für den Zugriff auf den Puffer. Innerhalb dieser Methoden wird mit wait() und notify() auf die entsprechende Bedingung gewartet bzw. ein Signal erzeugt. Die Puffer-Klasse könnte etwa so aussehen:

```java
class Buffer
{
    private int value = 0;      // Puffer
    boolean empty = true;

    public synchronized void write(int v)
    {
        try
        {
            if (!empty)             // wenn Puffer voll
                wait();             // warten

            value = v;              // Wert speichern
            empty = false;          // Puffer ist voll
            notify();               // signalisieren
        }
        catch (InterruptedException e) { }
    }

    public synchronized int read()
```

```
    {
        int v = 0;
        try
        {
            if (empty)        // wenn Puffer leer
                wait();       // warten

            v = value;        // Wert lesen
            empty = true;     // Puffer leer
            notify();         // signalisieren
        }
        catch (InterruptedException e) { }

        return v;
    }
}
```

Listing 3.14 Puffer-Klasse zur Lösung des Erzeuger-Verbraucher-Problems mit Monitor

Als nächstes werden die entsprechenden Erzeuger- und Verbraucher-Threads benötigt. Diese produzieren bzw. konsumieren in einer Endlosschleife unentwegt Zahlen. Damit die Abarbeitung nicht zu schnell geht, werden die Threads jeweils verzögert:

```
class Producer extends Thread
{
    private Buffer buffer;

    public Producer(Buffer b)
    {
        buffer = b;
    }

    public void run()
    {
        int i = 0;
        while (true)
        {
            try { sleep(500); }
            catch (InterruptedException e) { }

            buffer.write(i);
            System.out.println("Produziert: " + i);
            i++;
        }
    }
}
```

}

```
class Consumer extends Thread
{
    private Buffer buffer;

    public Consumer(Buffer b)
    {
        buffer = b;
    }

    public void run()
    {
        int i = 0;
        while (true)
        {
            try { sleep(700); }
            catch (InterruptedException e) { }

            i = buffer.read();
            System.out.println(" Konsumiert: " + i);
        }
    }
}
```

Listing 3.15 Erzeuger- und Verbraucher-Klassen

Zum Ausführen genügt es dann wie gewohnt die Threads mit einem gemeinsamen Puffer zu starten:

```
Buffer buffer = new Buffer();

// Threads erzeugen
Producer p = new Producer(buffer);
Consumer c = new Consumer(buffer);

p.start();      // Producer starten
c.start();      // Consumer starten
```

3.7.2 Semaphore in Java

Mit der Einführung von Java 1.5 wurden die Möglichkeiten zur Synchronisation in Java etwas erweitert. So ist im Paket java.util.concurrent eine Klasse Semaphore definiert, welche folgenden Konstruktor besitzt:

`Sempahore(int permits)`
: erzeugt einen Semaphor mit `permits` möglichen Zugriffen.

Zudem enthält die Klasse folgende wichtige Methoden:

`void acquire()`
: versucht den Semaphor zu belegen (Eintritt in den kritischen Abschnitt). Der Thread wird blockiert, falls ein Eintritt nicht möglich ist. Bei einem Interrupt wird eine `InterruptedException` ausgelöst.

`void release()`
: gibt den Semaphor wieder frei (Verlassen des kritischen Abschnitts).

Um nun das in Abschn. 3.7.1 entwickelte Konto-Beispiel mit Semaphoren zu synchronisieren, muss die Konto-Klasse aus Listing 3.13 wie folgt abgeändert werden:

```java
import java.util.concurrent.*;

class Account
{
    // Semaphore initialisieren (mutex, nur 1 gleichzeitig)
    private Semaphore mutex = new Semaphore(1);
    ...

    public void transaction(double ammount)
    {
        // P() – eingang kritischer Abschnitt
        try { mutex.acquire(); }
        catch (InterruptedException e) {}

        ...

        // V() – verlasse kritischen Abschnitt
        mutex.release();
    }
}
```

Listing 3.16 Synchronisation mit Semaphore

Die Semaphore mit dem Namen `mutex` erlaubt nur jeweils einem Thread den Zugang zum kritischen Abschnitt.

3.7.2.1 Lösung des Erzeuger-Verbraucher-Problems mit Semaphore

Zur Lösung des Erzeuger-Verbraucher-Problems mit Semaphoren kann nun wie in Abschn. 2.5.3.3 beschrieben vorgegangen werden. Hierzu wird zunächst eine

3.7 Synchronisation in Java

Puffer-Klasse ähnlich dem Listing 3.14 entworfen, welche den Schutz des kritischen Abschnitts und die Signalisierung mittels Semaphoren vornimmt:

```java
import java.util.concurrent.*;
class Buffer
{
    private int value = 0;   // Puffer

    // mutex, nur 1 gleichzeitig
    private Semaphore mutex = new Semaphore(1);
    // anzahl Puffer-Speicher
    private Semaphore full = new Semaphore(1);
    // Puffer leer
    private Semaphore empty = new Semaphore(0);

    public void write(int v)
    {
        try
        {
            full.acquire();    // warten wenn Puffer voll
            mutex.acquire();
            value = v;    // Zugriff auf Puffer
            mutex.release();
            empty.release();   // ein Puffer belegt
        }
        catch (InterruptedException e) { }
    }

    public int read()
    {
        int v = 0;
        try
        {
            empty.acquire();   // warten wenn Puffer leer
            mutex.acquire();
            v = value;    // Zugriff auf Puffer
            mutex.release();
            full.release();    // einen Puffer freigeben
        }
        catch (InterruptedException e) { }

        return v;
    }
}
```

Listing 3.17 Puffer-Klasse zur Lösung des Erzeuger-Verbraucher-Problems mit Semaphore

Diese Klasse kann dann in Verbindung mit Listing 3.15 verwendet werden.

3.7.3 Locks - Sperren in Java

Ähnlich den Semaphoren sind in Java seit Version 1.5 im Paket `java.util.concurrent.locks` sog. Locks (Sperren) eingeführt worden. Mit Hilfe dieser Locks ist es möglich, kritische Abschnitte zu schützen. Ausgangsbasis ist hierbei das Interface `Lock`, welches folgende Methoden vorgibt:

`void lock()`
  fordert eine Sperre an und blockiert den aufrufenden Thread, falls die Sperre gerade nicht frei ist.

`boolean tryLock()`
  wie `lock()` blockiert jedoch den aufrufenden Thread nicht und liefert `false` wenn Sperren nicht möglich ist.

`boolean tryLock(long time, TimeUnit unit)`
  wie `tryLock()` versucht jedoch die Sperre nur innerhalb der vorgegebenen Zeitspanne `time` zu bekommen. Bei einem Interrupt wird eine `InterruptedException` ausgelöst.

`void unlock()`
  gibt die Sperre wieder frei.

Eine nutzbare Implementierung dieses Interfaces ist `ReentrantLock`. Diese Klasse ermöglicht Sperren, die im Gegensatz zu einer Semaphore *reentrant*, d.h. wiedereintrittsfähig sind. Ein Thread kann eine solche Sperre mehrfach belegen, ohne sich dabei selbst zu blockieren. Das Gleiche gilt auch für einen Monitor. Mit Semaphoren hingegen kann sich ein Thread selbst blockieren. Zu beachten ist jedoch, dass ein Thread einen `ReentrantLock` genauso oft wieder freigeben muss, wie er belegt wurde! Die Klasse `ReentrantLock` besitzt folgenden Konstruktor:

`ReentrantLock()`
  erzeugt ein Sperrobjekt.

Neben den Methoden aus dem Interface `Lock` besitzt `ReentrantLock` noch folgende weitere Methoden:

`boolean isLocked()`
  liefert `true`, falls die Sperre bereits von einem Thread belegt ist.

`int getHoldCount()`
  gibt an, wieviele Threads auf den Lock warten.

Mit Hilfe von ReentrantLock lässt sich nun das Konto Beispiel synchronisieren. Hierzu muss die Konto-Klasse aus Listing 3.13 wie folgt abgeändert werden:

```java
import java.util.concurrent.*;

class Account
{
    // Sperrobjekt erzeugen
    private ReentrantLock mutex = new ReentrantLock();
    ...

    public void transaction(double ammount)
    {
        // eingang kritischer Abschnitt
        mutex.lock();

        ...

        // verlasse kritischen Abschnitt
        mutex.unlock();
    }
}
```

Listing 3.18 Synchronisation mit einem Sperrobjekt

Literaturverzeichnis

1. Abts D (2003) Aufbaukurs JAVA. Vieweg
2. Bengel G (2004) Grundkurs Verteilte Systeme. Vieweg
3. Berners-Lee T, Masinter L, McCahill M (1994) Uniform Resource Locators http://tools.ietf.org/html/rfc1738
4. Berners-Lee T, Fielding R, Frystyk H (1996) Hypertext Transfer Protocol HTTP/1.0 http://tools.ietf.org/html/rfc1945http://tools.ietf.org/html/rfc1945
5. Fielding R, Gettys J, Mogul J, Frystyk H, Masinter L, Leach P, Berners-Lee T (1999) Hypertext Transfer Protocol HTTP/1.1 http://tools.ietf.org/html/rfc2616
6. Information Sciences Institute University of Southern California (1981) Internet Protocol http://tools.ietf.org/html/rfc791
7. Information Sciences Institute University of Southern California (1981) Transmission Control Protocol http://tools.ietf.org/html/rfc793
8. Jacobson V, Braden R, Borman D (1992) TCP Extensions for High Performance http://tools.ietf.org/html/rfc1323
9. Postel J (1080) User Datagram Protocol http://tools.ietf.org/html/rfc768
10. Sun Microsystems (2004) Java 2 Platform Standard Edition 5.0 API Specification http://java.sun.com/j2se/1.5.0/docs/api/
11. Tanenbaum A S (2002) Moderne Betriebssysteme. Pearson Studium
12. Tanenbaum A S (2003) Computernetzwerke. Pearson Studium

Kapitel 4
Entwicklung von Rich Clients

4.1 Graphische Komponenten, Ereignisverarbeitung und das MVC-Muster

Graphische Nutzeroberflächen werden immer anwenderfreundlicher. Das Design und die Nutzerführung von Rich-Client Anwendungen erreichen einen Bedienkomfort, der in vielen Fällen schon lokal installierten Anwendungen nahekommt. Hierzu werden umfangreiche graphische Bedienelemente und eine leistungsstarke Ereignisverarbeitung benötigt. Bevor in diesem Kapitel zentrale Anwendungsfälle mit Hilfe von Java, der FLEX/Flash-Plattform oder von HTML/CSS/JavaScript/AJAX implementiert werden, sollen hier zunächst technologieübergreifende Strukturmodelle für die Entwicklung von Rich Clients vorgestellt werden.

4.1.1 Nutzeroberflächen und das MVC-Muster

Wenn die Präsentationsschicht in einem Client-Server System eine wichtige Stellung einnimmt, wird häufig das sogenannte Modell-View-Controller Muster (MVC) zur Konzeption einer Client-Serveranwendung angewendet. Dies ist bei multimedialen Anwendungen meistens gegeben. Das MVC-Muster kann durch eine Entkoppelung der Funktionalitäten die Komplexität bei der Entwicklung von Nutzeroberflächen verringern und die Wartbarkeit oder Weiterentwicklung von Systemen wesentlich erleichtern.

4.1.1.1 Modell

In einem Client-Server System hält der Server Daten bereit, die vom Client durch einen Nutzer abgefragt werden. In den in der Einleitung genannten Anwendungen aus dem Tourismusbereich könnten dies z.B. Temperaturdaten, Daten über freie

Übernachtungsmöglichkeiten oder auch Ansichten eines Urlaubsgebietes in Form von Photografien sein. Der Client initiiert eine Anfrage und übergibt hierzu einige Eingangsdaten, wie z.B. Ort- und Zeitpunkt, für die er Informationen (z.B. die Temperatur und eine Ansicht des Ortes) übermittelt bekommen möchte. Die gewünschten Ausgangsdaten wie Temperatur und Bild hängen natürlich von den Eingangsdaten Tag und Ort ab:

Eingangsdaten

- Tag: 01.05
- Ort: Schmalkalden

Ausgangsdaten

- Temperatur: 24 Grad
- Bild: Schmalkalden.jpg

Die Abhängigkeit der Ausgangsdaten von den Eingangsdaten wird mit Hilfe von Objekten einer Modellklassen ausgewertet. Nach dem Schichten-Modell liegen die Modellklassen in der Anwendungs- und der Datenhaltungsschicht.

4.1.1.2 View

Die gewünschten Ausgangsdaten des Modells werden vom Server an den Client übertragen und auf dem Client dargestellt. Für die Darstellung der Daten sind die sog. View-Klassen zuständig. Die View-Klassen gehören nach dem Schichten-Modell eindeutig zur Präsentationsschicht. Mit Hilfe dieser Klassen werden alle Komponenten zur Visualisierung von Informationen gebildet.

4.1.1.3 Controller

Eine Änderung der Eingangsdaten durch den Nutzer, wie z.B. das Eintragen eines anderen Zeitpunkts der Anreise, führt zu anderen Ausgangsdaten des Modells und daher zu einer anderen Darstellung, d.h., der View muss mit dem Modell synchronisiert werden. Die Synchronisation zwischen View und Modell wird von den Controller-Objekten übernommen. Die Controller-Objekte überwachen den View hinsichtlich Änderungen, initiieren die Übertragung neuer Eingangsdaten und fordern die Übertragung von neuen Ausgangsdaten des Modells an. Diese Klassen sind also insbesondere für die Verarbeitung von Nutzereingaben zuständig und umfassen somit die Klassen zur Ereignisverarbeitung. Nach dem Schichten-Modell liegen die View-Klassen zwischen der Präsentations- und Anwendungsschicht.

4.1 Graphische Komponenten, Ereignisverarbeitung und das MVC-Muster

4.1.1.4 Das MVC Muster in der Softwareentwicklung

Durch eine strikte Entkoppelung der Modell-, View- und Controller-Klassen kann ein Bereich wie z.b. das Modell ausgetauscht werden, ohne dass Änderungen an den anderen Bereichen View und Controller notwendig werden. Jedoch bedeutet diese Trennung meist ein Mehraufwand bei der Entwicklung. In der Praxis wird daher insbesondere eine vollständige Trennung der View- und Controllerklassen nicht immer konsequent umgesetzt. Dies trifft auch für unsere Beispiele bei der Darstellung der Ereignisverarbeitung zu.

4.1.1.5 Strukturierung des Views in Form eines Baumes

Bäume bilden ein wichtiges Strukturierungsprinzip sowohl von Dokumenten als auch des Views. Die Anordnung aller Textpassagen eines Dokuments erfolgt in einer hierarchischen Struktur, welche in einer Gliederung dargestellt wird. Man erhält so sofort eine Übersicht, wie sich Ober- und Unterthemen in den Textpassagen widerspiegeln. Die Suche nach speziellen Passagen wird wesentlich erleichtert.

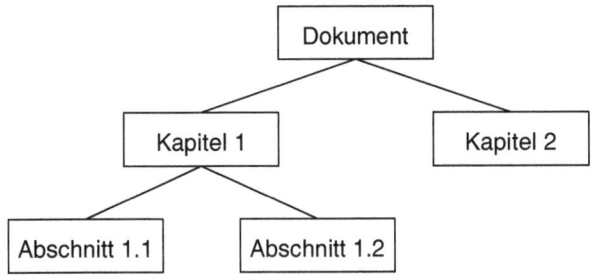

Abb. 4.1 Baum zur hierarchischen Strukturierung eines Dokumentes

Die gleichen günstigen Eigenschaften möchte man bei Nutzeroberflächen erzielen. Komponenten werden daher zu Gruppen zusammengefasst, wie z.B. bei einem Menü, welches einzelne Menüpunkte enthält, die wiederum Untermenüpunkte enthalten. Dies führt bei Nutzeroberflächen zu einer besseren Bedienbarkeit.

Bäume bilden somit die abstrakte (mathematische) Grundlage sowohl bei der Strukturierung von Dokumenten als auch bei der Strukturierung des Views. Ein Baum besteht aus Knoten (in Abb. 4.2 Hauptfenster, Container 1, Container 2, Basiskomponente 1.1 usw.) und Kanten. Die Kanten stellen Beziehungen zwischen den Knoten her. Hierbei ist nur eine Form von Beziehung relevant, nämlich Knoten Y ist enthalten in Knoten X. So ist z.B. Abschnitt 1.1 in Kapitel 1 enthalten. In Anlehnung an einen Stammbaum sagt man auch, Y ist Kindknoten von X. Eine besondere Stellung nimmt der oberste Knoten ein. Er ist nirgends enthalten und heißt Wurzelknoten (in Abb. 4.2 der Knoten „Hauptfenster").

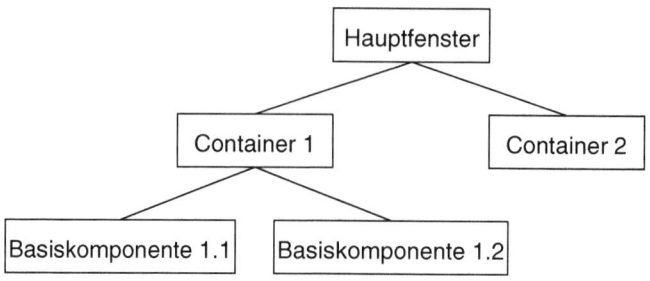

Abb. 4.2 Baum zur hierarchischen Strukturierung des Views

Hauptfenster in HTML/CSS/JavaScript/AJAX   Das Programm läuft in einem Browserfenster ab. Mit dem JavaScript-Objekt `document` bekommt man Zugriff auf diesen Wurzelknoten.

Hauptfenster in Java   Das Programm wird vom Java Runtime Environment ausgeführt. Das Hauptfenster wird durch die Klasse `JFrame` (bei Desktop-Anwendungen) bzw. `JApplet` (falls eingebettet in eine HTML-Seite) repräsentiert.

Hauptfenster in FLEX/Flash   Das Programm läuft in einem Flash-Player. Das Hauptfenster wird durch ein `Application`-Tag repräsentiert.

Eine weitere besondere Stellung nehmen die Knoten ein, welche keine Kindknoten enthalten. Diese werden Blattknoten (in Abb. 4.2 Basiskomponente 1.1, Basiskomponente 1.2) genannt. Beim View spielen die Blattknoten die Rolle von Basiskomponenten für die Ausgabe/Anzeige oder für Nutzereingaben. Die restlichen Knoten (in Abb. 4.2 Container 1, Container 2,...) fassen also im View lediglich solche Basiskomponenten zu thematisch sinnvollen Einheiten zusammen, wie z.B. ein Menü mit seinen Menüpunkten. Allgemeiner werden sie beim View als Container bezeichnet.

Basiskomponenten und Container in HTML/CSS/JavaScript/AJAX   Basiskomponenten werden durch Tags gebildet. Diese sind z.B. der `<p>`, `<div>`, `<span>`- und der `<img>`-Tag für die Ausgabe/Anzeige sowie der Hyperlink `<a>`-Tag und der `<form>`-Tag für die Nutzereingabe. Bestimmte Tags, wie z.B. der `<div>`-Tag, können durch Verschachtelung andere Tags aufnehmen. Hierdurch werden diese Tags zu Containern.

Basiskomponenten und Container in Java   Basiskomponenten werden durch Objekte der Java Swing- und AWT- Klassen gebildet. Dieses sind z.B. `JLabel`, `JTextfield` und `ImageIcon` für die Ausgabe/Anzeige und `JButton`, `JComboBox` und `JTextField` für die Nutzereingabe. Eine typische Containerklasse ist ein `JPanel`, welches die Basiskomponenten aufnehmen kann.

Basiskomponenten und Container in FLEX/Flash   Basiskomponenten werden durch FLEX-Tags gebildet. Dieses sind z.B. `<Label>`, `<TextField>`, `<Bitmap>` für die Ausgabe/Anzeige und `<Button>`, `<ComboBox>`, `<TextFie`

4.1 Graphische Komponenten, Ereignisverarbeitung und das MVC-Muster   185

ld> für die Nutzereingabe. Ebenfalls wie in HTML können bestimmte Tags durch eine Verschachtelung von Tags zu Containern werden.

In allen Implementierungsvarianten gibt es darüber hinaus eine mehr oder wenige umfangreiche Unterstützung zur automatischen oder auch manuellen Anordnung von Komponenten in Containern.

4.1.1.6 Strukturierung des Controllers durch das Observer-Muster

Der Controller dient insbesondere der Verarbeitung von Ereignissen, welche den View und das Model synchronisieren. Der View ändert seinen Zustand z.B. dadurch, dass durch Nutzereingaben die Eingangsdaten geändert werden. Dieses muss vom Controller bemerkt und an das Model weitergeleitet werden. Andererseits treffen irgendwann vom Server neue Daten ein. Dies muss der Controller ebenfalls bemerken und daraufhin den View veranlassen, diese geänderten Ausgangsdaten anzuzeigen. In allen hier vorgestellten Implementierungsmöglichkeiten erfolgt eine Orientierung der Ereignisverarbeitung des Controllers am sogenannten Observer-Muster. Dieses Muster geht von einem Objekt aus, welches seinen Zustand ändert. Im ersten Fall ist dies eine Basiskomponente des View, welche durch eine Nutzereingabe seinen Zustand geändert hat (z.B. ein Button der, gedrückt wurde). Im zweiten Fall betrifft dies z.B. ein Verbindungsobjekt des View, welches die Daten vom Server empfängt. Wenn neue Daten komplett vorliegen, so sollen eine oder mehrere Komponenten des View diese neue Daten darstellen (z.B. in Form von Text oder durch ein Diagramm). Das beobachtete Objekt soll unabhängig von der weiteren Verarbeitung seiner Zustände sein, welche vom Controller initiiert wird.

Diese Anforderung wird im Observer-Muster durch folgende Konstruktionen erreicht.

1. Das beobachtete Objekt als Ereignisquelle Bei einer Zustandsänderung generiert das beobachtete Objekt b ein Ereignis einen bestimmten Typs. Bei Oberflächenobjekten sind dies z.B. oft Maus-Ereignisse:

- JavaScript: `click`
- Java: `MouseEvent.CLICK`
- Flash-ActionScript: `MouseEvent.CLICK`

2. Beobachtung des Objekts durch Listener Bei dem zu beobachtenden Objekt b können sogenannte Listener angemeldet (und auch abgemeldet) werden. Die Listener warten auf Ereignisse eines bestimmten Typs. Das beobachtete Objekt versendet an alle angemeldeten Listener die Ereignisse. Die Implementierung des zu beobachtenden Objekts b kann jedoch völlig unabhängig von den Listenern erfolgen.

- JavaScript: `b.addEventListener( ... );`
- Java: `b.addMouseListener( ... );`
- Flash-ActionScript: `b.addEventListener( ... );`

3. Weiterverarbeitung eines Ereignis durch die Listener Wenn ein Ereignis auftritt, rufen die Listener eine Methode (hier die Methode `mouseClicked()`) auf, welche das Ereignis weiterverarbeitet.

- JavaScript: `addEventListener(click, mouseClicked());`
- Java: `addMouseListener(new MouseListener(){ void mouseClicked(MouseEvent e){ ... } });`
- Flash-ActionScript: `addEventListener(MouseEvent.CLICK, mouseClicked() );`

Die Listener und die aufgerufenen Methoden sind Teile des Controllers. Wenn die Aufteilung strikt eingehalten wird, können View und Controller unabhängig voneinander ausgetauscht werden.

4.2 Entwicklung von Rich Clients mit Java

Die Java-Plattform unterstützt mit umfangreichen Bibliotheken in einem hohen Maße die Entwicklung von Rich Clients. Es werden umfangreiche Möglichkeiten zur Generierung und Gestaltung von Bedienelementen, von Vektorgraphiken und von Animationen bereitgestellt. Die Bibiliotheken lassen sich sowohl zur Entwicklung von lokal installierten Desktopanwendungen wie für Webanwendungen einsetzen. Webanwendungen verwenden hierzu Java-Applets, welche durch spezielle Tags in HTML-Seiten integriert und auf dem Client ausgeführt werden können. Die Entwicklung von Desktop-Anwendungen und Applet-basierten Webanwendungen unterscheidet sich nur sehr wenig. Im Folgenden werden daher beide Möglichkeiten parallel behandelt.

4.2.1 Graphische Komponenten mit Java-Swing

In Java existieren zwei Bibliotheken zur Oberflächenprogrammierung: das (ältere) Abstract Window Toolkit AWT und die Swing-Klassen (`javax.swing.*`-Package), welche in diesem Buch verwendet werden. Das AWT benutzt die Graphikprimitiven des jeweiligen Betriebssystems und umfasst sozusagen die kleinste Menge von Elementen, die man zur Entwicklung von Nutzeroberflächen braucht. Das mächtigere Swing dagegen ist in Java implementiert und dadurch flexibler. Beide Bibliotheken konkurrieren teilweise, aber sie ergänzen sich auch. Die Swing-Klassen beginnen meist mit einem großen J (z.B. der AWT `Button` und der Swing `JButton`).

Bevor wir die weiteren Komponenten im Detail besprechen, werfen wir einen Blick auf die Swing- Klassenhierarchie. In Abb. 4.3 sind abstrakte Klassen gestrichelt und normale Klassen mit durchgezogener Linie dargestellt. Eine abwechselnd

4.2 Entwicklung von Rich Clients mit Java

durchgezogene und gestrichelte Linie bedeutet, dass noch weitere Klassen dazwischen liegen.

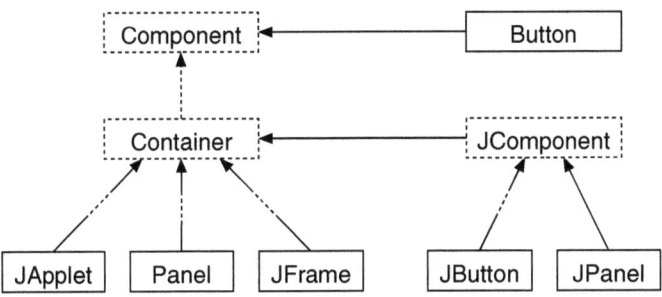

Abb. 4.3 Java-Swing Klassenhierarchie

Die Basisklassen zur Visualisierung werden alle von Component bzw. JComponent abgeleitet.

Component bzw. JComponent
  Diese abstrakten Klassen bilden die Oberklassen von allen Klassen, welche zur Visualisierung eingesetzt werden. Mit Komponenten bezeichnen wir im Java-Kontext immer Objekte, welche von Component bzw. JComponent abgeleitet sind.

Diese abstrakten Klassen geben vor, welcher minimale Umfang an Methoden von den Klassen zur Visualisierung bereitgestellt werden. Hierzu zählen insbesondere die folgenden Methoden:

void setSize(int width, int height)
  Mit dieser Methode kann die Größe von JComponent-Objekten eingestellt werden.

Eine weitere notwendige Methode zur Darstellung von Komponenten und insbesondere des Hauptfensters ist setVisible():

void setVisible(boolean b)
  Alle Komponenten werden nach ihrer Instanzierung zunächst im Hauptspeicher bereitgehalten, allerdings werden diese noch nicht automatisch angezeigt. Es werden nur die Komponenten angezeigt, welche als sichtbare Komponenten durch setVisible(true) gekennzeichnet sind. Einige Komponenten sind als nicht sichtbar voreingestellt. Es ist daher z.B. der Aufruf setVisible(true) zur Visualisierung eines Fensters unbedingt erforderlich.

Angezeigt werden Komponenten mit der Hilfe der Methode paint(Graphics g). Hierzu muss ein Farbrasterbild (siehe Kap. 1) erzeugt werden, welches aus der Angabe von drei Farbwerten (Rot-, Grün- und Blau) für jeden Bildpunkt (Pixel) besteht.

void paint(Graphics g)
: Diese Methode veranlasst die Generierung eines Farbrasterbildes. Hierbei werden alle als sichtbar gekennzeichneten Komponenten betrachtet und die Vorder-/Hintergrundabfolge der einzelnen Komponenten berücksichtigt. Aus diesen Komponenten wird dann auf der Basis der eingestellten Bildschirmauflösung ein Rasterbild errechnet, an den Speicher der Graphikkarte übermittelt und auf einem Ausgabegerät (z.B. der Monitor) angezeigt. Mit Hilfe der Klasse Graphics kann auf diesen Speicherbereich zugegriffen und mit einer Reihe von Methoden gezeichnet werden. Die paint() Methode wird im Programmcode nicht explizit aufgerufen. Dies geschieht automatisch. Zur Laufzeit entscheidet ein Managementsystem über den Aufruf dieser Methode. Dies ist insbesondere dann der Fall, wenn durch externe Ereignisse der Umgebung ein Neuzeichnen notwendig ist. Das Managementsystem wägt ab, wieviele Aufrufe von paint sinnvoll sind: Zu viele Aufrufe bedeuten eine Resourcenverschwendung und zu wenige Aufrufe bedeuten nicht mehr aktuelle Darstellungen. Sollen vom Programm aus selbst die Methoden aufgerufen werden, so wird eine andere Methode, nämlich repaint(), aufgerufen. Der Aufruf von repaint() veranlasst das Managementsystem einen möglichst zeitnahen Aufruf von paint() vorzunehmen. Wenn von einer Standarddarstellung von Komponenten abgewichen werden soll, so muss die Methode paint() überschrieben werden. Dies werden wir weiter unten zusammen mit den Zeichenfunktionen der Klasse Graphics besprechen.

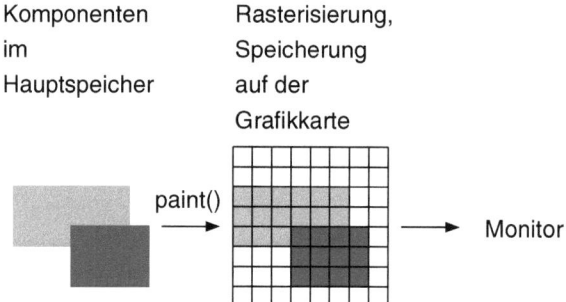

Abb. 4.4 Rasterisierung und die paint() Methode

Viele weitere Component-Methoden, wie die Angabe von Position und Größe oder zum Setzen der Hintergrundfarbe, sind weitestgehend selbsterklärend und lauten z.B.:

```
void setBounds(int x, int y, int w, int h)
void setBackground(Color c)
```

4.2 Entwicklung von Rich Clients mit Java

Alle weitere Klassen in den Bibliotheken `java.awt` und `javax.swing` sind von der Superklasse `Component` bzw. `JComponent` abgeleitet und besitzen somit die oben genannten Methoden.

Bei der weiteren Darstellung orientieren wir uns an der Strukturierung der Oberflächenprogrammierung aus Abschn. 4.1.1, welche in allen Programmiersprachen ähnlich ist und durch eine Baumstruktur beschrieben werden kann. Der Wurzelknoten wird durch das Hauptfenster gebildet, in das alle weiteren Komponenten integriert werden.

4.2.1.1 Hauptfenster

In Java-Swing wird das Hauptfenster im Fall von Desktop-Anwendungen durch die Klasse `JFrame` realisiert. Die Klasse `JApplet` kommt zur Implementierung von Rich-Clients zum Einsatz, welche in HTML-Seiten eingebettet werden sollen.

Desktop-Anwendung

`JFrame`
  Im Fall einer Desktop-Anwendung wird in der `main()` Methode der Hauptklasse ein Objekt der Klasse `JFrame` instanziiert. In das Hauptfenster werden alle weiteren Objekte eingesetzt. Ein Hauptfenster besitzt daher mehrere Container für den eigentlichen Inhalt und für die Integration von Menüs, auf die man mit den folgenden Methoden zugreifen kann.

`Container getContentPane()`
  Mit dieser Methode kann man auf den Inhaltsbereich des Fensters zugreifen.

Ein weiterer Container liegt in Form der Menüleiste eines Hauptfensters vor. Diese kann durch folgende Methoden mit einer Menüleiste `JMenuBar jmb` ausgestattet werden:

`setMenuBar(JMenuBar jmb)`
  Mit dieser Methode kann eine Menüleiste (`JMenuBar`) an den oberen Fensterrand angefügt werden.

`JMenuBar getJMenuBar()`
  Mit dieser Methode kann man auf die Menüleiste des Fensters zugreifen.

Die Programmierung von Menüs wird nicht weiter thematisiert, da sie sehr ähnlich zur Programmierung des eigentlichen Fensterinhaltes verläuft. Im Folgenden ein kleines Beispiel-Programm zum Öffnen des Hauptfensters:

```
import javax.swing.*;

public class GUI extends JFrame
```

```
{
    public GUI()
    {
        setSize(200,100);
        setVisible(true);
        // hier werden die weiteren Komponenten eingefügt
    }

    public static void main(String[] args)
    {
        GUI gui = new GUI();
    }
}
```

Listing 4.1 Öffnen eines JFrame Fensters

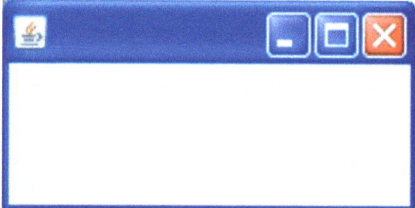

Abb. 4.5 Fenster mit der JFrame-Klasse

Applet -Webanwendung

JApplet
: Diese Klasse wird zur Einbettung von Java-Applikationen in HTML-Seiten verwendet. Bei einem JApplet ist die Voreinstellung, dass das Fenster im Browser sichtbar ist. Daher braucht die Methode setVisible(true) nicht aufgerufen werden. Die Größenangaben werden mit Hilfe der Tag-Attribute width and height in HTML gesetzt.

void init()
: Diese Methode wird einmal aufgerufen, wenn das JApplet von der Java Virtual Machine geladen wurde und zur Ausführung bereit ist. Hier können Instanzvariablen initialisiert und weitere Resourcen wie Bilder geladen werden. Die weitere Integration von Komponenten kann daher genauso wie im Konstruktor eines JFrame vorgenommen werden.

Eine JApplet-Anwendung wird genauso wie jedes andere Java-Programm kompiliert und dann in eine HTML-Seite eingebettet. Wenn der Browser die Sei-

4.2 Entwicklung von Rich Clients mit Java

te darstellt, ruft er beim Erreichen des `Applet`-Tags die Java-Virtual-Machine auf, welche dann den kompilierten Java-Bytecode ausführt.

```java
import javax.swing.*;

public class GUI extends JApplet
{
    public void init()
    {
        // hier werden die weiteren Komponenten genauso wie
        // wie im Konstruktor von einem JFrame eingefügt
    }
}
```

Listing 4.2 Öffnen eines `JApplet` Fensters

```html
<html>
    <body>
        <applet code="GUI.class" width="200" height="
            100" />
    </body>
</html>
```

Listing 4.3 Einbettung eines `JApplet`-Fensters in eine HTML-Seite

Abb. 4.6 Einbettung eines `JApplet` in eine HTML-Seite

`Container`
Mehrere Komponenten werden in Objekten von Klassen, welche von der ab-

strakten Klasse `Container` abgeleitet sind, zusammengefasst und mit sogenannten `LayoutManager`-Objekten angeordnet. Abgeleitete Klassen sind z.B. `JFrame` oder `JPanel`. Die `Container` besitzen die folgenden wesentlichen Eigenschaften:

- Sie sind selbst ganz normale Komponenten, also von `Component` bzw. `JComponent` abgeleitet und besitzen daher die oben genannten Methoden.
- Sie nehmen Unterobjekte auf, welche selbst wiederum von `Container` abgeleitet oder Basiskomponenten sind. Zum Hinzufügen von Unterobjekten wird die Methode `void add(Component c)` benutzt.

4.2.1.2 Basiskomponenten für die Ausgabe/Anzeige und die Eingabe bzw. Nutzerinteraktion

Mit Hilfe der `JFrame`-Methode `getContentPane()` bekommt man Zugriff auf den Inhaltsbereich eines Fensters und kann alles weitere mit der `Container`-Methode `add()` einfügen. Jeder `Container` verfügt über mehrere Möglichkeiten, die integrierten Objekte anzuordnen. Beispiele hierzu werden in Abschn. 4.2.1.3 vorgestellt. Will man Komponenten mit `setBounds()` absolut positionieren, so muss man zuvor diese Möglichkeit zur automatischen Anordnung durch `LayoutManager` mit dem Aufruf `setLayout(null)` ausschalten.

```java
import javax.swing.*;
public class GUI extends JFrame
{

    JButton show;

    public GUI()
    {
        setSize(400, 300);
            setLayout(null);
            show = new JButton("Show");
            show.setBounds(20, 200, 150, 30);
            getContentPane().add(show);
            setVisible(true);
    }

    public static void main(String args[])
    {
        GUI gui = new GUI();
    }
}
```

Listing 4.4 Manuelle Positionierung eines `JButton`

4.2 Entwicklung von Rich Clients mit Java

In ein `JApplet` werden Komponenten auf genau die gleiche Weise in die `init()`-Methode eingefügt.

Bilder können auf recht primitive Weise angezeigt werden, indem man diese z.B. als Hintergrundbild (`ImageIcon`) für einen `JButton` verwendet:

```java
...
JButton jb;
ImageIcon icon;

public GUI()
{
    ...
    jb = new JButton();
    icon = new ImageIcon("picture.jpg");
    jb.setIcon(icon);
    getContentPane().add(jb);
}
...
```

Analog können `JLabel`-Objekte mit Texten/Bildern in die Oberfläche integriert werden:

```java
...
String text;
JLabel label;

public GUI()
{
    ...
    text = "Wettervorhersage ";
    label = new JLabel(text);
    label.setForeground(new Color(0, 0, 167));
    label.setFont(new Font("SansSerif", Font.BOLD,
        22));
    label.setBounds(20, 200, 150, 30);
    add(label);
}
...
```

Zur Auswahl von mehreren Optionen kann die Klasse `JComboBox` verwendet werden. Im Konstruktor können die Optionen in Form von `String`-Objekten übergeben werden.

```java
...
JComboBox auswahl;

public GUI()
{
```

```
            String[] items = {"Morgen", "Uebermorgen"};
            auswahl = new JComboBox(items);
            auswahl.setSelectedIndex(0);
            auswahl.setBounds(20, 350, 150, 30);
            add(auswahl);
   }
   ...
```

Das folgende Bild zeigt die Kombination eines JLabel-Objekts, eines JComboBox-Objekts und eines JButton-Objekts, in dem mit Hilfe eines ImageIcon-Objekts ein Bild dargestellt wurde.

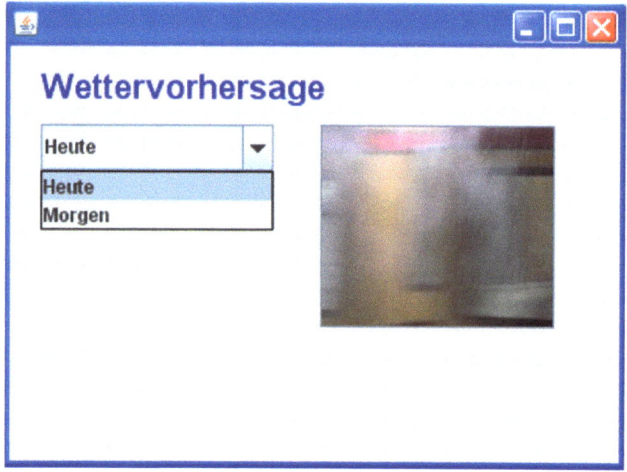

Abb. 4.7 Verwendung der Klassen JComboBox, JButton und JLabel zur Auswahl von Optionen und zur Anzeige von Texten und Bildern

4.2.1.3 Anordnung von Komponenten innerhalb von Containern

Natürlich gibt es zu diesen Programmbeispielen viele Alternativen, die das Gleiche umsetzen. Anstatt die Hauptklasse von einem JFrame abzuleiten, kann ferner auch ein JPanel als Basisklasse verwendet werden. Meist werden Komponenten in JPanel- Containern mit unterschiedlichem Layout und unterschiedlicher Funktionalität zusammengefasst. Darüber hinaus stellt Java für Container-Objekte die Möglichkeiten bereit, die enthaltenen Komponenten automatisch anzuordnen. Wir haben weiter oben diese Möglichkeit bewusst ausgeschaltet, um eine absolute Positionierung in Pixeleinheiten vorzunehmen. Man kann aber auch die Positionierung dem System z.B. mit FlowLayout und GridLayoutLayout überlassen. Hierzu muss mit der folgenden Methode der Klasse Container-Methode ein LayoutManager angegeben werden:

4.2 Entwicklung von Rich Clients mit Java

`void setLayout(LayoutManager lm)`
   Diese Methode setzt für den `Container` den gewählten `LayoutManager`. Bei absoluter Positionierung muss `setLayout(null)` gewählt werden.

Einige wichtige `LayoutManager` sollen hier genannt werden:

`FlowLayout`
   Dies ist der einfachste `LayoutManager`, welcher seine Komponenten von links nach rechts anordnet. Statt `setLayout(null)` verwendet man dann `setLayout(new FlowLayout(FlowLayout.LEFT))`.

`BorderLayout`
   Dies ist einer der gebräuchlichsten `LayoutManager`. Eine Komponente c kann im Norden, Süden, Osten, Westen oder im Zentrum durch Angabe von `add(c, BorderLayout.NORTH)` usw. angeordnet werden.

`GridLayout`
   Dieser `LayoutManager` ordnet seine Komponenten in einer Matrixform an. Man verwendet dann `setLayout(new GridLayout(rows, columns)` und übergibt mit `rows, columns` die Anzahl der Reihen und Spalten.

Verwendet man eine automatische Anordnung der Komponenten, so ist die folgende Methode von `JFrame` unbedingt zu beachten und einzusetzen:

`void pack()`
   Diese Methode veranlasst das `JFrame` alle benötigten Größenberechnungen durchzuführen. Vergisst man diesen Aufruf, so wird ein Fenster ohne Inhaltsbereich angezeigt, d.h., man sieht nur den oberen Balken des Fensters.

Ferner sollten alle anderen Methoden zur absoluten Positionierung oder Größensetzung nicht verwendet werden. Der `LayoutManager` beachtet diese Angaben nicht.

Das obige Beispiel in Abb. 4.7 kann nun analog mit einer hierarchischen Verschachtelung von `JPanel`-Containern und der Verwendung von `LayoutManager`-Objekten realisiert werden:

```java
import java.awt.*;
import javax.swing.*;

public class GUI extends JPanel
{
    JButton jb;
    ImageIcon icon;
    JLabel label;
    String text;
    JComboBox auswahl;
    String[] items = {"Heute", "Morgen"};
```

```java
public GUI()
{

    //Das Hauptpanel wird mit einem BorderLayout ausgestattet.
    setLayout(new BorderLayout());

    text="Wettervorhersage";
    label = new JLabel(text);
    label.setForeground(new Color(0, 0, 167));
    label.setFont(new Font("SansSerif", Font.BOLD,
        22));
    //das JLabel label wird dem oberen Bereich
    // des BorderLayouts zugeordnet
    add(label,BorderLayout.NORTH);


    JPanel panel=new JPanel();
    //das JPanel panel wird dem unteren Bereich
    // des BorderLayouts zugeordnet
    add(panel, BorderLayout.SOUTH);

    //das JPanel panel wird mit einem FlowLayout ausgestattet
    panel.setLayout(new FlowLayout(FlowLayout.LEFT)
        );

    auswahl = new JComboBox(items);
    auswahl.setSelectedIndex(0);
    // die JComboBox auswahl wird dem JPanel panel zugeordnet
    panel.add(auswahl);

    jb = new JButton();
    icon = new ImageIcon("Heute.jpg");
    // der JButton jb mit dem Bild picture.jpg
    // wird dem JPanel panel zugeordnet
    jb.setIcon(icon);
    panel.add(jb);
}

public static void main(String args[])
{
    JFrame frame = new JFrame();
    frame.getContentPane().add(new GUI());
    //Größenberechnungen durchführen
    frame.pack();
    frame.setVisible(true);
```

4.2 Entwicklung von Rich Clients mit Java

        }
}

Listing 4.5 Einsatz von `LayoutManager` - Objekten

Abb. 4.8 Verwendung von `LayoutManager`-Objekten zur automatischen Anordnung von Komponenten

4.2.1.4 Design von Komponenten

Wir haben schon innerhalb der vorangegangenen Beispiele das Aussehen von Komponenten durch Standard-Attribute und -Methoden beeinflusst. Hierzu gehören Methoden wie z.B.

`setFont(Font f)`
   Mit dieser Methode können Schriftarten gewählt werden.

`setForeground(Color c)`
   Mit dieser Methode kann die Schriftfarbe gewählt werden.

Der Einsatz wird in folgenden Codezeilen demonstriert:

```
String text = "Wettervorhersage ";
JLabel label = new JLabel(text);
label.setForeground(new Color(223, 234, 167));
```

```
label.setFont(new Font("SansSerif", Font.BOLD, 24))
    ;
```

Ebenso können mit Hilfe der Klasse JEditorPane die Formatierungs-, Design- und Layoutangaben von HTML/CSS (siehe hierzu Abschn. 4.3) interpretiert und entsprechend dargestellt werden. Im folgenden Beispiel wird dies für die Darstellung einer Überschrift entsprechend des HTML <h1>-Tags dargestellt. Die main()-Methode des letzten Beispiels kann unverändert übernommen werden.

```
public class GUI extends JPanel{

JEditorPane pane;

    public GUI()
    {
        setLayout(new FlowLayout(FlowLayout.LEFT));

        pane = new JEditorPane();
        pane.setEditable(false);
        pane.setContentType("text/html");
        pane.setText("<html><body> <h1> Überschrift <h1
            > Text <body><html>");
        add(pane);
    }
}
```

Listing 4.6 Einsatz der JEditorPane-Klasse zur Darstellung von HTML-Formatierungen

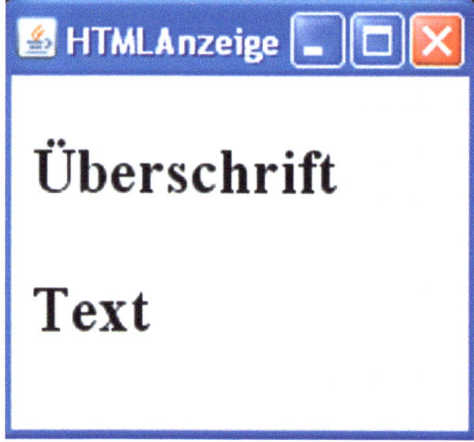

Abb. 4.9 Einsatz der JEditorPane-Klasse zur Darstellung von HTML-Formatierungen

4.2.2 Zeichnen mit der Graphics-Klasse

Bislang haben wir Komponenten verwendet, welche automatisch ihre äußere Gestalt festlegen, und wir haben dabei einige Details wie Fonts oder Farben angepasst. In diesem Unterabschnitt sollen Möglichkeiten zum individuellen Zeichnen von Graphiken vorgestellt werden. Dies ist z.B. erforderlich, wenn wir ein Diagramm aus vorhandenen Daten zeichnen wollen. Hierbei ist zugleich der Prozess des Zeichnens etwas zu vertiefen.

Die Neuzeichnung einer Komponente kann durch zwei unterschiedliche Sachverhalte erforderlich werden: durch externe Ereignisse aus der Umgebung, wie z.B. nach einer Verdeckung durch andere Fenster, oder aber durch programminterne Ereignisse, wie z.B. nach Erhalt eines neuen Datensatzes, der in einem aktualisierten Diagramm dargestellt werden soll.

Das Neuzeichnen von Komponenten geschieht wie oben besprochen über die vordefinierte Methode `paint()`. Will man nun Komponenten selbst zeichnen, so muss die Methode `paint()` überschrieben werden. Dies ist die Vorgehensweise beim AWT. In Swing erfolgt dies jedoch über eine andere Methode:

`paintComponent(Graphics g)`
Ein Aufruf `paint(g)` führt bei Swing-Objekten immer zu einem Aufruf der Funktion `paintComponent(Graphics g)`. Die Methode `paint()` muss bei der Darstellung von Swing-Objekten schon eine Reihe von Aufgaben zum Zeichnen übernehmen, die im AWT noch vom Betriebssystem durchgeführt werden.

Sollen selbstdefinierte Zeichnungen visualisiert werden, so wird eine eigene Klasse für die Komponente entworfen, in der dann die Funktion `paintComponent(Graphics g)` entsprechend überschrieben wird. Man leitet also die neue Klasse von einer vorhandenen Klasse wie z.B. `JPanel` ab. Implizit ruft `paintComponent()` zunächst immer `super.paintComponent(g)` auf, so dass zunächst also das `JPanel` wie auch sonst gezeichnet wird. Es muss dann also nur das Zeichnen weiterer selbstdefinierter Objekte programmiert werden.

Es stehen eine Reihe von Funktionen zum Zeichnen von graphischen Primitiven zur Verfügung. Hierzu wird das sog. `Graphics`-Objekt eines `Component`-Objekts verwendet. Dieses Objekt gestattet den Zugriff auf die Rastergraphik, welche im Speicher aus einem Objekt erzeugt wurde.

Diese Rastergraphik kann dann mit Methoden der Klasse `Graphics` um graphische Primitive ergänzt werden. Die Bedeutung der Methoden ist selbsterklärend:

```
g.setColor(new Color(234, 12, 34))
g.drawRect(x, y, w ,h)
```

Es stehen z.B. folgende Methoden in der Klasse `Graphics` zur Verfügung:

```
void drawLine(x1, y1, x2, y2)
void drawRect(x, y, w, h)
```

```
void fillRect(x, y, w, h)
void setFont(Font)
void drawString(text, x, y)
```

Als Beispiel soll ein Diagramm mit Temperaturwerten gezeichnet werden. Wir gehen davon aus, dass die 24 Werte der Temperaturen zu jeder Stunde des Tages in einem Array `int[] temperaturen` gespeichert sind. In einer Client-Serveranwendung müssten diese natürlich zunächst übertragen werden. Wir übernehmen ferner das Rahmenprogramm aus Listing 4.5 und tauschen dort nur die `JComboBox auswahl` gegen eine Instanz `diagramm` der folgenden Klasse `Diagramm` aus:

```
...
panel.setLayout(new FlowLayout(FlowLayout.LEFT));

diagramm = new Diagramm();
// das Diagramm diagramm wird dem JPanel panel zugeordnet
panel.add(diagramm);
...
```

Die Klasse `Diagramm` übernimmt das Zeichnen eines Diagramms in Form von Verbindungslinien zwischen den Temperaturwerten.

```
import java.awt.*;
import javax.swing.*;

public class Diagramm extends JPanel
{
JLabel ylabel,xlabel;

    public Diagramm()
    {
        setLayout(null);
        setPreferredSize(new Dimension(700, 500));
    }

    public void paintComponent(Graphics g)
    {
        int[] temperaturen={10, 12, 13, 13, 12, 14, 15,
                13, 15, 23, 23, 22, 28, 32, 28, 28,
                25, 24, 23, 22, 20, 17, 12, 10};
        int anz=temperaturen.length;
        g.setColor(new Color(0,0,250));

        //Koordinatensystem Breite=500, Höhe=300
        g.drawLine(100, 100, 100, 400);
```

4.2 Entwicklung von Rich Clients mit Java

```
        g.drawLine(100, 400, 600, 400);

        //Skalierung der y Achse
        //y-Achse von -10 bis 40 C-> Abstand von 60, da 300/5=60
        int tmpy=400;
        int abstand=(int)500/anz;

        int x,x2;
        int y;

        //Skalierung x-Achse
        for(int j=0; j<(anz-1);j++)
        {
            x = 100 + (j * abstand);  //der aktuelle x Wert
            x2 = 100 + ((j + 1) * abstand);  //x Wert des
                nächsten Punktes
            //Graphen zeichnen
            // 5 Punkte entsprechen 1 Grad
            //400 entspricht -10 Grad -> 350 entspricht 0 Grad
            g.drawLine(x, 350 - (5 * temperaturen[j]),
                x2, 350 - (5 * temperaturen[j + 1]));
        }
    }
}
```

Listing 4.7 Zeichnen eines Diagramms

Die folgende Abb. 4.10 zeigt die Ausgabe des Programms. In dem Listing 4.7 sind die Beschriftungen der Achsen im Sinne einer übersichtlichen Darstellung weggelassen worden.

4.2.3 Die Ereignisverarbeitung mit Java

Wie in Abschn. 4.1.1 dargestellt wurde, orientiert sich die Ereignisverarbeitung in Java an dem „Observer-Muster":

1. Die visualisierbaren Oberflächen-Objekte (`JButton`, `JPanel`, ...) sind in der Lage Ereignisse zu generieren. Die Ereignisse können in unterschiedliche Klassen eingeteilt werden: `WindowEvent`, `MouseEvent`, ...
2. Jedem Oberflächen-Objekt können ein oder mehrere `Listener`-Objekte zugeordnet werden, welche auf die entsendeten Ereignisse warten und diese dann weiterverarbeiten.

Die `Listener`-Objekte sind nach Art der Ereignisse, auf die sie warten, unterteilt:

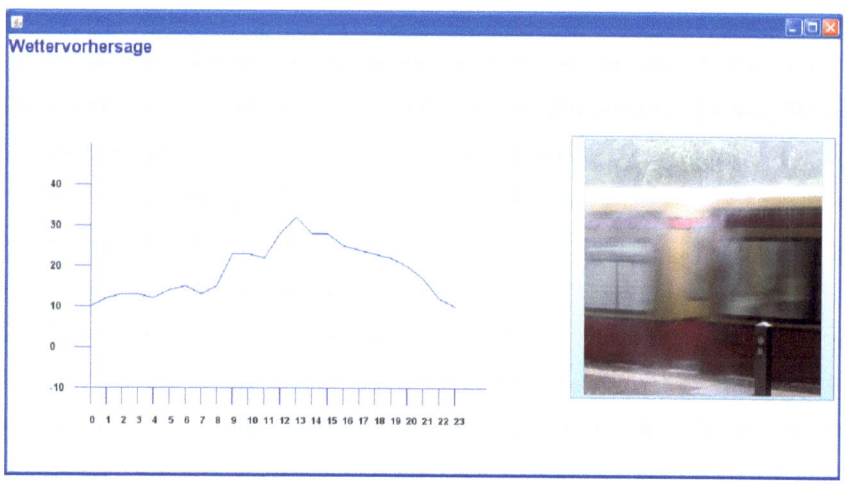

Abb. 4.10 Zeichnung eines Diagramms mit der Graphics -Klasse

ActionListener
: warten auf ActionEvent-Objekte, welche von Benutzeraktionen in JButton, JComboBox, ...-Objekten erzeugt werden.

ComponentListener
: warten auf ComponentEvent-Objekte, welche durch Verschiebungen, Vergrößerungen, ... von Komponenten erzeugt werden.

MouseListener
: warten auf MouseEvent-Objekte, welche durch Bewegungen und Klicken mit der Maus erzeugt werden.

KeyListener
: warten auf KeyEvent-Objekte, welche durch Tastatureingaben erzeugt werden.

WindowListener
: warten auf WindowEvent-Objekte, welche durch Fensterveränderungen erzeugt werden.

HyperLinkListener
: warten auf HyperLinkEvent-Objekte, welche von Hyperlinks in JEditorPane-Objekten erzeugt werden.

Die Listener sind jeweils Interfaces und geben eine Reihe von Methoden vor, die implementiert werden müssen.

Im Folgenden wird die Implementierung einer typischen Eventverarbeitung am Beispiel von ActionEvent und WindowEvent für unser Wetterbeispiel dargestellt. Die Implementierung kann am einfachsten mit Hilfe von anonymen Klassen erfolgen. Dadurch wird jedoch die Trennung der View- und Controller-Klassen

4.2 Entwicklung von Rich Clients mit Java

stärker vernachlässigt. Zugunsten einer strikten Trennung von View und Controller sollte auf den Einsatz von anonymen Klassen verzichtet werden.

Die Anmeldung eines Listeners bei einer Komponente wird durch eine `addListener()`-Methode vorgenommen.

4.2.3.1 Beispiel `ActionEvent`-Objekte

Das folgende Beispiel zeigt, wie in einer Oberfläche ein angezeigtes Bild ausgetauscht wird. Wir gehen davon aus, dass in dem zuvor erwähnten Beispiel die Oberfläche die `JComboBox auswahl` mit den Items `{"Heute", "Morgen"}` enthält und dass in dem aktuellen Verzeichnis die Bilder *Heute.jpg* und *Morgen.jpg* vorhanden sind. Eine `JComboBox` generiert `ActionEvent`-Objekte, die zum Austausch der Bilder verwendet werden können. Das Beispiel ist identisch mit dem Programm aus Listing 4.5, bis auf die zusätzlichen Codezeilen für die Ereignisverarbeitung.

```
...
    public GUI()
    {
        ...

        //Ereignisverarbeitung
        auswahl.addActionListener(new ActionListener()
        {
            public void actionPerformed(ActionEvent e){
            int i = auswahl.getSelectedIndex();
            String str = items[auswahl.getSelectedIndex
                ()];
            icon = new ImageIcon(str + ".jpg");
            jb.setIcon(icon);
            repaint();
            }
        }
        );
        ...
    }
...
```

Listing 4.8 Beispiel für eine Verarbeitung von `ActionEvent`-Objekten

Wenn in `auswahl` ein anderer Eintrag gewählt wird, so ändert sich das Bild (im Vergleich zu Abb. 4.8):

Abb. 4.11 Änderung des angezeigten Bildes gegenüber Abb. 4.8 durch die Verarbeitung von ActionEvent-Ereignissen

4.2.3.2 Beispiel WindowEvent-Objekte

Um nicht alle Methoden windowActivited, windowClosed,... des Window-Listener Interfaces implementieren zu müssen, auch wenn man sie nicht braucht, hat man sogenannte Adapterklassen eingeführt in denen man eine leere Implementierung aller Interfacemethoden vorbereitet hat. Man braucht dann nur die benötigten Methoden zu überschreiben.

```
class MyWindowListener extends WindowAdapter()
{
    public void WindowClosing(WindowEvent e)
    {
        System.exit(0);
    }
}

...

    MyWindowListener wl = new MyWindowListener();
    frame.addWindowListener(wl)
```

4.2.4 HTTP-Kommunikation und graphische Nutzeroberflächen

HTML/CSS/JavaScript kann man überwiegend als eine High-Level-Technologie bezeichnen, welche stark auf einen speziellen Anwendungsbereich (Webanwendungen) zugeschnitten ist (Abschn. 4.3). Die vorhandenen Objekte und Sprachkonstrukte kapseln sehr stark die Einzelschritte, die bei den Aufgaben des Anwendungsbereiches zu erledigen sind. Die Implementierungen der wenigen anwendungsrelevanten Fälle zur HTTP -Kommunikation (synchron über Hyperlinks und asynchron mit AJAX) sind mit JavaScript daher meist einfacher als entsprechende Implementierungen in Java.

Java bietet jedoch sehr viel mehr Möglichkeiten als JavaScript, um eine HTTP-Kommunikation zwischen einer Clientoberfläche und einem Server herzustellen. Die grundlegenden Konzepte von Streams und der Socket-Programmierung aus Kap. 3 liefern hierfür die Basis. Die Implementierung kann sehr flexibel an die gewünschte Client-Serverkommunikation angepasst (z.B. an eine synchrone Kommunikation mit Hyperlinks oder eine asynchrone Kommunikation wie mit AJAX) werden. Um die Programmierung zu vereinfachen, sind auch in Java viele High-Level-Klassen eingeführt worden, welche die Einzelschritte bei Implementierung von wichtigen Spezialfällen kapseln und zusammenfassen. Wir wollen dies in diesem Abschnitt an Hand der klassischen Internetkommunikation über Hyperlinks darstellen. Wir werden diese High-Level-Klassen nutzen, um einen einfachsten Browser zu implementieren.

Wir gehen in drei Schritten vor: Es wird zunächst eine lokale HTML Datei dargestellt, danach eine auf einem Server befindliche HTML-Datei angezeigt und abschließend die Verarbeitung von Hyperlinks vorgestellt.

Das Programm in Listing 4.6 zeigt, wie Java durch die Klasse `JEditorPane` die Darstellung von HTML -Seiten mit den gängigen Formatierungsoptionen unterstützt. Durch Verwendung der Klassen aus Kap. 3 kann das Beispiel zur Darstellung lokaler HTML-Dateien einfach erweitert werden, indem wir die Daten aus einer HTML-Datei zeilenweise herauslesen, zu einem einzigen String mit eingefügten Zeilenumbrüchen

```
String newline = System.getProperty("line.separator");
```

zusammensetzen und diesen String dann an ein `JEditorPane`-Objekt übergeben, welches diesen dann als HTML-Seite darstellt. Die `main()` Methode kann wieder genau wie in in Listing 4.6 verwendet werden.

`void setText(String str)`
   Mit Hilfe dieser `JEditorPane`-Methode wird der `String str` an das `JEditorPane`-Objekt übergeben und entsprechend der HTML- Formatierungen dargestellt.

Einfache, lokal abgespeicherte HTML-Dateien, wie z.B. die folgende Datei Seite1.html können auf diese Weise mit dem Code aus Listing 4.9 korrekt dargestellt werden:

```html
<html>
    <body>
        <h1> Das ist die Überschift von Seite 1</h1>
        <p> und dies der Text von Seite 1 </p>
        <a href="Seite2.htm"> Seite 2</a>
    </body>
</html>
```

Mit dem Code können jedoch z.B. keine HTML-Dateien korrekt wiedergegeben werden, welche Bilder oder CSS-Formatierungen aus externen Cascading-Style-Sheet-Dateien (CSS-Dateien) enthalten. Die Referenzierung von externen Dateien wird auf diese Weise nicht korrekt unterstützt. Ebenso kann der Hyperlink noch nicht korrekt verarbeitet werden. In den weiteren Beispielen dieses Abschnitts wird der Client schrittweise um diese Funktionalitäten erweitert.

```java
import java.awt.*;
import javax.swing.*;
import java.io.*;
import java.net.*;

public class GUI extends JPanel
{
    JEditorPane pane;
    String inputLine = "";
    String acc = "";
    BufferedReader in = null;
    String newline;

    public GUI()
    {
        setLayout(new FlowLayout(FlowLayout.LEFT));
        pane = new JEditorPane();
        pane.setEditable(false);
        pane.setContentType("text/html");

        newline = System.getProperty("line.separator");

        try
        {
            in = new BufferedReader(new FileReader("
                Seite1.htm"));

            while ((inputLine = in.readLine()) != null)
            {
                acc=acc + newline + inputLine;
            }
```

4.2 Entwicklung von Rich Clients mit Java

```
            pane.setText(acc);
            pane.repaint();

            in.close();
        }
        catch(Exception e) {}

        add(pane);
    }
}
```

Listing 4.9 Darstellung einer lokalen HTML-Datei

Mit dem Code aus Listing 4.9 können wir mit einer kleinen Erweiterung einen Client implementieren, welcher eine (einfache) HTML-Datei (wie z.B. Seite1.html) darstellt, die von einem Server zum Client übertragen wird.

Um die weiteren Code-Beispiele dieses Abschnitts für eine HTTP-Übertragung von HTML-Dateien testen zu können, kann der Java HTTP-Server (d.h. der Code aus Listing 3.5.3, welcher in einer Datei HTTPServer.java abgespeichert wird) aus Kap. 3 verwendet werden. Dieser Server (der kompilierte Byte-Code befindet sich dann in der Datei HTTPServer.class) ist hierzu mit dem Aufruf

```
> java HTTPServer
```

aus einer DOS-Konsole zu starten. Die Datei Seite1.html muss in das gleiche Verzeichnis abgespeichert werden, in dem auch der HTTP-Server (also die Datei HTTPServer.class) abgelegt wurde.

Bei dem Client verwenden wir die Klasse URL zur HTTP-Kommunikation. Es brauchen insgesamt in Listing 4.9 nur die Zeile

```
in = new BufferedReader(new FileReader("Seite1.htm"));
```

gegen die folgenden Zeilen

```
URL url = new URL("http://127.0.0.1:8080/Seite1.html");
in = new BufferedReader(new InputStreamReader(url.
    openStream()));
```

ausgetauscht werden.

URL
Die Klasse URL dient zur Lokaliserung einer Datei, eines Verzeichnisses oder einer Anwendung im Internet und dem zugehörigen Verbindungsaufbau. Hierzu wird im Konstruktor das Protokoll und anschließend die Adresse übergeben (siehe Kap. 3 für eine weitergehende Besprechung des Aufbaus von URL-Adressen). Beispiel:

```
URL fhs = new URL("http://www.fh-schmalkalden/
    index.html ");
```

`InputStream openStream()`
  Mit Hilfe dieser `URL`-Methode wird auf der Basis des HTTP Protokolls ein entsprechender GET-Befehl formatiert und über eine TCP-Socket-Verbindung an den Server gesendet. Zurückgegeben wird der Antwortstream des Servers, wobei diese Methode schon die HTTP-Headerdaten abtrennt.

Alle einzelnen Schritte dieser HTTP-Übertragung einer Datei von einem Server zu dem Client werden mit folgender Methode der `JEditorPane`-Klasse in einem Aufruf zusammengefasst:

`void setPage(URL url)`
  Mit dieser Methode wird ein GET-Befehl an den Server mit der Adresse `url` über eine TCP-Socket-Verbindung gesendet. Von den Daten aus dem Stream der Serverantwort werden die HTTP-Header-Anteile entfernt und dann an die `JEditorPane` übergeben, welche diese dann darstellt. Darüber hinaus werden alle Tags analysiert und referenzierte Dateien, wie z.B. CSS-Dateien und Bilder, korrekt für die Darstellung der HTML-Seite angefordert und verwendet.

Zum Testen des folgenden Beispiels müssen wieder alle zu übertragenen Dateien (also außer den verwendeten HTML-Dateien auch die Bilder und CSS-Dateien) in das Verzeichnis kopiert werden, in das auch der HTTP-Server abgespeichert wurde:

```java
import java.awt.*;
import javax.swing.*;
import java.io.*;
import java.net.*;

public class GUI extends JPanel
{
    JEditorPane pane;

    public GUI()
    {
        setLayout(new FlowLayout(FlowLayout.LEFT));
        pane = new JEditorPane();
        pane.setEditable(false);
        pane.setContentType("text/html");

        try
        {
            URL url = new URL("http://127.0.0.1:8080/
                Seite1.html");
            pane.setPage(url);
        }
        catch(Exception e) {}

        add(pane);
```

4.2 Entwicklung von Rich Clients mit Java

        }
}

Listing 4.10 Darstellung einer HTML-Datei von einem Server

Die einfachsten und ursprünglichsten Internet-Anwendungen bestehen darin, ein Dokument anzuzeigen und über die Hyperlinks in dem Dokument zu einem anderen Dokument zu wechseln. Daher war eines der grundlegendsten Konzepte des frühen Internets die Verwendung von Hyperlinks, welche durch <a> -Tags gebildet werden. Folgende Beispiele zeigen den Aufbau solcher Hyperlinks:

```
<a href="Zieladresse">Anklickbarer Name</a>
<a href="http://www.w3.org/TR/html401" >HTML 4.01
    Recommendation</a>
```

Mit Hilfe der folgenden Klassen kann von Hyperlink zu Hyperlink „gesurft" werden.

HyperlinkEvent
    In Javas JEditorPane werden (wie in allen Browsern) die Hyperlinks als unterstrichene Textteile ausgewiesen. In der JEditorPane werden in diesen Hyperlink-Textteilen durch Mausaktionen Ereignisse der Klasse Hyperlink-Event ausgelöst.

URL getURL()
    Die Klasse HyperlinkEvent besitzt die Methode URL getURL(), mit der ein URL-Objekt aus einem solchen Hyperlink instanziiert werden kann.

Das folgende Beispiel zeigt, wie nun ein einfacher Browser aufgebaut werden kann, mit dem man mit Hilfe der HyperLinkEvent-Objekte von Hyperlink zu Hyperlink surfen kann.

```java
import java.awt.*;
import javax.swing.*;
import java.io.*;
import java.net.*;
import javax.swing.event.*;

public class GUI extends JPanel implements
    HyperlinkListener
{
    JEditorPane pane;

    public GUI()
    {
        setLayout(new FlowLayout(FlowLayout.LEFT));
        pane = new JEditorPane();
        pane.setEditable(false);
        pane.setContentType("text/html");
```

```java
        pane.addHyperlinkListener(this);

        try
        {
            URL url = new URL("http://127.0.0.1:8080/
                Seite1.html");
            pane.setPage(url);
        }
        catch(Exception e) {}

        add(pane);
    }

    public void hyperlinkUpdate(HyperlinkEvent e)
    {
        if (e.getEventType() == HyperlinkEvent.
            EventType.ACTIVATED)
        {
            try
            {
                pane.setPage(e.getURL());
            }
            catch (Exception ex) {}
        }
    }

    public static void main(String[] args)
    {
        JFrame frame=new JFrame();
        frame.getContentPane().add(new GUI());

        frame.pack();
        frame.setVisible(true);
    }
}
```

Listing 4.11 Ein einfacher Browser

4.3 Entwicklung von Rich Clients mit HTML, CSS, JavaScript und AJAX

Die ursprüngliche Zielsetzung für die Entwicklung der Kerntechnologien des Internets betraf den schnellen Zugriff auf eine große Zahl von Forschungsdokumenten, welche dezentral abgelegt und miteinander über Hyperlinks verknüpft wurden. Diese Zielsetzung wurde 1989 von dem britischen Informatiker Tim J. Berners-Lee am Schweizer Institut CERN der Europäischen Organisation für Kernforschung umgesetzt. Hier sind das Adressierungsschema URL (bzw. URI), das Übertragungsprotokoll HTTP (siehe Kap. 3) und das Dokumentenformat HTML (Hypertext Mark Up Language) entwickelt worden. Das HTML-Format besitzt seitdem eine ungebrochene Aktualität. Im Zusammenhang mit AJAX werden HTML, CSS (Cascading-Style-Sheets) und JavaScript auch für die Entwicklung von Rich-Client-Applikationen verwendet.

4.3.1 Graphische Komponenten mit HTML und CSS

Wie in Abschn. 4.1.1 dargestellt wurde, wird eine Nutzeroberfläche als ein Baum strukturiert, in dem die (Basis-) Komponenten in übergeordneten Komponenten (Containern) zusammengefasst werden. Das HTML-Format hat darüber hinaus noch einen sogenannten Headerbereich und ist wie andere Dokumente auch insgesamt baumartig strukturiert (siehe Abb. 4.12). Die Knoten dieses Baumes unterhalb des `body`-Knotens repräsentieren die visuellen Komponenten einer Nutzeroberfläche. Die Knoten unterhalb des `head`-Knotens enthalten Metainformationen zum Dokument und übernehmen andere Aufgaben, wie z.B. die Referenzierung von externen JavaScript-Dateien zur Interaktionsprogrammierung oder zur Festlegung des Designs über CSS.

Alle in diesem und den nächsten Abschnitten besprochenen Beispiele können mit Hilfe eines einfachen Text-Editors als HTML (*.html), CSS (*.css) bzw. JavaScript (*.js) Dateien erstellt und abgespeichert werden. Anschließend können diese mit einem Browser geöffnet, dargestellt bzw. ausgeführt werden.

4.3.1.1 HTML-Tags und Attribute

In HTML werden die Knoten einer Nutzeroberfläche durch Tags und (optional) über deren Attribute spezifiziert:

```
<tagName attribut1 = "Wert1" attribut2 = "Wert2"> </tagName>
```

Die möglichen Attribute variieren von Tag zu Tag. Einige wichtige Attribute, die sogenannten Universal-Attribute, können jedoch bei allen Tags verwendet werden:

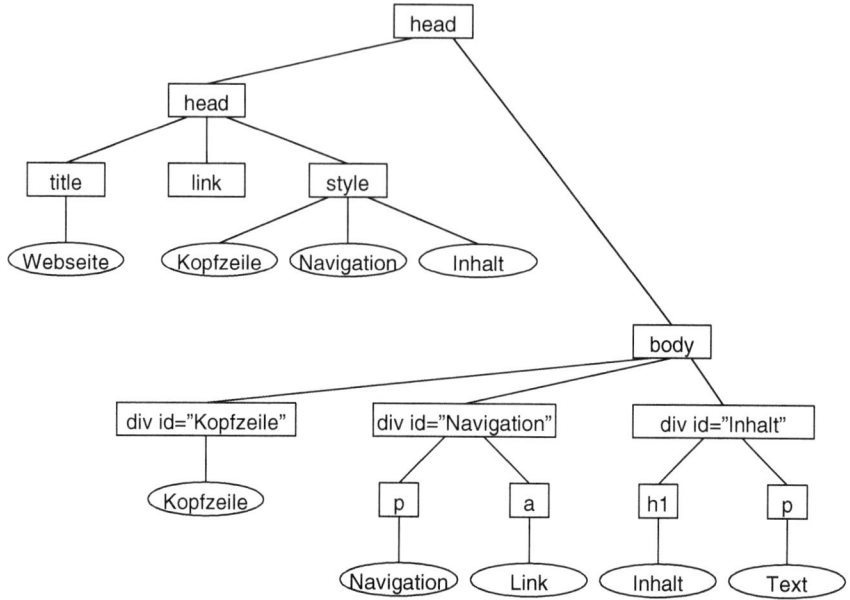

Abb. 4.12 Strukturierung von HTML-Dokumenten

`id`
: Mit diesem Attribut kann eine eindeutige ID zur späteren Referenzierung eines Knotens/eines Elementes vergeben werden.

`class`
: Dieses Attribut dient zur Referenzierung einer ganzen Gruppe von Elementen.

`title`
: Dieses Attribut dient zur Erzeugung von Tooltip-Informationen.

`style`
: Viele weitere Attribute betreffen die visuelle Erscheinung und werden im folgenden Abschnitt mit den Cascading Style Sheets besprochen.

Wir werden die Tags an dem obigen Beispiel exemplarisch gemäß der in Abschn. 4.1.1 vorgestellten Gliederung nach Hauptfenster, Basiskomponenten etc. durchsprechen. Eine vollständige Referenz findet man z.B. in [2].

4.3.1.2 Hauptfenster

Ein HTML-Dokument beginnt mit dem `<html>` Tag. Es kann optional noch vor dem `<html>` Tag eine `DOCTYPE` Deklaration erfolgen. Eine derartige Dokumententypdeklaration kann als ein Bestandteil aller SGML-Dokumente (Structured Generalized Markup Language) zur Spezifikation des Dokumentyps verwendet wer-

4.3 Entwicklung von Rich Clients mit HTML, CSS, JavaScript und AJAX

den und dem Browser mitteilen, welche HTML-Version verwendet wird und mit welcher Datei die Syntax auf Regelkonformität geprüft werden kann. Ein typisches HTML-Dokument ist wie in Abb. 4.12 strukturiert. Die Knoten aus Abb. 4.12 entsprechen den Rechtecken in Abb. 4.13.

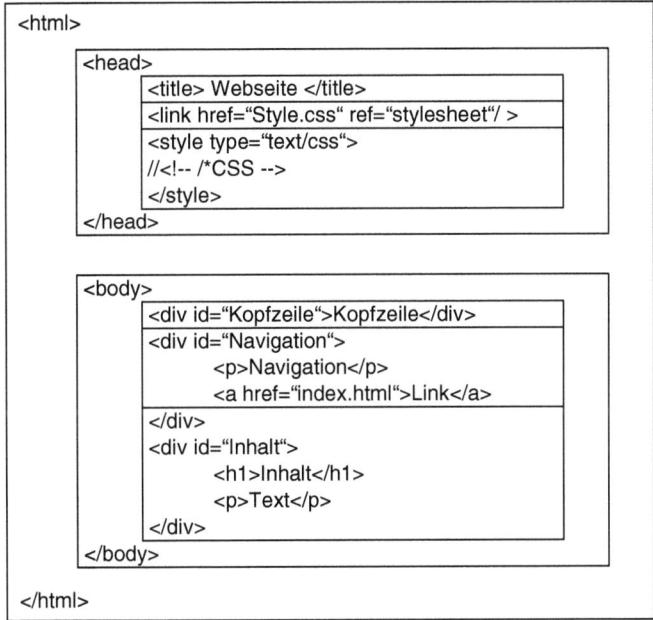

Abb. 4.13 Strukturierung von HTML-Dokumenten

`<html>`
  Dieser Knoten bildet den Wurzelknoten des Dokuments. Er enthält einen `<body>`-Knoten, in dem alle weiteren Komponenten der Nutzeroberfläche eingefügt werden, und optional einen `<head>`-Knoten, welcher eine Reihe von Angaben enthält, die für das gesamte Dokument Gültigkeit besitzen.

`<head>`
  Dieser Knoten enthält z.B. Angaben für den angezeigten Titel des Dokuments, für Zeichensätze, Pfadangaben für referenzierte css-Dateien für das Layout im `<style>`-Tag, referenzierte Javascript-Dateien im `script`-Tag sowie weitere Angaben in einem `<meta>`- Tag wie z.B. über die verwendeten Zeichensätze, Keywords für Suchmaschinen, Codierverfahren wie z.B. gzip.

`<style>`
  In diesem Tag erfolgen die weiter unten besprochenen Spezifikationen zur Festlegung der äußeren Erscheinung einer HTML-Seite wie Farben, Positionen, Fonts etc. Die Spezifikationen werden vielfach in eine *.css Datei ausgelagert,

die dann in mehreren HTML-Seiten einer Website verwendet werden kann. Hierdurch kann das einheitliche Aussehen aller Seiten einer Website gewährleistet werden.

`<script>`
In diesem Tag steht der JavaScript-Code für die Interaktionsprogrammierung. Hierauf wird in Abschn. 4.3.4 genauer eingegangen. Der Code wird ebenso wie bei den Style-Angaben vielfach in eine *.js Datei ausgelagert, wie z.B. durch: `<script type="text/javascript" src="code.js"> </script>`.

`<body>`
Dies ist der Hauptcontainer, in dem alle anderen visuellen Komponenten eingefügt werden.

Das „Hello World-" Beispiel sieht in HTML somit folgendermaßen aus:

```
<html>
    <body>
        Hello World
    </body>
</html>
```

4.3.1.3 Basiskomponenten für die Ausgabe/Anzeige und die Eingabe bzw. Nutzerinteraktion

`<div>`
Durch diesen Tag werden Bereiche mit unterschiedlicher Funktionalität wie Navigation, Kopfzeile, Textbereiche ... voneinander unterschieden und durch `style`-Attribute an geeigneten Stellen positioniert und das Design festgelegt. Siehe hierzu weiter unten das Beispiel zur Erzeugung eines Winkellayouts.

`<p>`
Dieser Tag dient zur Strukturierung von Textpassagen. Paragraphen werden so durch eine Leerzeile getrennt und können z.B. mit unterschiedlichen Farben, Schriften und Tooltipinformationen ausgestattet werden.

`<img>`
Mit Hilfe dieses Tags werden Bilder angezeigt. Im `src`-Attribut wird hierzu der Pfad oder eine URL des Bildes angegeben.

`<a>`
Dies ist der Hyperlink oder auch Anchor-Tag, welcher seit den Urzeiten des Internets den Tag zur Referenzierung anderer Dokumente darstellt. Eine neue HTML-Seite, deren Pfad in der Zieladresse angegeben wird, kann durch einen Maus-Klick auf einen solchen Tag geladen werden.

4.3 Entwicklung von Rich Clients mit HTML, CSS, JavaScript und AJAX

```
<a href="Zieladresse">Anklickbarer Name</a>
```

Zwei weitere wichtige Tags für eine „klassische" Interaktion (klassisch meint hier ohne den Einsatz von AJAX, siehe hierzu Abschn. 4.3.6) sind das `form`- und das `input`- Tag.

`<form>`

In diesem Tag wird durch das `action`-Attribut eine Anwendung auf dem Server spezifiziert (z.B. ein php-Skript), welches die Daten des `<Input>`-Tags verarbeitet. Die Daten aus den `Input`-Tag werden vom Browser ausgelesen und mit einem HTTP-Befehl an den Server geschickt. Mit dem Attribut `method` wird der HTTP-Befehl festgelegt.

`<Input>`

Dieser Tag repräsentiert einerseits Textfelder, in die der Nutzer seine Angaben eintragen kann, die der Browser dann bei der Formatierung eines HTTP-Befehls ausliest. Wenn das Attribut `type` auf `submit` gesetzt wird, so wird ein Button generiert, der zum Abschicken des HTTP-Befehls genutzt wird. Im Folgenden präsentieren wir zur Verdeutlichung ein komplettes kleines Beispiel:

```
<form action="/index.php" method="get">
    <p>Name:<br>
    <input name = "AnwenderName" size="40"></p>
    <p>E-Mail:<br>
    <input name = "AnwenderMail" size="40"></p>
    <p><input type = "submit" value = "
        Formulardaten absenden"></p>
</form>
```

Das Listing führt zu folgendem HTML-Formular:

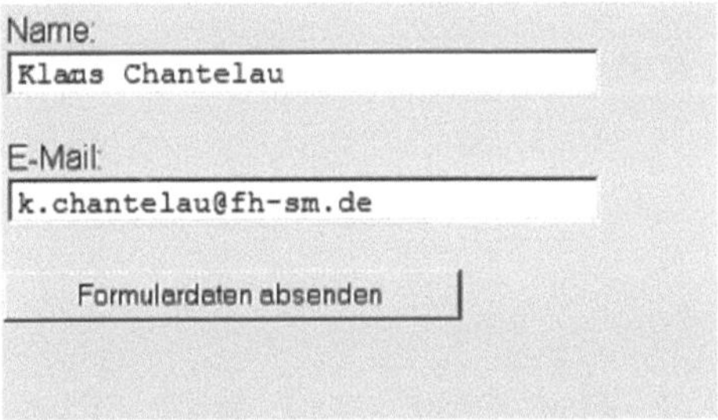

Abb. 4.14 Ausgefülltes HTML-Formular

Wenn die in Abb. 4.14 genannten Eingaben gemacht wurden, würde der Browser folgende Parameterzeile generieren und dem GET-Befehl anfügen:

```
AnwenderName=Klaus+Chantelau&AnwenderMail=k.
    chantelau@fh-sm.de
```

4.3.1.4 Hierarchische Anordnung von Basiskomponenten in Containern

Im Gegensatz zu Java oder auch ActionScript wird kein `add`-Befehl zum Einfügen von Kindelementen in Containern benötigt. Die hierarchische Strukturierung ist ein zentraler Bestandteil vieler Sprachen wie z.B. HTML, XML, VRML oder auch MXML (siehe hierzu den Abschn. 4.4) und wird einfach und übersichtlich durch die Verschachtelung von Tags erreicht. Durch das verschachtelte Einfügen von weiteren Tags wird die Liste von Kindknoten repräsentiert, jedoch sind nicht immer alle Tags als Kindknoten zugelassen (z.B. darf eine Überschrift keine Tabelle enthalten).

Wie in Java durch `LayoutManager` eine automatische Anordnung von Komponenten unterstützt wird, welche sich auch an Vergrößerungen oder Verkleinerungen der Hauptfensters anpasst, so existieren auch in HTML-Tags zur einfachen Generierung von Listen und Tabellen. Wir begnügen uns hier mit der Auflistung von drei Beispielen, da die Tags nahezu selbsterklärend sind. Die Ausgabe des folgenden Beispiels ist in Abb. 4.15 zu sehen.

```
<p>Dies ist eine Tabelle</p>
<table border = "1" id = "Tabelle">
    <tr>
        <td>Zeile1 / Spalte 1</td>
        <td>Zeile1 / Spalte 2</td>
    </tr>
    <tr>
        <td>Zeile 2 / Spalte 1</td>
        <td>Zeile 2 / Spalte 2</td>
    </tr>
</table>

<p>Dies ist eine Liste</p>
<ol id = "Liste1">
    <li>eins</li>
    <li>zwei</li>
    <li>drei</li>
</ol>

<ul id = "Liste2">
    <li>ein Punkt</li>
    <li>und noch ein Punkt</li>
</ul>
```

In den Anfängen des WWW wurde das Layout von HTML-Seiten ebenfalls über Tabellen definiert, da sich Tabellen auch ineinander verschachteln lassen. Dies ist jedoch problematisch, da Tabellen ursprünglich dazu gedacht waren, Informationen tabellarisch darzustellen. Zudem machen die vielen ineinander verschachtelten Tabellen den Code unübersichtlich. Heute werden daher zum Festlegen des Layouts Cascading-Style-Sheets verwendet.

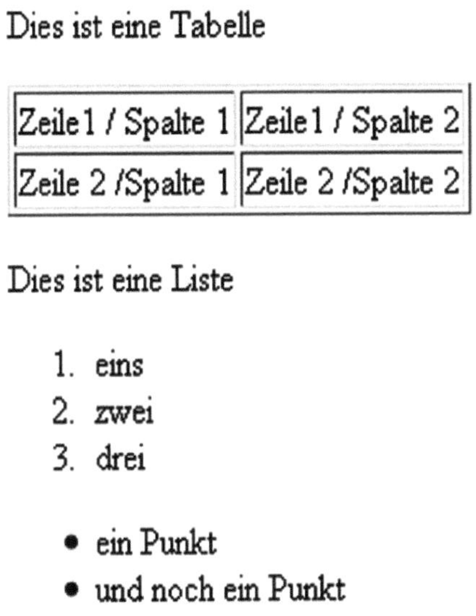

Dies ist eine Tabelle

Zeile 1 / Spalte 1	Zeile 1 / Spalte 2
Zeile 2 / Spalte 1	Zeile 2 / Spalte 2

Dies ist eine Liste

1. eins
2. zwei
3. drei

- ein Punkt
- und noch ein Punkt

Abb. 4.15 Anordnung mit Tabellen und Listen

4.3.1.5 Design von Komponenten

Die äußere Erscheinung von Komponenten sowie der gesamten HTML-Seite kann durch die `style`-Attribute von Komponenten festgelegt werden. Im Folgenden wollen wir die wichtigsten Attribute zur Farbgebung und Positionierung vorstellen. Dabei wollen wir gleichzeitig ein wichtiges Konzept zur einheitlichen Darstellung aller Seiten einer Website einführen. Alle Webseiten werden dazu aus einem Grundgerüst generiert und greifen auf dieselbe externe *.css-Datei zu, in der Farbgebung und Positionierung definiert sind. Wir wollen dies am Beispiel eines sog. Winkel-Layouts vorstellen, welches bei sehr vielen Web-Seiten verwendet wird. Ein Winkellayout besteht aus einer seitlichen Navigationsleiste, worüber die anderen Seiten der Website erreicht werden können, einer Kopfzeile (welche optional eine weitere Navigation enthält) sowie den eigentlichen Inhaltsbereich der jeweiligen Webseite.

Neben den `style`-Attributen gibt es auch spezielle Tags wie z.B. das `<em>`-Tag um Texte hervorzuheben oder die `<h1>`, `<h2>`, ...- Tags um Überschriften darzustellen. Die `style`-Attribute sind jedoch das leistungsstärkere Werkzeug zur Gestaltung und werden immer in folgender Syntax angegeben:

```
AttributName1: Wert1; AttributName2: Wert2; ...
```

`style`-Attribute für die Farbgebung

Farben können durch rgb-Werte von 0 bis 255

```
color: rgb(255,0,0)
```

oder in einer hexadezimalen Darstellung, wo die ersten beiden Buchstaben den Rotwert von 0 bis 255 hexadezimal und die nächsten beiden analog den Grünwert und die letzten beiden den Blauwert codieren:

```
color: #FF0000
```

Für spezielle Farben gibt es auch Abkürzungen wie

```
color: red
```

In allen drei Beispielen wurde die Farbe Rot codiert.

Wird im `style`-Attribut nur eine Farbe angegeben, so bezieht sich das Attribut auf die Schriftfarbe:

```
style = "color: red"
```

Für die Veränderung der Hintergrundfarbe verwendet man das Attribut `background-color`:

```
style = "background-color: rgb(34,23,235)"
```

`style`-Attribute für die Positionierung

Komponenten können beliebig auf einer Seite positioniert werden. Ohne css-Positionierungen gilt für die Standardkomponenten wie z.B. Paragraph `<p>`, dass soviel Breite wie möglich (also über das gesamte Browserfenster), aber nur soviel Höhe wie nötig verwendet wird, d.h., setzt man in einem Paragraph-Tag eine andere Hintergrundfarbe, so erstreckt diese sich über die gesamte Breite des Hauptfensters, aber nur über die Textzeilen, die auch zu dem Paragraph gehören. Wir bezeichnen diese automatische Größenvergabe im Folgenden als den normalen Textfluss. Bei der Positionierung kann nun zwischen einer absoluten Positionierung und einer relativen Positionierung unterschieden werden. Bei der relativen Positionierung wird für die Komponenten der normale Textfluss als Referenz genommen. Die Positionsangabe spezifiziert dann die Abweichung vom normalen Textfluss. Bei einer absoluten Positionierung wird auf das Koordinatensystem des Elternknotens Bezug genommen. Falls kein Elternknoten positioniert wurde, ist das Bezugskoordinatensystem das des gesamten Dokuments.

```
<div style = "position:absolute; left: 150px; top: 100
   px; width: 650px; height: 400px;" </div>
```

Andere Möglichkeiten betreffen die Randabstände von Textbereichen zu anderen Komponenten oder zu den Grenzen des Dokuments:

```
<body style = "margin-left: 30px; margin-right: 30px ">
```

style-Attribute für die Fontauswahl

Bei der Angabe von Schriftarten werden meist mehrere alternative Schriftarten angegeben, da nicht jede Schriftart auf dem Zielsystem installiert ein muss. Das Attribut heißt dementsprechend auch `font-family`. Die Größe kann mit `font-size` gesetzt werden.

```
style = "font-family: Tahoma, Arial, Helvetica, sans
    serif; font-size: 18px"
```

Verwendung externer CSS-Dateien

Die `style`-Angaben können entweder über das `style`-Attribute in jedem Tag individuell zur Gestaltung einer Komponente oder aber in eine externe *.css Datei ausgelagert und so für mehrere Komponenten auch in unterschiedlichen HTML-Seiten verwendet werden. Es kann auch noch eine Zwischenlösung gewählt und der css-Code im `head` definiert werden. Dann kann er für alle Komponente der betreffenden Seite verwendet werden.

Sollen die gleichen `style`-Angaben in mehreren Dateien verwendet werden, so müssen die `style`-Angaben in eine externen Datei ausgelagert werden. Das Einbinden einer solchen Datei geschieht dann durch den `<link>` Tag im `<head>` eines HTML-Dokumentes:

```
<link href = "styles.css" rel = "stylesheet" type = "
    text/css">
```

In dieser CSS-Datei müssen die HTML-Komponenten referenziert werden, für die eine `style`-Angabe gültig sein soll. Hierzu gibt es die folgenden Möglichkeiten:

Man kann das Standardaussehen vorhandener Tags wie z.B. der `<p>`, `<div>`, `<em>` oder `<h1>`-Tags speziell definieren. Dazu verwendet man die Tag-Namen, für die die `style`-Angaben gelten sollen, und fügt die Angaben in geschweiften Klammern hinten an:

```
em,h1
{
    color: rgb(20, 30, 200);
    font-size: 20px;
}
```

Man kann ferner allen HTML-Elementen mit dem `class`-Attribut einen Klassennamen zuweisen, wie z.B.

```
<div class = "Klasse1" /div>
```

Selbstdefinierte Klassen werden in der CSS-Datei mit einem Punkt gekennzeichnet.

```
.Klasse1
{
```

```
    color: rgb(20, 30, 200);
    font-size: 20px;
}
```

Allen Komponenten, die diese Klasse benutzen, kann so ein definiertes Aussehen gegeben werden.

In ganz analoger Art und Weise können style-Attribute für Elemente mit einer speziellen `id` durch Verwendung des Rautesymbols # in der CSS-Datei festgelegt werden. Insgesamt hat man somit folgende Möglichkeiten:

TagName
: legt die `style`-Angaben für einen Tag-Typ fest.

.KlassenName
: legt die `style`-Angaben für eine Klasse fest.

TagName.KlassenName
: legt die `style`-Angaben für einen Tag fest, jedoch nur wenn dieser auch der entsprechenden Klasse zugeordnet ist.

#IDName
: legt die `style`-Angaben für eine Komponente mit der speziellen `id` fest.

4.3.1.6 Beispiel Winkel-Layout

Ein Winkel-Layout besteht aus einer seitlichen Navigationsleiste, worüber die anderen Seiten der Website erreicht werden können (in Abb. 4.16 Link 1 und Link 2), einer Kopfzeile (welche optional eine weitere Navigation enthalten kann) sowie den eigentlichen Inhaltsbereich der jeweiligen Webseite.

Abb. 4.16 Das oft verwendete Winkellayout

4.3 Entwicklung von Rich Clients mit HTML, CSS, JavaScript und AJAX

Wenn eine Website entwickelt werden soll, so verwendet man eine Schablone, aus dem jeder einzelne Seite erzeugt wird. Kopfzeile und Navigation sind identisch oder umfassen zumindest eine Reihe von Komponenten, welche auf allen Seiten der Website vorhanden sind. Dies wären hier z.B. Link 1 und Link 2, mit denen man von Seite 1 zu Seite 2 und umgekehrt wechseln kann.

Der HTML-Code für so eine Schablone ist sehr einfach. Alle Seiten der Web-Seite können aus der Schablone erzeugt werden und mit den speziellen Inhalten im Inhaltsbereich ausgestattet werden. Das Layout ist dann für alle Seiten identisch.

```html
<html>

    <head>
        <title>Webseite</title>
        <link href = "Style.css" rel = "stylesheet"
            type = "text/css" />
    </head>

    <body>
        <div id="Kopfzeile">Kopfzeile
        </div>

        <div id="Navigation">
            <p>Navigation</p>
            <p><a href="Seite1.html">Link 1</a></p>
            <p><a href="Seite2.html">Link 2</a></p>
        </div>

        <div>
            <h1>Inhalt</h1>
            <p>Text</p>
        </div>
    </body>
</html>
```

Listing 4.12 Beispiel für ein Winkel-Layout

Der Inhalt der referenzierten CSS-Datei zeigt noch einmal den Einsatz einiger wichtiger `style`-Attribute und wie die HTML-Komponenten jeweils referenziert werden können.

```
h1
{
    position:absolute;
    left: 159px;
    top: 99px;
    width: 578px;
    height: 228px;
```

```
}

#Kopfzeile
{
    position: absolute;
    left: 13px;
    top: 10px;
    width: 725px;
    height: 85px;
    background-color: #0000FF;
}

#Navigation
{
    position: absolute;
    left: 11px;
    top: 101px;
    width: 139px;
    height: 220px;
    background-color: #999999;
}
```

Listing 4.13 Beispiel für ein Winkel-Layout

4.3.2 Grundlagen JavaScript

JavaScript war die erste Möglichkeit Web-Seiten interaktiv zu gestalten und besitzt nach wie vor eine große Bedeutung zur Entwicklung interaktiver Webanwendungen. Die Sprache wird unter anderem zur Programmierung von kleinen Clientanwendungen (wie z.B. Taschen- und Gebührenrechner und Animationen) verwendet. Sie erlangt jedoch ihre eigentliche Bedeutung erst im Zusammenspiel mit HTML. Ereignisse aus HTML-Komponenten können hierüber abgerufen werden. Durch die Ereignisverarbeitung in JavaScript kann die HTML-Seite dann mit neuen Informationen für den Nutzer aufbereitet werden. Diese neuen Informationen werden bei aktuellen Webanwendungen durch weitere asynchrone Anfragen von einem Server abgerufen. Hierzu wird AJAX verwendet, welche eine Art Netzwerk-API für JavaScript darstellt und der Programmierung mit JavaScript neuen Auftrieb gegeben hat. Der Leistungsumfang von HTML/JavaScript/AJAX wird jedoch von Java und FLEX/Flash übertroffen. Die Programmierung mit JavaScript und ActionScript ist in grundlegenden Bereichen, wie z.B. der bei den Operatoren, den Kontrollstrukturen und somit der sogenannten Ablaufsteuerung der Programmierung in Java, sehr ähnlich. Wir werden darauf in den folgenden Beispielen nicht gesondert eingehen. JavaScript (wie auch die frühere ActionScript-Version ActionScript 1.0) ist dabei

4.3 Entwicklung von Rich Clients mit HTML, CSS, JavaScript und AJAX

nach dem ECMAScript-Standard 262 (European Computer Manufacturers Association) aufgebaut. Details zur Programmierung sind in vielfältigen Quellen im Internet zu finden (z.B. in [2]). Wir wollen uns im Folgenden daher darauf beschränken, wesentliche Unterschiede zu einer Programmierung mit Java darzustellen und uns danach in den beiden nächsten Abschnitten auf das Zusammenspiel von JavaScript und HTML konzentrieren. Dies betrifft natürlich insbesondere die für die Entwicklung von interaktiven graphischen Oberflächen so wichtige Ereignisverarbeitung. JavaScriptcode wird im Browser durch eine JavaScript-Engine interpretiert. Der Code wird durch den `<script>`-Tag in die HTML-Datei integriert. Sobald der Browser das `<script>`-Tag erreicht hat, wird der Code unmittelbar ausgeführt. Über das Objekt `document` kann auf die HTML Seite zugegriffen werden. Das „Hello World" -Beispiel lautet mit JavaScript:

```
<html>
    <body>
        <script type="text/javascript">
            document.write("Hello World");
        </script>
    </body>
</html>
```

4.3.2.1 Prozedurale Programmierung mit JavaScript im Vergleich zu Java

Variablen werden mit Hilfe des Schlüsselwortes `var` deklariert:

var `Name;`

JavaScript verwendet dabei im Gegensatz zu Java eine dynamische Typisierung, d.h., durch

var `Name = Initialisierung;`

wird erst zur Laufzeit den Typ der Variablen bei der Initialisierung festgelegt. Eine Überprüfung über die konsistente Verwendung der Variablen wird ebenso erst zur Laufzeit (und nicht schon bei der Compilierung wie bei den Sprachen mit statischer Typisierung wie Java/C++) vorgenommen. Die Programmentwicklung ist dadurch zwar flexibler möglich, aber auch fehleranfälliger und auch weniger performant. JavaScript verfügt über die drei elementaren Datentypen `Boolean` für binäre Variablen, `Number` für Zahlenrepäsentationen und `String` zur Zeichenkettenverarbeitung. Alle weiteren Datentypen sind komplex, d.h. diese werden durch vorgegebene oder selbstentwickelte Objektdatentypen repräsentiert. Elementare Datentypen speichern einen Wert, ein komplexer Datentyp (Referenztyp) verweist nur darauf (siehe Kap. 3 für eine genauere Darstellung bei der Java-Programmiersprache). Diese werden wie in Java mit call by reference (statt wie bei den elementaren Datentypen mit call by value) an Funktionen übergeben. Wie in Java existieren auch Wrapper-Klassen, mit umfangreichen Funktionen zur Erzeugung komplexer Datentypen aus den elementaren Datentypen. Gültigkeitsbereiche von Variablen sind nur in Funktionen lokal. In allen anderen Blöcken wie in Schleifen etc. sind die Variablen im Gegensatz zu Java global.

Funktionen werden durch das Schlüsselwort `function` deklariert:

```
function Name(Parameter_1, Parameter_2, ...,
   Parameter_n)
{
    ...
}
```

Dabei ist die Angabe eines Eingabe- oder Rückgabetyps auf Grund der dynamischen Typisierung nicht erforderlich:

```
function addition(zahl1, zahl2)
{
    return zahl1 + zahl2;
}
```

Es gibt die Möglichkeit eine andere Deklaration vorzunehmen, bei der durch einen Funktionsaufruf gleich eine Variable initialisiert werden kann (funktionales Paradigma):

```
var addition = function(zahl1, zahl2)
{
    return zahl1 + zahl2;
}
```

Der Funktionsaufruf lautet dann z.B.:

```
    var wert = addition(6,7);
```

Die in JavaScript vorhandenen Bibliotheken umfassen Funktionen der Mathematik, Datumsfunktionen sowie Methoden für die Verarbeitung von Zeichenketten.

```
    var y = Math.sqrt(x) ;   // Wurzel aus x;

    var date = new Date();
    var month = date.getMonth();  // aktueller Monat

    var text = "dies ist ein text" ;
    var stelle = text.indexOf("ist");  // Stelle von "ist"
```

4.3.2.2 Objektorientierte Programmierung im Vergleich zu Java

In JavaScript gibt es zwar keine Klassen, dennoch können Objekte gebildet und wesentliche Prinzipien der objektorientierten Programmierung abgebildet werden. In JavaScript kann zur Bildung von Objekten der Objekt-Datentyp eingesetzt werden.

4.3 Entwicklung von Rich Clients mit HTML, CSS, JavaScript und AJAX

Der Zugriff auf Variablen und Methoden eines Objekts erfolgt durch die übliche Punktnotation. Ein Objekt-Datentyp kann dynamisch zur Laufzeit um Attribute und Methoden erweitert werden:

```
var kunde = new Object();
kunde.vorname = "Max";
kunde.nachname = "Mustermann";
kunde.zeigeVorname = function()
{
    document.write(kunde.vorname);
}
```

In Java verwendet man Klassen, wenn man von einem Datentyp mehrere Instanzen bilden möchte. In JavaScript wird diese Aufgabe durch sogenannte Konstruktor-Funktionen übernommen, welche nach dem oben beschriebenen Konstrukt der Funktion als Datentyp eingesetzt werden. Eine JavaScript-Funktion kann dazu genutzt werden, um ein mit new erstelltes Objekt zu initialisieren. In diesem Fall spricht man von einer Konstruktor-Funktion. Innerhalb dieser Funktion kann das neue Objekt über die Variable this angesprochen werden. Darüber können dem Objekt Eigenschaften angehängt werden. Das folgende komplette Beispiel kann in einem Browser ausgeführt werden und erzeugt die Ausgabe "MaxCarl".

```
<html>
<body>
<script type="text/javascript">
function kunde(vorname, nachname)
{
    this.vorname=vorname;
    this.nachname=nachname;
    this.zeigeVorname=function()
    {
        document.write(this.vorname);
    }
}

var mm=new kunde("Max", "Mustermann");
mm.zeigeVorname();
var cc=new kunde("Carl", "Classen");
cc.zeigeVorname();
</script>
</body>
</html>
```

Weitere Prinzipien der Objektorientierung wie Vererbung, Polymorphie etc. können in JavaScript durch sogenannte Prototypen abgebildet werden. Der Einsatz dieser Konstruktionen ist im Vergleich zu dem objektorientierten Aufbau in Java oder auch in ActionScript recht eigenartig. Er wird daher in den Anwendungsbeispielen dieses Buches nicht verwendet und soll hier auch nicht weiter thematisiert werden (siehe hierzu z.B. [5]).

4.3.3 JavaScript und das Document Object Model (DOM)

Eine HTML-Seite ist wie ein Baum strukturiert. Wenn diese Seite im Browser interpretiert wird, so wird aus diesem Baum von Tags eine Datenstruktur generiert, welche ebenfalls wie ein Baum aufgebaut ist. Es handelt sich dabei dann jedoch um einen Baum von Objekten, welcher sich im Arbeitsspeicher des Rechners befindet. Es wird also aus jedem HTML-Tag (Knoten des HTML-Dokuments) ein DOM-Knoten-Objekt generiert. Die Umwandlung des HTML-Baumes in einen Baum von DOM-Objekten und die Schnittstellen zum Zugriff auf die Objekte wurde in dem HTML-DOM (HTML-Document Object Model; es gibt auch ein XML-DOM) vom W3C spezifiziert, um so eine einheitliche interaktive und dynamische Verarbeitung von HTML-Seiten zu gewährleisten. Die zu spezifizierenden Funktionalitäten sind sehr umfangreich und daher in verschiedene Levels untergliedert worden. So sind in DOM Level 2 der Zugriff auf die CSS-Attribute gegenüber DOM Level 1 hinzugenommen worden. Level 3 spezifiziert dann zusätzlich auch die Ereignisse. Gegebenfalls muss bei der Verwendung von Softwareprodukten also nachgeschlagen werden, ob die gewünschte Funktionalität auch von dem verwendeten Browser tatsächlich unterstützt wird. Auf der Basis dieser Spezifikationen sind für unterschiedliche Programmiersprachen wie Java oder JavaScript entsprechende APIs entwickelt worden. Auf die generierten DOM-Objekte kann mit JavaScript über das JavaScript-DOM API zugegriffen werden. So können Objekte z.B.

- gesucht werden,
- eleminiert, ausgetauscht und verändert werden,
- Ereignisse ausgesandt, abgefangen und verarbeitet werden.

Im Folgenden sollen die wichtigsten Eigenschaften des JavaScript-DOM-API vorgestellt werden.

4.3.3.1 HTML-Tags und Objekt-Typen

Beim HTML-DOM existiert für jeden HTML-Tag ein entsprechender Objekt-Typ. Insbesondere bedeutet dies, dass auf der Basis der Attribute des HTML-Tags die möglichen Attribute des DOM-Objekts abgelesen werden können. Beim Zugriff auf Attribute sind einige Konventionen bei der Schreibweise zu beachten. Während bei HTML Groß- und Kleinschreibung nicht unterschieden, Kleinschreibung jedoch empfohlen wird, ist beim DOM die sogenannte Camel-Case-Notation zu beachten. Das HTML-Attribut

```
backgroundcolor
```

4.3 Entwicklung von Rich Clients mit HTML, CSS, JavaScript und AJAX   227

wird somit beim Zugriff über das DOM Objekt zum Attribut

`backgroundColor`

Ferner werden die HTML-style-Attribute wie z.B. `style: backgroundcolor` bei Zugriff über die DOM-Objekte durch die Punktnotation von `style` getrennt, so als ob Unterobjekte vorliegen würden. Bindestriche bei `style`-Attributen wie z.B. `font-family` sind zu entfernen und ebenfalls durch Camel-Case-Notation wie z.B. zu `fontFamily` zusammenzufassen.

4.3.3.2 Zugriff auf Knoten und deren Attribute

`document`

Dieses JavaScript-Object repräsentiert den gesamten Inhalt eines Browserfensters, d.h. alle Knoten des DOM des gesamten HTML-Dokuments. Die Methode `write` zur Ausgabe von Text in das Browserfenster haben wir schon verwendet. Das `document`-Object stellt darüber hinaus die folgenden Methoden zum Zugriff und zur Manipulation auf Knoten des DOM bereit:

`getElementById(String id)`

Mit dieser Methode kann über das `id`-Attribut eines HTML-Tags auf einen Knoten des DOM zugegriffen werden.

Man kann nun die Attribut-Werte des DOM-Objekts über die Punktnotation oder aber auch über die folgende Methode abfragen:

`getAttribute(String AttributName)`

Mit dieser Methode kann der Wert des Attributs `AttributName` ausgelesen werden.

Analog dazu können die Attribut-Werte des DOM-Objekts über die Punktnotation oder aber auch über die folgende Methode gesetzt werden:

`setAttribute(String AttributName, String Wert)`

Mit dieser Methode kann der Wert des Attributs `AttributName` gesetzt werden.

Das folgende Beispiel zeigt den Einsatz der Methoden:

```
<html>
<body>

    <img id="bild1" src="Heute.jpg">
    <img id="bild2" src="Heute.jpg">

<p/>

<script type="text/javascript">
```

```
    var image=document.getElementById('bild2');
    document.write(image.getAttribute('src'));
    image.setAttribute('src', "Morgen.jpg");
</script>

</body>
</html>
```

Listing 4.14 JavaScript-Zugriff auf einen HTML-Tag über das DOM-API

Das Programm liefert folgendes Ergebnis. Im zweiten Bild ist mit Hilfe des JavaScript-Codes der Pfad für das Bild verändert worden und so werden daher zwei unterschiedliche Bilder angezeigt.

Abb. 4.17 JavaScript-Zugriff auf einen HTML-Tag über das DOM-API

Mit den folgenden Methoden können Knoten gelöscht bzw erzeugt und hinzugefügt werden:

`removeChild(Object child)`
   Will man mit JavaScript einen Knoten eliminieren, so muss auf den Elternknoten zugegriffen und die Methode `removeChild()` aufgerufen werden. Dieser Methode übergibt man den zu entfernenden Kindknoten.

Betrachten wir hierzu eine Liste, aus der wir die erste Zeile über JavaScript entfernen wollen. Der HTML Code hierzu lautet:

```
<body>
<ul id="lis">
<li id="t1">Test 1</li>
```

4.3 Entwicklung von Rich Clients mit HTML, CSS, JavaScript und AJAX

```
<li> Test 2</li>
</ul>
</body>
```

Der entsprechende JavaScript-Code zur Entfernung der ersten Zeile lautet:

```
var zeile1=document.getElementById ("t1");
document.getElementById("lis").removeChild(zeile1);
```

createElement(String TagName)
Mit dieser Methode kann ein Knoten erzeugt werden. Übergeben wird der gewünschte Tag.

Beispiel zur Erzeugung eines `div`-Tags:

```
var box = document.createElement("div");
```

createTextNode(String Text)
Mit dieser Methode wird ein Blattknoten in Form eines Textknotens erzeugt.

appendChild(Object Kindknoten)
Mit dieser Methode wird ein neuer Knoten an einen Elternknoten angehängt.

Das folgende Beispiel erzeugt eine zufällige Anordnung von grünen Quadraten. Diese werden über JavaScript generiert, eingefärbt und positioniert:

```
<html>
<body>
    <script type="text/javascript">
        for (var i = 0; i < 10; i++)
        {
            var box = document.createElement("div");
            box.style.width = "100px";
            box.style.height = "100px";
            box.style.position = "absolute";
            box.style.backgroundColor = "#00FF00";
            box.style.left = Math.random() * 1000 + "px
               ";
            box.style.top = Math.random() * 1000 + "px"
               ;
            document.body.appendChild(box);
        }
    </script>
</body>
</html>
```

Listing 4.15 Knoten mit JavaScript erzeugen

4.3.3.3 Ergänzung und höhere Performanz durch das innerHTML-Attribut

Das Erzeugen neuer Knoten über DOM und JavaScript kann insbesondere bei stark verschachtelten Knoten recht umständlich sein. Durch das `innerHTML` Attribut kann dies vereinfacht und darüber hinaus eine höhere Perfomanz erzielt werden. Jedoch kann andererseits das Auslesen von Attributwerten einzelner Knoten sehr umständlich sein. Beim Einsatz des `innerHTML`-Attributs sind also Vor- und Nachteile abzuwägen. Beispiel: Erzeugung einer Liste mit 1000 Texteinträgen mit dem Wort „Test".

- Test
- Test
- ...

Der JavaScript-Code ohne `innerHTML`-Attribut lautet:

```
<html>
<body>
    <ul id="liste"></ul>

    <script type="text/javascript">
        var liste = document.getElementById("liste");
        for (var i = 0; i < 1000; i++)
        {
            var li = document.createElement("li");
            li.appendChild(document.createTextNode("
                Test"));
            liste.appendChild(li);
        }
    </script>
</body>
</html>
```

Listing 4.16 Liste mit 1000 Einträgen

innerHTML
   Mit diesem Attribut erhält man lesenden und schreibenden Zugriff auf den HTML-Inhalt eines DOM-Knotens. Ganze Tag-Hierarchien lassen sich so über einfache `String`-Manipulationen erzeugen und können durch einen einmaligen Zugriff auf das DOM übertragen werden.

Der Zugriff auf das DOM ist sehr viel langsamer als die `String`-Operationen. Daher ist folgende Variante mit dem `innerHTML`-Attribut auch um ein Vielfaches schneller:

```
<html>
<body>
```

4.3 Entwicklung von Rich Clients mit HTML, CSS, JavaScript und AJAX

```
<ul id="liste"></ul>

<script type="text/javascript">
    var liste = document.getElementById("liste");
    var lis = "";
    for (var i = 0; i < 1000; i++)
    {
        lis += "<li>Test</li>";
    }
    liste.innerHTML = lis;
</script>
</body>
</html>
```

Listing 4.17 Liste mit 1000 Einträgen mit dem `innerHTML`-Attribut

4.3.4 Ereignisverarbeitung mit JavaScript

Die Ereignisverarbeitung bei der Entwicklung von HTML/CSS/JavaScript basierten Clients kann entweder auf dem einfachen, aber weniger leistungsstarken HTML-Ereignismodell aufsetzen oder mit Hilfe des DOM-Ereignismodells vorgenommen werden, welches wie das Java-Ereignismodell nach dem Observer-Muster aufgebaut ist.

4.3.4.1 Das HTML-Ereignismodell

Die Ereignisverarbeitung nach dem HTML-Ereignismodell geschieht über sogenannte HTML-Ereignisattribute. Die Bedingungen für das Auftreten eines solchen Ereignisses können aus dem Namen abgelesen werden:
`onload`, `onclick`, `onmousedown`, `onmouseover`, `onmouseup`, `onmousemove`, `onmouseout`, `onfocus`, `onsubmit` und weitere Tastenereignisse.

Im HTML-Ereignismodell wird einem Ereignisattribut mit Gleichheitszeichen eine gewünschte Methode zugeordnet. Beim Auftreten eines entsprechenden Ereignisses wird die Methode ausgeführt.

Wenn nur Attribute eines vorhandenen Knotens geändert werden sollen, so kann direkt durch die `id` ein gewünschter Knoten referenziert und durch die Punktnotation seine Attribute verändert werden. Im folgenden Beispiel werden durch Maus-Ereignisse die Hintergrundfarben in Paragraphen verändert:

```
<html>
    <body>
```

```
            <p onmouseover = "style.backgroundColor = 'red
               '" onmouseout = "paragraph2.style.
               backgroundColor = 'green'">
            Text1
            </p>
            <p id="paragraph2">
            Text2
            </p>
        </body>
</html>
```

In komplexeren Fällen, wenn z.B. Berechungen durchgeführt oder, wie in dem folgenden Beispiel, ein Knoten eingefügt werden soll, kann hierzu eine JavaScript-Funktion aufgerufen werden:

```
<html>
    <body>
        <script type="text/javascript">
            function doSomething()
            {
                var box = document.createElement("div")
                    ;
                box.style.width = "100px";
                box.style.height = "100px";
                box.style.position = "absolute";
                box.style.backgroundColor = "#00F";
                box.style.left = 100 + "px";
                box.style.top = 100 + "px";
                document.body.appendChild(box);
            }
        </script>

        <p onmouseover = "doSomething();"> Text </p>
    </body>
</html>
```

4.3.4.2 Das DOM-Ereignismodell

Eine leistungsstärkere Ereignisverarbeitung ist mit dem DOM-Ereignismodell möglich. Das DOM-Ereignismodell ist wie das Java-Ereignismodell nach dem Observer-Muster aufgebaut. Einer Komponente können mehrere unterschiedliche Beobachter zugeordnet werden. Dadurch wird eine flexiblere Eventverarbeitung als im HTML-Modell ermöglicht. Darüber hinaus bietet das DOM-Ereignismodell mehr Funktionalität als das HTML-Ereignismodell, da wie in Java Eventobjekte verwendet werden. Umfangreichere Eventattribute stehen damit zur Verfügung. So können

4.3 Entwicklung von Rich Clients mit HTML, CSS, JavaScript und AJAX   233

z.B. Maus-Koordinaten mit den Eventattributen `clientX`, `clientY` abgefragt werden. Bei der Programmierung können wieder durch einfache Konventionen die HTML-Eventattribute in ihre Entsprechungen nach dem DOM konvertiert werden. Einem EventListener wird dabei für die HTML-Events, wie `onclick`, ein entsprechender String `click` übergeben, der den Eventtyp bestimmt. Es ist also einfach das Präfix `on` aus den HTML-Typen wegzulassen. Die meisten Browser unterstützten zwar den DOM-Standard zur Eventverarbeitung, leider jedoch nicht alle. Die Listener werden im DOM-Standard über die Methode `addListener` bei einer Komponente angemeldet.

`void addListener(String EventName, String MethodeName, Boolean b)`
Mit dieser Methode kann ein Listener dem Knoten zugeordnet werden. Er ruft beim Eintreten des Ereignisses `EventName` die Methode `MethodeName` auf. Der letzte Parameter regelt im Falle weiterer vorhandener Kindknoten, ob nur diese das Ereignis verarbeiten sollen (`b=false`) oder ob beide, Eltern- und Kindknoten, das Ereignis verarbeiten (`b=true`). Es wird meist `b=false` verwendet.

Der Windows Internet Explorer weicht leider von dem Standard ab und verwendet hierzu die Methode `attachEvent`. Das folgende Beispiel funktioniert also in den meisten Browsern, nicht jedoch im Internet Explorer:

```html
<html>
    <body>
        <input type="button" value="Start" id="start"
            />

        <script type="text/javascript">
            var startButton=document.getElementById("
                start");

            startButton.addEventListener("click",
                doSomething, false);

            function doSomething()
            {
                document.write("Hello World");
            }
        </script>
    </body>
</html>
```

Listing 4.18 JavaScript Ereignisverarbeitung nach dem DOM-Ereignismodell

Alternativ kann man kürzer mit anonymen Funktionen (wie auch in Java mit anonymen Klassen) das geiche Resultat erzielen:

```
<html>
    <body>
        <input type="button" value="Start" id="start"
        />

        <script type="text/javascript">
            var startButton=document.getElementById("
                start");
            startButton.addEventListener("click",
                function()
                {
                    document.write("hello World");
                }, false);
        </script>
    </body>
</html>
```

Listing 4.19 Ereignisverarbeitung mit anonymen Funktionen

Die höheren Funktionalitäten des DOM-Eventmodells sind insbesondere für die WEB2.0 Anwendungen wichtig, welche einen Bedienkomfort wie lokale Desktopanwendungen aufweisen. So müssen z.B. für Drag und Drop Operationen die Maus-Koordinaten ausgewertet werden.

`event`
: Das `event`-Objekt stellt unterschiedliche Attribute von generierten Ereignissen zur Verfügung. Hierzu zählen z.B. Auskunft über den Ereignistyp, die Ereignisquelle oder Positionen der Maus im Falle von Maus-Ereignissen.

`Object target`
: Ein Attribut des `event`-Objekts, mit dem auf die Ereignisquelle zugegriffen werden kann.

`Number clientX; Number clientY`
: Ein Attribut des `event`-Objekts, welches die aktuelle x-Position der Maus repräsentiert. Analoges gilt für `clientY`.

Das folgende Beispiel eines primitiven Malprogramms demonstriert, wie die Maus-Koordinaten bei der Ereignisverarbeitung verwendet werden können. Bei Maus-Bewegungen werden kleine grüne Rechtecke an den Maus-Positionen gezeichnet:

```
<html>
<body>
    <script type="text/javascript">
        document.addEventListener("mousemove", function
            (e)
```

4.3 Entwicklung von Rich Clients mit HTML, CSS, JavaScript und AJAX

```
            {
                var box = document.createElement("div")
                   ;
                box.style.width = "2px";
                box.style.height = "2px";
                box.style.position = "absolute";
                box.style.backgroundColor = "#00FF00";
                box.style.left = e.clientX + "px";
                box.style.top = e.clientY + "px";
                document.body.appendChild(box);
            }, false);
      </script>
   </body>
</html>
```

Listing 4.20 Auswertung von Maus-Positionen durch Ereignis-Objekte und deren Attribute

Abb. 4.18 Auswertung von Maus-Positionen durch Ereignis-Objekte und deren Attribute in einem einfachen Malprogramm

4.3.5 Interaktive Graphiken mit JavaScript

Graphische Information wird in Webanwendungen in vielen Fällen mit interaktiven Funktionalitäten ausgestattet und für eine Steuerung einer Anwendung verwendet. Beispiele hierzu können interaktive Land-, Straßen- und Wetterkarten sein. Durch Interaktion kann ein gewünschter Ausschnitt (z.B. das Heimatbundesland) gewählt und die gewünschte Information (z.B. Wettervorhersage) angefordert werden. In Verbindung mit der AJAX-Technologie der nächsten Abschnitte kann dann die aktuelle Information vom Server nachgeladen und in der Oberfläche angezeigt werden. Wir werden hierzu in diesem und den nächsten Abschnitten eine interaktive Wetterkarte implementieren. In der Karte von Bundesländern soll mit Hilfe einer Maus-Interaktion ein Bundesland ausgewählt werden können. Das gewählte Bundesland wird wie in Abb. 4.19 mit einer schwarzen Farbe gekennzeichnet. Nach Auswahl eines Bundeslandes soll die vorhergesagte Temperatur für dieses Bundesland für den folgenden Tag in einem Textfeld angezeigt werden.

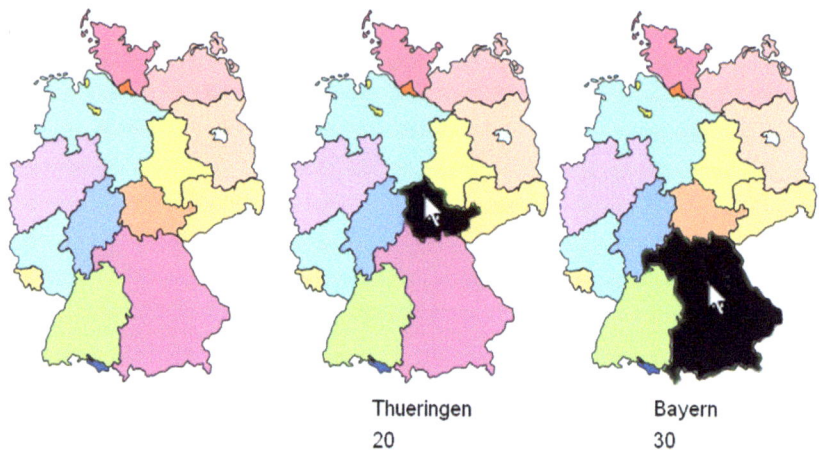

Abb. 4.19 Karte zur Auswahl von Bundesländern mit Maus-Ereignissen

In diesem Abschnitt besprechen wir zunächst die graphische Umsetzung und die Client-seitige Ereignisverarbeitung, d.h. die Möglichkeiten, die HTML in Verbindung mit JavaScript bereitstellt, um aus einem beliebig beranderten räumlichen Bereich Ereignisse zu generieren. Speziell geeignete Tags und Attribute für interaktive graphische Anwendungen sollen am Beispiel dieser Wetterkarte besprochen werden.

Zunächst muss das Bild einer gewünschten Karte geladen werden. Dazu wird wie gewohnt der `<img>`-Tag verwendet. Dieser Tag besitzt die Möglichkeit mit dem Attribut `usemap` ein `<map>`-Tag zu referenzieren. Das `<map>`-Tag kann wiederum durch Polygonzüge beranderte Bereiche, sog. `<area>`-Tags, beinhalten. Die `<area>`-Tags generieren Maus-Ereignisse, die wir entsprechend der Funktionalität in Abb. 4.19 auswerten können.

`usemap`
Mit diesem Attribut des `img`-Tags kann ein `map`-Objekt referenziert werden.

`<map>`
In diesem Tag können `area`-Tags als Kindobjekte eingefügt werden. Diese Tags repräsentieren dann die Maus-sensitiven Regionen.

`<area>`
Ein geometrischer Bereich, welcher durch `shape`- und `coord`-Attribute definiert wird. Innerhalb dieses geometrischen Bereichs werden Maus-Ereignisse generiert, d.h., er fungiert als Maus-sensitive Region.

4.3 Entwicklung von Rich Clients mit HTML, CSS, JavaScript und AJAX

shape
: Dieses Attribut des `area`-Tags legt fest, ob der definierte Bereich durch ein Rechteck (`shape='rect'`) oder durch einen Polygonzug (`shape='poly'`) definiert wird.

coords
: Mit diesem Attribut des `area`-Tags werden der Reihe nach die X- und Y-Koordinaten des `shape`-Bereiches angegeben.

In der folgenden Anwendung werden durch ein Rechteck der Bereich des Bundeslandes Thüringen und durch einen Polygonzug der Bereich des Bundeslandes Bayern in der Deutschlandkarte wie in Abb. 4.19 gekennzeichnet. Durch die aktuelle Maus-Position erfolgt in dem Paragraphen mit `id="text"` die jeweilige Anzeige des Namens des Bundeslandes Thüringen bzw. Bayern.

```
<html>
<body>
    <p id = "text"> Bereich </p>

    <img src = "map.png" width = "250" height = "350"
        usemap = "#states">
      <map name = "states">
        <area shape = "poly" coords =
            "83,245,108,299,176,330,189,313,176,240,
            132,211" onmouseover = "text.innerHTML
            = 'Bayern'">

        <area shape = "rect" coords =
            "108,168,183,207" onmouseover = "text.
            innerHTML = 'Thueringen'">
      </map>
</body>
</html>
```

Listing 4.21 Erzeugung Maus-sensitiver Regionen in Bildern mit JavaScript

4.3.5.1 Überlagerung von Graphiken mit dem z-Index

In vielen interaktiven graphischen Anwendungen werden unterschiedliche Bilder übereinandergelegt. Um die Abfolge der Zeichnungsreihenfolge festzulegen, wird dabei das `z-index` Attribut verwendet. So soll in unserem Wetterkartenbeispiel ein ausgewähltes Bundesland der Bundesrepublik durch eine farbliche Veränderung gekennzeichnet werden, wenn die Maus über diesem Bundesland positioniert ist. Diese graphische Veränderung wird durch ein neues Bild (z.B. das schwarz eingefärbte Bild Thüringens) realisiert, welches über dem Bild der Bundesrepublik angezeigt wird.

`style: z-index`
    Dieses Attribut gibt die Reihenfolge an, in der überlagerte Komponenten gezeichnet werden. Die Komponente mit dem höchsten `z-index` wird zuletzt gezeichnet.

Das folgende Programm demonstriert diese Funktionalität, wie sie in Abb. 4.19 dargestellt ist. Fährt die Maus auf dem Bildschirm über das Bundesland Thüringen, so wird das entsprechende Bundesland schwarz eingefärbt. Hierzu wird in dem Programm ein zusätzliches Bild `<img>` mit `z-index: 2` über die Deutschlandkarte mit `z-index: 1` gelegt. Durch die Maus-Aktion wird in dieses zusätzliche schwarze Bild des entsprechenden Bundeslandes geladen. Die zusätzlichen Positionierungsattribute wie `style = "position: absolute; left: 0px; top: 0px;` sind erforderlich, da sonst gemäß der Standardvoreinstellung die Bilder nebeneinander und nicht übereinander gezeichnet werden.

```html
<html>
<body>

<div style="position: relative; left: 0px; top: 0px;">
    <img src="map.png" border=0 usemap="#states" style=
        "position: absolute; left: 0px; top: 0px; z-
        index: 1;">
    <!-- zusätzliche Ebene zur Anzeige des ausgewählten
         Bundeslandes -->
    <img id="state2" border=0 usemap="#states" style="
        position: absolute; left: 0px; top: 0px; z-index
        : 2;">
</div>

<map name="states">
    <area id="Thueringen" shape="rect" coords="
        108,168,183,207">
    <area id="Bayern" shape="poly" coords="
        83,245,108,299,176,330,189,313,176,240,132,211">
</map>

<script type="text/javascript">
    Thueringen.addEventListener("mouseover", preview,
        false);
    Bayern.addEventListener("mouseover", preview,false)
        ;

    function preview(e)
    {
        var state = e.target.id;
```

4.3 Entwicklung von Rich Clients mit HTML, CSS, JavaScript und AJAX

```
            // Bild der Auswahlebene auf schwarze Variante des Bundeslandes
               setzen
            document.getElementById('state2').src = state +
               '.png';
      }
   </script>
</body>
</html>
```

Listing 4.22 Interaktive Wetterkarte

4.3.6 Interaktive Anwendungen mit AJAX

Durch Einsatz der asynchronen Kommunikation auf der Basis von AJAX (Asynchrones JavaScript und XML) kann der Bedienkomfort von Webanwendungen wesentlich verbessert werden. Eine Webseite wird dabei nur in relevanten Teilen durch aktualisierte Daten erneuert, und es kann während der Übertragung dieser Daten weitergearbeitet werden (asynchrone Übertragung). Die Gesamterscheinung und insbesondere zuvor ermittelte und dargestellte Informationen bleiben erhalten. Neu benötigte Informationen werden unbemerkt im Hintergrund nachgeladen während der Nutzer weiterarbeitet.

4.3.6.1 Klassische- und AJAX-Webanwendungen

Um den Einsatzbereich und die Funktionsweise von AJAX genauer darzustellen, betrachten wir wieder eine Wetterkartenanwendung, deren Aussehen und Ereignisverarbeitung wir im letzten Abschnitt zum Teil schon besprochen haben (siehe Abb. 4.19). Die Anwendung soll nun um die asynchrone Client-Server-Kommunikation erweitert werden. Die Temperaturen von ausgewählten Bundesländern sollen von einem Server abgefragt werden. Als Anwendungsszenario wählen wir einen Reisenden, der die Temperaturen von mehreren Bundesländern vergleichen möchte, um sich auf dieser Basis für ein Reiseziel entscheiden zu können. Es soll daher die Wettervorhersage für ein zuerst gewähltes Bundesland auf der Webseite dargestellt werden, also z.B.

- Thüringen: 20 Grad

Danach möchte er ein weiteres Bundesland anwählen, und die Temperatur soll ebenfalls angezeigt werden:

- Thüringen: 20 Grad
- Bayern: 30 Grad

Der entscheidende Unterschied einer AJAX-Anwendung zu klassischen Web-Anwendungen ohne AJAX ist, daß bei der zusätzlichen Anzeige der Temperatur von Bayern das alte Ergebnis, also die angezeigte Temperatur von Thüringen wie in Abb. 4.20 nicht gelöscht wird. Diese für herkömmliche Desktopanwendungen triviale Funktionalität ist bei Webanwendungen nur durch zusätzliche Technologien wie AJAX möglich.

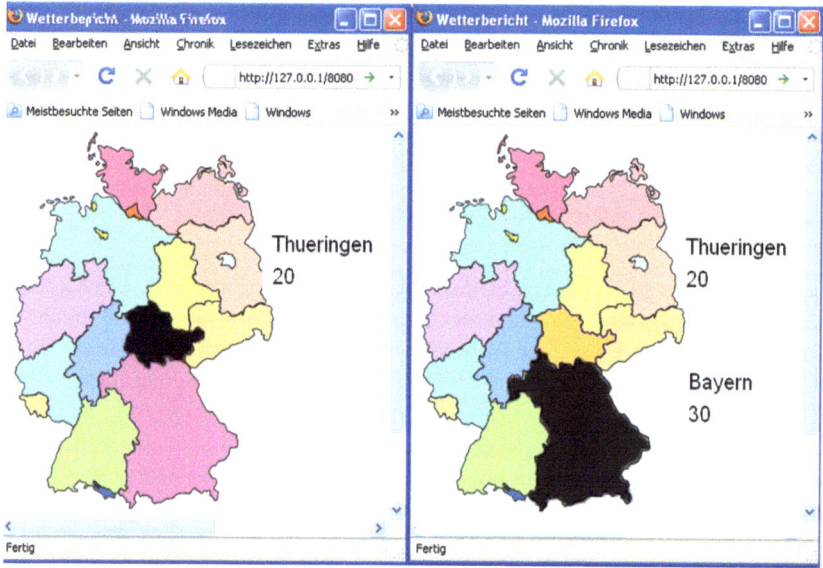

Abb. 4.20 Anzeige von Wetterinformationen mit AJAX

Bei einer AJAX-Anwendung wird hierzu durch eine JavaScript-Funktion eine asynchrone Anfrage an den Server gesendet und die Antwort in einem bestimmten Knoten der Webseite mit `id="Thür"` der Webseite angezeigt. Dieser Knoten kann so erhalten und angezeigt bleiben, auch wenn der Nutzer weiterarbeitet und sich auf gleiche Weise die Temperaturen von Bayern anzeigen lässt, welche in einem anderen Knoten mit `id="Bay"` angezeigt werden. Asynchron bedeutet hier, dass Anfrage und Antwort des Servers als Prozess unbemerkt im Hintergrund laufen, während auf der Webseite schon weitergearbeitet wird (hier z.B. die Auswahl eines weiteren Bundeslandes zur Temperaturanzeige).

4.3.6.2 Klassische Webanwendung

Durch die klassischen Anfragemöglichkeiten

- Aktivieren von Hyperlinks

4.3 Entwicklung von Rich Clients mit HTML, CSS, JavaScript und AJAX

- Abschicken eines Formulars und anschließende Anzeige einer neuen (auf dem Server dynamisch generierten) Seite

wird immer eine komplett neue Seite über HTTP angefordert, vom Server zurückgesendet und im Client angezeigt. Daher würden ohne weitere Vorkehrungen bei traditionellen Webanwendungen die schon abgefragten Temperaturdaten gelöscht werden.

„Ohne weitere Vorkehrungen" heißt, dass es zu AJAX schon länger Alternativen gab, um diesen Nachteil zu umgehen: Frames und On-Demand-Javascript. Frames meint, dass mehrere HTML-Seiten in unterschiedlichen rechteckigen Bereichen verwendet werden. Bei On-Demand-JavaScript werden Script-Dateien vom Server geladen, welche dann vom Webbrowser ausgeführt werden und so neue Knoten erzeugen können. Das Laden von Script-Dateien erfolgt ebenfalls asynchron. Eine weitere, recht aufwändige Möglichkeit besteht darin, den kompletten Zustand der aktuellen Web-Seite des Nutzers entweder beim Client oder beim Server zwischenzuspeichern. Der Server kann dann anhand dieser Zustands-Informationen eine Seite mit alle bisherigen Eingaben dynamisch erzeugen. Jedoch sind diese Alternativen in ihren Möglichkeiten sehr eingeschränkt bzw. aufwändig, und daher ist AJAX in den meisten Fällen der bequemste, eleganteste und leistungsstärkste Weg.

Zusammengefasst leistet AJAX im Unterschied zu traditionellen Webanwendungen folgende Funktionalität:

Eine Webseite wird in nur in relevanten Teilen durch aktualisierte Daten erneuert. Die Übertragung der Daten läuft unbemerkt im Hintergrund. Während der Übertragung kann auf der Webseite weitergearbeitet werden (asynchrone Kommunikation).

4.3.6.3 Asynchrone Client-Server-Kommunikation mit AJAX

Wir wollen die Grundlagen von AJAX zunächst an einer einfacheren Anwendung erklären, bevor wir im nächsten Abschnitt zu dem komplexeren graphischen Beispiel einer interaktiven Wetterkarte zurückkehren. Die Anwendung soll eine Temperaturvorhersage zu einer bestimmten Uhrzeit von einem Server abfragen (siehe Abb. 4.21)

- Die Temperatur kann in einem `<input>`-Tag eingetragen werden. Durch Maus-Klick wird Temperatur aus dem `<input>`-Tag ausgelesen und eine entsprechende GET-Anfrage an den Server abgesendet.
- Der Server sendet entsprechend der GET-Anfrage den Inhalt einer Datei temperaturXX.txt, welche den Temperaturwert zur gewünschten Uhrzeit XX enthält, an den Client zurück. Der Temperaturwert wird im Client ausgelesen und in einem `<div>`-Tag angezeigt.

Um den weiteren Beispiel-Code dieses und des nächsten Abschnitts testen zu können, müssen wieder alle erforderlichen Dateien (in diesem Abschnitt nur die unten aufgelistete HTML-Datei index.html und die Textdateien temperatur1.txt, ..., temperatur12.txt mit Temperaturen zu den unterschiedlichen Uhrzeiten) in das gleiche Verzeichnis kopiert werden, wo auch der Java HTTP-Server (Datei: HTTPServer.class) aus Kap. 3 gespeichert worden ist. Dieser muss dann mit dem Aufruf

```
> java HTTPServer
```

gestartet werden. Im Browser wird dann unter der URL

```
http://127.0.0.1:8080
```

das folgende Ergebnis wie in Abb. 4.21 visualisiert.

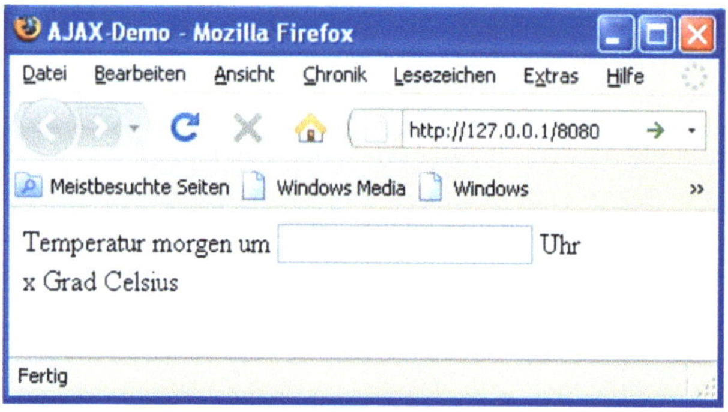

Abb. 4.21 Eine einfache AJAX Anwendung

Das Besondere gegenüber einer herkömmlichen Webanwendung ist, dass in dem `<input>`-Tag die eingegebenen Daten weiter angezeigt bleiben und diese auch weiter geändert werden können, während die Anfragen an den Server gestellt und die Antworten in dem unteren `<div>`-Tag aktualisiert werden (asynchrone Kommunikation). Bei einer herkömmlichen Webanwendung würde die gesamte Seite neu geladen werden und somit der `<input>`-Tag nach dem Absenden blockiert und nach dem Neuladen leer sein.

Der Code der angezeigten HTML-Seite lautet folgendermaßen:

```
<html>
<body>
Temperatur morgen um
<input id="mytemperature" type="text" onclick='process
    ()'>
Uhr
<div id="message" />

<script type="text/javascript">
```

// hier wird der JavaScript und AJAX–Code zur Umsetzung der
// Anwendung eingesetzt.

4.3 Entwicklung von Rich Clients mit HTML, CSS, JavaScript und AJAX   243

```
</script>
</body>
</html>
```

Listing 4.23 Code der Datei index.html für eine einfache AJAX-Anwendung

In dem `<script>`-Knoten wird nun der entsprechende JavaScript-und AJAX-Code eingesetzt, den wir im Folgenden Schritt für Schritt besprechen werden.

4.3.6.4 Instanziierung eines `XMLHttpRequest`-Objekts

Es muss zunächst ein Objekt für die asynchrone Datenübertragung instanziiert werden (welches dann implizit eine HTTP-Verbindung aufbaut).

`XMLHttpRequest`
 In allen Browsern außer dem Internetexplorer 6 und älteren Versionen wird mit einem Objekt dieser Klasse die asynchrone Verbindung zum Server hergestellt, die HTTP-Anfrage versendet und der Antwortstrom des Servers ausgewertet.

Die Instanziierung wird folgendermaßen vorgenommen:

```
var xhr = new XMLHttpRequest();
```

Im Internetexplorer 6 und älteren Versionen muss

```
var xhr = new ActiveXObject("Microsoft.XMLHTTP");
```

oder

```
var xhr = new ActiveXObject("Msxml2.XMLHTTP");
```

verwendet werden.

4.3.6.5 Absenden einer HTTP-Anfrage

Bevor wir die eigentliche Anfrage starten, müssen wir die vom Nutzer eingegebene Uhrzeit abrufen:

```
var uhrzeit = document.getElementbyId("
    mytemperature").value;
```

Mit Hilfe der folgenden Methoden des `XMLHttpRequest`-Objekts wird die HTTP-Anfrage generiert und abgesendet:

`open(String HTTPMethode, String url, Boolean b)`
 Im ersten Parameter wird die HTTP-Requestmethode GET oder POST ausgewählt. In dem `String url` wird angegeben, wo die gewünschte Information zu finden ist. Der Wert `b` legt fest, ob die Anfrage asynchron (`true`) oder

synchron (`false`) verarbeitet werden soll. Gibt man hier `false` an, so wird die weitere Ausführung des Scripts wie bei traditionellen Webanwendungen blockiert, bis die Anfrage abgeschlossen ist. Benutzerinteraktionen werden dadurch blockiert, so dass diese Option in den meisten Fällen nicht gewünscht ist.[1]

`send(String Daten)`
Mit dieser Methode wird die Anfrage abgesendet und die zu übertragenden Daten werden übergeben. Dies können z.B. Eingabedaten des Nutzers sein, die in ein Formular eingetragen wurden. Sollen keine Daten gesendet werden, wird `null` angegeben.

Die resultierenden Codezeilen lauten daher für unser Beispiel folgendermaßen:

```
xhr.open("GET", "temperatur" + uhrzeit + ".txt" ,
   true);
xhr.send(null);
```

4.3.6.6 Auswertung der Antwort des Servers

Nach einer gewissen Reaktionszeit liegt die Antwort des Servers vor und kann ausgewertet werden. Es muss also zunächst geprüft werden, ob sich eine Zustandsänderung ergeben hat. Das geschieht mit dem folgenden Ereignis des `XMLHttpRequest`-Objekts.

`onreadystatechange`
Ein `XMLHttpRequest`-Objekt durchläuft eine Reihe von Zuständen, welche mit dem `readyState`-Attribut abgefragt werden können. Bei jedem Zustandswechsel wird ein `onreadystatechange`-Ereignis von dem `XMLHttpRequest`-Objekt ausgelöst.

`readyState`
Mit diesem Attribut kann der aktuelle Zustand eines `XMLHttpRequest`-Objekts abgefragt werden. Das Attribut kann folgende Werte annehmen:

- `open` wurde noch nicht aufgerufen: `readyState = 0`
- `open` wurde aufgerufen jedoch `send()` noch nicht: `readyState = 1`
- `send` wurde aufgerufen: `readyState = 2`
- ein Teil der Daten wurde empfangen: `readyState = 3`
- alle Daten wurden empfangen: `readyState = 4`

---

[1] Moderne Browser wie der Firefox 3 starten beim Senden der AJAX-Anfrage einen eigenen Thread, der auf das eintreffen der HTTP-Antwort wartet. Synchrone Anfragen sind daher kaum von asynchronen zu unterscheiden und mit dem Browser kann bei synchronen Anfragen weitergearbeitet werden.

4.3 Entwicklung von Rich Clients mit HTML, CSS, JavaScript und AJAX

`status`
> liefert den HTTP-Status-Code. Leider wird mit dem `readyState`-Attribut nicht geprüft, ob der HTTP-Befehl wirklich erfolgreich ausgeführt wurde. Der HTTP-Status-Code der Antwort kann mit diesem Attribut abgefragt werden.

`responseText`
> Der Inhalt einer vom Server übertragenen Textdatei kann mit diesem Attribut des `XMLHttpRequest`-Objekts ausgelesen werden.

Insgesamt ergibt sich damit für unsere Anwendung der folgende Code:

```
<html>
<body>
Temperatur morgen um
<input id="mytemperature" type="text" onclick='process
    ()'>
Uhr
<div id="message" />

<script type="text/javascript">

function process(){

var xhr =new XMLHttpRequest();

xhr.addEventListener("readystatechange",function(event)
{
    if(xhr.readyState== 4)
    {
        if(xhr.status== 200)
        {
            document.getElementById("message").
                innerHTML=
            xhr.responseText + " Grad Celsius";
        }
    }
}
,false);

var uhrzeit=document.getElementById("mytemperature").
    value;
xhr.open("GET", "temperatur" + uhrzeit + ".txt" , true
    );
xhr.send(null);

} //Ende der Methode process()
```

```
</script>
</body>
</html>
```

Listing 4.24 Einfache AJAX-Anwendung

4.3.6.7 Interaktive Wetterkarte mit AJAX

Die in Abb. 4.20 dargestellte Funktionalität, dass man sich nacheinander die Temperaturen von verschiedenen Bundesländern mit Hilfe von AJAX anzeigen lassen kann, ergibt sich nun aus der Kombination aus den Programmen in Listing 4.22 und Listing 4.24.

In Listing 4.22 werden hierzu zusätzlich die folgenden 4 Paragraphen-Tags in den `<body>` eingefügt. Sie dienen zur Anzeige des Namens von zwei nacheinander ausgewählten Bundesländern und der jeweilige Temperatur.

```
<!-- Paragraphen zur Ausgabe von Namen und
    Temperaturen des 1. Bundeslandes -->
<p id="name" style="position: absolute; top: 60px;
    left: 300px" > </p>
<p id="temp" style="position: absolute; top: 90px;
    left: 300px"> </p>
<!-- Paragraphen zur Ausgabe von Namen und
    Temperaturen des 2. Bundeslandes -->
<p id="nextname" style="position: absolute; top:
    120px; left: 300px"> </p>
<p id="nexttemp" style="position: absolute; top:
    150px; left: 300px"> </p>
```

Desweiteren brauchen wir eine boolsche Variable b, die angibt, ob die Temperatur für das erste Bundesland (b==false) oder das zweite Bundesland ermittelt werden soll. Ferner muss die Funktion `preview` in Listing 4.22 um die AJAX-Anfragen an den Server erweitert werden. Dies geschiet ganz analog zu Listing 4.24. Folgender Code muss daher im `script`-Tag in Listing 4.22 ergänzt werden:

```
var b=false;

function preview(e)
{
    var state = e.target.id;
    // Bild der Auswahlebene auf schwarze Variante des Bundeslandes setzen
    document.getElementById('state2').src = state + '.
        png';
```

```
var xhr = new XMLHttpRequest();

xhr.addEventListener("readystatechange",function(
    event)
{
    if (xhr.readyState == 4)
    {
        if (xhr.status == 200)
        {
            if (b == false)
            {
                document.getElementById("name").
                    innerHTML = state;
                document.getElementById("temp").
                    innerHTML = xhr.responseText + "
                    Grad Celsius";
                b=true;
            }
            else
            {
                document.getElementById("nextname")
                    .innerHTML = state;
                document.getElementById("nexttemp")
                    .innerHTML = xhr.responseText +
                    " Grad Celsius";
            }
        }
    }
},false);

xhr.open("GET", "temp_" + state + ".txt" , true );
xhr.send(null);
}
```

4.4 Entwicklung von Rich Clients mit FLEX/Flash/ActionScript

Während JavaScript und HTML kaum Möglichkeiten für Zeichenfunktionen, Animationen und Videowiedergabe bieten, liegt die Stärke von Flash in diesem Bereich. Die Nutzerinteraktion über Oberflächenelemente war vor der Entwicklung von FLEX hingegen eher ein sekundärer Anwendungsbereich von Flash. FLEX hat beide Nutzungsbereiche kombiniert. Insbesondere werden eine objektorientierte Entwicklung von Nutzeroberflächen inklusive einer asynchronen Client-Server-

Kommunikation, Animationen und Streaminganwendungen unterstützt. Die Flash-Klassen `flash.*` repräsentieren die Zeichnen- und die Animationsfunktionen und die FLEX `mx.*`-Klassen repräsentieren die Klassen zur Entwicklung von Nutzeroberflächen. Es sind alle Flash `flash.*`- und FLEX `mx.*`-Klassen als eine ActionScript-Klassenbibliothek implementiert. ActionScript 3.0 ist eine objektorientierte Programmiersprache, bei deren Entwicklung man sich stark an Java orientiert hat. ActionScript 3.0 unterstützt alle gängigen objektorientierten Konstrukte wie z.B. Klassen (Schlüsselwort `class`), Objekte und Interfaces (Schlüsselwort `interface`), `public` und `private` Attribute und Methoden, Vererbung (Schlüsselwort `extends`) sowie `static`-Methoden und Attribute. Die Entwicklung von Nutzeroberflächen mit FLEX gestaltet sich durch die Einführung der XML-basierten Scriptsprache MXML ähnlich einfach wie eine Entwicklung auf der Basis von HTML. Umfangreiche und detaillierte Dokumentation finden sich insbesondere in von Adobe herausgegebenen Publikationen (z.B. [4], [3], [6]).

Installation, Kompilierung und Ausführung der Beispiele

Die Entwicklung von FLEX/Flash-Anwendungen kann seit der Einführung von FLEX mit dem FLEX-SDK vorgenommen werden. Zur Beschleunigung der Entwicklung können kostenpflichtige Autorenwerkzeuge wie Adobe Flash CS4 Professional oder Adobe FLEX Builder verwendet werden. Diese Werkzeuge werden aber im Zusammenhang mit diesem Buch nicht benötigt.

Alle in diesem Abschn. 4.4 besprochenen Beispiele, welche mit einem beliebigen Editor in *.mxml- oder *.as-Dateien zu speichern sind, müssen mit Hilfe des FLEX-Compilers zu swf-Dateien kompiliert werden. Diese Dateien können dann mit dem Flash-Player dargestellt bzw. ausgeführt werden. Nach der Installation (www.adobe.com) des Adobe Flash-Players müssen hierzu von den Adobe Webseiten das FLEX-SDK heruntergeladen und die Dateien entpackt werden. Zum Kompilieren und Ausführen der Beispiele sollte jeweils ein Verzeichnis angelegt werden. Es ist dann in dieses Verzeichnis zu wechseln und die ausführbare Datei mxmlc.exe aufzurufen. Diese befindet sich im FLEX-SDK im Verzeichnis `bin`. Es ist das zu kompilierende mxml-File als Argument dem Befehl zu übergeben. Wenn z.B. das HelloWorld.mxml-Beispiel kompiliert werden soll, so ist folgender Befehl auszuführen:

```
> mxmlc HelloWorld.mxml
```

4.4.1 Graphische Komponenten mit MXML und FLEX

Für häufig vorkommende Standardfälle bei der Entwicklung von Nutzeroberflächen wurde im Rahmen von FLEX durch die Einführung der Scriptsprache MXML

4.4 Entwicklung von Rich Clients mit FLEX/Flash/ActionScript

die Implementierung stark vereinfacht. Die Programmiersprache ActionScript kann dann hinzugenommen werden, um Webseiten interaktiv zu gestalten.

Die Entwicklung von graphischen Komponenten mit MXML und FLEX ist weitestgehend mit den entsprechenden Konzepten in HTML/JavaScript vergleichbar. Knoten werden durch Tags repräsentiert. Die Baumstruktur einer Oberfläche wird durch die Verschachtelung der Tags erzeugt. Über eine simple Ereignisverarbeitung wie in HTML kann eine weiterführende Programmierung mit ActionScript vorgenommen werden.

Adobe FLEX ist als eine ActionScript-Klassenbibliothek implementiert. Jede MXML-Komponente ist daher eine Instanz einer ActionScript Klasse. Es liegt für die MXML-Komponenten daher die gleiche Klassenhierachie wie für die entsprechenden und gleichlautenden ActionScript-Klassen vor. Die gesamte Klassenbibliothek ist wie die Java J2SE-Klassenbibliothek sehr umfangreich. Die folgende Graphik zeigt einen kleinen Ausschnitt von einigen wichtigen Klassen, die wir im folgenden verwenden werden. Die Klassen für graphische Oberflächen sind in der Klassenhierarchie in dem `mx`-Package unterbracht. Die Basisklasse für dieses Package ist `UIComponent`. Im Kontext von FLEX/Flash nennen wir Objekte der `mx`-Klassen auch Komponenten.

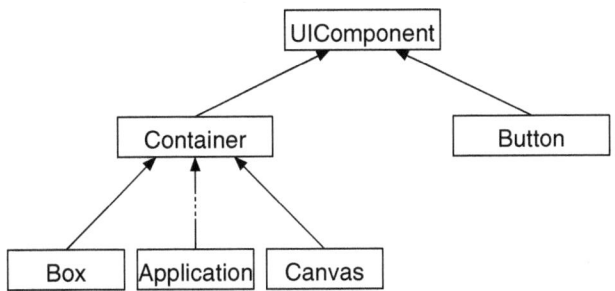

Abb. 4.22 Hierarchie der FLEX-Klassen

4.4.2 MXML- Tags und Attribute

Wie in HTML werden die Knoten des Baums einer Oberfläche durch MXML-Tags und (optional) über deren Attribute spezifiziert. Dabei wird meist (wie z.B. in [3]) der xml-Namespace mit xm abgekürzt und entsprechend referenziert:

```
<mx:tagName attribut1 = "Wert1" attribut2 =="Wert2"
    > mx:tagName>
```

Beispiel:

```
<mx:Label id = "textareal" text = 'Hello World'
    width = "155" x = "0" y = "0" />
```

Die möglichen Attribute variieren natürlich von Klasse zu Klasse und damit von Tag zu Tag. Jedoch werden die folgenden Attribute von `UIComponent` auf alle anderen `mx`-Klassen vererbt.

`id`
Ein String zur eindeutigen Referenzierung einer Komponente.

`enabled`
Ein boolscher Wert, der festlegt, ob die Komponente Maus-Eingaben und Keyboard-Fokus ermöglicht. Der Standard-Wert ist `true`. Bei einem Container gilt die Einstellung dann für alle Kindobjekte.

`height`
Ein Wert vom Typ `Number`, der die Höhe einer Komponente angibt.

`width`
Ein Wert vom Typ `Number`, der die Breite einer Komponente angibt.

`styleName`
Dies ist ein String, um CSS-Angaben über einen Selektor zuordnen zu können.

`visible`
Dies ist ein boolscher Wert, der wie in Java angibt, ob die Komponente angezeigt wird.

`x`
Ein Wert vom Typ `Number`, der die x-Koordinate einer Komponente angibt.

`y`
Ein Wert vom Typ `Number`, der die y-Koordinate einer Komponente angibt.

Über weitere Attribute können z.B. Größen auch in % relativ zur Fenstergröße angegeben und Maus-Doppelklicks und Tooltip-Informationen aktiviert werden. In JavaScript und HTML können Attribute innerhalb eines Tags oder auch über eine JavaScript-Funktion festgelegt werden. Ganz analog ist die Situation bei FLEX-Attributen, welche in den FLEX-Tags oder aber auch über ActionScript-Funktionen festgelegt werden können. Auf die ActionScript-Funktionen gehen wir in Abschn. 4.4.4 ein.

4.4.2.1 Hauptfenster

Ein MXML-Dokument beginnt mit dem `Application`-Tag.

`Application`
repräsentiert das Hauptfenster einer FLEX-Anwendung. Die `Application`-Klasse ist insbesondere von der `Container`-Klasse abgeleitet. In das Hauptfenster werden alle weiteren Komponenten durch verschachtelte Tags eingefügt. Das Hauptfenster kann ein `creationComplete`-Ereignis auslösen. Eine umfassendere Besprechung der Ereignisverarbeitung folgt im UnterAbschn. 4.4.3.4.

4.4 Entwicklung von Rich Clients mit FLEX/Flash/ActionScript

`creationComplete`
Ein Ereignis, welches nach der vollständigen Instanziierung aller Komponenten des Hauptfensters ausgelöst wird. So ruft z.B. `creationComplete = "doSomething"` eine ActionScript-Funktion `doSomething()` auf.

Anders als in Java kann jedes Objekt, welches von einer von `UIComponent` abgeleiteten Klasse stammt, weitere visualisierbare Objekte als Kindobjekte aufnehmen. Diese Eigenschaft ist nicht den speziellen Container-Klassen vorbehalten. Diese sind für eine spezielle Anordnung der Kindobjekte zuständig.

Um eine Version des HelloWorld-Beispiels programmieren zu können, müssen wir in ein Hauptfenster eine Komponente integrieren, welche einen Text darstellen kann:

```
<mx:Application xmlns:mx="http://www.adobe.com/2006/
  mxml">
  <mx:Label text='Hello World'/>
</mx:Application>
```

4.4.2.2 Basiskomponenten für die Ausgabe/Anzeige und die Eingabe bzw. Nutzerinteraktion

Wie schon in den vorherigen Abschnitten über graphische Komponenten mit Java bzw. graphische Komponenten mit HTML/CSS werden wir einige ausgewählte Komponenten zur Informationsanzeige bzw. zur Eingabe und zur Nutzerinteraktion vorstellen. Hierzu zählen wie zuvor Klassen um Text darzustellen (`Label`, `Text`), um Text einzugeben (`TextInput`, `TextArea`), um Optionen auszuwählen (`Button`) und um Bilder (`Image`) darzustellen. Ferner haben wir sowohl in Java und natürlich auch in HTML die Verarbeitung von Hyperlinks betrachtet. Dies kann mit FLEX durch den `LinkButton` erfolgen. MXML stellt ferner eine einfache Ereignisverarbeitung wie in HTML zur Verfügung. Vordefinierte Ereignisse können zum Setzen von Attributen oder zum Aufruf von ActionScript-Methoden eingesetzt werden.

`Label`
Mit Objekten dieser Klasse kann nur eine Zeile anzeigt werden. Es ist keine Nutzereingabe möglich.

`Text`
Mit Objekten dieser Klasse können mehrere Zeilen anzeigt werden. Es ist keine Nutzereingabe möglich.

`TextInput`
Mit Objekten dieser Klasse kann nur eine Zeile anzeigt werden. Es ist eine Nutzereingabe möglich. Mit dem Attribut `editable = "true"` bzw. `editable = "false"` wird angegeben, ob eine Nutzereingabe vorgesehen ist oder nicht.

TextArea
: Mit Objekten dieser Klasse können mehrere Zeilen anzeigt werden. Es ist wie bei `TextInput` eine Nutzereingabe möglich.

Image
: Objekte dieser Klasse dienen zur Darstellung von Bildern. Dabei kann die Quelle auf zwei Arten mit dem Attribut `source` geladen werden:

- Mit `source = "@Embed(source='relativeOrAbsolutePath')"` wird das referenzierte Bild während der Kompilierung in die generierte swf-Datei integriert und braucht danach nicht mehr extra übertragen werden. Dabei kann ein relativer oder absoluter Pfad des lokalen Dateisystems verwendet werden, aber keine URL. Folgende Formate können verwendet werden GIF, JPEG, PNG, SVG, und SWF.
- Mit `source = "relativeOrAbsolutePathOrURL"` wird ein Bild zur Laufzeit geladen. Hierbei kann auch eine URL verwendet werden. Die Bilder müssen als externe Dateien extra heruntergeladen werden.

Button
: Mit Objekten dieser Klasse können Maus-Ereignisse generiert und mit dem Attribut `Label` beschriftet werden. So kann z.B. mit dem Maus-Klick-Attribut `click` eine Steuerung einer Anwendung vorgenommen werden. Im folgenden Beispiel wird das `text`-Attribut eines `Label`-Objekts durch einen Maus-Klick geändert:

```
<mx:Application xmlns:mx="http://www.adobe.com/2006/
   mxml">
  <mx:Button
     label="Drueck mich!"
     width="100"
     click="text1.text='Danke'" />
  <mx:Text id="text1"/>
</mx:Application>
```

LinkButton
: Dies ist eine von `Button` abgeleitete Klasse. Objekte dieser Klasse besitzen die Eigenschaft, dass sie hervorgehoben dargestellt werden, wenn man mit der Maus über das Objekt fährt. Dies soll an eine gängige Darstellung von HTML-Links erinnern. Der `LinkButton` ist daher als ein Ersatz für HTML-Links gedacht.

Im folgenden Beispiel wird eine Webseite in einen Browser geladen. Hierzu müssen dann jedoch die Funktion `navigateToURL` (lädt eine URL in einen Browser) und die Klasse `URLRequest` aus dem `flash.net`-package hinzugenommen werden.

4.4 Entwicklung von Rich Clients mit FLEX/Flash/ActionScript

URLRequest
Diese Klasse ist für die Angabe eines Pfades im lokalen Filesystem oder zur Umsetzung einer HTTP-Anfrage zuständig.

Im lokalen Filesystem wird einfach der Pfad bei der Instanziierung angegeben:

`var url:URLRequest = new URLRequest("banana.jpg");`

Bei einer HTTP-Anfrage wird wie üblich das Protokoll (HTTP oder HTTPS) und der Pfad zur Instanziierung benötigt:

```
var str:String= "http://www.fh-schmalkalden.de/index.html";
var url:URLRequest = new URLRequest(str);
```

Ein Objekt der `URLRequest`-Klasse wird dann an die folgende Methode `navigateToURL` aus dem `flash.net`-Package übergeben.

`navigateToURL(request:URLRequest, window:String = null):void`
Diese Methode wird im package `falsh.net` bereitgestellt, ohne dass ein Objekt einer Klasse instanziiert werden muss. Die Methode lädt die angegebene Webseite in einen Webbrowser. Flash wählt dabei den Browser, der das Flash-Player Plugin enthält.

```
<mx:Application xmlns:mx="http://www.adobe.com/2006/mxml">
  <mx:LinkButton label="Fh-Schmalkalden" click="
    navigateToURL(new URLRequest('http://www.fh-
    schmalkalden.de'))" />
  <mx:LinkButton label="Fakultaet Informatik" click="
    navigateToURL(new URLRequest('http://www.
    informatik.fh-schmalkalden.de'))" />
</mx:Application>
```

Listing 4.25 Einsatz der Klassen `LinkButton` und `URLRequest` zur Umsetzung der Hyperlink-Funktionalität

4.4.2.3 Anordnung von Komponenten innerhalb von `Container`-Objekten

Im Folgenden werden wir auf die wichtigsten FLEX-`Container` und deren Anordnungskonzepte eingehen. Vergrößerungen oder Verkleinerungen des Hauptfensters führen zu einer automatischen Anpassung der Anordnung. Diese `Container` sind das Pendant zu den Java `LayoutManager`-Klassen. In FLEX wird jedoch die Art und Weise der Anordnung von der speziell verwendeten `Container`-Klasse selbst übernommen.

254   4 Entwicklung von Rich Clients

Abb. 4.23 LinkButton im Flash-Player

Canvas
   Diese Container-Klasse dient zur absoluten Positionierung. Bei einer automatischen Positionierung wird das Hauptfenster immer so groß gewählt, dass alle Komponenten sichtbar sind. Wenn bei der absoluten Positionierung das Fenster so klein gewählt wurde, dass nicht alle Komponenten sichtbar sind, so erscheinen automatisch Scrollleisten.

```
<mx:Application xmlns:mx="http://www.adobe.com/2006/
   mxml" height="100" width="150">
  <mx:Canvas>
          <mx:Text text="Search" x="10" y="30" />
          <mx:Text text="Help" x="10" y="100" />
       </mx:Canvas>
</mx:Application>
```

Abb. 4.24 Absolute Positionierung mit dem Canvas Container

Box
   Mit dieser Container-Klasse werden die Kindkomponenten vertikal oder horizontal angeordnet. Die gewählte Anordnung wird durch das Attribut direction = "vertical" bzw. direction = "horizontal" festgelegt. Das gleiche Resultat kann mit den Tags VBox bzw. HBox erzielt werden.

4.4 Entwicklung von Rich Clients mit FLEX/Flash/ActionScript 255

Panel
: Mit dieser Container-Klasse werden die Kindkomponenten wie bei einer Box ebenfalls vertikal oder horizontal angeordnet. Ein Panel verfügt gegenüber einer Box über zusätzliche graphische Elemente bzw. Beschriftungen wie z.B. eine Titelleiste.

```
<mx:Application xmlns:mx="http://www.adobe.com/2006/
   mxml">
    <mx:Panel title="My Application">
       <mx:Text text="Hello" />
       <mx:Text text="World!" />
    </mx:Panel>
</mx:Application>
```

Abb. 4.25 Anordnung mit der Panel-Klasse

Die Möglichkeiten einer automatischen Anordnung durch Container sind wie in Java recht umfangreich und so gibt es noch weitere spezielle Container z.B. für einen formularähnlichen Aufbau und zur Anordnung von Komponenten in Leisten.

4.4.2.4 Design von Komponenten

Die äußere Erscheinung von Komponenten kann durch style-Attribute analog zu der Bedeutung und Syntax von CSS-Attributen festgelegt werden. So gibt es Attribute für die Farbgebung, für Abstände und Ränder und die Fontauswahl. Farben können durch RGB-Werte und hexadezimal durch Strings angegeben werden.

color
: Mit diesem style-Attribut wird die Schriftfarbe in Komponenten angegeben. Hierzu können RGB-Werte (color: rgb(255, 0, 0)), hexadezimale Werte (color: #FF0000) oder Konstanten (color: red) verwendet werden.

`background-color`
   Analog zum `color`-Attribut wird hiermit die Hintergrundfarbe gesetzt.

`borderStyle`
   Mit diesem Attribut werden Ränder definiert, wie z.B. durch `borderStyle: solid`.

`font-family`
   Mit diesem Attribut können Schriftarten gewählt werden, wie z.B. `font-family:Tahoma, Arial, Helvetica, sans serif;`.

Die Spezifikation der style-Attribute kann wie in HTML/CSS auf unterschiedliche Arten vorgenommen werden. Individuell kann in jedem Tag eine Festlegung erfolgen:

```
<mx:Label fontSize="15" />
```

Darüber hinaus können in einem `Style`-Tag style-Angaben für alle Tags eines Quellcodedokuments festgelegt werden.

`Style`
   In diesem Tag erfolgt die Festlegung von style-Angaben für ein gesamtes Quellcodedokument. Dabei können die Angaben über geschweifte Klammern für einen gesamten Tag-Typ festgelegt werden. Individuelle Festlegungen können über das Attribut `styleName` definiert werden. Diese werden dann mit der Punktnotation referenziert.

```
<mx:Application xmlns:mx="http://www.adobe.com/2006/
   mxml">
    <mx:Style>
       Box{background-color: green}
       .myVBox{background-color:rgb(240,240,100)}
       Button{color:blue}
       .myButton{color:white}
    </mx:Style>

       <mx:VBox styleName="myVBox" >
       <mx:Button label="Hello"/>
       </mx:VBox>

       <mx:Box >
           <mx:Button styleName="myButton" label="
              Submit"/>
       </mx:Box>
</mx:Application>
```

Ebenso wie in HTML/CSS können die style-Angaben auch über eine externe Datei eingelesen werden. Dies eignet sich für eine einheitliche Festlegung von style-Angaben für alle Tags in mehreren Quellcodedokumenten.

4.4 Entwicklung von Rich Clients mit FLEX/Flash/ActionScript

```
<mx:Application xmlns:mx="http://www.adobe.com/2006/
   mxml">
    <mx:Style source="myStyle.css"/>
</mx:Application>
```

Abb. 4.26 Design von Komponenten mit style-Angaben

4.4.3 ActionScript 3.0 und FLEX

Analog zu dem Verhältnis von HTML und JavaScript kann der MXML-Code in FLEX-Anwendungen mit Hilfe von ActionScript interaktiv gestaltet werden. FLEX-Komponenten können Ereignisse generieren, welche mit ActionScript verarbeitet werden können. Mit Hilfe von ActionScript kann ebenso wie mit der AJAX-Technologie eine asynchrone Kommunikation zwischen Server und Client implementiert werden.

Die FLEX `mx.*` Klassen sind als eine ActionScript-Klassenbibliothek implementiert. Die MXML-Tags instanziieren ein ActionScript-Objekt einer gleichlautenden Klasse. Die Klassen-Hierarchie aus Abb. 4.22 ist also eigentlich eine Klassenhierarchie der entsprechenden ActionScript-Klassen. Wir können die Programmierung an Stelle der MXML-Scriptsprache daher auch mit ActionScript 3.0 durchführen. Diese Art der Programmierung bietet mehr Möglichkeiten als mit der MXML-Sprache. Dafür wird der Code jedoch umfangreicher. So ist z.B. die einfache Verschachtelung von Tags zum Aufbau einer Baumstruktur durch folgende ActionScript `Container`-Methode zu ersetzen:

`addChild(UIComponent c)`
    Diese Methode fügt die Kindkomponente `c` in einen `Container` des mx-Packages ein. Für den späteren Einsatz in Kombination mit den `flash.*`-Klassen ist ferner folgender Sachverhalt bedeutsam. Diese Container-Methode der mx-Klassen überschreibt die `addChild(DisplayObject d)`-Methode der Superklasse `DisplayObjectContainer`. Es können zwar auch Objek-

te der Superklasse `DisplayObject` ohne Compiler-Fehler übergeben werden, diese werden jedoch nicht angezeigt, d.h., das Einfügen und das korrekte Anzeigen wird nur für Objekte der Klasse `UIComponent` umgesetzt. Siehe hierzu das Programm in Listing 4.32.

Das Auslesen und Setzen von Attributen kann am einfachsten mit der Punktnotation erfolgen. Die Namen von MXML und ActionScript-Attributen lauten gleich:

```
button.label = "Click Me";
```

4.4.3.1 Implementierung von Klassen mit ActionScript

Als Beispiel betrachten wir eine in ActionScript definierte Klasse `MyComponent`, welche sich aus zwei `Text`-Komponenten zusammensetzt und wieder „Hello World" ausgibt.

```
<! --Datei MyComponent.as- >
package myClasses
{
    import mx.containers.*;   //in diesem Package befindet sich die
        VBox–Klasse
    import mx.controls.*;   //in diesem Package befindet sich die Text–
        Klasse
    public class MyComponent extends VBox
    {
        var text1:Text;
        var text2:Text;

        public function MyComponent()
        {
            text1 = new Text();
            text2 = new Text();

            addChild(text1);
            addChild(text2);

            text1.text = 'Hello';
            text2.text = 'World';
        }
    }
}
```

In der Klasse für das Hauptfenster muss nun mit Hilfe der Namensraum-Bezeichnung

```
xmlns:myC = "myClasses.*"
```

4.4 Entwicklung von Rich Clients mit FLEX/Flash/ActionScript   259

angegeben werden, wo die Datei `MyComponent.as` zu finden ist, welche die Klasse `MyComponent` implementiert. Hier erfolgt dies also in dem Unterverzeichnis `myClasses`, relativ zu der MXML-Datei, welche das Hauptfenster repräsentiert. Die Implementierung für das Hauptfenster sieht nun folgendermaßen aus. Im folgenden Beispiel wird ein `MyComponent`-Tag in das Fenster integriert:

```
<mx:Application xmlns:mx="http://www.adobe.com/2006/
   mxml" xmlns:myC="myClasses.*">
     <myC:MyComponent/>
</mx:Application>
```

4.4.3.2 Implementierung von Klassen mit MXML

Die Tag-basierte Scriptsprache MXML vereinfacht nur die Anwendungsentwicklung für häufig auftauchende Standardfälle bei der Implementierung von Nutzeroberflächen. Wenn wir das gleiche Resultat mit MXML erzielen wollen, so kann unsere Klasse in einer Datei namens MyComponent.mxml implementiert werden:

```
<!--Datei MyComponent.mxml- >
<mx:VBox xmlns:mx="http://www.adobe.com/2006/mxml">
    <mx:Text text='Hello' />
    <mx:Text text='World' />
</mx:VBox>
```

Das Hauptfenster wird genauso wie zuvor gebildet.

4.4.3.3 Integration von ActionScript in MXML-Dateien

ActionScript-Code kann in einer FLEX-Anwendung durch das `<Script>`-Tag in eine MXML-Datei integriert werden.
Der ActionScript-Code sollte in folgendes Konstrukt eingefasst werden:

```
<![CDATA[
    ...
]]>
```

damit der Code nicht vom Compiler als XML-Code geparsed wird. Es kann sonst z.B. bei den Operatoren «" oder »" eine ungewünschte Interpretation als Tag-Klammern vorkommen. Als Beispiel betrachten wir wieder eine Instanziierung unserer Klasse `MyComponent`. Man kann das Objekt nicht direkt an den `Application`-Tag anhängen, weil im Wurzelknoten (also hier dem `Application`-Tag) das `id`-Attribut nicht erlaubt ist.

```
<mx:Application xmlns:mx="http://www.adobe.com/2006/
   mxml" creationComplete="doSomething()">
     <mx:Script>
```

```
        <![CDATA[

        import myClasses.MyComponent;

        function doSomething():void
        {
            var myComp:MyComponent = new MyComponent();
            panel.addChild(myComp);
        }

        ]]>
    </mx:Script>
<mx:Panel id="panel"/>
</mx:Application>
```

4.4.3.4 Programmierung mit ActionScript im Vergleich zu Java

Die Version 1.0 von ActionScript wies noch sehr starke Parallelen zu JavaScript auf. Diese hat sich dann über ActionScript 2.0 zu der jetzigen Version ActionScript 3.0 immer mehr zu einer Java-ähnlichen Programmiersprache gewandelt.

Die Programmierung mit ActionScript 3.0 ist in grundlegenden Bereichen wie z.B. bei den Operatoren und den Kontrollstrukturen einer Java-Programmierung sehr ähnlich. Wir wollen uns im Folgenden darauf beschränken, einige wesentliche Unterschiede und Gemeinsamkeiten im Vergleich zu einer Programmierung mit Java bzw. JavaScript darzustellen.

4.4.3.5 Prozedurale Programmierung mit ActionScript

Variablen werden mit Hilfe des Schlüsselwortes `var` deklariert:

```
var i;

var i:int;
i = 20;

var i:int = 20;
```

ActionScript verfügt wie Java über eine statische Typisierung, d.h. eine Variablenüberprüfung wird schon beim Kompilieren und nicht erst wie bei JavaScript zur Laufzeit vorgenommen. Diese Typisierung wird im Default-Modus des Compilers durchgeführt. Dieser Default-Modus heißt strict-mode. Man kann auf den strict-mode mit einer Kompilierungsoption verzichten. Dann wird wie bei JavaScript eine Typenüberprüfung erst zur Laufzeit vorgenommen. Die statische Typisierung wird bei größeren Projekten empfohlen. Man möchte möglichst frühzeitig Fehler bei der

4.4 Entwicklung von Rich Clients mit FLEX/Flash/ActionScript

Typisierung erkennen. Aufgrund der statischen Typisierung z.B. bekommt man für folgenden Code:

```
var m:Number;
m = 'Hello';
```

eine Compilerfehlermeldung. ActionScript verfügt über folgende elementare Datentypen:

```
Boolean  Defaultwert: false
int      Defaultwert: 0
Number   Defaultwert: NaN
Object   Defaultwert: null
String   Defaultwert: null
uint     Defaultwert: 0
```

Funktionen werden ähnlich der Syntax in JavaScript durch Angabe des Schlüsselwortes `function` generiert. Beispiele hierfür sind ohne und mit Parameter bzw. Rückgabewert:

```
function methodStatement()
{ ...
}

function methodStatement():void
{ ...
}

function methodStatement(baseNum:int):void
{ ...
}

function doubleNum(baseNum:int):int
{
    return(baseNum * 2);
}
```

Bei den komplexen Datentypen gibt es eine Besonderheit. Für alle primitiven Datentypen liegen auch gleichlautende Klassen vor (in Java gibt es anderslautende Wrapper-Klassen). Deswegen kann statt der Erzeugung eines primitiven Datentyps

```
var someInt:int = 3;
```

auch folgende Instanziierung einer Integerzahl über einen Konstruktor verwendet werden:

```
var someInt:int = new int(3);
```

Es liegt dann ein Objekt vor. Typische Funktionen von Wrapper-Klassen wie eine Rückgabe eines Zahlenwertes als String können dann ausgeführt werden.

```
var str:String = someInt.toString();
```
Mit der Methode:
```
valueOf()
```
bekommt man den elmentaren Datentyp zurück.

4.4.4 Ereignisverarbeitung mit ActionScript

In FLEX können Ereignisse mit MXML und mit ActionScript verarbeitet werden. Die Syntax der Ereignisverarbeitung in MXML und die erreichbare Funktionalität entspricht dem HTML-Ereignismodell. In dem folgenden Beispiel wird auf diese Weise z.B. ein Text in einem `TextArea`-Objekt geändert:

```
<mx:Application xmlns:mx="http://www.adobe.com/2006/
    mxml">
  <mx:TextArea id="textarea" text="ActionScript-
      Events"/>
  <mx:Button label="Click me" click="textarea.text='
      Hello World';"/>
</mx:Application>
```

Listing 4.26 Ereignisverarbeitung mit MXML-Attributen

Eine komplexere Eventverarbeitung mit Übergabe von Eventobjekten wie z.B. zur Verarbeitung der Maus-Position kann mit Hilfe von ActionScript 3.0 vorgenommen werden. Die Eventverarbeitung ähnelt der Java-Eventverarbeitung bzw. dem DOM-Eventmodell und verwendet das Observer-Muster.

`Event`
: Diese Klasse ist die Oberklasse aller Ereignisse. Eine Vielzahl von Unterklassen spezifizieren die unterschiedliche Arten von Ereignissen wie z.B. `Mouse-Event`, `KeyboardEvent` oder `HTTPStatusEvent`. Darüber hinaus können in diesen Unterklassen weitere Ereignisse durch Konstanten unterschieden werden, wie z.B. `MouseEvent.CLICK` oder `MouseEvent.MOUSE_MOVE`.

Die Ereignisse werden von unterschiedlichen Ereignisquellen wie z.B von Objekten der Klasse `UIComponent` generiert. Bei der Ereignisquelle muss entsprechend dem Observer-Muster die Listener-Methode folgendermaßen angemeldet werden:

`addEventListener(EventType.EVENT_NAME, eventResponse)`
: Diese Methode einer Ereignisquelle legt den Listener `eventResponse` zur Weiterverarbeitung des Ereignisses fest. Der erste Parameter spezifiziert die Eventklasse und die entsprechende Konstante dieser Klasse, bei der ein Aufruf der Methode `eventResponse` erfolgen soll.

4.4 Entwicklung von Rich Clients mit FLEX/Flash/ActionScript

Das oben genannte Beispiel in Listing 4.26 wird folgendermaßen mit ActionScript-Code implementiert:

```
<mx:Application xmlns:mx="http://www.adobe.com/2006/
    mxml" creationComplete="initApp();">
  <mx:Script>
      <![CDATA[
      private function initApp():void
      {
          button.addEventListener(MouseEvent.CLICK,
              myEventHandler);
      }

      private function myEventHandler(event:Event):
          void
      {
          textarea.text='Hello World';
      }
      ]]>
  </mx:Script>
  <mx:TextArea id="textarea" text="ActionScript-
      Events"/>
  <mx:Button id="button" label="Click me"/>
</mx:Application>
```

Die Zuordnung der Listener-Methode kann auch in dem MXML-Tag erfolgen. Der Code lautet dann:

```
<mx:Application xmlns:mx="http://www.adobe.com/2006/
    mxml">
  <mx:Script>
      <![CDATA[
      private function myEventHandler(e:Event):void
      {
          textarea.text='Hello World';
      }
      ]]>
  </mx:Script>

  <mx:TextArea id="textarea" text="ActionScript-
      Events"/>
  <mx:Button id="button" label="Click me" click="
      myEventHandler(event)"/>
</mx:Application>
```

Wie auch schon in den letzten Abschnitten kann durch den MXML-Code die Implementierung vereinfacht werden. In komplexeren Fällen, wie z.B. bei komplizierteren Auswertungen der Maus-Positionen, muss dann auf den zu Grunde liegenden

ActionScript-Code zurückgegriffen werden. Im folgenden Beispiel wird zur Demonstration eine Drag-Operation mit Hilfe von ActionScript Code implementiert. Ein Button kann per gedrückter Maus-Taste mit den Methoden startDrag und stopDrag verschoben werden. Diese Methoden erbt die Klasse Button von der Klasse Sprite (siehe Abb. 4.27).

```
<mx:Application xmlns:mx="http://www.adobe.com/2006/
    mxml"
 creationComplete="doSomething()">
    <mx:Script>
        <![CDATA[

        import flash.events.MouseEvent;
        import mx.controls.*;

        var button:Button = new Button();

        function doSomething():void
        {

            button.width = 150;
            button.height=150;
            button.x=50;
            button.y=50;
            button.label='Schiebe mich!';

            button.addEventListener
            (MouseEvent.MOUSE_DOWN,mouseDown);
            button.addEventListener
            (MouseEvent.MOUSE_UP,mouseReleased);
            canvas.addChild(button);
        }

        function mouseDown(event:MouseEvent):void
        {
                button.startDrag();
        }

        function mouseReleased(event:MouseEvent):void
        {
                button.stopDrag();
        }
    ]]>
    </mx:Script>

    <mx:Canvas id="canvas" width="300" height="300" />
```

```
</mx:Application>
```

Listing 4.27 Drag and Drop mit der ActionScript-Ereignisverarbeitung

4.4.5 ActionScript 3.0 und Flash

In diesem Abschnitt besprechen wir die Möglichkeiten, Zeichnungen- und Animationen mit den `flash.*`-Klassen zu erstellen.

Die entsprechenden Beispiele müssen mit einem Editor in einer *.as-Datei abgespeichert und anschließend, wie schon bei den MXML-Beispielen, mit dem FLEX-Compiler in ein swf-File kompiliert werden. Wenn z.B. das HelloWorld.as Beispiel kompiliert werden soll, so muss der folgende Befehl

```
> mxmlc HelloWorld.as
```

ausgeführt werden.

Die Beispiele können genauso einfach mit dem Flash-Autorenwerkzeug kompiliert und ausgeführt werden. Dazu muss im Fenster Eigenschaften bei der Dokumenten-Klasse der Pfad und der Name der zu verwendenden *.as-Datei angeben werden. Wenn z.B. die Datei HelloWorld.as im gleichen Verzeichnis wie die Flash *.fla Datei abgelegt wurde, so muss bei der Dokumentenklasse nur HelloWorld angegeben werden.

4.4.5.1 Die Flash-Klassenhierarchie

Die `flash.*` Klassen lassen sich zunächst in Klassen mit und ohne Containerfunktionalität einteilen. Alle Unterklassen mit Containerfunktionalität sind von `DisplayObjectContainer` abgeleitet. Diese verfügen über die Methode `addChild`, mit der Kindkomponenten in einen Container eingefügt werden können.

Die wichtigste Container-Klasse ist `Sprite`.

`Sprite`
In ActionScript 3.0 ist dies die Standard-Containerklasse zur Anordnung von Objekten der Klasse `DisplayObject`. Mit der Methode `addChild(DisplayObject d)` werden Kindkomponenten dem `Sprite`-Container zugeordnet.

`MovieClip`
Der Einsatz der MovieClip-Klasse hat sich in der aktuellen AktionScript 3.0 Version gegenüber früheren Versionen stark gewandelt. In früheren Versionen war diese Klasse an Stelle von `Sprite` die Standard-Klasse für die meisten Anwendungen. Jetzt wird die `MovieClip`-Klasse nur eingesetzt, um Objekte und Animationen, welche mit dem Flash-Autorenwerkzeug erzeugt wurden,

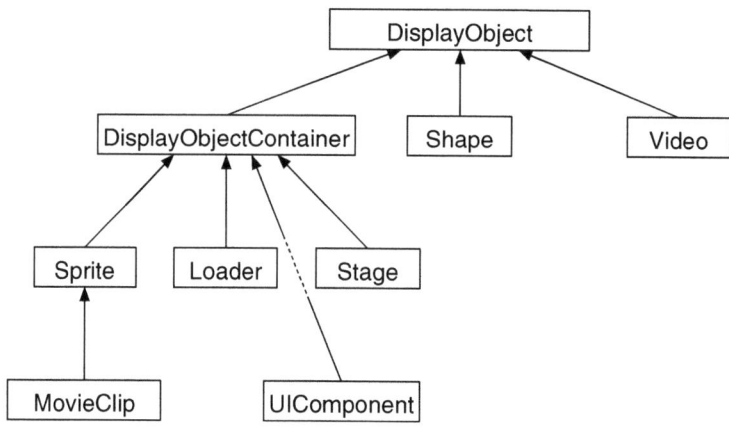

Abb. 4.27 Die Hierarchie der flash.* Klassen

für ActionScript zugänglich zu machen und diese in FLEX/Flash-ActionScript-Projekte zu integrieren.

Die wichtigsten Klassen ohne Containerfunktionalität sind direkt von der Basisklasse DisplayObject abgeleitet:

Shape
: Mit dieser Klasse können am performantesten graphische Primitive gezeichnet werden.

Loader
: Mit Hilfe der Loader-Klasse können swf-Dateien und Bilder im JPG-, PNG- und GIF- Format von dem lokalen Dateisystem oder durch Angabe einer URL über das Internet geladen werden. Hierzu verwendet man die Methode load(URLRequest url). Die Klasse URLRequest ist schon im Programm in Listing 4.25 thematisiert worden. Die Dateien werden dabei erst zur Laufzeit geladen.

Video
: Diese Klasse übernimmt die Wiedergabe von Audio-Videodaten. Siehe hierzu Abschn. 5.3.

Stage
: Diese Klasse repräsentiert den Bereich in einem Flash-Player, in dem eine swf-Datei abgespielt wird. Mit dieser Klasse können Abspielparameter wie z.B. die verwendete Bildrate frameRate sowie die Breite stageWidth und die Höhe stageHeight gelesen bzw. eingestellt werden.

Es wird ferner bei der Arbeit mit dem Flash-Autorenwerkzeug eine weitere Bibliothek zur Entwicklung von Nutzeroberflächen bereitgestellt. Die entsprechenden

4.4 Entwicklung von Rich Clients mit FLEX/Flash/ActionScript 267

Klassen sind in dem `fl.*` package zusammengefasst worden. Diese Klassenbibliothek gab es schon vor der Entwicklung von FLEX und liefert nur einige häufig verwendete Komponenten wie `Button` und `Label`. Die `fl.*` Klassen bieten weniger Funktionalitäten als die entsprechenden `mx.*`-Klassen, benötigen aber auch weniger Ressourcen wie z.B. Speicherplatz. Will man mit dem FLEX-Compiler Anwendungen erstellen, so muss man die `fl.*` Klassen durch die entsprechenden `mx.*` Klassen ersetzen. Einige Methoden besitzen leicht unterschiedliche Namen, ansonsten ist der Übergang problemlos möglich.

4.4.6 Zeichnen mit der `Graphics`-Klasse

Vektorgrafiken, welche aus Linien, Kurven, Formen, Füllungen und Farbverläufen bestehen, können mit ActionScript mit Hilfe der der `flash.display.Graphics`-Klasse erstellt werden.

`Graphics`
  Diese Klasse stellt die Methoden wie z.B. `lineTo`, `curveTo`, `drawRect`, `drawCircle` zur Erzeugung von Vektorgraphiken bereit.

`graphics`
  Dieses Attribut der Klassen `Sprite` und `Shape` gibt ein Objekt der Klasse `Graphics` zurück, mit dem dann in das entsprechende `Sprite`- oder `Shape`-Objekt gezeichnet werden kann.

`lineTo(x:Number, y:Number):void`
  zeichnet eine Linie von der aktuellen Position zu der Position (x, y).

`moveTo(x:Number, y:Number):void`
  verschiebt die aktuelle Position zu der Position (x, y).

`curveTo(controlX:Number, controlY:Number, anchorX:Number, anchorY:Number):void`
  zeichnet eine Bézier-Kurve von der aktuellen Position zu der Position (anchorX, anchorY) unter Benutzung des Kontrollpunktes (controlX, controlY).

`drawRect(x:Number, y:Number, width:Number, height:Number):void`
  zeichnet ein Rechteck mit den angegebenen Abmaßen.

`drawCircle(x:Number, y:Number, radius:Number):void`
  zeichnet einen Kreis mit den angegebenen Abmaßen.

`lineStyle(thickness:Number = NaN, color:uint = 0, alpha:Number = 1.0):void`
  Diese Methode legt fest, wie Kurven oder Ränder von graphischen Primitiven

gezeichnet werden. Werden die letzten beiden Argumente nicht mit angegeben, so werden die genannten Standardeinstellungen verwendet. Diese sind eine schwarze Farbe (`color:uint = 0`), welche voll deckend (`alpha:Number = 1.0`) verwendet wird.

`beginFill(color:uint, alpha:Number = 1.0):void`
Analog zu `lineStyle` werden durch Aufruf dieser Methode Kurven und graphische Primitiven mit einer Färbung gefüllt. Es werden dabei alle Kurven und Primitiven berücksichtigt, welche bis zum nächsten Aufruf der Methode `endFill():void` aufgelistet sind.

Im folgenden Beispiel werden die Attribute und Methoden eingesetzt, um farbige geometrische Primitive zu zeichnen. Dabei wird zunächst die gesamte angezeigte Fläche, Abmaße (`stageWidth`, `stageHeight`), mit einem weißen Rechteck gefüllt. Anschließend werden mit unterschiedlichen Transparenz-Werten ein Quadrat, ein Dreieck und ein geschlossener Bezíer-Kurvenzug in Form eines Quadrats mit abgerundeten Ecken gezeichnet.

```
package
{
import flash.display.Sprite;
import flash.display.Shape;

public class Beispiel extends Sprite
{
    public function Beispiel()
    {
        var back:Shape = new Shape();
        back.graphics.beginFill(0xFFFFFF);
        back.graphics.drawRect(0, 0, this.stage.
            stageWidth, this.stage.stageHeight);
        back.graphics.endFill();
        this.addChild(back);

        var size:uint = 150;
        var zeichnung:Shape = new Shape();

        zeichnung.graphics.beginFill(0xFF0000, 0.25);
        zeichnung.graphics.drawRect(0, 0, size, size);
        zeichnung.graphics.endFill();

        zeichnung.graphics.lineStyle(2, 0x00FF00, .5);

        zeichnung.graphics.moveTo(150 + size/2, 0);
        zeichnung.graphics.lineTo(150 + size, size);
        zeichnung.graphics.lineTo(150, size);
```

```
        zeichnung.graphics.lineTo(150 + size/2, 0);

        zeichnung.graphics.beginFill(0x0000FF, 1.0);
        zeichnung.graphics.moveTo(300 + size / 2, 0);
        zeichnung.graphics.curveTo(300 + size, 0, 300 +
            size, size / 2);
        zeichnung.graphics.curveTo(300 + size, size,
            300 + size / 2, size);
        zeichnung.graphics.curveTo(300, size, 300, size
            / 2);
        zeichnung.graphics.curveTo(300, 0, 300 + size /
            2, 0);

        zeichnung.graphics.endFill();
        this.addChild(zeichnung);
    }
}
}
```

Listing 4.28 Zeichnen mit den `flash.*` Klassen

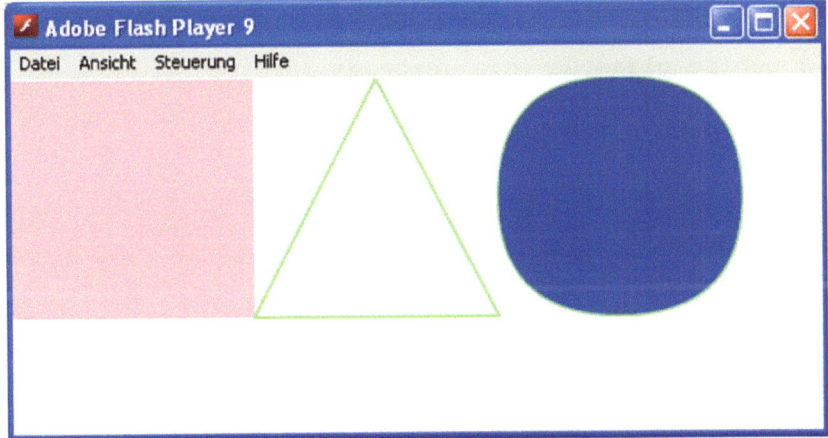

Abb. 4.28 Zeichnen mit den `flash.*` Klassen

4.4.6.1 Bilder und swf-Dateien laden

Bilder und swf-Dateien können mit der `Loader`-Klasse geladen werden. Die Daten werden während der Laufzeit geladen. Es gibt auch die Option, die Daten während der Kompilierung in die swf-Datei einzubetten. Jedoch vergrößert sich dadurch das

Datenvolumen der swf-Datei. In den meisten Fällen ist daher diese Option nicht zu empfehlen. Bei dem FLEX-image Tag haben wir diese Option berücksichtigt, jedoch wollen wir hier nicht weiter darauf eingehen. Das geladene Bild oder `DisplayObject` ist ein Kind des `Loader`-Objekts. Das `Loader`-Objekt wird dann in einen Container über die `addChild`-Methode integriert.

Bei der Kompilierung der folgenden Beispiele sind die Sicherheitseinstellungen zu beachten. Bei der Kompilierung muss festgelegt werden, ob die Anwendung Daten aus dem lokalen Dateisystem oder aus dem Internet laden darf. Wenn nur auf Daten aus dem Internet, nicht aber auf Daten von lokalen Datenträger zugegriffen werden soll, so ist die folgende Compiler-Option zu verwenden:

```
> mxmlc -use-network=true Hauptfenster.mxml
```

Andernfalls ist Folgendes anzuwenden:

```
> mxmlc -use-network=false Hauptfenster.mxml
```

Das folgende Beispiel demonstriert, wie ein Bild mit der `Loader`-Klasse geladen und angezeigt werden kann:

```
package
{
import flash.display.Sprite;
import flash.net.URLRequest;
import flash.display.Loader;

    public class Beispiel extends Sprite
    {
        public function Beispiel()
        {
            var pict:Loader = new Loader();
            var url:URLRequest = new URLRequest("Heute.
                jpg");
            pict.load(url);
            pict.x=10;
            pict.y=10;
            addChild(pict);
        }
    }
}
```

Gleicher Code ist für zu ladende *.swf-Dateien zu verwenden.

4.4.7 Animierte Bewegtbildfolgen und Synchronisation

Eine der Stärken von Flash betrifft die umfangreichen Möglichkeiten Animationen erzeugen zu können. Dies kann mit Hilfe des Flash-Autorenwerkzeugs oder auch rein algorithmisch mit Hilfe von ActionScript-Code umgesetzt werden.

Die zeitabhängige Steuerung und Synchronisation wird dabei in ActionScript 3.0 über Ereignisse vorgenommen, welche entweder von einem neuen dargestellten Frame oder von einem `Timer`-Objekt generiert werden.

4.4.7.1 Algorithmisch generierte Bewegtbildfolgen mit dem ENTER_FRAME-Ereignis

`flash.events.Event.ENTER_FRAME`
   Ein Ereignis mit der Konstante ENTER_FRAME wird von jedem `DisplayObject` ausgesendet, wenn der Player ein neues Bild anzeigt.

Im folgenden Beispiel wird bei jedem Bildwechsel ein Kreis gezeichnet und um wenige Grad auf einer Kreisbahn verschoben.

```
package
{
import flash.display.Sprite;
import flash.display.Shape;
import flash.events.Event;

    public class Beispiel extends Sprite
    {
        var currentDegrees:Number = 0;
        var radius:Number = 40;
        var satelliteRadius:Number = 6;
        var container:Sprite = new Sprite();
        var satellite:Shape = new Shape();

        public function Beispiel()
        {
            container.x =100;
            container.y =100;

            addChild(container);
            container.addChild(satellite);

            addEventListener(Event.ENTER_FRAME,
                doEveryFrame);
        }
```

```
function doEveryFrame(event:Event):void
{
    currentDegrees += 4;
    var radians:Number = getRadians(
        currentDegrees);
    var posX:Number = Math.sin(radians) *
        radius;
    var posY:Number = Math.cos(radians) *
        radius;
    satellite.graphics.clear();
    satellite.graphics.beginFill(0);
    satellite.graphics.drawCircle(posX, posY,
        satelliteRadius);
}

function getRadians(degrees:Number):Number
{
    return degrees * Math.PI / 180;
}
    }
}
```

Listing 4.29 Algorithmische Animation mit dem ENTER_FRAME Ereignis

4.4.7.2 Algorithmisch generierte Bewegtbildfolgen und Synchronisation mit Timer-Ereignissen

Das zuvor genannte Beispiel kann ebenso mit Timer-Ereignissen implementiert werden.

Timer
: Objekte dieser Klasse generieren in regelmäßigen Abständen Ereignisse vom Typ TimerEvent.TIMER. Timer werden verwendet, um Animationen algorithmisch zu generieren und um zeitliche Abläufe zu synchronisieren.

Timer(delay:Number, repeatCount:int = 0)
: Dem Konstruktor der Klasse Timer wird als erster Parameter der zeitliche Abstand zwischen zwei Ereignissen in Millisekunden übergeben. Der zweite Parameter gibt an, wie oft das Ereignis wiederholt werden soll. Der Wert 0 bedeutet hierbei, dass das Ereignis endlos wiederholt wird.

start()
: Mit dieser Methode wird der Timer gestartet.

Für eine entsprechende Implementierung des obigen Beispiels muss dann im Listing 4.29 nur die folgende Zeile:

4.4 Entwicklung von Rich Clients mit FLEX/Flash/ActionScript

```
addEventListener(Event.ENTER_FRAME, doEveryFrame);
```
gegen die Ereignisverarbeitung mit `Timer`-Ereignissen ausgetauscht werden:
```
var timer:Timer=new Timer(40,0);
timer.addEventListener(TimerEvent.TIMER,
    doEveryFrame);
timer.start();
```

4.4.8 Erzeugung von Klassen mit dem Flash-Autorenwerkzeug

Animationen und Vektorgraphiken (z.B. selbst generierte Form-Tweens), welche man in dem Flash-Autorenwerkzeug erstellt hat, können in FLEX/Flash Anwendungen integriert und über ActionScript-Code gesteuert werden. In ActionScript 3.0 ist hierzu die Klasse `MovieClip` vorgesehen.

`MovieClip`
 Vektorgraphiken und Animationen können als Klassen aus dem Flash-Autorenwerkzeug in sogenannten swc-Dateien exportiert und in ActionScript basierte FLEX/Flash-Anwendungen integriert werden. Dabei werden diese Objekte zu Klassen, welche von `MovieClip` abgeleitet sind. Die Klasse `MovieClip` ist von der Klasse `Sprite` abgeleitet und stellt darüber hinaus insbesondere weitere Methoden zum Starten (`play()` bzw. `gotoAndPlay(frame:Object)`) und Stoppen (`stop()` bzw. `gotoAndPlay(frame:Object)`) von Animationen bereit.

In dem Flash-Autorenwerkzeug müssen hierzu folgende Einstellungen in der Flash-Datei *.fla vorgenommen werden:

- Zu exportierende Animationen oder die Vektorgraphiken müssen als Symbol in der Bibliothek abgelegt sein. Vektorgraphiken können dazu mit der Maus markiert und unter dem Menüpunkt „Modifizieren " in ein Symbol konvertiert werden. Bei Animationen in Form von sogenannten *Tweens* ist dies komplizierter und muss gegebenenfalls in den Dokumentationen des Flash-Autorenwerkzeugs nachgelesen werden.
- Um die richtigen Exporteinstellungen vornehmen zu können, muß mit der rechten Maus-Taste auf das Symbol geklickt werden. Es erscheint ein Menü, in dem der Unterpunkt „Eigenschaften " ausgewählt werden muss.
- Es erscheint ein neues Fenster mit den Symboleigenschaften. Hier muss ausgewählt werden:
  Typ: MovieClip
  Export für ActionScript muss aktiviert sein.
  Es muss ein Klassenname vergeben werden, z.B. MyTween und anschließend mit OK das Fenster geschlossen werden.

- Danach muss wieder mit rechter Maus-Taste auf das Symbol geklickt werden. Diesmal muss in dem Menü der Untermenüpunkt „SWC-Datei exportieren..." gewählt und die swc-Datei gespeichert werden.

Wir gehen im Folgenden davon aus, dass die swc-Datei im gleichen Verzeichnis wie die ausführbare swf-Datei abgespeichert wird. Die swc-Datei beinhaltet die Daten für die exportierte Klasse (in unserem Beispiel die Klasse MyTween). Beim Kompilieren muss dann der Pfad der swc-Datei mit der Compiler-Option -library-path mit angegeben werden:

```
> mxmlc -library-path+=. Beispiel.as
```

In dem folgenden Beispiel ist ein rotierendes grünes Rechteck als Klasse MyTween aus dem Autorenwerkzeug exportiert und in der Datei MyTween.swc abgespeichert worden. Es kann nun mit der üblichen Notation ein Objekt dieser, von MovieClip abgeleiteten Klasse instanziiert und in eine FLEX/Flash-Anwendung integriert werden. Mit der MovieClip Methode play() kann die Animation gestartet werden.

```
package
{
    import flash.display.Sprite;

    public class Beispiel extends Sprite
    {
        public function Beispiel()
        {
            var myTween:MyTween = new MyTween();

            myTween.x =200;
            myTween.y =100;

            addChild(myTween);
            myTween.play();
        }
    }
}
```

4.4.9 Asynchrone Client-Server-Kommunikation mit FLEX/Flash

In diesem Abschnitt wollen wir die FLEX/Flash-ActionScript HTTPService-Klasse betrachten, welche eine asynchrone Client-Server-Kommunikation wie mit AJAX ermöglicht. Diese Klasse übernimmt bei der Entwicklung von FLEX/Flash-Anwendungen die gleichen Aufgaben wie das XMLHttpRequest-Objekt bei AJAX-Anwendungen.

4.4 Entwicklung von Rich Clients mit FLEX/Flash/ActionScript

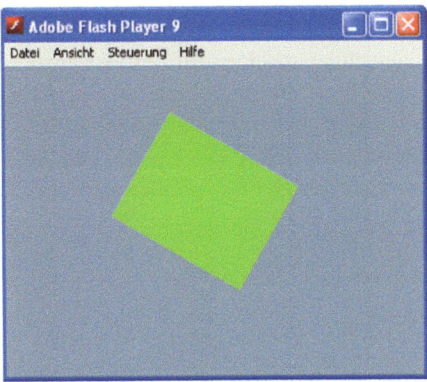

Abb. 4.29 Einbettung eines Objekts einer Klasse `MyTween` aus dem Flash-Autorenwerkzeug

Wir wollen dies wieder wie in Abschn. 4.3.6 am Beispiel einer interaktiven Wetterkarte demonstrieren, bei der der Nutzer der Reihe nach verschiedene Bundesländer auswählen kann. Die Temperaturen werden nach einer Auswahl angezeigt, jedoch werden vorher dargestellte Temperaturen nicht wie bei traditionellen Webanwendungen gelöscht, und die Anwendung wird während des Nachladens von neuen Daten nicht blockiert (asynchrone Kommunikation).

Um den Beispiel-Code dieses Abschnitts testen zu können, müssen wieder alle erforderlichen Dateien in ein Verzeichnis (Beispiel: `Wetterkarte`) kopiert werden. Der Java HTTP-Server aus Kap. 3.5.3 muss sich ebenfalls in dem Verzeichnis befinden und gestartet werden:

```
> java HTTPServer
```

Die kompilierte swf-Datei Beispiel.swf wird in die folgende Datei index.html integriert:

```
<html>
<head>
    <title>Wetterkarte Deutschland</title>
</head>
<body>
    <embed type="application/x-shockwave-flash" src="
        Beispiel.swf" width="500" height="500"/>
</body>
</html>
```

Die Anwendungen können dann im Browser mit der URL:

```
http://127.0.0.1:8080
```

gestartet werden.

Die Auswahl der Bundesländer soll wie in Abschitt 4.3.6 über eine interaktive Karte erfolgen. In HTML gibt es hierfür speziell den `map`-Tag. In FLEX/Flash gibt es keine entsprechende Komponente, so dass wir diese selbst entwickeln müssen. Wir wollen dies zunächst ausklammern und die asynchrone Kommunikation mit der `HttpService`-Klasse an einem vereinfachten Beispiel betrachten. Die gewünschten Daten sollen zunächst einfach über klassische `Button` Objekte asynchron vom Server abgerufen werden. Die `Button` Objekte werden danach gegen Maus-sensitive Regionen in einer Deutschlandkarte ausgetauscht.

`HTTPService`
: Mit dieser Klasse können HTTP-Anfragen von einem Client an einen Server in mxml-Dateien umgesetzt werden. Es können die HTTP-Befehle GET und POST mit dem `method` Attribut ausgewählt werden.

`url`
: Mit diesem Attribut der `HTTPService`-Klasse wird die gewünschte Datei oder der gewünschte Service auf dem Server spezifiziert.

`send():void`
: Mit dieser Methode der `HTTPService`-Klasse wird die Anfrage abgesendet.

`ResultEvent`
: Wenn die vollständige Antwort des Servers erfolgreich übermittelt worden ist, wird von dem `HTTPService`-Objekt ein Ereignis dieses Typs generiert. Auf der MXML-Tag-Ebene wird das Ereignis mit `result` abgekürzt, welches bei gleicher Bezeichnung nicht mit dem folgenden Attribut verwechselt werden darf.

`result`
: Die übermittelten Daten können mit diesem Attribut des `ResultEvent`-Objekts weiterverarbeitet werden.

In dem folgenden Programm können Temperaturdaten von zwei Bundesländern durch Klicken eines entsprechenden `Button`-Objekts vom Server mit Hilfe der `HTTPService`-Klasse abgefragt werden. Die Daten werden in zwei `<Text>`-Tags angezeigt. Die zuerst übertragenen Daten werden in dem ersten `<Text>`-Tag gehalten, während im zweiten `<Text>`-Tag die neuen Daten eingetragen werden.

In der `init()`-Methode werden Listener für Maus-Klicks bei den `Button`-Objekten angemeldet. Bei einem Maus-Klick wird die Methode `preview` aufgerufen. Diese trägt in einem String den Namen des Bundeslandes ein und sendet dann eine entsprechende GET-Anfrage mit dem `HTTPService`-Objekt an den Server. Die Methode `httpResult()` wird aufgerufen, wenn die Daten vom Server eingetroffen sind. Diese werden in den `<Text>`-Tags angezeigt.

```
<mx:Application xmlns:mx="http://www.adobe.com/2006/
    mxml" creationComplete="init()">
<mx:Script>
<![CDATA[

    import mx.core.*;
```

4.4 Entwicklung von Rich Clients mit FLEX/Flash/ActionScript

```
import mx.controls.*;
import mx.containers.*;
import mx.rpc.events.ResultEvent;

var b:Boolean=false;

private function preview(event:MouseEvent):void
{
    var state:String = event.target.label;
    http.url= state+ ".txt";
    http.send();

    if(b==false)
    {
            bundesland1.text = state;
    }else
    {
        bundesland2.text = state;
    }
}

private function httpResult(event:ResultEvent):void
{
    if(b==false)
    {
            resultText1.text = event.result.
                toString();
            b=true;
    }else
    {
        resultText2.text = event.result.toString();
        b=false;
    }
}

private function init():void
{
    var Thueringen:Button=new Button();
    Thueringen.label="Thueringen";
    Thueringen.y=20;
    Thueringen.addEventListener("click", preview);
    canvas.addChild(Thueringen);


    var Bayern:Button=new Button();
```

```
            Bayern.label="Bayern";
            Bayern.y=60;
            Bayern.addEventListener("click", preview);
            canvas.addChild(Bayern);
        }
    ]]>
</mx:Script>

<mx:HTTPService id="http" method="GET" result="
    httpResult(event)"/>

<mx:Box direction="horizontal">
    <mx:Canvas id="canvas" width="300"/>
    <mx:Box direction="vertical">
        <mx:Text id="bundesland1" width="150"/>
        <mx:Text id="resultText1" width="150"/>
        <mx:Text id="bundesland2" width="150"/>
        <mx:Text id="resultText2" width="150"/>
    </mx:Box>
</mx:Box>
</mx:Application>
```

Listing 4.30 Asynchrone Client-Server-Kommunikation mit der FLEX/Flash `HTTPService`-Klasse

Abb. 4.30 Asynchrone Client-Server-Kommunikation mit der FLEX/Flash `HTTPService`-Klasse

4.4.10 Interaktive Graphiken mit FLEX/Flash

Für eine interaktive Wetterkarte wie in Abschn. 4.3.6 soll jetzt diese Anwendung folgendermaßen erweitert werden:

- Die Deutschlandkarte muss geladen und angezeigt werden.
- Die herkömmlichen `Button`-Objekte müssen gegen Maus-sensitive Regionen ausgetauscht werden. Hierzu entwickeln wir eine geeignete Klasse `MyComponent`, ausgehend von der FLEX/Flash-Klasse `SimpleButton`.

`SimpleButton`
  Mit dieser Klasse können Komponenten entwickelt werden, deren Verhalten der `Button`-Klasse ähnelt. Neben der äußeren Erscheinung können jedoch auch beliebig berandete Regionen festgelegt werden, in denen Maus-Ereignisse generiert werden. Ferner können Schaltflächen-Symbole des Flash-Autorenwerkzeugs als `SimpleButton`-Objekte in swc-Dateien exportiert und in ActionScript basierte FLEX/Flash- Anwendungen integriert werden.

`overState:DisplayObject`
  Mit diesem `SimpleButton`-Attribut wird ein `DisplayObject` festgelegt, welches die Region definiert, in der Mouse-Over-Ereignisse ausgelöst werden.

`hitTestState:DisplayObject`
  Dieses `SimpleButton`-Attribut muss ebenfalls auf ein `DisplayObject` gesetzt werden, damit der Button Maus- und Keyboardereignisse generiert. In den meisten Fällen setzt man dieses Attribut auf das gleiche `DisplayObject` wie das `overState`-Attribut.

Analog zu `overState` gibt es noch weitere Attribute wie `downState` und `upState`.

Die folgende Klasse `MyComponent` ist von `SimpleButton` abgeleitet und repräsentiert Maus-sensitive-Regionen, welche Mouse-Over-Ereignisse erzeugen. Hierzu werden für das `overState` und `hitTestState`-Attribut `Shape` Objekte verwendet, welche über Polygonzüge mit der Methode `lineTo()` definiert werden. Hierzu werden die Koordinaten in dem `Array coord` dem Konstruktor übergeben. Die Polygonzüge begrenzen die Regionen der einzelnen Bundesländer. Das ausgewählte Bundesland wird durch `beginFill(0, 0.5)` mit einer schwarzen Farbe halbtransparent überdeckt.

```
package myClasses
{
import mx.controls.*;
import flash.display.*;

public class MyComponent extends SimpleButton
{
    public var label:String;
```

```
public function MyComponent(coords:Array, label:
    String)
{
    var shape:Shape = new Shape();
    var g:Graphics = shape.graphics;

    g.beginFill(0, 0.5);
    g.moveTo(coords[0], coords[1]);

    for (var n:int = 2; n < coords.length; n += 2)
        g.lineTo(coords[n], coords[n + 1]);

    g.endFill();

    hitTestState = shape;
    overState = shape;
    this.label = label;
}
}
}
```

Listing 4.31 Maus-sensitive-Regionen mit der Klasse `SimpleButton`

Es müssen jetzt im Programm in Listing 4.30 zwei Anpassungen vorgenommen werden.

Um die neuen Komponenten in unsere interaktive Wetterkartenanwendung einsetzen zu können, muss die neue Klasse zunächst importiert werden. Selbstdefinierte Klassen legen wir wie schon weiter oben in einem Ordner `myClasses` relativ zu der MXML-Datei ab, welche das Hauptfenster definiert:

```
import myClasses.*;
```

Es muss jetzt in Listing 4.30 nur noch die `init`-Methode mit den normalen `Button`-Objekten gegen die folgende `init()`-Methode mit den `MyComponent`-Komponenten ausgetauscht werden. Wir verwenden hier genauere Polygonzüge als in Abschn. 4.3.6, da diese hier an Stelle eines png-Bildes auch zur Darstellung des ausgewählten Bundeslandes verwendet werden. Wie schon weiter oben dargestellt wurde, arbeitet die `addChild()`-Methode der `Canvas`-Klasse nur korrekt für Objekte der Klasse `UIComponent`. Es müssen daher unsere `MyComponent`-Objekte zunächst in ein `UIComponent`-Objekt `control` eingebettet werden.

```
private function init():void
{
    var control:UIComponent=new UIComponent();

    var Bayern:MyComponent;
    var Thueringen:MyComponent;
```

4.4 Entwicklung von Rich Clients mit FLEX/Flash/ActionScript

```
Bayern = new MyComponent(
    [ 83, 245, 94, 237, 113, 251, 112, 265,
        120, 275,
    120, 286, 108, 299, 109, 329, 100, 333,
        115, 348,
    120, 333, 138, 343, 176, 330, 190, 334,
        196, 341,
    199, 333, 194, 329, 197, 325, 189, 313,
        216, 289,
    215, 279, 206, 276, 193, 258, 187, 258,
        176, 240,
    179, 235, 170, 217, 164, 211, 146, 207,
        144, 216,
    132, 211, 131, 217, 111, 203, 93, 225, 83,
        222,
    83, 245 ], "Bayern");

Thueringen = new MyComponent(
    [ 108, 168, 114, 184, 107, 198, 111, 203,
        131, 217,
    132, 211, 144, 216, 146, 207, 164, 211,
        172, 202,
    171, 194, 183, 188, 179, 180, 169, 185,
        152, 182,
    149, 167, 131, 157, 108, 168 ], "Thueringen
        ");

canvas.addChild(control);

var pict:Loader = new Loader();
var url:URLRequest = new URLRequest("germany.
    png");
pict.load(url);

control.addChild(pict);
control.addChild(Bayern);
control.addChild(Thueringen);

Bayern.addEventListener("mouseOver", preview);
Thueringen.addEventListener("mouseOver",
    preview);
}
```

Listing 4.32 Interaktive Wetterkarte mit Flash

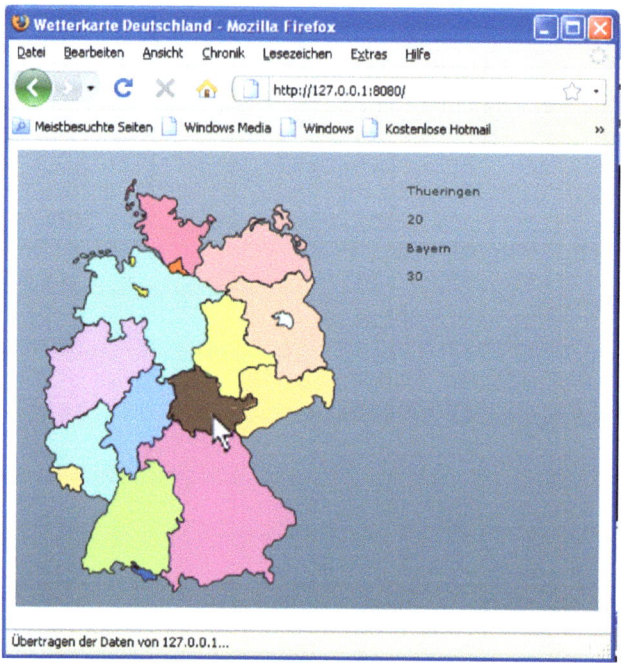

Abb. 4.31 Interaktive Wetterkarte mit der HTTPService Klasse

Literaturverzeichnis

1. Elst P, Jacobs S, Yard T (2007) Object-Oriented ActionScript 3.0. friends Of ED Adobe Learning Library
2. http://de.selfhtml.org/
3. http://livedocs.adobe.com/flex/3/html/help.html?content=Part5_AIR_1.html
4. http://livedocs.adobe.com/flex/3/langref/index.html
5. Jäger K (2008) Ajax in der Praxis. Springer
6. Moock C (2007) Essential ActionScript 3.0. O'Reilly
7. Stiller D, Shupe R, deHaan J, Richardson D (2009) ActionScript 3.0 Quick Reference Guide. O'Reilly

Kapitel 5
Audio-, Bild- und Videomedien in Client-Server-Systemen

5.1 Audio-, Bild- und Videocodierung

In diesem Kapitel wird die Verarbeitung von Audio-, Bild- und Videomedien in Client-Server-Systemen betrachtet. Audiosignale, Rasterbilder und insbesondere Rasterbildsequenzen (Video) erzeugen ein riesiges Datenvolumen. Daher ist insbesondere die Übertragung dieser Medien über das Internet eine große technische Herausforderung. Erst in den letzten Jahren ist dieses technische Problem gelöst worden, so dass nun für breite Bevölkerungsschichten Audio- und Videomedien mit einer dem Fernsehen vergleichbaren Qualität in Webanwendungen zur Verfügung gestellt werden können. Der entscheidende technische Schlüssel zur Lösung liegt in einer Reduktion der Datenmenge bis auf Größenordnungen von unter 1%, ohne dass es zu wahrnehmbaren Qualitätsverlusten kommt. Erst nach einer solchen Reduktion können die Daten in akzeptabler Zeit per progressivem Download oder Streaming (siehe Kap. 1) vom Server zum Client übertragen werden.

In diesem Kapitel werden daher zunächst die wesentlichen Methoden dieser Datenreduktion vorgestellt. Hieraus ergibt sich insgesamt die in Kap. 1 besprochene Verarbeitungskette Digitalisierung, Encodierung, Packetierung, Übertragung, Depacketierung, Decodierung für die Übertragung und Wiedergabe von Audio-, Bild- und Videomedien. Die Kompressionsmethoden schlagen sich einerseits in den Standardformaten wie JPEG und MPEG nieder. Andererseits bilden sie zusammen mit der gesamten Verarbeitungskette ebenfalls die Grundlage der Klassenbibliotheken, die für die Entwicklung von Rich-Clients (in denen per progressivem Download bzw. Streaming Audio- oder Videomedien dargestellt werden sollen) in diesem Buch vorgestellt werden.

Wichtige APIs werden von Sun (JMF), Microsoft (DirectShow/Media Format) und Adobe (Flash) angeboten und in diesem Kapitel an Hand von zentralen Beispielanwendungen vorgestellt. Die proprietären Standards dieser und anderer Unternehmen bauen auf den Verfahren der JPEG- und MPEG-Standards auf und werden im Folgenden als MPEG-Derivate bezeichnet. Die jeweiligen Unterschiede bewirken nur in Details einige Verbesserungen auf die nicht gesondert eingegangen wird.

5.1.1 Kompression von audio-visuellen Daten

Die Möglichkeit audio-visuelle Daten komprimieren zu können, ergibt sich aus zwei voneinander unabhängigen Eigenschaften multimedialer Daten.

1. Die menschlichen Sinnesorgane können auch unter optimalen Bedingungen nicht alle Strukturen wahrnehmen, welche in den aufgezeichneten Daten vorhanden sind. Ein bekanntes Beispiel ist die Tatsache, dass Menschen keine sehr hohen Töne (Frequenzen über 22000 Hz) hören können. Daher kann man solche Signalanteile in den Daten weglassen. Das Auffinden und Eleminieren solcher für die menschliche Wahrnehmung irrelevanten Daten wird als *Irrelevanzreduktion* bezeichnet.
2. Eine weitere effektive Möglichkeit zur Dateneinsparung entsteht dadurch, dass in den Daten oft Gesetzmäßigkeiten vorkommen. Es ist dann datensparsamer, die Gesetzmäßigkeit zu beschreiben als die Werte selbst. So sind z.B. in Graphiken oft viele aufeinander folgende Farbwerte gleich. Besitzen z.B. 100 aufeinanderfolgende Pixel den gleichen Farbwert 27, so ist es datensparsamer die Kombination (100, 27) zu speichern oder zu übertragen, statt hundertmal den Wert 27. Man sagt, die Daten besitzen eine gewisse Redundanz. Die Verwendung der Kombination (100,27) eliminiert diese Redundanz (das Verfahren wird als Run-Length-Codierung bezeichnet). Zu den klassischen Verfahren der *Redundanzreduktion* zählen das Variable Length Coding und die Prädiktionscodierung, die in allen genannten Standards eingesetzt werden. Zur Gruppe der Prädiktionscodierung zählen insbesondere auch die Verfahren, die sich zu Nutze machen, dass zwei aufeinanderfolge Bilder in einer Videosequenz fast gleich aussehen, also außerordentlich viel Redundanz aufweisen, die man eliminieren kann. Diese Verfahren leisten den entscheidenden Beitrag zu den hohen Kompressionsfaktoren bei Videosequenzen.

5.1.1.1 Physikalische Parameter von analogen audio-visuellen Signalen

Für das Verständnis von irrelevanter Information, d.h. von Information, die unsere Sinnesorgane nicht wahrnehmen, benötigen wir zunächst eine etwas präzisere physikalische Beschreibung von audio-visuellen Signalen und einige grundlegende Eigenschaften unserer Sinnesorgane. Sowohl visuelle Signale (Licht) als auch akustische Signale sind physikalisch gesehen Wellen. Eine Welle wird durch eine Ausbreitungsgeschwindigkeit c, eine Wellenlänge λ und eine Amplitude A charakterisiert und kann hinsichtlich ihrer Bewegung durch Raum (Variable x) und Zeit (Variable t) durch folgende Formel beschrieben werden:

$$W(x,t) = A cos(2\pi(x-ct)/\lambda)$$

Im Falle von Lichtwellen modelliert $W(x,t)$ das elektrische und das magnetische Feld über dem Ort x und der Zeit t. Im Falle von akustischen Signalen beschreibt W

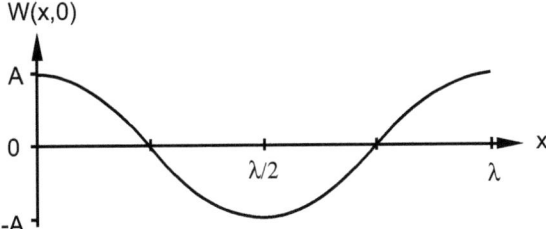

Abb. 5.1 Physikalische Parameter einer Welle: die Amplitude A und die Wellenlänge λ

eine Gesetzmäßigkeit des Luftdrucks. In beiden Fällen steht die Amplitude für die Signalstärke (heller/dunkler bzw. lauter/leiser). Eine erste Beschreibung der Wahrnehmungsschwellen wird im visuellen Fall meist über die Wellenlänge in Nanometer nm vorgenommen, welche unterschiedliche Spektralfarben (z.B. 400nm: Blau, 500nm: Grün, 700nm: Rot) repräsentieren. Bei akustischen Signalen verwendet man meist die Frequenz $f = c/\lambda$. Eine geringe Frequenz repräsentiert einen tiefen Ton (z.B. von einem Kontrabass), eine hohe Frequenz eine hohen Ton (z.B. von einer Violine). Reale Signale bestehen immer aus einer Überlagerung von mehreren Wellen. Die Bezeichnung ein „tiefer Ton" steht dann für eine Überlagerung von Wellen, wobei jedoch eine Welle mit einer geringen Frequenz die größte Amplitude besitzt.

5.1.1.2 Digitalisierung analoger Signale

Wenn ein analoges Signal digitalisiert werden soll, so hängt die dabei entstehende Datenmenge ohne weitere Kompression zunächst linear von zwei Parametern ab. Das sind die Abtastrate und die Quantisierung (hier müßte man besser sagen, die erste Quantisierung, weil bei den Kompressionsverfahren noch ein zweiter Quantisierungsvorgang vorgenommen wird). Die Abtastrate bedeutet bei Audiosignalen, dass festgelegt wird, an wie vielen Stellen pro Sekunde das analoge Signal gemessen und als digitaler Wert weiterverarbeitet wird. Bei hochqualitativen Audiosignalen (CD-Standard) geschieht dies aus Gründen, die wir weiter unten besprechen werden 44000 mal pro Sekunde. Bei visuellen Signalen entspricht die Abtastrate der Anzahl der Bilder mal der Anzahl der Pixel, die über die gesamte Höhe und die gesamte Breite verwendet werden. Es wurde schon erwähnt, dass z.B. bei einem Standard Pal-Fernsehsignal 720 mal 576 Pixel pro Bild und insgesamt 25 Bilder pro Sekunde verwendet werden.

Der zweite Parameter, der linear in die Datenrate eines digitalen Signals eingeht, betrifft die Anzahl der Bits, mit der jeder Abtastwert als digitale Zahl dargestellt wird. Bei visuellen Signalen verwendet man meist 8 Bit. Damit können $2^8 = 256$ Werte dargestellt werden. Bei hochqualitativen Audiosignalen verwendet man meist 16 Bit, womit ca. 65000 Werte wiedergegeben werden können. Die gesamte Datenrate eines unkomprimierten digitalen Fernsehsignals haben wir schon in Kap. 1

berechnet. Die gesamte Datenrate eines hochqualitativen unkomprimerten Audiosignals beträgt:

44000 *Abtastwerte pro Sekunde mal* 16 *Bit* = 704000 *Bits/sec*

(bzw. 1, 4 *MBit/sec* für 2 Audiokanäle bei einem Stereosignal. Dies ist genau die Audio-CD-Datenrate).

Natürlich kann man die Datenraten von unkomprimierten digitalen Signalen einfach dadurch reduzieren, dass man die Abtastrate absenkt und/oder weniger Bits pro Abtastwert verwendet. Eine solche Vorgehensweise führt jedoch zu einer wahrnehmbaren qualitativen Verschlechterung des Signals. Wird die Abtastrate bei Audiosignalen reduziert, so gehen Details verloren. Insbesondere hohe Töne können nicht mehr dargestellt werden. Abtastraten von 8000 Werten pro Sekunde erzeugen Signale, deren Qualität man vom Telefonieren her kennt. Reduziert man bei visuellen Signalen die Anzahl der Pixel in der Höhe oder der Breite, so können räumliche Details nicht mehr wiedergeben werden. Das Bild kann nur noch verschwommen rekonstruiert werden. Verwendet man weniger Bilder pro Sekunde, so werden Einzelbilder sichtbar und auf großen hellen Flächen erscheint ein Flimmern. Signaltheoretisch kann man in allen Fällen zusammenfassend sagen, dass hochfrequente Anteile (Details) bei geringen Abtastraten nicht mehr wiedergegeben werden können. Reduziert man andererseits die Genauigkeit, mit der Abtastwerte dargestellt werden, so wird das Signal zunehmend als verrauscht wahrgenommen. Durch eine Berücksichtigung der menschlichen Sinnesverarbeitung kann man jedoch diese Störungen in Bereiche verlagern, welche nicht wahrgenommen werden können. Wir wollen die daraus resultierenden Vorgehensweisen zunächst bei Audiosignalen betrachten.

5.1.1.3 Akustische frequenzabhängige Hörschwellen

In Abb. 5.2 ist die absolute Hörschwelle über der Frequenz mit einem durchgängigen Strich dargestellt worden. Wir haben weiter oben festgehalten, dass eine akustische Welle durch die Amplitude (den Luftdruck) und die Frequenz charakterisiert werden kann. Auf der x-Achse ist die Frequenz und auf der y-Achse ist in geeigneten Einheiten die Amplitude (der Luftdruck) einer akustischen Welle dargestellt. Bekommt ein Mensch eine Welle mit Amplituden- und Frequenzwerten unterhalb der durchgezogenen Kurve zu hören, so kann er diese nicht wahrnehmen. Wir sehen insbesondere, dass Wellen mit Frequenzen über 22000 Hz nicht mehr wahrnehmbar sind. Solche Wellen brauchen daher auch in Audiosignalen nicht repräsentiert werden. Aus der Theorie der Signalverarbeitung ist ferner bekannt, dass man mindestens doppelt soviele Abtastwerte pro Sekunde wie die höchste im Signal vorkommende Frequenz braucht, wenn man das Signal präzise wiedergeben möchte (Abtasttheorem). Wenn die höchste wiederzugebende Frequenz 22000 Hz beträgt, so muss man eine Abtastrate von 44000 Hz verwenden. Die Quantisierung mit 16 Bit ergibt sich ferner aus der Forderung, dass Rauschsignale nicht wahrnehmbar sein sollen.

5.1 Audio-, Bild- und Videocodierung

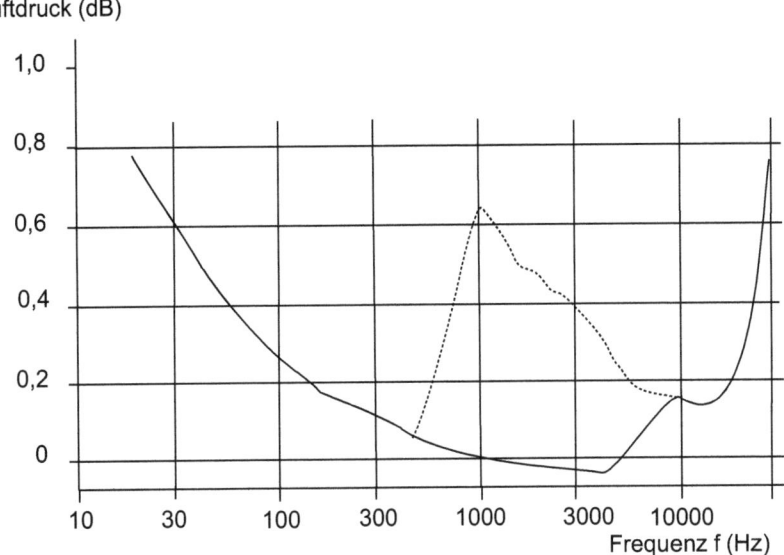

Abb. 5.2 Absolute Hörschwelle und Mithörschwelle

5.1.2 Irrelevante Information in Audiosignalen und mp3-Audiocodierung

Neben der durchgezogenen Linie in Abb. 5.2, welche die sogenannte absolute Hörschwelle darstellt, ist noch eine weitere gestrichelte Kurve eingezeichnet. Dies ist die sogenannte Mithörschwelle. Durch diese Kurve wird folgender Sachverhalt quantitativ wiedergeben: Ist eine Welle mit einer Frequenz f und einer Amplitude A in einem Signal vorhanden, so sind alle anderen Wellen mit einer ähnlichen Frequenz und kleinerer Amplitude als A nicht wahrnehmbar (in Abb. 5.2 besitzt diese Welle die Frequenz f=1000 Hz). Man sagt, ein lauter Ton verdeckt Töne ähnlicher Frequenz, welche etwas leiser sind. Liegt also ein Signal unterhalb der gestrichelten oder der durchgezogen Kurve, so ist dieses nicht wahrnehmbar. Der jeweilige Maximalwert aus der absoluten und der Mithörschwelle ergibt die Gesamthörschwelle. Die Gesamthörschwelle ist somit natürlich zu jedem Zeitpunkt eine andere in Abhängigkeit davon, welche Töne mit welcher Frequenz und welcher Amplitude im Signal aktuell vorkommen. Jedoch kann die Gesamthörschwelle zu jedem Zeitpunkt berechnet werden. Alle Signalanteile unterhalb der Gesamthörschwelle können als irrelevant, d.h. nicht wahrnehmbar eingestuft werden. Dies wird bei der mp3 (MPEG 1 Layer 3) Audiocodierung folgendermaßen ausgenutzt: Die Gesamthörschwelle betrifft auch das Rauschsignal, welches durch eine grobe Quantisierung entsteht. Eine grobe Quantisierung ermöglicht eine Datenersparnis. So brauchen z.B. in der Situation von Abb. 5.2 Abtastwerte, welche zu Frequenzen um die 1000 Hz gehören, nicht mit 16 Bit quantisiert werden. Werden diese nur mit wenigen Bits dargestellt, so entsteht zwar ein Rauschsignal, es liegt aber immer noch unter der in diesem Bereich sehr hohen Gesamthörschwelle und wird somit nicht als Störung wahrgenommen. Durch diese Vorgehensweise kann die hohe Kompressionsrate des mp3-Verfahrens erzielt werden, ohne dass die Qualität durch Rauschen gestört wird. Weiterentwicklungen haben in Folgestandards zu dem AAC-Codec geführt, welcher derzeit zu den leistungsstärksten Audio-Codecs zählt.

5.1.2.1 Visuelle Wahrnehmungsschwellen

Während das Ohr als ein einzelner Rezeptor (Sinneszelle, biologischer Sensor des Menschen) äußere Schallwellen nur an einer Stelle empfängt, nehmen auf der Netzhaut des Auges über eine Fläche verteilt viele Rezeptoren Lichtsignale auf. Es liegen dementsprechend auch unterschiedliche Wahrnehmungsschwellen bei der visuellen Wahrnehmung vor, die auch bei der Datenkompression durch Irrelevanzreduktion Anwendung finden. Die erste Gruppe von Wahrnehmungsschwellen bezieht sich auf jeden einzelnen Rezeptor und kann wie bei der Wahrnehmung von Schallwellen durch eine Empfindlichkeit in Abhängigkeit der Frequenz oder der Wellenlänge von einfallenden Lichtwellen beschrieben werden. Die zweite Gruppe von Wahrnehmungsschwellen bezieht sich auf die räumliche Verteilung aller Rezeptoren und drückt aus, wie stark Details, die auf der Netzhaut abgebildet werden, noch sichtbar sind. Diese zweite Wahrnehmungsschwelle ist mit der Anzahl der Pixel eines Sensors bei einer Kamera vergleichbar. Je mehr Pixel eine Kamera hat, desto stärker können Details in einem Bild aufgelöst werden.

Der sichtbare Bereich elektromagnetischer Wellen

Wir diskutieren zunächst die erste Gruppe von Wahrnehmungsschwellen. Die Rezeptoren des visuellen Systems wandeln nur Licht in elektrische Ladungsträger in einem Wellenlängenbereich von 380 bis 750 nm bzw. nach Umrechung mit $f = c/\lambda$ in einem Frequenzbereich von $4 \cdot 10^{14}$ bis $7,5 \cdot 10^{14}$ Herz um. Dieser Bereich von elektromagnetischen Wellen wird daher als der sichtbare Bereich bezeichnet. Außerhalb dessen liegen z.B. der langwellige Infrarotbereich, der den Bereich von Wärmestrahlung repräsentiert, und z.B. kurzwelliges Licht in Form von Röntgenstrahlung. Licht mit nur einer einzelnen Wellenlänge, sogenanntes monochromatisches Licht, wird in Form von Spektralfarben wahrgenommen (400nm: Blau, 500nm: Grün, 700nm: Rot, dazwischen liegen Cyan und Gelbtöne). Licht setzt sich nur in seltenen Fällen (z.B. Laserlicht) nur aus Wellen einer Wellenlänge (genau genommen auch hier aus einem sehr kleinen Bereich von Wellenlängen) zusammen. Im Regelfall (z.B. Tageslicht) sind sehr unterschiedliche Wellenlängen mit unterschiedlicher Amplitude beteiligt. Die Farbwahrnehmung wurde seit Mitte des 19. Jahrhunderts in umfangreichen Experimenten untersucht. Die Eigenschaften des menschlichen visuellen Systems kann man erklären, indem man von drei unterschiedlichen Typen von Rezeptoren (Stäbchen) zur Farbwahrnehmung wie in Abb.

5.1 Audio-, Bild- und Videocodierung

5.3 ausgeht: ein Typ (Typ L) ist stärker im roten, einer stärker im grünen (Typ M) und der letzte (Typ S) stärker im blauen Wellenlängenbereich empfindlich, während andere Wellenlängenbereiche weniger stark oder gar nicht verarbeitet werden. Diese Eigenschaft ist in Abb. 5.3 dargestellt und wird meistens durch die Absorption einer Lichtwelle durch den jeweiligen Rezeptor beschrieben. Diese gibt über die Wahrnehmungsschwellen ebenfalls Auskunft. Bei den Wellenlängen, bei denen eine hohe Absorption stattfindet, wird Licht im Rezeptor sehr stark in elektrische Ladungsträger gewandelt. Dadurch ist der Rezeptor in diesem Bereich sehr empfindlich. Wo kaum oder keine Absorption stattfindet, wird wenig oder gar kein Licht verarbeitet und daher auch wenig oder gar nichts wahrgenommen. Neben den Stäbchen gibt es noch einen anderen, lichtempfindlicheren Rezeptortyp, die Zäpfchen, welcher aber mehr oder weniger über alle Wellenlängenbereiche gleich empfindlich ist und daher auch keine Farben bzw. Farbbereiche unterscheiden kann. Dieser Rezeptortyp repräsentiert die Helligkeitswahrnehmung. Er ist besonders lichtempfindlich und daher der einzige, der bei Dunkelheit noch aktiv ist.[1] Je nachdem, wie die drei Farbrezeptoren durch überlagerte Lichtwellen angeregt werden, ergibt sich eine wahrgenommene (Misch-)Farbe. Wird nur der Rot-Rezeptortyp angeregt, so wird Rot wahrgenommen. Ist der Rot- und der Grün-Rezeptor aktiv, so wird Gelb wahrgenommen. Werden alle drei Rezeptoren angeregt, so wird ein Weißton wahrgenommen. Es ergeben sich die Mischfarben nach den Gesetzen der additiven Farbmischung: Bei gegebenen Amplituden der einfallenden Lichtwelle kann man die wahrgenommen Mischfarbe berechnen und durch drei RGB-Werte kennzeichnen.

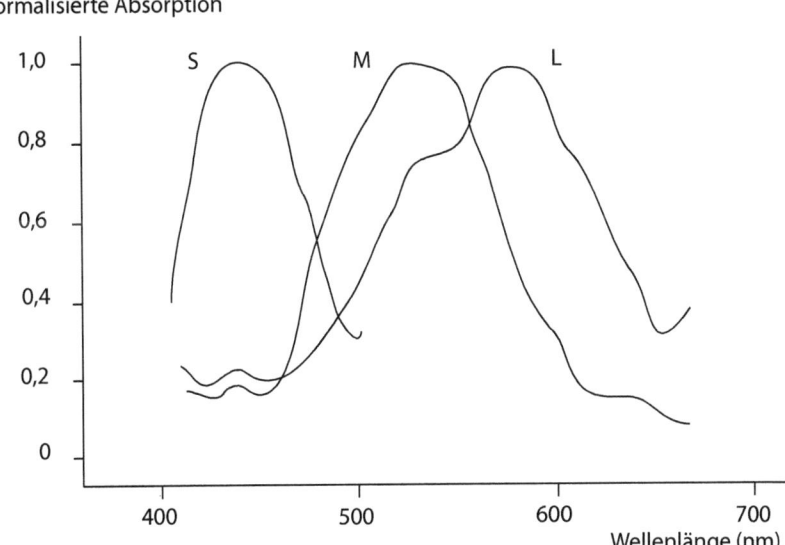

Abb. 5.3 Farbrezeptoren des visuellen Systems

---

[1] Nachts sind alle Katzen grau.

Ein elektronisches Bild entsteht dadurch, dass an jedem Ort drei Farbwerte erzeugt werden (ein Pixel), welche sich im Sinne der additiven Farbmischung zu einer Mischfarbe überlagern (bei einem 15 Zoll Bildschirm mit einer Auflösung von 1024 · 768 Pixeln misst ein Pixel 0,3 mm). Ein Rasterbild besteht daher aus einer Matrix von Rot-Werten, einer Matrix von Grün-Werten und einer Matrix von Blau-Werten (siehe Abb. 1.3).

Ortsfrequenzabhängige Wahrnehmungsschwellen bei visuellen Signalen

Die Rezeptoren sind über die Netzhaut verteilt und je nach ihrer Größe und Dichte der Anordnung können feine Strukturen wahrgenommen werden oder nicht. Um hier zu quantitativen Beschreibungen zu kommen, wird zunächst festgelegt, was eine feine und was eine gröbere Struktur ist. Dies kann über Streifenmuster definiert werden. Man klassifiziert Streifenmuster danach, wie viele Streifen pro Blickwinkel dargestellt werden. Wenn ein Betrachter mit ausgestrecktem Arm auf den Daumennagel blickt, so umfasst die Breite des Daumennagels etwa einen Blickwinkel von einem Grad. Wird innerhalb dieser Breite ein schwarzer und ein weißer Balken dargestellt, so spricht man von einem Muster mit 1 cycle per degree (ein Periode pro Grad). Werden abwechselnd N schwarze und N weiße Balken dargestellt, so spricht man von einem Muster mit N cpd. Man spricht statt von Streifenmuster mit N cpd auch von einem Muster mit einer Ortsfrequenz von N cpd

In umfangreichen Messungen ist ermittelt worden, für welche Ortsfrequenzen das visuelle System besonders empfindlich ist. Man kann das Experiment selbst nachvollziehen, wenn man die linke Seite von Abb. 5.4 betrachtet, wo Streifenmuster mit einer immer höheren Ortsfrequenz aufgetragen sind. Nach oben wird der Kontrast gemindert. In den Bereichen, wo das visuelle System besonders empfindlich ist, können auch bei geringem Kontrast, also weit oben, noch Streifen wahrgenommen werden. Je nach Entfernung der Abbildung wird das dort sein, wo etwa zehn Streifen der Abbildung über die Breite des Daumennagels angeordnet werden können.

Das Ergebnis ist auf der rechten Seite in Abb. 5.4 dargestellt. Alle Muster oberhalb der Kurve sind nicht mehr wahrnehmbar. Die größte Empfindlichkeit liegt da vor, wo Streifenmuster auch bei einem sehr geringen Kontrast noch wahrgenommen werden können. Die größte Empfindlichkeit liegt für den Helligkeitskanal (also für die Zäpfchen) etwa zwischen 3 und 10 cpd vor. Für Farbkanäle (also die Stäbchen) ist das Maximum etwa bei 1 bis 3 cpd. Wesentlich ist, dass für höhere Ortsfrequenzen als 10 cpd im Helligkeitskanal und 3 cpd in Farbkanälen, das visuelle System sehr unempfindlich wird. Hierdurch können wiederum große Bereiche in visuellen Daten als irrelevante Information klassifiziert werden, die zur Datenkompression weggelassen werden können.

5.1 Audio-, Bild- und Videocodierung

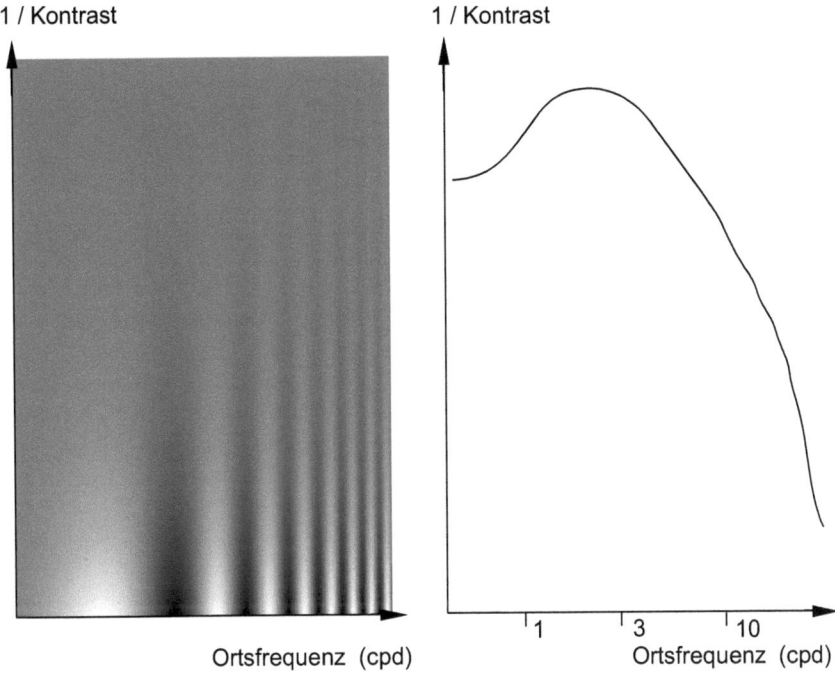

Abb. 5.4 Wahrnehmungsschwelle von Streifenmustern ind Abhängigkeit der Ortsfrequenz

Helligkeits- und Farbdifferenzsignale

Ein Resultat ist also, dass bei der Farbwahrnehmung hohe Ortsfrequenzen über 3 cpd schon nicht mehr so gut wahrgenommen werden können. Die Farbwahrnehmung kann nicht so feine Details auflösen wie die Helligkeitswahrnehmung. In der Farbinformation ist somit mehr irrelevante Information vorhanden und daher kann diese stärker vergröbert werden, ohne dass Störungen wahrnehmbar sind. Dies fließt in die meisten Standards wie JPEG, MPEG und deren Derivate durch die Verwendung von Helligkeits- und Farbdifferenzsignalen (an Stelle von RGB-Signalen) ein. Die Farbdifferenzsignale können gröber abgetastet werden als die Helligkeitssignale.

Ein hieran angepasster Farbraum ist der YUV Farbraum. Das gleiche Prinzip fließt auch in den YCrCb Farbraum ein.

Eine einfache Modellierung der wahrgenommenen Helligkeit kann durch Addition der R,G und B-Werte an jeder Bildstelle geschehen:

$$Y = R + G + B$$

Verwendet man nun folgende Farbdifferenzsignale

$$U = R - Y = -G - B$$

$$V = B - Y = -R - G$$

so kann man aus den Werten Y, U, V wieder die Werte R, G und B rekonstruieren:

$$R = Y + U$$
$$G = -(Y + U + V)$$
$$B = Y + V$$

Tatsächlich verwendet der YUV Standard weitere Gewichtungsfaktoren, die wir hier zur Vereinfachung weggelassen haben. Die Transformationen können dann mit Matrizen durchgeführt werden. Y repräsentiert die Helligkeitsinformation und U und V die Farbinformationen. Letztere kann gröber dagestellt werden. So werden z.B. oft bei MPEG-Standards als auch bei dem DV-Standard für Videokameras auf 4 Y-Helligkeitswerte jeweils nur ein U-Farbwert und ein V-Farbwert mit abgespeichert. In ähnlicher Form werden auch bei den meisten Photokameras weniger Farbinformationen als Helligkeitsinformationen abgespeichert.

5.1.3 Irrelevanzreduktion in visuellen Daten

In den letzten Abschnitten haben wir festgehalten, dass Farb- oder Grauwertdaten meist mit 8 Bit digitalisiert werden. Es können dann jeweils 256 Werte repräsentiert werden. Ferner können bei einer Digitalisierung mit weniger Bits Daten eingespart werden, jedoch entsteht dann ein sichtbarer Fehler. Das rechte Bild in Abb. 5.5 ist z.B. nur mit 3 Bit an jeder Stelle digitalisiert worden. Man spricht von einer gröberen Quantisierung. Es stehen somit an jeder Bildstelle nur 8 unterschiedliche Grauwerte zur Verfügung. Das Datenvolumen kann zwar so um mehr als die Hälfte reduziert werden, jedoch ist die damit verbundene Reduzierung der Bildqualität deutlich wahrnehmbar.

Es besteht jedoch die Möglichkeit die Reduzierungen des Datenvolumens durch eine gröbere Quantisierung in die Bereiche zu verlagern, die aufgrund von Wahrnehmungsschwellen nicht zu merkbaren Störungen führen. Im letzten Abschnitt haben wir festgehalten, dass das visuelle System Muster mit hohen Ortsfrequenzen über 10 cpd nicht mehr verarbeiten kann. Diese Wahrnehmungsschwelle wird bei allen Verfahren zur Datenkompression von Rasterbildern bzw. von Rasterbildsequenzen (JPEG und alle MPEG-Kompressionsverfahren) im Dienste einer Irrelevanzreduktion eingesetzt. Ähnlich wie bei der mp3-Audiocodierung verwendet man in diesem Ortsfrequenzbereich eine gröbere, sparsamere Quantisierung. Dadurch wird die Datenrate gesenkt und der resultierende Fehler fällt in den Ortsfrequenzbereich, wo das visuelle System wenig bzw. nichts mehr wahrnimmt. Eine genauere Darstellung dieses sehr bedeutsamen Verfahrens wird im Folgenden vorgenommen.

5.1 Audio-, Bild- und Videocodierung

Abb. 5.5 Bilddarstellung mit 256 (links) und mit nur 8 Grauwerten (rechts). Der Ausschnitt innerhalb des aufgehellten Rechtecks im linken Bild ist in Abb. 5.6 stark vergrößert dargestellt.

5.1.3.1 Zerlegung in 8 x 8 große Blöcke und die DCT-Zerlegung

Ein gesamtes Bild wird zunächst in 8 x 8 Pixel große Blöcke (d.h. Blöcke mit 64 Bildpunkten) zerlegt. Die Zerlegung des aufgehellten Rechtecks im linken Bild von Abb. 5.5 ist in Abb. 5.6 dargestellt. Bei sehr hohen Kompressionsraten in JPEG-Bildern und MPEG-Bildsequenzen wird diese Aufteilung hin und wieder sichtbar und man spricht von Blockartefakten (siehe Abb. 5.6).

Abb. 5.6 Bildausschnitt bestehend aus 4 x 4 Blöcken von jeweils 8 s 8 Pixeln. Links bei einer Codierung mit Low-JPEG Quality: Innerhalb der Blöcke werden kaum Strukturen dargestellt. Die Blöcke sind daher stark sichtbar. Rechts mit High-JPEG-Quality: Es werden feinere Grauwertverläufe innerhalb der Blöcke dargestellt. Die Blockgrenzen sind daher nicht so auffällig.

Jeder einzelne 8 x 8 große Block von 64 Bildpunkten $w(x,y)$ kann mathematisch (durch eine Basistransformation wie in der linearen Algebra) verlustfrei durch 64 Basismuster dct_{ij} zerlegt und durch 64 Gewichtsfaktoren F_{ij} eindeutig beschrieben werden. Das heißt, aus der Kenntnis aller F_{ij} kann ein Block (und damit das ganze Bild) von 64 Werten $w(x,y)$ verlustfrei rekonstruiert werden:

$$w(x,y) = F_{11} \cdot dct_{11}(x,y) + \ldots + F_{88} \cdot dct_{88}(x,y)$$

$$x = 1, 2, \ldots, 8 \qquad y = 1, 2, \ldots, 8$$

Es gibt viele Muster, die dieses leisten, jedoch hat sich in umfangreichen Vergleichen in den 1980er Jahren die sogenannten Diskrete Cosinus Transformation dct_{ij} (siehe Abb. 5.7) als am besten geeignet herausgestellt.

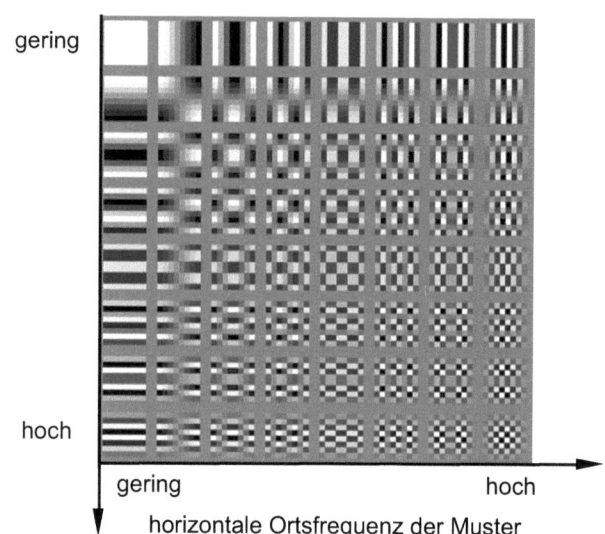

Abb. 5.7 Muster der Diskreten Cosinus Transformation

Insbesondere kann man den DCT-Mustern Ortsfrequenzen zuordnen: Von links nach rechts beinhalten die Muster immer mehr vertikale Streifen und von oben nach unten immer mehr horizontale Streifen. Diese Eigenschaft ist deshalb für das Verfahren aus zwei Gründen von zentraler Bedeutung:

1. Bei einem empfohlenen Standardbetrachtungsabstand (dieser beträgt z.B. bei einem Fernsehgerät das 3,5-Fache der Bildschirmdiagonalen) liegen die höherfrequenten Muster in dem Ortsfrequenzbereich oberhalb von 10 cpd. Das heißt, das visuelle System ist für diese Muster sehr unempfindlich.
2. In den homogenen Bildbereichen nehmen die F_{ij}, welche zu hohen Ortsfrequenzen gehören, nur sehr kleine Werte an und können dann in den meisten Fällen wegen Punkt 1. ganz weggelassen werden.

5.1 Audio-, Bild- und Videocodierung

Auf Grund der Ortsfrequenzempfindlichkeit des visuellen Systems können die F_{ij} mit wachsender Ortsfrequenz immer gröber quantisiert werden. Wie stark vergröbert wird, kann durch eine sog. Quantisierungsmatrix Q eingestellt werden. Typische Zahlenbeispiele sind für Q

$$Q = \begin{pmatrix} 10 & 15 & \ldots & 100 \\ 15 & 19 & \ldots & 101 \\ \ldots & \ldots & \ldots & \ldots \\ \ldots & \ldots & \ldots & \ldots \\ \ldots & \ldots & \ldots & \ldots \\ \ldots & \ldots & \ldots & \ldots \\ \ldots & \ldots & \ldots & \ldots \\ 100 & 101 & \ldots & 156 \end{pmatrix} \tag{5.1}$$

und für F

$$F = \begin{pmatrix} 782,9 & 44,93 & \ldots & -3,85 \\ -122,35 & -75,46 & \ldots & 1,97 \\ \ldots & \ldots & \ldots & \ldots \\ \ldots & \ldots & \ldots & \ldots \\ \ldots & \ldots & \ldots & \ldots \\ \ldots & \ldots & \ldots & \ldots \\ \ldots & \ldots & \ldots & \ldots \\ -1,75 & 0,43 & \ldots & 3,87 \end{pmatrix} \tag{5.2}$$

Die Werte von F werden nun durch die vergröberten Werte $F_{ij}^Q \cdot Q_{ij}$ angenähert. Allgemein gilt:

$$F_{ij} = F_{ij}^Q \cdot Q_{ij} + R_{ij} \tag{5.3}$$

Hierbei ist R_{ij} ein Rundungsfehler, welcher kleiner Q_{ij} ist.

Die vergröberten Werte F_{ij}^Q

$$F^Q = \begin{pmatrix} 78 & 3 & \ldots & 0 \\ -8 & -4 & \ldots & 0 \\ \ldots & \ldots & \ldots & \ldots \\ \ldots & \ldots & \ldots & \ldots \\ \ldots & \ldots & \ldots & \ldots \\ \ldots & \ldots & \ldots & \ldots \\ \ldots & \ldots & \ldots & \ldots \\ 0 & 0 & \ldots & 0 \end{pmatrix} \tag{5.4}$$

können sehr sparsam codiert werden, wie in den folgenden Abschnitten über Redundanzreduktion, Prädiktionscodierung und die JPEG-Bildcodierung gezeigt wird.

Der Rundungsfehler R_{ij} repräsentiert ein Rauschsignal, welches jedoch nur dort große Werte annimmt, wo das visuelle System unempfindlich ist und daher dieser Fehler kaum oder gar nicht wahrnehmbar ist. Die Werte der F_{ij}^Q sind größtenteils gleich Null oder nehmen in den meisten anderen Fällen auf Grund der groben

Quantisierung nur kleine Werte an. Während man alle 64 Grauwerte des Originalblocks mit jeweils 8 Bit darstellen musste, kann man nun jeden einzigen gerundeten Koeffizienten F_{ij}^Q mit sehr viel weniger Bits hinreichend genau angeben. Die Quantisierungsmatrix Q regelt also, wie stark ein Bild komprimiert wird und gleichzeitig in welchen Ortsfrequenzbereichen und wie stark Fehler zugelassen werden.

Weitere Einsparungen werden noch durch Verfahren der Redundanzreduktion erreicht, welche im nächsten Abschnitt dargestellt werden.

5.1.4 Redundanzreduktion

Eine Redundanz in multimedialen Daten, die man auch relativ einfach für eine Datenkompression beseitigen kann, wird oft durch zwei unterschiedliche Gesetzmäßigkeiten hervorgerufen. Die erste Gesetzmäßigkeit besteht einfach durch eine unterschiedliche Häufigkeit (Statistik erster Ordnung), mit der Werte (z.B. Farbwerte) vorkommen, und kann durch sogenannte Variable Length Codes eliminiert werden. Die zweite Gesetzmäßigkeit kommt durch Beziehungen zwischen benachbarten Werten (Pixel, Bilder sowie abgeleitete Größen) zustande und kann durch eine Prädiktions- oder Run-Length-Codierung eliminiert werden.

5.1.4.1 Equal und Variable Length Codes

Um die Grundprinzipen möglichst einfach darstellen zu können, werden wir wieder Bilder betrachten, die mit wenig Bits digitalisiert worden sind, wie z.B. das Bild in Abb. 5.5 rechts, welches nur mit 3 Bit digitalisiert worden ist. Es können so insgesamt 8 unterschiedliche Grauwertstufen damit unterschieden werden:

$$w_1, w_2, \ldots w_8$$

Wenn diese Werte in Form eines Binärcodes abgespeichert oder über ein Datennetz übertragen werden sollen, so hat man die Möglichkeit, einen sogenannten Equal Length Code (ELC) oder einen Variable Length Code zu verwenden. Der Equal Length Code ist die einfache Standardabbildung von 8 Werten in ein binäres Zahlensystem:

$$w_1 \rightarrow 000$$
$$w_2 \rightarrow 001$$
$$\ldots$$
$$w_8 \rightarrow 111$$

Wenn wir beliebige Digitalisierungen betrachten, dann seien

5.1 Audio-, Bild- und Videocodierung

$$W = \{w_1, \ldots, w_M\}$$

die Menge aller Werte, welche eine Signalquelle annehmen kann, und

$$B = \{0, 1, 00, 01, \ldots\}$$

die Menge aller binären Zahlenfolgen endlicher Länge (Codewörter), dann nennt man eine ein-eindeutige Abbildung

$$K : W \rightarrow B$$

einen Code. Ein solcher Code kann immer in Form einer Tabelle wie oben bei w_1 bis w_8 angedeutet wurde, dargestellt werden. Jedem Codewort b kann man eine Länge $|b|$ zuordnen, die einfach durch die Anzahl der binären Zahlenwerte gegeben ist.

Der Equal Length Code $K(w_1) = 000, \ldots, K(w_8) = 111$ erfüllt die angegebenen Definitionen. Jeder Wert w_i wird auf ein Codewort der Länge 3 abgebildet, d.h., es gilt $|K(w_i)| = 3$ und auf Grund dieser Beziehung hat der Code auch seinen Namen. Wenn insgesamt die Grauwerte von N Pixeln zu codieren sind, so beträgt bei einem Equal Length Code das gesamte Datenvolumen: $3 \cdot N$. Das linke Bild in Abb. 5.8 ist zur Vereinfachung der Beziehungen wieder mit 3 Bit quantisiert worden, so dass insgesamt 8 Grauwerte unterschieden werden können. Es kommen in dem Bild insgesamt $N = 144400$ Pixel vor. Das gesamte Datenvolumen beträgt bei einem Equal Length Code somit $3 \cdot 144400 = 433200 \ Bits$.

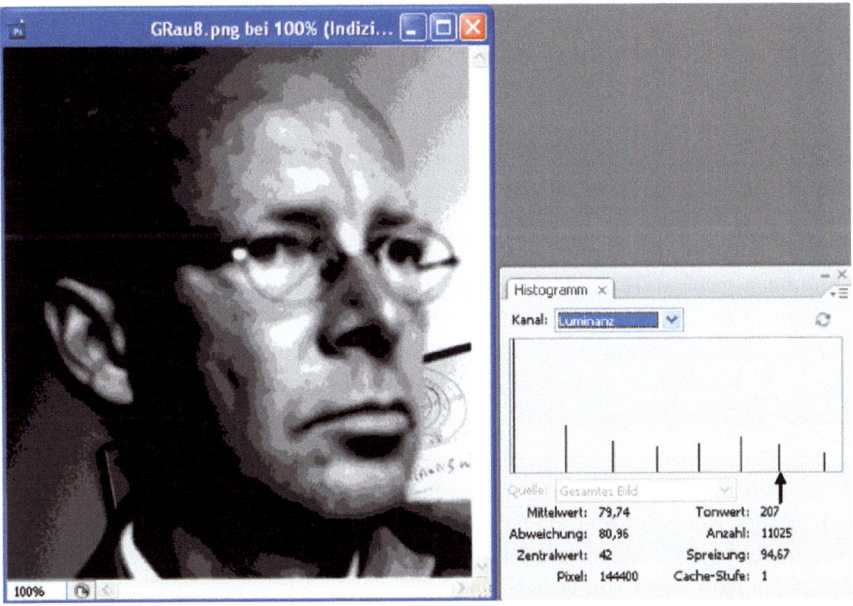

Abb. 5.8 Links ist ein mit 3 Bit quantisiertes Bild dargestellt. Rechts ist die Häufigkeitsverteilung der 8 Grauwerte abgebildet.

5.1.4.2 Histogramm-Analyse

In Abb. 5.8 rechts ist ein sog. Histogramm des Bildes links dargestellt worden. Hierbei wird zu jedem Grauwert w_i ermittelt, mit welcher Häufigkeit $Anzahl(w_i)$ dieser Grauwert in dem Bild vorkommt. So kommt z.B. der Grauwert $w_7 = 207$ insgesamt 11025 mal vor. Man kann hieraus auch die Wahrscheinlichkeit ermitteln, mit der man bei zufälliger Wahl eines Pixel den Grauwert 207 erhält. Diese beträgt $p(w_i) = Anzahl(w_i)/N$.

5.1.4.3 Variable Length Codes

Wie aus dem Histogramm in Abb. 5.8 zu ersehen ist, kommt der Grauwert $w_1 = 2$ um ein Vielfaches öfter vor als die anderen Grauwerte vor: $Anzahl(w_1) = 56296$. Die Idee des Variable Length Codings besteht einfach darin, die häufig vorkommenden Werte mit den kurzen Codewörtern 0,01,... usw. zu codieren. Man kann z.B. folgenden Variable Length Code verwenden, um die große Häufigkeit von w_1 für eine Datenersparnis auszunutzen:

$$w_1 \to 0$$
$$w_2 \to 100$$
$$w_3 \to 101$$
$$w_4 \to 110$$
$$w_5 \to 11100$$
$$w_6 \to 11101$$
$$w_7 \to 11110$$
$$w_8 \to 11111$$

Für einige wenige Werte braucht man dann zwar längere Codewörter, aber auf Grund der geringen Häufigkeit fällt dieser Nachteil nicht so sehr ins Gewicht. Das gesamte Datenvolumen beträgt unter Verwendung dieses Codes:

$$\sum_i Anzahl(w_i) \cdot |K(w_i)| = 1 \cdot 56296 + 3 \cdot 43408 + 5 \cdot 44696 = 410000$$

Die Dateneinsparung beträgt in diesem Beispiel zwar nur ca. 5 % gegenüber dem ELC, jedoch ist die Dateneinsparung um so höher, je mehr sich die Häufigkeiten auf wenige Werte konzentrieren. Dann lassen sich sehr viel höhere Datenreduktionen mit dem Verfahren erzielen. Diese Situation liegt in den Anwendungen der folgenden Abschnitte vor. Es werden hierzu nie die Grauwerte direkt, sondern immer geeignet abgeleitete Werte mit einem VLC codiert. Darüber hinaus ist der oben gewählte Code nicht optimal an die Häufigkeiten angepasst. Es gibt ein Standardver-

5.1 Audio-, Bild- und Videocodierung   299

fahren zur Konstruktion eines optimalen VLCs. Dies ist der sogenannte Huffman-Code. In dem außergewöhnlichen Fall, wo alle Werte gleich häufig vorkommen, läuft das Verfahren auf den ELC hinaus.

5.1.5 Prädiktionscodierung

Für eine einfache Darstellung des Verfahrens der Prädiktionscodierung betrachten wir besonders einfache binäre Bilder, d.h., es kommen nur die Werte $w_1 = 0 = $ schwarz und $w_2 = 1 = $ weiß vor. Die Verwendung eines VLC bringt nur eine Datenersparnis, wenn unterschiedliche Häufigkeiten bei den zu codierenden Werten vorkommen. Es kann darüber hinaus jedoch auch eine Gesetzmäßigkeit zwischen benachbarten Pixeln für eine Datenkompression ausgenutzt werden. Betrachten wir hierzu die eingerahmten Zeilen in Abb. 5.9. Es kommen die Werte schwarz und weiß etwa gleich oft vor, d.h., mit einem VLC hätte man also keine Kompressionsmöglichkeit. Wenn man jedoch benachbarte Pixelpaare betrachtet, so stellt man fest, daß fast nur Paare der Form schwarz-schwarz oder weiß-weiß vorkommen (insgesamt 94%). Nur an wenigen Stellen (nur 6%), nämlich den Kanten im Bild, hat man auch Paare der Form weiß-schwarz und schwarz-weiß.

Diese Situation ist für alle multimedialen Signale typisch. Sie besitzen starke Abhängigkeiten zwischen den benachbarten Signalwerten w_i und v_j. Insbesondere sind multimediale Signale keine Rauschsignale, wo benachbarte Werte völlig unabhängig und zufällig auftreten.

Abb. 5.9 Ein Bild mit starken Abhängigkeiten zwischen benachbarten Pixeln

Durch die Kenntnis der Beziehung zwischen benachbarten Werten kann eine weitreichende Verbesserung der Kompression gegenüber einer reinen Variable Length Codierung durchgeführt werden. Die gleichartige Information in den Pixelpaaren ist redundant. Man kann sie vorhersagen, und was man vorhersagen kann, braucht man nicht zu speichern bzw. zu übertragen. Wenn z.B., wie in dem Beispiel oben, bekannt ist, daß bis auf wenige Ausnahmen, der Nachfolger mit dem Vorgänger übereinstimmt, so kann man festlegen, daß für einen gleichen Nachfolger keine Codierung vorgenommen wird, sondern der vorherige Wert noch einmal verwendet wird. Für die 94% aller Fälle in dem oben genannten Beispiel müßte dann nichts codiert werden, und man codiert nur die Abweichung R, welche nur in 6% aller Fälle vorkommt. Dies ist der einfachste Fall der Prädiktionscodierung, die sogenannte Differenzcodierung.

5.1.5.1 Differenzcodierung

Bei einer Differenzcodierung verwendet man von folgender Beziehung zwischen Nachfolger v und Vorgänger w

$$v = w + R$$

und man verabredet am Sender und am Empfänger, dass man den Fall einer Abweichung $R = 0$ nicht überträgt, sondern dass man die Abweichung R nur überträgt, wenn diese ungleich null ist. Dies ist der einfachste Fall einer einfachen Vorhersage, welche davon ausgeht, dass sich in den meisten Fällen nichts ändert („Das Wetter ist morgen so wie heute."): $v = w$. Sie führt dann zu einer guten Kompression, wenn sich das Signal über viele Abtastwerte nicht oder nur gering ändert. Dieses einfache Verfahren wird auf Abtastwerte in der Audiocodierung (Differential Pulse Code Modulation DPCM) und auch bei MPEG-Verfahren angewendet. Dort jedoch nicht direkt auf Pixelwerte, sondern auf abgeleitete Größen.

Selbst wenn bei jedem Vorgänger / Nachfolgerpaar eine kleine Abweichung vorkommt, kann eine umfangreiche Kompression vorgenommen werden, indem man das Verfahren mit einem VLC kombiniert. Sind die Abweichungen R gering, dann kommen also für R nur kleine Werte häufig vor. Diese können dann sehr effizient mit einem VLC codiert werden.

Eine Codierung, Übertragung/Speicherung und Decodierung einer Signalfolge $w, v, u \ldots$ geschieht dann wie in Abb. 5.10 dargestellt.

5.1.5.2 Prädiktionscodierung von Bewegtbildsequenzen

Das gleiche Prinzip kann auf die größte Quelle von Redundanz in Bildsequenzen angewendet werden. Zwei aufeinanderfolgende Bilder I (schon codiertes Referenzbild), P (aktuell zu codierendes Bild) in Bewegtbildsequenzen sind sich sehr ähnlich. Eine besonders einfache Situation liegt vor, wenn die Bildsequenz von einer

5.1 Audio-, Bild- und Videocodierung

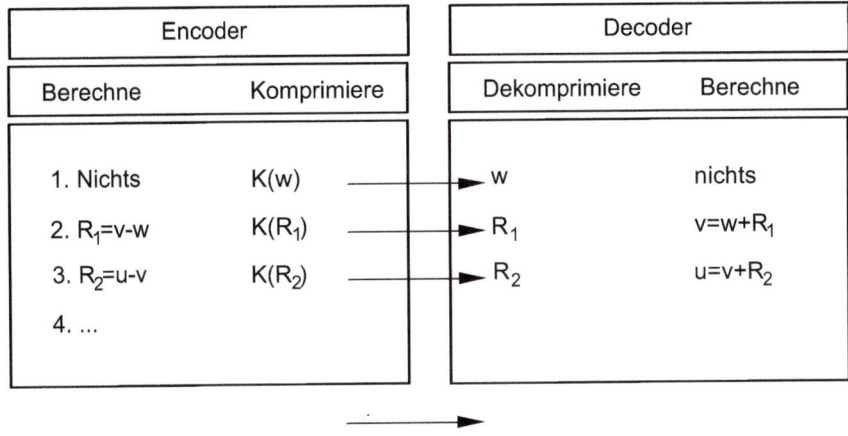

Abb. 5.10 Codierung und Decodierung bei der DPCM

stehenden Kamera aufgenommen wurde (siehe Abb. 5.11). In diesem Fall ist der Hintergrund in aufeinanderfolgenden Bildern gleich (bis auf einen Rauschanteil).

Abb. 5.11 Zwei aufeinanderfolgende Bilder I und P einer Bildsequenz, welche mit stehender Kamera aufgenommen wurde.

Dann ist es ebenfalls besser I und das Differenzbild $R = P - I$ anstelle von I und P zu übertragen, welches in Abb. 5.12 dargestellt ist. In diesem Bild sind negative Werte schwarz und positive Werte weiss dargestellt. Die Pixel im Differenzbild besitzen den Wert $w = 0$ in den Bereichen (grau dargestellt), wo sich zwischen den Bildern keine Änderung ergeben hat. Das ist in Abb. 5.12 der gesamte Hintergrund, d.h. alle Bereiche außerhalb der Positionen des bewegten Schneidbrennkopfes. Man kann dann die Konvention am Encoder und Decoder verwenden, dass der Wert = 0 bei Differenzbildern gar nicht codiert wird. Es braucht dann der komplette stehende Hintergrund nicht codiert zu werden. Für eine entsprechende Codierung wendet man das gleiche Schema aus Abb. 5.10 statt auf die Signalfolge $w, v, u, \ldots$ auf die Bildfolge $I, P, \ldots$ an.

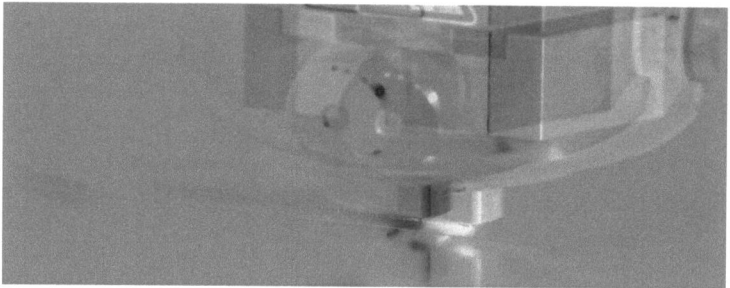

Abb. 5.12 Das Differenzbild $R = P - I$ der Bilder I und P aus Abb. 5.11

Dieses Verfahren wird bei allen wichtigen Bewegtbildstandards (alle MPEG Standards und Derivate) angewendet. Die I - Bilder heißen dann Intra-codierte Bilder und die P Bilder heißen Predictive-codierte Bilder. Jedoch wird dabei noch eine weitere Technik hinzugenommen, so dass dieses Verfahren auch bei bewegter Kamera mit beliebig bewegten Hintergründen und Objekten angewendet werden kann. Dieses Verfahren ist die Bewegungskompensation, welche wir in Abschnitt 5.1.7 genauer darstellen werden.

5.1.6 JPEG-Bildcodierung

Der JPEG-Standard war der erste bedeutsame Standard für die Kompression von photografisch erzeugten Rasterbildern und ist bis heute der bedeutendste Standard für diesen Anwendungsbereich geblieben. Die Bilder in den meisten Photokameras werden im JPEG-Format abgespeichert. Darüber hinaus hat der Standard maßgeblich die MPEG-Standards und deren Derivate beeinflusst, welches schematisch durch folgende symbolisch zu verstehende Formel zusammengefasst werden kann:

$$MPEG = Bewegungspraediktion + JPEG$$

5.1 Audio-, Bild- und Videocodierung

Diese Formel wird im Abschnitt 5.1.7 genauer erklärt. In diesem Abschnitt wollen wir zunächst zeigen, wie die zuvor besprochenen Grundprinzipien der Datenkompression im JPEG-Standard zusammenspielen.

5.1.6.1 Der JPEG-Encoder

Eine JPEG-Encodierung kann in unterschiedlichen Farbräumen wie z.B. RGB oder YUV vorgenommen werden. Die Codierung wird in jedem Kanal getrennt durchgeführt. Die einzelnen Schritte sind in Abb. 5.13 dargestellt.

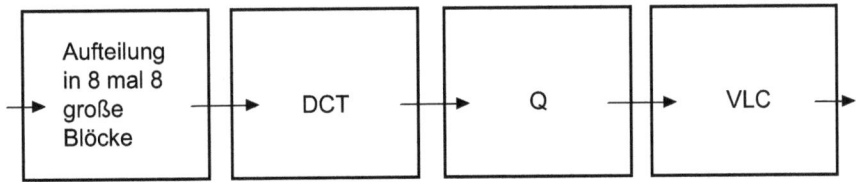

Abb. 5.13 Blockschaltbild eines JPEG-Encoders

Die ersten drei Blöcke haben wir schon im Abschn. 5.1.3 vorgestellt. Das gesamte Bild wird in 8 mal 8 große Blöcke unterteilt. Anschließend werden die Bilddaten zum Zweck der Irrelevanzreduktion mit der DCT transformiert und entsprechend der Wahrnehmungsschwellen gröber quantisiert. Wir wollen im Folgenden darstellen, wie ein VLC bei dem JPEG-Verfahren eingesetzt wird, um die gerundeten Koeffizienten zu komprimieren.

5.1.6.2 VLC-Codierung

Für jeden Block müssen die 64 gerundete Koeffizienten in binäre Codewörter überführt werden. Für einen Block haben wir schon in Abschn. 5.1.3 typische Werte dieser gerundeten Koeffizienten F^Q in Formel 5.4 dargestellt. Der erste Koeffizient (hier der Wert 78) repräsentiert die mittlere Helligkeit eines jeden Blocks. Er wird als DC-Koeffizient bezeichnet. Die Codierung der DC-Koeffizienten geschieht auf eine andere Weise, als die Codierung der anderen Koeffizienten, welche als AC-Koeffizienten bezeichnet werden. Der Grund hierfür liegt in folgenden über alle Blöcke eines Bildes geltenden Eigenschaften der Koeffizienten:

1. Die mittlere Helligkeit der kleinen 8 x 8 Blöcke variiert zwischen benachbarten Blöcken wenig. Daher variiert auch der DC-Koeffizient wenig und man wendet wie im letzten Abschnitt besprochen, eine Differenzcodierung für die DC-Koeffizienten an. Es werden die Differenzwerte der DC-Koeffizienten zwischen benachbarten Blöcken berechnet. Die Differenzwerte nehmen mit einer großen Häufigkeit nur Werte in der Nähe von Null an. Ein wie in Abschn. 5.1.4 ange-

passter VLC reduziert dann in einem hohen Maße das Datenvolumen der DC-Koeffizienten.
2. Bei den AC-Koeffizienten sind mit zunehmender Ortsfrequenz (insbesondere bei großer Quantisierung) viele Koeffizienten gleich Null. Man ordnet daher die Koeffizienten nach dem im Abb. 5.14 unten dargestellten Zick-Zack-Schema an. Insbesondere bei den hohen Ortsfrequenzen sieht die resultierende Folge der Koeffizienten typischerweise folgendermaßen aus ... 0 0 0 5 0 0 3 ... usw. Zwischen langen Folgen von Nullen taucht immer wieder ein Wert ungleich Null auf. Diese Folge wandelt man mit Hilfe der Run-Length-Methode in wenige Zahlen-Paare der Form (Anzahl der Nullen, Wert ungleich Null) um: ... (3,5), (2,3) ... Diese Paare werden dann ebenso wieder mit einem VLC sparsam codiert.

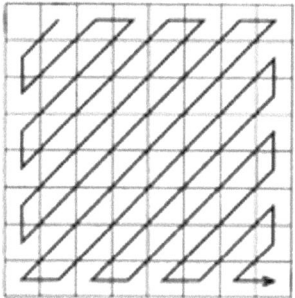

Abb. 5.14 Zick-Zack-Scan zur Anordnung der AC-Koeffizienten

5.1.6.3 JPEG-Decoder

Im JPEG-Decoder werden alle Schritte umgekehrt wie in Abb. 5.15 dargestellt ist. Die VLC sind in Form von Tabellen (mathematisch Abbildungen) mit einer eineindeutigen Zuordnung zwischen Wert und Codewort gegeben, d.h., aus dem Codewort kann eindeutig der Wert ermittelt werden (VLC^{-1}). Q^{-1} bezeichnet die Rekonstruktion der Koeffizienten F_{ij} durch das Produkt $F_{ij}^Q \cdot Q_{ij}$ wie in Formel 5.3 dargestellt. Diese Rekonstruktion gelingt nur bis auf den Restfehler R_{ij}, der durch die Quantisierung entstanden ist. Wie schon erwähnt, lässt sich aus den Koeffizienten F_{ij} ein Block eindeutig rekonstruieren. Diese Rekonstruktion wird im Block DCT^{-1} vorgenommen. Wenn die Koeffizienten durch Rundungsfehler verfälscht werden, ist natürlich auch die Rücktransformation fehlerbehaftet. Jedoch fällt dieser Fehler, wie in Abschn. 5.1.3 besprochen, bei nicht allzu großen Quantisierungen in den nicht wahrnehmbaren Bereich.

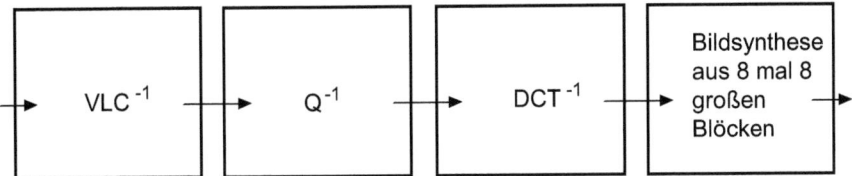

Abb. 5.15 Blockschaltbild eines JPEG-Decoders

5.1.6.4 Kompressionsraten mit JPEG

Bei der Kompression multimedialer Daten entstehen Störungen, welche mehr oder weniger stark wahrnehmbar sind. Wie in Abschn. 5.1.3 beschrieben, kann die Kompressionsrate über die Quantisierungsmatrix eingestellt werden. Man kann die Kompressionrate beliebig in die Höhe treiben. Dadurch erhöhen sich natürlich aber auch die entstehenden Bildfehler. Eine Angabe der erzielbaren Kompressionsraten macht daher nur Sinn, wenn gleichzeitig etwas über die entstandenen Bildfehler ausgesagt wird (wie z.B. in Abb. 5.16). Bildfehler können durch den Mean Square Error (MSE), also den mittleren quadratischen Fehler zwischen Original A und komprimierten Bild B gemessen werden.

$$MSE = \sum_{x,y}(A(x,y) - B(x,y))^2 / (AnzahlBildpunkte)$$

Gebräuchlicher ist jedoch das Peak Signal to Noise Ratio, bei dem man die maximale quadratische Signalstärke (also $255 \cdot 255$ bei 8 Bit Bildern) im Verhältnis zum Fehler MSE setzt.

$$PSNR = 10 \log(255 \cdot 255 / MSE)$$

Die Wahrnehmbarkeit von Fehlern durch das visuelle System verändert sich nicht in kleinen Schritten, sondern exponentiell. Vom Quotienten wird daher der Logarithmus zur Basis 10 gebildet. $PSNR = 10$ bedeutet, dass das maximale Signal und die Bildfehler (Rauschen,...) gleich groß sind. $PSNR = N \cdot 10$ besagt, dass das maximale Signal N Zehnerpotenzen größer ist als der Bildfehler. Bei $PSNR \geq 50$ ist der Bildfehler gegenüber dem (Nutz)Signal so klein, dass er nicht mehr wahrnehmbar ist. Bei $PSNR$-Werten unter 30 sind die Bildfehler meist sehr auffällig und störend. Typisch sind folgende Kompressionsraten und Bildfehler:

- Kompressionsfaktor = 20 und $PSNR = 50$, d.h. kaum oder nicht wahrnehmbarer Bildfehler (hohe JPEG-Qualität).
- Kompressionsfaktor = 40 und $PSNR = 40$, d.h. deutlich wahrnehmbarer Bildfehler.
- Kompressionsfaktor = 70 und $PSNR = 30$, d.h. auffällige Störungen (niedrige JPEG-Qualität).

Wahrnehmbare Störungen lassen sich z.B. typischerweise dadurch beschreiben, dass nach einer Vergrößerung von Ausschnitten (Ausgangsbildhöhe entspricht 576 Punkten, d.h. DVD-PAL) stellenweise die DCT-Muster bzw. Blockbildungen wie in Abb. 5.6 erkennbar werden. Man sieht in Abb. 5.6 insbesondere auch, wie Details in den Blöcken bei einer niedrigen JPEG-Qualität immer stärker gegenüber einer hohen JPEG-Qualität reduziert werden. Bei einer weiteren Steigerung der Kompressionsfaktoren werden dann auch ohne Vergrößerungen 8 x 8 großen Blöcke (Blockartefakte) und stufige Übergänge stark sichtbar.

5.1.7 MPEG-Videocodierung

Digitale Videoformate und deren Kompression sind Anfang der 90er Jahre vorwiegend zur digitalen Speicherung und Übertragung von Fernseh- und Kinofilmen im Rahmen des MPEG 2-Standards entwickelt worden, welcher seitdem beim Digital Video Broadcasting (DVB) und bei der Digital Versatile Disc (DVD) zum Einsatz kommt. Im Anschluss daran wurden die bei MPEG 2 eingesetzten Verfahren weiterentwickelt und in den Standards MPEG 4/H.264 für die Übertragung von Videodaten über das Internet und über Mobilfunknetze eingesetzt. Die Nachfolgeformate und Derivate von MPEG 4 bilden die Grundlage für die heute beim Streaming eingesetzten Codecs. Der H.264 gilt derzeit als der Codec mit der höchsten Bildqualität bei vorgegebener Datenrate (siehe Abb. 5.16).

5.1.7.1 Bildqualität und Kompressionsfaktoren von Video-Codecs

Die Qualität und damit die Datenrate von Videofilmen und -Streams ist natürlich zunächst von der gewählten räumlichen Auflösung und der Bildfrequenz abhängig. Diese Parameter nehmen bei Videofilmen im Internet sehr unterschiedliche Werte an. Bei DVB und DVD liegen hierfür normierte Größen vor, die eine vergleichsweise hohe Qualität bei der Wahrnehmung von Bewegtbildern gewährleisten und daher über Jahrzehnte von Nutzern akzeptiert wurden. Diese Eckwerte bilden daher natürlich eine erste Referenz für hochqualitative Bewegtbilder.

Für DVD-PAL (Phase Alternating Line = zeilenweise Phasenänderung, der vorherrschende Televisionsstandard in Europa) werden eine Bildrate von 25 Bildern pro Sekunde und $720 \cdot 576$ Pixel pro Bild verwendet. In den USA wird der NTSC Standard mit 29,97 Bilder pro Sekunde und $720 \cdot 480$ Pixel pro Bild eingesetzt.

Um eine Spitzenqualität zu gewährleisten, arbeitet man bei DVD mit einer MPEG 2-Codierung mit einer hohen Datenrate, welche kurzzeitige Spitzenwerte von 9,8 *MBit/sec* erreichen darf. Bei der Verbreitung über DVB steht nur eine begrenzte Bandbreite zur Verfügung, die man an möglichst viele Betreiber vergeben will. Daher ist man gezwungen, sparsamer mit der Datenrate für jeden gesendeten Videostream umzugehen. Bei der terristrischen Verbreitung (über Sende- und Empfangsantennen) verwendet man eine MPEG 2-Codierung mit 3 bis 5 *MBit/sec*. Die

5.1 Audio-, Bild- und Videocodierung

erreichbare Bildqualität entspricht der Bildqualität bei der über Jahrzehnte verwendeten und vom Nutzer akzeptierten analogen Fernsehübertragung. Wie aus Abb. 5.16 zu ersehen ist, erzielt man bei solchen Datenraten einen *PSNR*-Wert von knapp 40 *dB*.

Im letzten Abschnitt hatten wir gesehen, dass bei der Betrachtung von JPEG codierten Einzelbildern mit einem solchen *PSNR*-Wert schon deutlich wahrnehmbare Störungen auftreten, welche den Blöcken und den DCT-Mustern des eingesetzten Codierverfahrens ähneln. Bei der Betrachtung von Bewegtbildern mit einer Bildfrequenz von 25 Bildern pro Sekunde ist das Auge jedoch zu träge, um diese feinen Strukturen zu erkennen. Die Bildfehler werden bei der Wahrnehmung über mehrere Bilder gemittelt, kompensieren sich dadurch und treten dadurch insgesamt weniger deutlich hervor. Aus diesem Grund werden bei Videosequenzen *PSNR* Werte von 40 *dB* von den Nutzern noch akzeptiert. Ein unkomprimierter PAL-DVD Videodatenstrom benötigt etwa 250 *MBit/sec*, so dass die erzielbaren Kompressionsfaktoren für eine akzeptable Bildqualität ca. bei

- 50 bis 100 bei MPEG 2 und
- über 150 bei H.264

liegen. Diese Kompressionfaktoren liegen somit um ein Vielfaches höher als bei der JPEG-Einzelbildcodierung, welche nur einen Kompressionsfaktor von ca. 40 bei der gleichen Bildqualität ($PSNR = 40\ dB$) erzielt. Die höheren Faktoren bei der Videokompression ergeben sich aus der Tatsache, dass sich zwei aufeinander folgende Bilder einer Bewegtbildsequenz sehr ähnlich sehen und daher eine große Redundanz in den Videodaten vorhanden ist, welche eliminiert werden kann.

5.1.7.2 Aufteilung in Helligkeits- und Farbdifferenzkanäle

Zunächst wird bei den meisten gängigen Videokompressionsverfahren im YUV-Raum gearbeit. Aufgrund der in Abschn. 5.1.2.1 dargestellten reduzierten Detailwahrnehmung in den Farbkanälen, kann zunächst einfach die Auflösung in den Farbkanälen reduziert werden. Man betrachtet für $2 \cdot 2 = 4$ Bildpunkte im Y-Kanal nur jeweils einen U und einen V-Wert. Man spricht hierbei von einer 4 : 2 : 0 Unterabtastung. Betragen die Abmaße eines Y-Bildes $720 \cdot 576$ Pixel, so werden das U-und das V-Bild nur noch mit einer Auflösung von $360 \cdot 288$ Pixel weiterverarbeitet. Der gesamte Datenstrom eines DVD-PAL-Videos wird durch diese YUV-Konvertierung und 4 : 2 : 0 Unterabtastung von 250 *MBit/sec* auf 125 *MBit/sec* halbiert.

Die weitere Reduktion geschieht bei allen leistungsstarken Videokompressionsverfahren durch eine Prädiktionscodierung, welche die Redundanz zwischen benachbarten Bildern eliminiert, und eine anschließende Irrelevanzreduktion. Ausnahmen hiervon bilden die Videoformate, welche im Produktionsbereich eingesetzt werden. Hier werden nur I-Bilder verwendet. Gängige Formate sind Digital-Video (DV) bei den meisten Videokameras im Consumer-Bereich oder Panasonic DVCPro

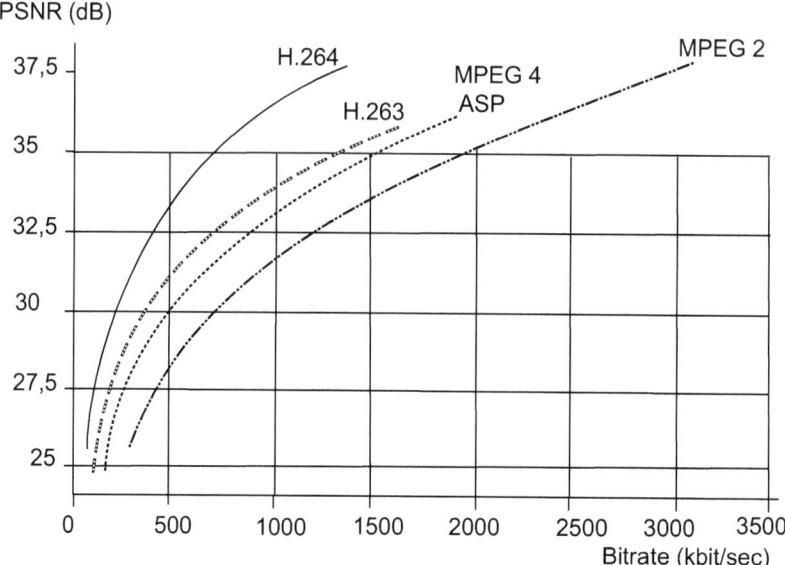

Abb. 5.16 Kompressionsfaktoren von Videocodecs

bzw. Sony-DigiBetacam im Profi-Bereich. Im Produktionsbereich ist die Kompression zweitrangig. Es werden Datenraten von 25 $MBit/sec$ und ein Vielfaches davon verwendet. Im Vordergrund steht hier eine hohe Bildqualität.

5.1.7.3 Videokompression durch Bewegungskompensation und Prädiktion

Um die Redundanz zwischen zwei aufeinanderfolgenden Bildern mit Hilfe einer Prädiktionscodierung eliminieren zu können, reicht es im Allgemeinen nicht aus, einfach die Differenz der beiden Bilder zu bilden und dieses Restsignal dann zu codieren. Der Grund liegt darin, dass sich viele oder sogar alle Bildteile etwas von Bild zu Bild bewegen. Betrachten wir hierzu das Beispiel in Abb. 5.17, in dem zwei aufeinanderfolgende Bilder I und P einer Straßenszene zu sehen sind.

Die Kamera stand nicht auf einem Stativ. Dadurch hat sich der Hintergrund leicht nach oben bewegt (man betrachte z.B. die Fenster im oberen Bereich). Die Autos im Vordergrund bewegen sich stark in unterschiedliche Richtungen. In dem Differenzbild, wie in Abb. 5.18 dargestellt, bekommt man nun nicht wie in Abschn. 5.1.5 ein Restbild, das nur in einem kleinen Bereich von Null verschieden und nur dort zu codieren ist. Das Differenzbild nimmt auf Grund der kleinen und großen Bewegungen über den gesamten Bildbereich von Null verschiedene Werte an. Man hat also durch eine reine Differenzbildung nichts gewonnen.

5.1 Audio-, Bild- und Videocodierung

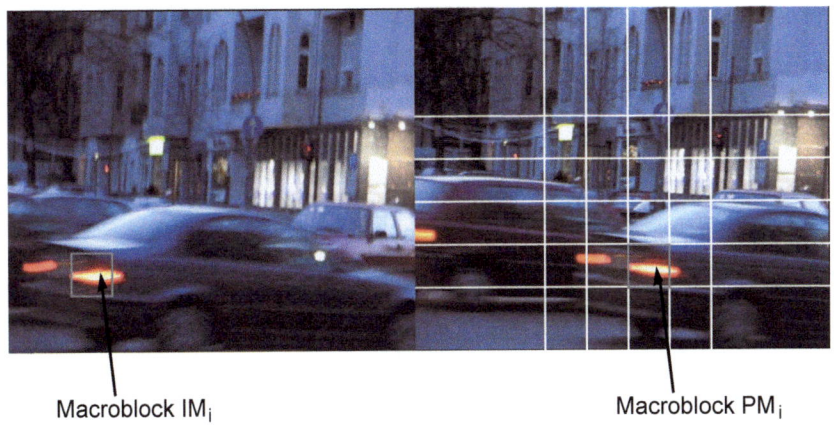

Abb. 5.17 Bewegungskompensation mit Macroblöcken

Abb. 5.18 Das Differenzbild $R = P - I$ der Bilder I und P aus Abb. 5.17

Man muss daher, bevor man zu einer Differenzbildung übergeht, die vorhandenen Bewegungen kompensieren. Das geschieht folgendermaßen wie in Abb. 5.17 dargestellt:

Man unterteilt das Bild P vollständig in sog. Macroblöcke PM_i. Bei den MPEG-Verfahren sind diese Macroblöcke 16 x 16 Pixel groß. Für ein $720 \cdot 576$ Pixel großes Bild ergeben sich dann $45 \cdot 36 = 1620$ Macroblöcke $PM_1 \ldots PM_{1620}$, aus denen das Bild P vollständig zusammengesetzt werden kann. In dem Beispiel in Abb. 5.17 sind die Blöcke zur Verdeutlichung jedoch wesentlich größer gewählt. Zu jedem Macroblock PM_i aus dem P-Bild sucht man nun einen möglichst gut passenden Macroblock IM_i im I-Bild. Man kann dies erreichen, in dem man alle Macroblöcke im I-Bild durchtestet und denjenigen Block IM_i auswählt, der zu dem Block PM_i den geringsten Fehler (z.B. MSE) aufweist, wie in Abb. 5.17 dargestellt (Blockmatching). Die korrespondierenden Macroblöcke (PM_i, IM_i) liegen jedoch auf Grund der Bewegungen im P- und im I-Bild an verschobenen Positionen. Aus diesem Grund hat man also zu jedem korrespondierendem Macroblockpaar (PM_i, IM_i) durch das beschriebene Verfahren einen Verschiebungsvektor v_i ermittelt, der angibt, an welcher Position der Block IM_i im Bild I zu finden ist. Korrespondierende Macroblöcke (PM_i, IM_i) sind ferner fast identisch, d.h., es gilt $PM_i = IM_i + R_i$, wobei der Rest R_i zwar nicht immer $= 0$ ist (dann braucht man außer v_i nichts zu übertragen), aber er nimmt nur an wenigen Stellen wesentlich von null verschiedene Werte an. Insbesondere führt eine JPEG-Kompression von R_i zu einem äußerst geringen Datenvolumen.

Das aus Abschn. 5.1.4 entsprechend angepasste MPEG Prädiktionsverfahren ist in Abb. 5.19 dargestellt.

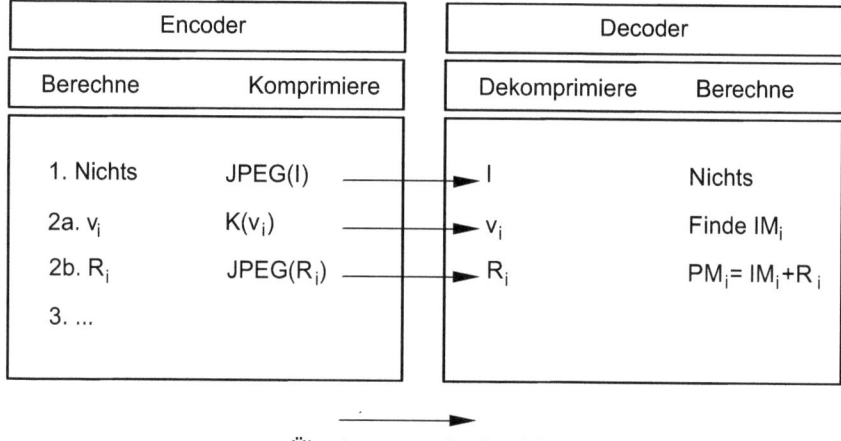

Abb. 5.19 Prädiktionscodierung mit Bewegungskompensation

5.1.7.4 *I*, *P*, *B*- Bilder und die GOP-Sequenz

Die oben genannte Vorgehensweise führt zu einer großen Datenreduktion durch Redundanzeliminierung. Diese kann durch folgende Weiterentwicklungen noch beträchtlich gesteigert werden. Man führt einen weiteren Bildtyp ein, die sogenannten *B*-Bilder, und verwendet eine weiter variierte Codierreihenfolge, wie z.B. in dem folgenden Beispiel dargestellt:

Bild Nr:	1	2	3	4	...
Bild-Typ:	*I*	*B*	*B*	*P*	...
Codierreihenfolge:	1	3	4	2	...

Man codiert zunächst die Bilder *I* und *P* wie oben beschrieben, d.h., bevor die Codierung von den *B*-Bildern beginnt, liegen am Empfänger das Bild *I* und das Bild

5.1 Audio-, Bild- und Videocodierung

P vor. Ein Vorteil ist nun, dass man für die Macroblöcke in einem B-Bild passende Macroblöcke sowohl in dem I- und dem P- Bild suchen kann. Dadurch wird der jeweilige Fehler R_i weiter reduziert und die Datenrate weiter massiv gesenkt. Bei den leistungsstärksten Verfahren wie H.264 wird die Vorgehensweise noch weiter ausgebaut, indem man in zeitlich immer weiter entfernten Bildern ebenfalls zusätzlich nach passenden korrespondierenden Blöcken sucht. Die Datenrate sinkt dadurch weiter. Durch die umfangreiche Suche wird insbesondere die Encodierung, aber auch die Decodierung immer aufwändiger. Die B-Bilder erzeugen zwar das kleinste Datenaufkommen, aber andererseits steigt dadurch auch der Decodieraufwand und so insbesondere der Aufwand, wenn nach Bildern gesucht werden soll. Die Wahl einer geeigneten Standard-Anordnung von I,B,P Bilder kann bei der Encodierung eingestellt werden. Eine Abweichung von der Standard-Anordnung findet bei einem Szenenwechsel statt. In diesem Fall sind aufeinanderfolgende Bilder nicht ähnlich, und es muss ein weiteres I-Bild eingefügt werden.

- Vorteil bei der Verwendung von wenigen I-Bildern: hohe Kompression
- Nachteil bei der Verwendung von wenigen I Bildern: schlechte Suchmöglichkeiten, da bei einem vom Benutzer gesteuerten Suchdurchlauf nur die I-Bilder angezeigt werden können.

In den Flash-Dokumentationen kann man z.B. folgende Beschreibung über das Einfügen von I-Bildern (dort als Schlüsselbilder bezeichnet) entnehmen: „Der Flash Video Encoder fügt standardmäßig alle 2 Sekunden ein Schlüsselbild ein. Wenn das zu codierende Video z.B. eine Bildrate von 30 Bilder/sec aufweist, wird alle 60 Bilder ein Schlüsselbild eingefügt. Im Allgemeinen bietet dieser Standardwert für das Schlüsselbild beim Suchlauf in einem Videoclip geeignete Steuerungsmöglichkeiten. Beachten Sie bei der Auswahl eines benutzerdefinierten Wertes für die Schlüsselbildplatzierung, dass die Dateigröße mit abnehmendem Schlüsselbildintervall zunimmt."

5.1.7.5 Komplexität des Codecs

Neben der Qualität und der Kompressionsrate beeinflußt die Komplexität des En- bzw. Decodierungsvorgangs die Verarbeitungsdauer. Die Komplexität wird insbesondere durch B-Bilder bzw. durch die Suche in noch weiter entlegenen Bildern wie beim H.264-Codec gesteigert. Für die Verwendung auf mobilen Endgeräten ist die Komplexität immer noch ein wichtiger Parameter. Auf normalen PCs ist jedoch die Prozessorleistung seit einigen Jahren so groß, dass dieser Parameter stärker in den Hintergrund tritt.

5.1.7.6 Interlaced und Noninterlaced Video

Normale Fernsehausstrahlungen verwenden in der Regel Interlaced Video. Dies bedeutet, dass abwechselnd ein Halbbild mit den ungeraden Zeilen und ein Halbbild mit geraden Zeilen gezeigt wird. Die Bildrate für die Halbbilder wird dann doppelt so hoch wie für Vollbilder gewählt (also bei PAL 50 Halbbilder pro Sekunde). Interlaced Video verursacht bei Kathodenstrahlmonitoren mit einer geringen Bildwiederholfrequenz beim Betrachter ein geringeres Flimmern als Noninterlaced Video. Das Flimmern tritt durch hohe Bildwiederholraten moderner Endgeräte in den Hintergrund. Computermonitore zeigen Videovollbilder an.

5.2 Java Media Framework und Microsoft DirectShow

Das plattformunabhängige Java Media Framework (JMF) ist für eine Einführung in APIs zur Verarbeitung von Audio-und Videomedien besonders geeignet. Die Möglichkeiten der Konfigurierung einer Streaminganwendung sind weitreichender als z.B. in dem entsprechenden Flash API. Es lassen sich in einer sehr transparenten Art und Weise die Einzelmodule und deren Verknüpfung darstellen, welche zur Umsetzung der in Kap. 1 besprochenen Verarbeitungskette Digitalisierung, Encodierung, Packetierung, Übertragung, Depacketierung, Decodierung und Wiedergabe erforderlich sind. Darüber hinaus ist die Softwarearchitektur ausgereifter als bei C/C++ basierten APIs wie DirectShow. Wie die meisten Java-APIs stellt das JMF eine Fülle von Funktionalitäten bereit und läßt sich darüber hinaus sehr einfach mit anderen Klassenbibliotheken, wie Java-Swing oder dem Java-Netzwerk-API kombinieren. Dadurch können auf der Basis der schon eingeführten Java-Klassen schnell einige Kernanwendungen implementiert werden.

Die von Sun herausgegebene Version besitzt nicht mehr die aktuellsten Codecs. Das Framework ist jedoch erweiterungsfähig und Drittanbieter stellen Möglichkeiten zur Erweiterung des JMF bereit. Die Möglichkeiten der Konfigurierung sind in dem Microsoft DirectShow-API ebenfalls sehr umfangreich. Das API ist für eine hardwarenahe Entwicklung auf MS Windowsystemen geeignet. Die Programmierung mit DirectShow ist durch die Verwendung der Microsoft COM Architektur recht umständlich und kryptisch. Wir werden eine kurze beispielhafte Einführung in DirectShow auf der Basis von Analogien zu dem JMF im Anschluss an die Einführung in das JMF geben.

Installation

Das Java Media Framework und eine entsprechende Dokumentation kann von den Webseiten von Sun heruntergeladen und problemlos auf dem Zielrechner installiert werden ([3],[2]). Nach der Installation sollte die JMF-Studio-Anwendung auf dem Zielrechner verfügbar sein. Das JMF-Studio besteht aus fertigen Anwendungen zum Abspielen von Videodateien und zum Versenden und zur Wiedergabe von Live-Videostreams. Das JMF-Studio ist auf der Basis der JMF-Klassen implementiert worden.

Konfigurierung

Nach einer erfolgreichen Installation muss zum Ausführen der Capture- und Streamingbeispiele auf dem Zielrechner eine Webcam installiert und von dem Java Media Framework erkannt worden sein. Hierzu muss im JMF-Studio das Untermenü

```
Preferences / Capture Devices
```

geöffnet werden. Durch Betätigung des Buttons

```
Detect Capture Devices
```

werden nun Capture-Devices gesucht und angezeigt. Der gewählte Capture-Device sollte mit dem `move - up` Button an die erste Stelle gebracht werden. Wenn man anschließend im JMF-Studio unter `File` den Eintrag `Capture` aufruft, so erscheint das Eingabefeld `Select Capture Device` mit den Daten der gewählten Webcam. Durch Betätigung des OK-Buttons wird das Live-Bild der Webcam angezeigt.

Kompilieren und Ausführen der Beispiele

Zur Kompilierung einer Quellcode-Datei Beispiel.java und zur Ausführung des Programms muss der Klassenpfad um die Klassen des JMF erweitert werden. Beim Kompilieren müssen also z.B. folgende Einstellungen verwendet werden, wenn das JMF2.1.1e z.B. in `C:\Programme\JMF2.1.1e` und das Java SDK in `C:\Programme\j2sdk` installiert ist:

```
> C:\Programme\j2sdk\bin\javac -classpath C:\Programme\
  JMF2.1.1e\lib\JMF.jar;
  C:\Programme\JMF2.1.1e\lib\customizer.jar;
  C:\Programme\JMF2.1.1e\lib\mediaplayer.jar;.
    Beispiel.java
```

Entsprechendes gilt für die Ausführung des Beispiels:

```
> C:\Programme\j2sdk\bin\java -classpath C:\Programme\
  JMF2.1.1e\lib\JMF.jar;
  C:\Programme\JMF2.1.1e\lib\customizer.jar;
  C:\Programme\JMF2.1.1e\lib\mediaplayer.jar;.
    Beispiel
```

Graphische Nutzeroberfläche für die Beispielprogramme

Für die Beispiele werden wir zunächst mit den Java-Klassen zur Oberflächenprogrammierung aus Abschn. 4.2 ein einfaches Fenster implementieren, in dem ein

Button zum Starten von Videos integriert ist. Neben dem Button wird das Video angezeigt. Da wir zunächst das Programm der Oberfläche ohne das Video erklären wollen, werden wir zunächst lediglich ein Label verwenden, welches als Platzhalter für das Video fungiert.

Der Code für das Fenster aus Abb. 5.20 ist analog zu den Beispielen aus Abschn. 4.2 aufgebaut. Durch Drücken des `JButton start` wird ein `ActionEvent` ausgelöst und von der Methode `actionPerformed()` verarbeitet. In dieser Methode wird der Code zum Starten des Videos untergebracht. Der Rumpf der Methode ist dementsprechend zunächst noch leer. In der Methode `init()` werden wir gleich den Code zur Instanziierung eines `Player` Objekts platzieren. Zunächst befindet sich dort als Platzhalter lediglich die Instanziierung eines `Label` Objekts.

```java
import java.awt.*;
import java.awt.event.*;
import javax.swing.*;

public class VideoPlayer extends JFrame
{
    JButton start;
    Component vc;

    public VideoPlayer()
    {
        getContentPane().setLayout(new FlowLayout(
            FlowLayout.LEFT));


        start = new JButton("Start");
        getContentPane().add(start);
        start.addActionListener(
            new ActionListener()
            {
                public void actionPerformed(ActionEvent
                    e)
                {

                }
            });

        init();
    }

    public void init()
    {
        vc=new JLabel("Bereich zur Anzeige eines Videos");
        getContentPane().add(vc);
```

5.2 Java Media Framework und Microsoft DirectShow   315

```
    }

    public static void main(String args[])
    {
        VideoPlayer vp = new VideoPlayer();

        vp.pack();
        vp.setVisible(true);
    }
}
```

Listing 5.1 Nutzeroberfläche für einen JMF-Videoplayer

5.2.1 Progressive Download von Audio-Videomedien mit dem JMF

Wir wollen nun in der init-Methode einen Player instanziieren, welcher auf der Basis von progressive Download (siehe Kap. 1) ein gespeichertes Video „flight.avi" abspielen kann (das Video zeigt wie in Abb. 5.20 den Start eines Flugzeuges). Bevor wir den Beispiel-Code durchsprechen, wollen wir hierfür die wesentlichen Klassen des JMF vorstellen:

Abb. 5.20 Nutzeroberfläche für einen JMF-Videoplayer

Controller
    dienen zur Steuerung der Verarbeitung von zeitbasierten Medien wie Audio- und Videoströmen. Ein Controller kann verschiedene Zustände je nach dem Stand der Medienverarbeitung (z.B. „Containerformat geöffnet und Header ausgelesen" entspricht dem Zustand Realized) annehmen. Er generiert Ereignisse, die darüber Auskunft geben, welcher Zustand aktuell vorliegt. Dies ist insbesondere für das Zwischenspeichern bei AV-Medien wichtig, welche per progressive Downbload oder Streaming zum Client gelangen. Diese müssen einerseits solange zwischengespeichert werden, bis hinreichend viele Daten am

Client angekommen sind, um ein ruckelfreies Abspielen der Daten zu ermöglichen. Andererseits soll der Abspielvorgang auch dann sofort ohne weitere Zeitverzögerung gestartet werden. Ein `Controller` generiert ein spezielles Ereignis (`PrefetchedCompleteEvent`), wenn dieser Zustand erreicht ist und das Abspielen der AV-Daten gestartet werden kann. Die wichtigsten von `Controller` abgeleiteten Interfaces sind `Player` und `Processor` (siehe Kapitel 5.2.3).

`Player`
Das Interface `Player` ist von `Controller` abgeleitet und dient zum Abspielen bzw. zur Anzeige von AV-Daten. Unter anderem besitzt ein `Player` hierzu die zusätzliche Methode `start()` zum Abspielen der Medien und die folgende Methode zur Integration der Anzeigekomponente in eine Oberfläche.

`Component getVisualComponent()`
Diese `Player`-Methode gibt die Komponente zurück, in der das Video angezeigt wird. Sie gibt jedoch einen Wert ungleich `null` nur dann zurück, wenn der `Player` schon die Breite und Höhe des Videos kennt und dazu muss der Header des Kontainerformats schon ausgelesen sein, d.h., der `Player` muss schon den Zustand `Realized` erreicht oder durchlaufen haben.

`Manager`
Das JMF verwendet das sog. Factory-Pattern, mit dem `Controller`, `Player` und `Processor` instanziert werden. Es wird dadurch die Komplexität der Klassen, welche das Interface `Player` implementieren, verborgen. Dieses ist sinnvoll, da je nach dem vorliegenden Containerformat und den vorliegenden Codecs des Audio-Videostroms eine sogenannte `Handler` Klasse ausgewählt werden muss (falls auf dem System vorhanden), welche dann das Interface `Player` für den speziell vorliegenden Fall implementiert. Diese Aufgabe übernimmt der `Manager` mit den folgenden Methoden:

`createPlayer(MediaLocator ml)`
`createRealizedPlayer(MediaLocator ml)`
Diese `Manager`-Methoden instanziieren einen `Player`. Letztere Methode bringt den `Player` gleich in den Zustand `Realized`, der es gestattet, ein Videofenster in die Oberfläche zu integrieren.

`MediaLocator`
Mit Hilfe eines `MediaLocator` wird spezifiziert, wo die Medienquelle zu finden ist und ob progressive Download oder Streaming für die Übertragung verwendet wird. Dies kann durch Übergabe eines Objekts der Klasse `URL` (siehe Abschn. 4.2) an den Konstruktor `MediaLocator(URL url)` bzw. `MediaLocator(String str)` erfolgen. Auf diese Weise können Medien von dem lokalen Dateisystem sowie aus dem Internet durch Angabe eines Protokolls, eines Hostnamens und einer Pfadangabe verwendet werden. Im Fall von progressiven Download über HTTP z.B. folgendermaßen: `URL url`

5.2 Java Media Framework und Microsoft DirectShow

= new URL("http://127.0.0.1/flight.avi";). Im Fall von RTP-Streaming muss noch eine Portnummer und eine Angabe über die Art der Daten (audio oder video) wie in Listing 5.6 mit angegeben werden: `String str = rtp://127.0.0.1:6000/video;`. Darüber hinaus kann ein `MediaLocator` durch Angabe eines Capturedevice instanziert werden. Dadurch können Live-Videodaten einer Kamera verarbeitet werden. Dies wird im übernächsten Beispiel vorgestellt.

5.2.1.1 Progressive Download

Der folgende Code demonstriert, wie die genannten Klassen zur Anzeige eines Videos von einem HTTP-Server oder von dem lokalen Dateisystem (siehe Abb. 5.20) eingesetzt werden können. Es ist in Listing 5.1 nur die `init()`-Methode zur ersetzen. Zuvor müssen die zusätzlich genannten Klassen importiert

```
...
import java.io.File;
import java.net.URL;
import javax.media.MediaLocator;
import javax.media.Manager;
import javax.media.Player;
...
```

der `Player` deklariert werden:

```
...
    Player player;
...
```

und in die bislang leere `actionPerformed`-Methode des Start-`JButton` muss die `Player`-Methode `start()` zum Starten des Videos integriert werden:

```
    player.start();
```

Die neue `init()`-Methode bildet ein Objekt der Klasse `URL` aus dem Pfad und instanziiert darüber einen `MediaLocator`. Dieser wird an den `Manager` zur Instanziierung des `Player` Objekts übergeben. Mit `vc = player.getVisualComponent()` und `add(vc)` wird die Anzeigekomponente des `Player` Objekts in die Nutzeroberfläche integriert. Für die URL- und `Player`-Instanzierung müssen `Exception`-Objekte abgefangen werden, die wir jedoch der Übersichtlichkeit wegen nicht weiter betrachten oder verwenden wollen. Das folgende Beispiel zeigt, wie eine Datei von dem lokalen Dateisystem abgespielt werden kann. Die Datei „flight.avi" muss im gleichen Verzeichnis wie die Anwendung abgelegt werden.

```
public void init()
{
    String str = "flight.avi";
    File file = new File(str);
```

```java
    URL url = null;
    try
    {
        url = file.toURL();
    }
    catch (Exception u) { System.out.println("Invalid
        media file URL!"); }

    MediaLocator ml = new MediaLocator(url);

    try
    {
        player = Manager.createRealizedPlayer(ml);
    }
    catch(Exception e) {}

    vc = player.getVisualComponent();

    if(vc != null)
        getContentPane().add(vc);
}
```

Listing 5.2 Abspielen eines Videos mit dem JMF

Zum Testen des progressiven Downloads einer Videodatei muss der HTTP-Server aus Kap. 3 wie in Abschn. 4.2.4 mit

```
> java HTTPServer
```

aus einer DOS-Konsole gestartet werden. Die Datei Videodatei „flight.avi" muss in das gleiche Verzeichnis abgespeichert werden, in dem auch der HTTP-Server abgelegt wurde. In dem JMF-Client aus Listing 5.2 muss nur die URL wie in dem folgenden Listing 5.3 entsprechend angepasst werden:

```java
public void init()
{
    URL url = null;
    try
    {
        URL url = new URL("http://127.0.0.1/flight.avi"
            );
    }
    catch (Exception u) { System.out.println("Invalid
        media file URL!"); }
...
}
```

Listing 5.3 Progressive Download mit dem JMF

5.2.1.2 Zustände und Ereignisse beim progressive Download bzw. beim Streaming von AV-Medien

Wenn AV-Medien über progressive Download oder Streaming zum Client übertragen und angezeigt werden sollen, wird nur solange gewartet bis alle Daten für die ersten Bilder einer Sequenz angekommen sind. Dann kann der Abspielvorgang gestartet werden. Je nach Randbedingungen wie Übertragungsbandbreite und Datenvolumen können hierzu unterschiedliche Zeiträume erforderlich sein. Aus diesem Grund ist es sinnvoll, den Fortschritt dieser Verarbeitungsschritte in `Player`- und `Processor`-Objekten durch Zustände zu modellieren und die gesamte Anwendung durch Ereignisse über diese Vorgänge zu benachrichtigen. Grob gesagt läßt sich der Zustand `Realising` mit dem Öffnen und Auslesen des Headers des Containerformats identifizieren. Der Zustand `Prefetching` betrifft das Zwischenspeichern der Audio- und Videodaten, bis ein ruckelfreies Abspielen der AV-Medien möglich ist. Im JMF sind diese Basiszustände und entsprechende Ereignisse schon im Interface `Controller` angelegt und werden so auf die abgeleiteteten Klassen `Player` und `Processor` vererbt. Bei einem `Processor` kommen noch weitere Zustände hinzu, da hier zusätzlich die Verarbeitungsschritte für das Encodieren mit hinzugenommen werden müssen. Die Zustände eines `Controller`-Objekts (und damit auch die eines `Player`- oder `Processor`- Objekts) werden im Folgenden beschrieben:

`Unrealized`
: Dies ist der Ausgangszustand eines `Controller` Objekts. Dieser liegt vor, wenn noch gar keine Daten aus der Medienquelle (Mediendatei oder gestreamte Pakete) verarbeitet worden sind.

`void realize()`
: Mit dieser Methode wird der `Controller` veranlasst, die ersten Daten auszulesen. Damit geht der `Controller` in den nächsten Zustand `Realizing` über.

`Realizing`
: Es werden die ersten Daten aus der Medienquelle ausgelesen. Im Falle einer Datei muss zuerst das Containerformat geöffnet werden bzw. bei gestreamten Daten müssen diese depacketiert werden, bis alle Headerdaten ausgelesen sind. Dann ist der folgende Zustand `Realized` erreicht. Zu diesem Zeitpunkt wird das folgende Ereignis ausgelöst.

`RealizeCompleteEvent`
: Dieses Ereignis benachrichtigt alle registrierten Listener-Objekte, dass der Abschluss der Verarbeitungsschritte im Zustand `Realizing` erreicht ist.

`Realized`
: Der Zustand ist erreicht, wenn alle Prozesse soweit abgeschlossen worden sind, dass ein `Player`-Objekt in eine Oberfläche integriert und die Daten dekomprimiert werden können. Insbesondere müssen die Höhe und die Breite aus dem

Header ausgelesen worden sein, damit in einer Nutzeroberfläche ein entsprechender Anzeigebereich reserviert werden kann. Ferner muss zu dem im Header angegebenen Encodierverfahren eine entsprechende `Handler` Klasse gefunden worden sein (falls vorhanden), welche die Dekompression vornehmen kann.

`void prefetch()`
Mit dieser Methode wird der `Controller` veranlasst, mit der Zwischenspeicherung der übertragenen Daten zu beginnen. Damit geht der `Controller` in den nächsten Zustand `Prefetching` über.

`Prefetching`
In diesem Zustand werden vom `Controller` die Daten für die ersten Bilder (mindestens eine GOP-Sequenz) zwischengespeichert und decodiert. Anschließend kann das erste Bild angezeigt werden.

`PrefetchCompleteEvent`
Dieses Ereignis benachrichtigt alle registrierten Listener-Objekte, dass der Abschluss der Verarbeitungsschritte im Zustand `Prefetching` erreicht ist.

`Prefetched`
Der Zustand ist erreicht, wenn die Daten für die ersten Bilder komplett decodiert worden sind und das erste Bild angezeigt werden kann.

`void start()`
Mit dieser Methode wird ein `Player`-Objekt veranlasst, mit der Zwischenspeicherung, Decodierung und Anzeige der folgenden Bilder fortzufahren.

`started`
In diesem Zustand führt das `Player`-Objekt die Zwischenspeicherung, Dekompression und Anzeige der Daten für weitere Bilder durch.

Um die Ereignisse von einem `Controller` verarbeiten zu können, muss entsprechend des Observer-Musters bei der Java-Ereignisverarbeitung dem `Controller` ein entsprechender Listener zugeordnet werden.

`ControllerListener`
Dies ist ein Interface, welches zur Verarbeitung der Ereignisse eines `Controller` Objekts vorgesehen ist. Es implementiert lediglich die folgende Methode.

`void controllerUpdate(ControllerEvent e)`
Diese `ControllerListener`-Methode wird bei allen oben genannten Ereignissen aufgerufen.

`ControllerAdapter`
Diese Klasse implementiert `ControllerListener`-Interface und stellt darüber hinaus weitere spezielle Methoden für eine einfache Verarbeitung der oben genannten Ereignisse bereit. Dieses sind z.B. die folgenden Methoden.

5.2 Java Media Framework und Microsoft DirectShow

```
void realizeComplete(RealizeCompleteEvent e)
```
Diese `ControllerAdapter`-Methode wird aufgerufen, wenn der Zustand `Realized` erreicht ist.

```
void prefetchComplete(PrefetchCompleteEvent e)
```
Diese `ControllerAdapter`-Methode wird aufgerufen, wenn der Zustand `Prefetched` erreicht ist.

Im folgenden Beispiel wird die Ereignisverarbeitung eines `Controller`-Objekts demonstriert. Es wird ein `Player` Objekt instanziiert, welches sich zunächst im Zustand `Unrealized` befindet. Durch `JButton` Objekte `realize`, `prefetch` und `start` werden die entsprechenden Zustände einzeln durch Maus-Interaktion ansteuerbar gemacht.

Wir gehen wieder von dem Programmlisting 5.1 aus. Zunächst müssen wieder die zusätzlichen Klassen importiert werden:

```
...
import javax.media.ControllerAdapter;
import javax.media.RealizeCompleteEvent;
import javax.media.PrefetchCompleteEvent;
...
```

Dann fügen wir zwei weitere `JButton`-Objekte hinzu:

```
...
JButton realize, prefetch;
...
        ...
        realize = new JButton("Realize");
        getContentPane().add(realize);
        realize.addActionListener(
            new ActionListener()
            {
                public void actionPerformed(ActionEvent
                    e)
                {
                    player.realize();
                }
            });

        prefetch = new JButton("Prefetch");
        getContentPane().add(prefetch);
        prefetch.addActionListener(
            new ActionListener()
            {
                public void actionPerformed(ActionEvent
                    e)
                {
```

```
            player.prefetch();
        }
    });
...
```

Es ist nun wieder die init() Methode folgendermaßen zu ersetzen:

```
public void init()
{
    String str="flight.avi";
    File file=new File(str);
    URL url=null;

    try
    {
        url=file.toURL();
    }
    catch(Exception u) {}

    MediaLocator ml = new MediaLocator(url);

    try
    {
        player = Manager.createPlayer(ml);
    }
    catch(Exception exception) {}

    player.addControllerListener(

        new ControllerAdapter()
        {
            public void realizeComplete(
                RealizeCompleteEvent e)
            {
                vc = player.getVisualComponent();
                    if(vc!=null)
                    {
                        getContentPane().add(vc);

                        pack();
                    }
            }

            public void prefetchComplete(
                PrefetchCompleteEvent e){
```

5.2 Java Media Framework und Microsoft DirectShow 323

```
                System.out.println("player
                    prefetched");
                }
        });
}
```

Listing 5.4 Ereignisverarbeitung bei einem Player

Mit dem Programm können die Zustände eines `Player`-Objekts einzeln angewählt und transparent gemacht werden. Durch den Aufruf

```
player = Manager.createPlayer(ml)
```

wird ein Player instanziiert, der sich zunächst im Zustand `Unrealized` befindet. Es kann in diesem Zustand noch kein Videofenster angezeigt werden und es erscheinen daher wie in Abb. 5.21 nur die Komponenten zur Steuerung der Anwendung.

Abb. 5.21 Anwendung mit einem `Player`-Objekt im Zustand `Unrealized`

Wenn nun der `JButton realize` betätigt wird, so werden die Höhe und die Breite des Videos aus dem Header des Containerformats ausgelesen und der `Player` geht in den Zustand `Realized` über. Die Videokomponente kann dementsprechend in der richtigen Größe angezeigt werden. Jedoch sind noch keine Bilddaten dekomprimiert worden. Es wird daher nur eine Lilafärbung wie in Abb. 5.22 angezeigt. Da die Abmaße des Hauptfensters durch die neu integrierte Videokomponente neu berechnet werden müssen, ist ein Aufruf der Methode `pack()` erforderlich.

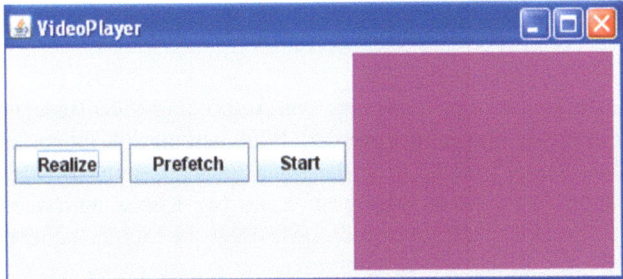

Abb. 5.22 Anwendung mit einem `Player`-Objekt im Zustand `Realized`

Betätigt man den `JButton prefetch`, so geht der `Player` in den Zustand `Prefetched` über. Es sind genügend Daten zwischengespeichert und dekomprimiert worden, sodass das erste Bild wie in Abb. 5.23 angezeigt werden kann.

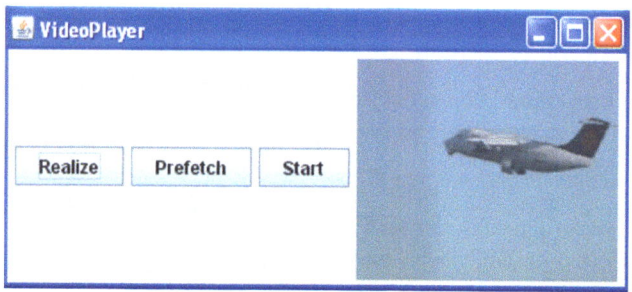

Abb. 5.23 Anwendung mit einem `Player`-Objekt im Zustand `Prefetched`

Wird der `JButton start` betätigt, so wird das Video abgespielt. Durch die Betätigungen der `JButton`-Objekte wird das `Player`-Objekt veranlasst, die jeweiligen Zustände anzunehmen. Die angezeigten Ergebnisse werden jedoch erst möglich, wenn das `Player`-Objekt auch den jeweiligen Zustand wirklich erreicht hat. Hierzu werden die entsprechenden Ereignisse `RealizeCompleteEvent` bzw. `PrefetchCompleteEvent` von dem `ControllerAdapter` abgefangen und in den Methoden `realizeComplete` bzw. `prefetchComplete` verarbeitet.

5.2.2 Anzeige eines Live-Videos von einer Webcam

Das folgende Beispiel zeigt in Vorbereitung auf die Streaming-Anwendungen in Abschn. 5.2.3, wie ein Videostrom von einer Kamera aufgenommen und angezeigt werden kann. Hierzu werden die folgenden Klassen benötigt:

`CaptureDeviceManager`
  Capture-Devices zur Digitalisierung von Audio- und Videosignalen müssen in die JMF-Registry eingetragen werden. Wie oben unter Konfigurierung dargestellt, muss dieser Vorgang für bislang unbekannte Capture-Devices vom Nutzer selbst initiiert werden. Analog zur `Manager` Klasse, durchsucht die Klasse `CaptureDeviceManager` die JMF-Registry nach installierten Capture-Devices.

`vector getDeviceList(VideoFormat vf)`
  Mit dieser Methode der Klasse `CaptureDeviceManager` werden die vorhandenen Capture-Devices, welche mit dem übergebenen `VideoFormat vf` übereinstimmen, herausgesucht und eine Beschreibung (z.B. die Höhe und die

5.2 Java Media Framework und Microsoft DirectShow

Breite) der Devices in einem `Vector`-Objekt zurückgegeben. Diese Beschreibungen sind ein Objekt der Klasse `CaptureDeviceInfo`.

`CaptureDeviceInfo`
Die Attribute dieser Klasse umfassen neben den Abmaßen des darzustellenden Videos im wesentlichen die Felder `Format format` zur Angabe, welche Formate das entsprechende Device herausgibt, und `MediaLocator locator` zur Angabe, wo der Device zu finden ist.

`VideoFormat`
Diese Klasse ist von `Format` abgeleitet und wird zur Repräsentation aller unterstützten Codec-Formate verwendet. Mit `VideoFormat vf = new VideoFormat(null)` werden alle Formate zugelassen.

Für die Implementierung können wir wieder von dem einfachen Beispiel in Listing 5.2 ohne weitergehende Ereignisverarbeitung ausgehen und einen `Player` instanziieren, welcher direkt in den Zustand `Realized` überführt wird. Wir gehen davon aus, dass wie unter Konfigurierung beschrieben, der gewünschte Capture-Device an die erste Stelle in der JMF-Registry gebracht wurde. Zunächst müssen wieder die weiteren benötigten Klassen importiert werden:

```
...
import javax.media.CaptureDeviceManager;
import javax.media.CaptureDeviceInfo;
import javax.media.format.VideoFormat;
import java.util.Vector;
...
```

Dann muss wieder nur noch die `init()` Methode gegen die folgende Methode ausgetauscht werden:

```
public void init()
{
    Vector deviceList = CaptureDeviceManager.
        getDeviceList(new VideoFormat(null));
    CaptureDeviceInfo di = (CaptureDeviceInfo)
        deviceList.firstElement();

    try
    {
        player = Manager.createRealizedPlayer(di.
            getLocator());
    }
    catch(Exception e) {}

    vc = player.getVisualComponent();

    if(vc != null)
```

```
        getContentPane().add(vc);
}
```

Listing 5.5 Wiedergabe der Videodaten einer Webcam

5.2.3 RTP-Streaming von Audio- und Videodaten mit dem JMF

Beim Streaming von Live-Videomedien müssen die Videodaten auf Serverseite in Echtzeit encodiert und in RTP-Pakete verpackt werden. Die Encodierung von Audio- und Videomedien wird im Java Media Framework durch die Klasse Processor vorgenommen. Im allgemeinen Fall sind in einer Containerdatei wie z.B. in einem avi-File, die Medien in mehreren Spuren, wie z.B. einer Audio- und einer Videospur, abgelegt. Die Daten der Spuren werden in der Regel in kleinere Einheiten unterteilt und abwechselnd nacheinander abgelegt (gemultiplexed). Auf diese Spuren kann im JMF durch Objekte der Klasse TrackControl zugegriffen werden. Ein Processor nimmt Medien einer Datenquelle (z.B. aus einer Datei oder einem Capturedevice) entgegen, trennt (demultiplext) die Spuren, decodiert die Daten, encodiert diese in ein gewünschtes Ausgangsformat und integriert (multiplext) die Daten in ein gewünschtes Ausgangs-Containerformat. Zum Trennen der Spuren muss ein geeignetes Modul zum Demultiplexen auf dem System vorhanden sein. Dieses wird mit Hilfe der Manager-Klasse ausgewählt. Das Trennen der Spuren wird im JMF als ein besonderer Processor-Zustand aufgefasst. Ist dieser Prozess des Demultiplexens erfolgreich abgeschlossen worden, so hat der Processor den Zustand Configured erreicht.

Processor
: Das Interface Processor ist von Player abgeleitet und dient zur Encodierung und zum Verpacken von AV-Daten in ein Containerformat. Zur Instanziierung eines Processor-Objekts wird wie bei einem Player mit Hilfe der Manager-Klasse eine zu den Eingangs- und Ausgangsdaten passende Handler-Klasse ausgewählt. Ein Processor besitzt über die Zustände eines Player-Objekts zusätzlich die Zustände Configuring und Configured.

void configure()
: Mit dieser Methode wird in der JMF-Registry nach einem geeigneten Demultiplexer-Modul durchsucht. Damit geht der Processor aus den Zustand Unrealized in den nächsten Zustand Configuring über.

Configuring
: In diesem Zustand wird die Eingangsdatenquelle durch ein vorhandenes Demultiplexer-Modul in die einzelnen Spuren zerlegt.

ConfigureCompleteEvent
: Dieses Ereignis benachrichtigt alle registrierten Listener-Objekte, dass der Abschluss der Verarbeitungsschritte im Zustand Configuring erreicht ist.

5.2 Java Media Framework und Microsoft DirectShow

Configured
: Der Zustand ist erreicht, wenn alle Prozesse soweit abgeschlossen worden sind, dass ein `Processor`-Objekt alle Spuren trennen konnte und auf die AV-Daten in diesen Spuren mit Hilfe von einem `TrackControl`-Objekt zugreifen kann. Es kann nun für jede Spur ein neuer Encoder ausgewählt werden, welcher die Daten für eine Spur komprimiert. Die Encoder für die einzelnen Spuren und das Ausgangscontainerformat können bei einem `Processor`-Objekt nur in diesem Zustand festgelegt werden.

TrackControl
: Mit dieser Klasse kann auf die einzelnen Spuren, die ein `Processor` verarbeitet, zugegriffen werden. Die Klasse wird benötig, um z.B. die jeweiligen Encoder auszuwählen.

Format
: Diese Klasse ist die Superklasse von `AudioFormat`, `VideoFormat` und `ContentDescriptor`. `AudioFormat` und `VideoFormat` sind Klassen zur Festlegung von Audio- und Videocodecs. Die Klasse `ContentDescriptor` dient zur Festlegung des Ausgangs-Containerformats. Für die RTP-Übertragung können JPEG- und H.263-Encoder verwendet werden. Diese werden durch folgende `VideoFormat` Attribute spezifiziert: JPEG_RTP bzw. H263_RTP.

TrackControl[] getTrackControls()
: Diese `Processor`-Methode gibt alle `TrackControl`-Objekte für alle Spuren zurück.

FormatControl
: Diese Klasse stellt Methoden bereit um Codecs auszuwählen. Mit der `FormatControl`-Methode `Format[] getSupportedFormats()` können die in Abhängigkeit von der gewählten `Handler`-Klasse des `Processor`-Objekts vorhandenen Codecs in einem `Format[]` Array ausgegeben werden.

void setFormat(Format f)
: Mit dieser `FormatControl`-Methode können die Encoder über das gewählte `Format` spezifiziert werden.

ContentDescriptor
: Diese Klasse wird zur Festlegung eines Ausgangs-Containerformats verwendet. Mit dem statischen Attribut RAW_RTP wird angegeben, dass ein RTP-Stream verwendet werden soll. Zum Speichern in eine Datei muss die Unterklasse `FileTypeDescriptor` mit Attributen wie MSVIDEO oder WAVE für avi- oder wav-Container verwendet werden.

DataSource
: ist eine Klasse, die Datenquellen beschreibt, welche die Standarddatenquellen der Klasse `MediaLocator` umfassen und zusätzlich die Ausgabedaten eines `Processor` Objekts. Zur Instanziierung eines `DataSource`-Objekts kann

ein `MediaLocator` oder die `Processor`-Methode `getDataOutput()` verwendet werden.

`setContentDescriptor()`
Mit dieser `Processor`-Methode kann über ein Attribut der Klasse `Content-Descriptor` das Containerformat festgelegt werden.

`DataSource getDataOutput()`
Mit dieser `Processor` Methode können die Ausgangsdaten eines `Processor`-Objekts an das nächste Verarbeitungsmodul weitergegeben werden.

Um das Streaming-Programm testen zu können, werden zwei vernetzte Rechner benötigt.

5.2.3.1 Implementierung des Players auf Client-Seite

Für die Implementierung können wir wieder von dem einfachen Beispiel in Listing 5.2 ohne weitergehende Ereignisverarbeitung ausgehen und einen `Player` instanziieren, welcher direkt in den Zustand `Realized` überführt wird.

Es ist dann ganz analog zu Listing 5.5 wieder die `init()`-Methode gegen die folgende Methode auszutauschen. In dem folgenden Codebeispiel ist davon ausgegangen worden, dass die IP des Server-Rechners konkret 192.168.0.20 lautet und dass dieser den Port 6000 verwendet. Diese Daten sowie die Angabe des RTP-Protokolls werden an ein `MediaLocator`-Objekt übergeben.

```
public void init()
{
    String str = "rtp://192.168.0.20:6000/video";
    ml = new MediaLocator(str);

    try
    {
        player = Manager.createRealizedPlayer(di.
            getLocator());
    }
    catch(Exception e) {}

    vc = player.getVisualComponent();

    if(vc!=null)
    {
        getContentPane().add(vc);
    }
}
```

Listing 5.6 Wiedergabe von gestreamten Videodaten

5.2.3.2 Encodierung auf dem Server

Am Server/Sender müssen die Videodaten der Webcam komprimiert und in RTP-Pakete verpackt werden. Hierzu muss ein `Processor`-Objekt instanziiert und konfiguiert werden. Die Konfigurierung umfasst das Trennen der Spuren (Methode `getTrackControls()`), das Setzen von Encodern (Methode `setFormat()`), die Angabe des RTP-Ausgabeformats (Methode `setContentDescriptor()`) und die Übergabe (Methode `getDataOutput()`) der komprimierten Videodaten an ein `SendStream`-Objekt (siehe weiter unten), welches die Daten in RTP-Pakete verpackt und versendet.

Ein `Processor` muss zur Konfigurierung mit Hilfe eines `configure`-Befehls in den Zustand `Configured` gebracht werden.

Für die Implementierung gehen wir daher von unserem Programm in Listing 5.4 aus. Wir tauschen zunächst in dem Listing den `Player player` gegen einen `Processor p` aus. Hierzu muss natürlich diese neue Klasse importiert werden:

import javax.media.Processor;

Das Programm läuft nun nicht mehr genauso wie zuvor, da der `Handler` nun nicht mehr das Videobild anzeigt. `Processoren` sind im JMF von `Player` abgeleitet und besitzen daher die Methode `getVisualComponent`. Diese gibt jedoch `null` zurück, da die `Processor`-Objekte nicht zur Darstellung, sondern zur Encodierung im JMF vorgesehen sind.

Wir brauchen daher den `realizeCompleteEvent` nicht mehr und tauschen diesen gegen einen `configureCompleteEvent` aus. Diese neue Ereignis-Klasse müssen wir ebenfalls zunächst importieren:

import javax.media.ConfigureCompleteEvent

Ferner tauschen wir die avi-Datenquelle gegen die Capture-Device-Datenquelle wie in Listing 5.5 aus.

Die `init()` Methode sieht damit folgendermaßen aus:

```
public void init()
{
    Vector deviceList = CaptureDeviceManager.
        getDeviceList(new VideoFormat(null));
    CaptureDeviceInfo di = (CaptureDeviceInfo)
        deviceList.firstElement();

    try
    {
        p = Manager.createProcessor(di.getLocator());
    }
    catch(Exception exception) {}

    p.addControllerListener(
        new ControllerAdapter()
```

```
        {
          public void configureComplete(
             ConfigureCompleteEvent e)
          {
             System.out.println("Processor
                prefetched");
          }

          public void prefetchComplete(
             PrefetchCompleteEvent e)
          {
             System.out.println("Processor
                prefetched");
          }

        });
}
```

Ferner tauschen wir wie in Abb. 5.24 den Realize-Button gegen einen Configure-Button aus, der die Processor Methode configure() aufruft:

```
....
JButton configure;
....

configure = new JButton("Configure");
getContentPane().add(configure);
configure.addActionListener(
      new ActionListener()
      {
          public void actionPerformed(ActionEvent
             e)
          {
             p.configure();
          }
      });
```

Abb. 5.24 Nutzeroberfläche der JMF-RTP-Streaminganwendung

5.2 Java Media Framework und Microsoft DirectShow

Wenn nach dem Betätigen des `JButton configure` der `Processor` in den Zustand `Configured` gebracht wurde, wird ein `ConfigureCompleteEvent` ausgelöst, welcher mit dem `ControllerAdapter` abgefangen wird. Der `ControllerAdapter` ruft dann die Methode `configureComplete` auf. In dieser Methode werden die oben genannten Klassen und Methoden eingesetzt, um den `Processor` zu konfigurieren. Diese müssen zunächst importiert werden:

```
...
import javax.media.protocol.ContentDescriptor;
import javax.media.Format;
import javax.media.control.TrackControl;
import javax.media.control.FormatControl;
...
```

Die Konfiguration des `Processor`-Objekts für eine RTP-Übertragung wird in der `configureComplete()`-Methode folgendermaßen vorgenommen: In diesem einfachen Beispiel wird die Liste der möglichen Encoder durch die Methode `getSupportedFormats()` in ein Array geschrieben. Diese Liste hängt von der Implementierung der `Handler`-Klasse ab. Die `Handler` unterstützen eine Auswahl von Encodern. Natürlich könnte man sich die Liste anzeigen lassen und dann per Nutzerauswahl einen gewünschten Codec wählen. Der Einfachheit halber wird hier der erste Listeneintrag verwendet.

```java
public void configureComplete(ConfigureCompleteEvent e)
{
    boolean encoding = false;
    //Processor für RTP Übertragung einrichten
    p.setContentDescriptor(new ContentDescriptor(
        ContentDescriptor.RAW_RTP));
    //Trackcontrols des Processors holen
    TrackControl[] tc = p.getTrackControls();

    for(int i = 0; i < tc.length; i++)
    {
        if (tc[i] instanceof FormatControl)
        { //unterstützte Formate holen
            Format[] f = ((FormatControl)tc[i]).
                getSupportedFormats();
            for (int j = 0; j < f.length; j++)
            { //das erste unterstützte Encoder-Format setzen
                if (((FormatControl)tc[i]).setFormat(f
                    [0]) != null)
                {
                    tc[i].setEnabled(true);
                    System.out.println("Format "+f[j].
                        toString() + " ist gesetzt!");
                    encoding=true;
```

```
                    }
                    else
                    {
                        System.out.println("Kein
                            untersütztes Format!");
                    }

                    if (encoding) break;
                }
            }
        }
        //Realize Phase starten
        p.realize();
}
```

5.2.3.3 Übertragung der encodierten Daten mittels RTP-Streaming

Das Streamen der komprimierten Daten erfolgt im JMF über RTP mit einer `RTP-Manager`-Klasse.

`RTPManager`
Der `RTManager` bekommt als Eingangsdaten die von einem `Processor` komprimierten Mediendaten und erzeugt einen RTP-Ausgangsstrom.

`SendStream`
Dies ist ein Interface, welches einen RTP-Strom im Netzwerk repräsentiert.

`SendStream createSendStream(DataSource ds, int i)`
Mit dieser `RTPManager`-Methode wird einen RTP-Ausgangsstrom erzeugt. Das übergebene `DataSource`-Objekt repräsentiert in der Regel die komprimierten Ausgangsdaten eines `Processor`-Objekts.

`InetAddress`
Dies ist eine Klasse aus dem `java.net.*` Package, welche Methoden zur Vereinfachung der Bearbeitung von IP-Adressen bereitstellt, siehe Abschn. 3.4.2.1).

`SessionAddress`
Diese Klasse kapselt eine IP und eine Portnummer für eine RTP-Übertragung und stellt Methoden zur Bearbeitung dieser Daten bereit.

`void initialize(SessionAddress s)`
Mit dieser `RTPManager`-Methode werden Informationen des Absenders für eine RTP-Übertragung an den `RTManager` weitergeben, welche in die RTP-Pakete eingetragen werden.

5.2 Java Media Framework und Microsoft DirectShow

```
addTarget(SessionAddress s)
```
Mit dieser `RTPManager`-Methode werden die IP und der Port des Empfängers festgelegt. Es können so beliebig viele Empfänger hinzugefügt werden.

Bevor der `Processor` komprimierte Daten an den `RTPManager` weiterleiten kann, müssen hinreichend viele Eingangsdaten zwischengepuffert und dekomprimiert worden sein. Der `Processor` sollte sich daher im Zustand `Prefetched` befinden, bevor die Daten an den `RTPManager` weitergeleitet werden können. Dementsprechend wird der `RTPManager` in der `Processor`-Methode `prefetchComplete()` initialisiert.

Um den Code vervollständigen zu können, müssen zunächst die oben genannten Klassen importiert werden:

```java
...
import javax.media.protocol.DataSource;
import javax.media.rtp.RTPManager;
import java.net.InetAddress;
import javax.media.rtp.SessionAddress;
import javax.media.rtp.SendStream;
...
```

In dem folgenden Codebeispiel ist davon ausgegangen worden, dass die IP des Client-Rechners konkret 192.168.0.50 lautet und dass der Port 6000 verwendet wird.

```java
public void prefetchComplete(PrefetchCompleteEvent e)
{
    try
    {
        //übertragungsbereite Datenquelle des Processors holen
          DataSource inSource = p.getDataOutput();
        //RTPManager instanzieren
        RTPManager rtpm = RTPManager.newInstance();
        //lokale Adresse initialisieren
        SessionAddress localAddress =
        new SessionAddress(InetAddress.getLocalHost(),
            6000);
        //Client Adresse initialisieren
        SessionAddress remoteAddress =
        new SessionAddress(InetAddress.getByName("
            192.168.0.50"), 6000);
        //Adressen an RTPManager übergeben
        rtpm.initialize(localAddress);
        rtpm.addTarget(remoteAddress);
        //Sendstream wird angelegt
        SendStream sendstream = rtpm.createSendStream(
            inSource,0);
```

```
            sendstream.start();
            System.out.println("Sendstream bereit!");
        }
        catch(Exception exception)
        {
            System.out.println(e.toString());
            exception.printStackTrace();
        }
    }
}
```

Listing 5.7 Initialisierung eines `RTPManager`-Objekts für eine RTP-Übertragung

Eventverarbeitung im RTP-Streaming-API

Wie schon bei den Zuständen von `Player`- und `Processor`-Objekten, können Streaminganwendungen über eine Vielzahl von Ereignissen zur Laufzeit gesteuert werden. Zum Beispiel können Player zur Laufzeit instanziiert werden, wenn ein RTP-Strom eintrifft und vieles mehr. Die entsprechenden Implementierungen basieren wie bei der Java-Ereignis- Vrarbeitung insgesamt auf dem Observer-Muster und sind daher in diesem Buch schon thematisiert und in verschiedenen Einsatzbereichen angewendet worden. Insofern sollte eine weiterreichende Einarbeitung in die JMF-Streaming-Ereignis-Verarbeitung für den an dieser Thematik interessierten Leser auf der Basis der guten JMF-Dokumentation selbst vorgenommen werden können.

5.2.4 Progressive Download und Streaming von Audio-Video Medien mit DirectShow

Von Microsoft wird das DirectShow-API für die Audio-Videoverarbeitung angeboten. Streaminganwendungen auf der Basis von Microsoft Direct-Show können in Kombination und mit dem Windows Media-Format-SDK umgesetzt werden. Ähnlich wie das JMF bilden das DirectShow und das Media-Format API ein erweiterbares Framework. DirectShow zählt zu den am weitverbreitetsten hardwarenahen Programmierschnittstellen für die Audio- und Videoverarbeitung. Die APIs für spezielle Graphik- und Videohardware vieler Hersteller basieren auf DirectX/Direct-Show. Leistungsstarke Encoder, Decoder und Streaming-Protokolle werden bei der Entwicklung unterstützt und sind durch den nativen Code sehr performant.

Der Kern des DirectShow API basiert leider auf der recht alten COM-Architektur (Component Object Model). Dadurch ist die Softwareentwicklung ziemlich kryptisch und umständlich. So werden z.B. die Instanziierungen von Objekten über Funktionen wie z.B. `CoCreateInstance()` bzw. `QueryInterface()` vorgenommen, welche keine Entsprechungen zu den bisher in diesem Buch verwen-

5.2 Java Media Framework und Microsoft DirectShow

deten objektorientierten Sprachen Java und ActionScript aufweisen und daher in den folgenden Beispielen recht fremdartig erscheinen werden. Ein weitreichendes Verständnis der COM-Softwarearchitektur ist nicht das Ziel dieses Abschnitts. Es ist aber auf dem Hintergrund der bisher eingeführten Theorie sowie des JMF-APIs relativ einfach möglich, einige Grundbausteine von DirectShow an Hand der gleichen Beispielanwendungen zu erklären. Wir werden daher im wesentlichen einen Vergleich mit den JMF-Implementierungen nutzen, um die Funktionsweise der einzelnen DirectShow-Objekte nachzuvollziehen. Der komplette Code der Beispiele kann von unserem Server heruntergeladen werden.

Zur Ausführung der Beispiele muss die frei verfügbare Microsoft Visual C++ 9.0 Express Edition heruntergeladen und installiert werden. Dann kann per Maus-Klick auf die jeweilige *.sln Solution-Datei ein Beispielprojekt in der Visual C++ IDE geöffnet und durch Debug / Start Debugging (oder durch die F5-Taste) ausgeführt werden.

Im JMF besitzen die Player- oder Processor-Interfaces das Controller-Interface und Methoden wie start() und stop() zur Steuerung der Medienströme. Die start()-Methode wird in DirectShow mit run() bezeichnet. Das entsprechende Interface heißt IMediaControl.

IMediaControl
Dieses Interface umfasst Methoden wie run() und stop() zur Steuerung des Verarbeitungsprozesses von AV-Daten.

Im JMF hatten wir mit der Player-Methode Component getVideoComponent() und der add()-Methode eines swing-Containers die Komponente zur Anzeige des Videos in eine graphische Nutzeroberfläche integriert. In DirectShow wird hierfür das folgende IVideoWindow Interface verwendet.

IVideoWindow
Dieses Interface umfasst Funktionen für die Konfigurierung des Videoausgabefensters. Hierzu zählt z.B. die Funktion SetWindowPosition(), mit der die Position und die Abmaße festgelegt werden können, sowie die Funktion put_Owner(), mit der ein Elternfenster angegeben wird, in das die Komponente zur Anzeige des Videos integriert werden soll.

Im Java-Media-Framework werden die einzelnen Objekte zur Verarbeitung von AV-Daten, wie Datenquellen, Player, Fenster, Streams ... über entsprechende Methoden miteinander verknüpft. Im DirectShow-Framework werden alle diese Objekte als Filter bezeichnet. Die Verknüpfung aller benötigten Filter wird in einem übergeordneten Filtergraphen vorgenommen.

IGraphBuilder
Die Funktionen dieses Interface dienen zur Verknüpfung von DirectShow-Filtern zur Audio- und Videoverarbeitung.

Die Eingangsdatenquelle wird im JMF über einen MediaLocator spezifiziert. In DirectShow übernimmt diese Aufgabe die Renderfile()-Funktion des IGraphBuilder-Interfaces.

RenderFile
Mit dieser `IGraphBuilder` Funktion wird die Datenquelle spezifiziert, die in dem Filtergraph verarbeitet werden soll. Hier gibt es folgende 3 Möglichkeiten: Es kann durch Angabe des Pfades eine lokale Videodatei oder eine Videodatei von einem HTTP-Server durch Angabe einer URL verwendet werden (progressive Download). Ferner kann ein Echtzeitstream von einem Streamingserver über das MMS-Protokoll durch Angabe einer URL verwendet werden.

Beispiele für entsprechende Funktionsaufrufe sind:

1. Anzeige einer Videodatei von dem lokalen File-System

```
RenderFile(L"C:\\Verzeichnis\\flight.avi", NULL)
```

2. Progressive Download einer Videodatei von einem HTTP Server

```
RenderFile((wstring)L"http://" + IP + " : " PORT, L"
   flight.avi", NULL)
```

3. (Echtzeit-)Streaming von einem Streaming-Server über das MMS-Protokoll

```
RenderFile((wstring)L"mms://" + IP + " : " PORT, NULL)
```

AddFilter
Mit dieser `IGraphBuilder`-Funktion wird ein Filter in den Filtergraphen eingefügt.

Die wesentlichen Code-Elemente zum Abspielen eines lokal gespeicherten Videos „flight.avi" sehen somit folgendermaßen aus:

```
IGraphBuilder *graphBuilder;
IMediaControl *mediaControl;
IVideoWindow *videoWindow;

CoCreateInstance(CLSID_FilterGraph, NULL,
   CLSCTX_INPROC_SERVER, IID_IGraphBuilder, (void**)&
   graphBuilder);

graphBuilder->QueryInterface(IID_IMediaControl, (void
   **)&mediaControl);

graphBuilder->RenderFile(L"flight.avi", NULL);

graphBuilder->QueryInterface(IID_IVideoWindow, (void**)
   &videoWindow);

videoWindow->put_Owner((OAHWND)window);
videoWindow->put_WindowStyle(WS_CHILD);
videoWindow->SetWindowPosition(0, 0, width, height);
videoWindow->put_Visible(OATRUE);
```

```
mediaControl->Run();
```

Listing 5.8 Programm zum Abspielen einer Videodatei mit DirectShow

5.2.5 Komplexität der Anwendungsentwicklung mit dem JMF, DirectShow und Flash

In dem Abschnitt über das Streaming mit dem JMF mußten umfangreiche Klassen eingeführt werden, um die Konfigurierung eines `Processor`-Objekts zur Auswahl von Codecs und Containerformaten vornehmen zu können. Die Komplexität wird durch die Vielzahl von Kombinationsmöglichkeiten verursacht, die durch eine offene und erweiterbare Architektur zur Realisierung von Streaminganwendungen zustande kommt.

Ähnlich wie bei dem JMF verwenden DirectShow und Media-Format eine offene und erweiterbare Architektur. Während das JMF dem Paradigma der Plattformunabhängigkeit folgt, ist das DirectShow-API für eine hardwarenahe Entwicklung von hochperformanten Systemen auf Windows-Plattformen ausgerichtet. Die Implementierung von Anwendungen (und hierbei insbesondere die Konfiguration der Kompressions- und Streamingmodule) werden dadurch noch weitaus komplexer und fehleranfälliger als im JMF. Ohne ein weitreichendes Verständnis der COM-Architektur ist eine Anwendungsentwicklung wenig aussichtsreich.

Die Konfiguration von Streaminganwendungen ist dagegen im Flash-Framework, wie im nächsten Abschn. 5.3.3 dargestellt wird, sehr einfach und wenig fehleranfällig. Dies liegt daran, dass Flash nur drei Encoder und ebensowenig Containerformate zulässt. Das API ist auf wenige relevante Kombinationsmöglichkeiten bei der Webentwicklung zugeschnitten. Es ist damit einfach zu handhaben, aber auch nur wenig konfigurierbar. Insbesondere bei den Streaminganwendungen wird der Einsatz des Flash-Media-Servers vorausgesetzt.

5.2.6 Erweiterbarkeit des JMF

Das JMF besitzt nur wenige standardmäßig mitausgelieferte Codecs. Durch die offene Architektur werden leistungsstarke Codecs durch Drittanbieter in das JMF integriert. Beispiele hierfür liefern Unternehmen wie Salyens [4] und die unten genannten Projekte DSJ und JFFMPEG, welche z.B. MPEG4 Codecs in das JMF integriert haben. Bevor man bei der Konzeption von Anwendungen die Erweiterungen des JMF miteinbezieht, sollte man vorher mit den gewählten Komponenten umfangreiche Tests durchführen. In den meisten Fällen funktionieren nicht alle Kombinationsmöglichkeiten einwandfrei.

Das DSJ-Projekt

Das DirectShow und Windows Media Format API zählen zu den leistungsstärksten und am weitverbreitetsten Programmierschnittstellen für die hardwarenahe Audio- und Videoverarbeitung auf Windows-Systemen. Um bei der Anwendungsentwicklung nicht die kryptische COM-Architektur verwenden zu müssen, werden im DSJ-Projekt die DirectShow-Objekte durch Java-Klassen gekapselt. Auf diese Weise können DirectShow-Objekte im Rahmen einer Java-basierten Entwicklung verwendet werden.

Das JFFMPEG-Projekt

In dem JFFMPEG OpenSource-Projekt [1] werden die leistungsstarken FFMPEG Bibliotheken in das JMF integriert und so für eine Java-basierte Anwendungsentwicklung verfügbar gemacht.

5.3 Verarbeitung von Audio- und Videomedien mit dem Flash-API

FLEX/Flash als Teil der Adobe Produktpalette zur Webentwicklung konzentriert sich bei den Konfigurierungsmöglichkeiten von Streaminganwendungen auf einige wenige optimale Encoder wie z.B. H.264. Konfigurierungs- und Erweiterungsmöglichkeiten durch Drittanbieter werden nicht unterstützt. Das Ziel von FLEX/Flash ist es, eine einfache und hochperformante Webentwicklung im Rahmen der Adobe-Produktpalette zu unterstützen. Während das JMF und DirectShow mehr als flexible Frameworks konzipiert sind, welche Erweiterungen und Weiterentwicklungen weitreichend unterstützen, ist man bei FLEX/Flash eher den entgegengesetzten Weg gegangen. Das API für die Encodierung und das Videostreaming konnte dadurch sehr einfach und schlank gehalten werden. Darüber hinaus unterstützen die FLEX/Flash-Klassen lediglich ein Streaming zwischen dem Flash-Player und dem Flash Media Server. Ein flexibles Streaming API wie im JMF existiert darüber hinaus nicht.

5.3.1 Progressive Download oder Streaming von Audio- und Videomedien mit Flash

Audio- und Videodateien können auf drei unterschiedliche Wege in FLEX/Flash-Anwendungen integriert werden:

1. **RTMP-Streaming von einem Flash-Streaming Server** Die Audio-Videomedien bleiben hierbei als externe Daten erhalten und werden mit einer minimalen

5.3 Verarbeitung von Audio- und Videomedien mit dem Flash-API

Zeitverzögerung mit hoher Qualität angezeigt. Diese Form der Übertragung kann für Video-On-Demand und für Live-Video verwendet werden und wird in Kap. 5.3.3 genauer vorgestellt.

2. **Progressive Download von einem HTTP Server bzw. als externe Datei vom lokalen Dateisystem laden** Die Videodaten bleiben ebenfalls als externe Daten erhalten. Die Verzögerungszeiten bis zur Anzeige sind etwas größer als beim RTMP-Streaming. Diese Form der Übertragung kann für Video-On-Demand verwendet werden

3. **Einbettung in swf-Datei (analog zur Einbettung von Bildern wie in Abschn. 4.4)** Eine Einbettung kann bei den Import-Optionen des Flash-Autorenwerkzeugs ausgewählt werden. Die Videodaten werden dann bei der Kompilierung in die swf-Datei integriert. Beim Ausführen der swf-Datei können die Videodaten erst nach dem vollständigen Download der swf-Datei angezeigt werden, was je nach Größe der Videodaten sehr viel Zeit in Anspruch nehmen kann. In den meisten Fällen ist daher diese Möglichkeit nicht empfehlenswert und wird daher im Folgenden nicht weiter betrachtet.

Für die ersten beiden Fälle muss zunächst der Ort der externen Datenquelle mit der folgenden Klasse angegeben werden.

`NetConnection`
spezifiziert eine Verbindung zu einer Datenquelle im lokalen Filesystem als auch über das Internet zu einer Datenquelle, welche über einen HTTP- oder einen Flash Media Server bereitgestellt wird. In beiden Fällen muss zunächst eine Instanz erzeugt werden `var nc:NetConnection = new NetConnection()`.

`connect()`
Mit dieser `NetConnection` Methode erfolgt die Übergabe des Übertragungsprotokolls (RTMP bzw. eines Derivates von RTMP) und des Orts auf dem Server (z.B. der Ordner HelloWorld) an ein `NetConnection` Objekt nc: `nc.connect("rtmp://localhost/HelloWorld")`. Wenn die Datei auf dem lokalen Filesystem zu finden ist oder mit progressive Download von einem HTTP-Server geladen werden soll, so wird `nc.connect(null)` verwendet.

Nachdem eine Verbindung zu einer Medienquelle mit `NetConnection` hergestellt ist, können die Daten mit der Klasse `NetStream` übertragen, decodiert, depacketiert und wiedergegeben werden. Die Klasse `NetStream` umfasst somit die Funktionalitäten der Klasse `Player` des JMF. Sie verfügt insbesondere auch über die Methode `play()` zur Wiedergabe der Medien.

`NetStream`
Diese Klasse dient zur Übertragung, Depacketisierung und Decodierung von AV-Daten aus einer Datei des lokalen Filesystems oder einer Medienquelle (Datei oder Livestream) von einem HTTP- oder Flash Media Server. Ferner kann sie auch zur Encodierung, Packetisierung und Übertragung von AV-Daten

von einer Webcam aus einer Flashanwendung zu einem Flash Media Server eingesetzt werden. Bei der Instanziierung eines `NetStream` Objekts wird ein `NetConnection` Objekt `nc` übergeben: `var ns:NetStream = new NetStream(nc);` Die Mediendateien können mit den Methoden `play()`, `pause()`, `resume()` abgespielt, angehalten und weiter abgespielt werden. Mit der Methode `publish()` können AV-Daten aus einer Flash-Anwendung an einen Flash Media Server übertragen werden (siehe zur weiteren Erklärung der `publish()` Methode Kap. 5.3.3). Wenn die abzuspielende AV-Datei auf dem lokalen Filesystem zu finden ist oder mit progressive Download von einem HTTP-Server geladen werden soll, so wird mit der `play()`-Methode auch der Pfad bzw. die entsprechende url übergeben (siehe hierzu die Beispiele in dem folgendenden Abschn. 5.3.1.1).

Als letzte Komponente benötigen wir ein `DisplayObject`, in dem ein Video angezeigt werden kann und das wir in einen Container der Flash-Oberfläche integrieren können. Im JMF haben wir hierzu die Methode `getVisualComponent()` der `Player`Klasse verwendet. Im Flash-API wird diese Aufgabe von der Klasse `Video` übernommen.

`Video`
Diese Klasse ist von `DisplayObject` abgeleitet und wird zur Darstellung von Video-Daten verwendet. Im Konstruktor können Abmaße mit übergeben werden: `var vid: Video = new Video(300, 400);`

`attachNetStream(Netstream ns):void`
Mit dieser `Video` Methode kann das `Netstream` Objekt an ein `Video` Objekt übergeben werden. Alternativ dazu kann ein aufgenommener Videostrom von einer Kamera mit folgender Methode wiedergegeben werden.

`attachCamera(cam:Camera):void`
Mit dieser `NetStream` Methode wird das `Camera` Objekt `cam` als Eingangssignal für ein `NetStream` Objekt festgelegt.

`Camera`
Diese Klasse repräsentiert ein Capture-Device.

`getCamera():Camera`
Diese statische Methode der Klasse `Camera` durchsucht das System nach Capture-Devices und gibt einen gefundenen Capture-Device `Camera` zurück.

5.3.1.1 Progressive Download von AV-Medien

Das folgende Beispiel demonstriert zunächst, wie ein Video aus dem lokalen Dateisystem geladen und abgespielt werden kann. Wie im JMF bei einem `Controller`, so können auch verschiedene Ereignisse bei einem `NetStream` Objekt verarbeitet werden. Wir wollen hierauf jedoch nicht detaillierter eingehen. Das Beispiel ist zwar

5.3 Verarbeitung von Audio- und Videomedien mit dem Flash-API

auch ohne Ereignisverarbeitung lauffähig, jedoch muss der `AsyncErrorEvent` von einem Listener weiterverarbeitet werden, wenn man nicht zur Laufzeit eine Fehlermeldung erhalten will. Aus Sicherheitsgründen ist hier bei der Kompilierung wieder zu beachten, ob das zu ladende Video von dem lokalen Dateisystem oder aus dem Internet stammt. Die Compileroptionen:

```
-use-network=false oder true
```

sind entsprechend mit anzugeben.

```
package
{
import flash.display.Sprite;
import flash.net.NetConnection;
import flash.events.AsyncErrorEvent;
import flash.net.NetStream;
import flash.media.Video;

public class Beispiel extends Sprite
{
    public function Beispiel()
    {
        var nc:NetConnection = new NetConnection();
        nc.connect(null);

        var ns:NetStream = new NetStream(nc);
        ns.addEventListener(AsyncErrorEvent.ASYNC_ERROR
            , asyncErrorHandler);

        function asyncErrorHandler(event:
            AsyncErrorEvent):void
        {
            // Fehler ignorieren
        }

        var vid:Video = new Video();
        vid.attachNetStream(ns);
        addChild(vid);
        ns.play("video.flv");
    }
}
}
```

Listing 5.9 Videomedien mit progressive Download von einem HTTP-Server bzw. von dem lokalen Dateisystem mit den Flash-Klassen wiedergeben

Um die Übertragung auf der Basis von progressive Download testen zu können, ist wieder der HTTP-Server aus Kap. 3 mit dem Aufruf

```
> java HTTPServer
```
aus einer DOS-Konsole zu starten. Die zu übertragende Videodatei video.flv muss in das gleiche Verzeichnis abgespeichert werden, in dem auch der HTTP-Server abgelegt wurde.

In Listing 5.9 muss nun nur noch bei der `play()`-Methode die entsprechende URL folgendermaßen übergeben werden:

```
package
{
import flash.display.Sprite;
import flash.net.NetConnection;
import flash.events.AsyncErrorEvent;
import flash.net.NetStream;
import flash.media.Video;

public class Beispiel extends Sprite
{
    public function Beispiel()
    {
        var nc:NetConnection = new NetConnection();
        nc.connect(null);

        var ns:NetStream = new NetStream(nc);
        ns.addEventListener(AsyncErrorEvent.ASYNC_ERROR
           , asyncErrorHandler);

        function asyncErrorHandler(event:
           AsyncErrorEvent):void
        {
            // Fehler ignorieren
        }

        var vid:Video = new Video();
        vid.attachNetStream(ns);
        addChild(vid);
        ns.play("http://127.0.0.1:8080/video.flv");
    }
}
}
```

Listing 5.10 Progressive Download mit den Flash-Klassen

5.3.2 Anzeige eines Live-Videos einer Webcam

Das nächste Beispiel demonstriert, wie ein Videostream von einer Kamera aufgenommen und wiedergegeben werden kann:

```
package
{
import flash.display.Sprite;
import flash.events.Event;
import flash.media.Video;
import flash.media.Camera;

public class Beispiel extends Sprite
{
    public function Beispiel()
    {
        var cam:Camera = Camera.getCamera();
        var vid:Video = new Video();
        vid.attachCamera(cam);
        addChild(vid);
    }
}
}
```

Listing 5.11 Aufnehmen eines Videostreams einer Webcam mit den Flash-Klassen

5.3.3 Encodierung mit der `NetStream` Klasse

Die Encodierung wird in Flash über die schon in Abschn. 5.3 eingeführte Klasse `NetStream` vorgenommen. Dabei können die folgenden drei Encoder bei der `NetStream`-Klasse eingesetzt werden. Alle drei Encoder werden ebenfalls vom Flash Media Server unterstützt.

`MPEG4 / H.264`
Dieser Encoder bietet die höchste Bildqualität der drei von Flash unterstützten Codecs und kann mit einer Reihe von MPEG 4 Containerformaten wie z.B. F4V, MP4 und MOV kombiniert werden (siehe hierzu die Beschreibung der NetStream-Klasse). Der Decoder kann in Flash Player 9.0.115.0 oder höher verwendet werden.

`On2 VP6`
Dieser Encoder wird immer zusammen mit dem flv-Format verwendet und besitzt eine geringere Bildqualität als der H.264-Codec. Jedoch kann bei diesem Codec ein 8-Bit alpha-Kanal für Kompositionszwecke verwendet werden. Das

Video kann also z.B. halbtransparent über andere Elemente gelegt werden, oder ein blauer Hintergrund bei einer Blue-Screen-Aufnahme kann damit auf transparent gesetzt werden (siehe hierzu auch Kap. 1).

`Sorensen Spark`
Dies ist ein eher veralteter Codec, welcher noch aus Kompatibilitätsgründen für alte Flash-Player bzw. leistungsschwache Clients benötigt wird.

`publish(name:String = null, type:String = null):void`
Diese Methode der `NetStream` Klasse wird zur Encodierung, Packetierung und Übertragung von AV-Daten von einem Flash Player zum Flash Media Server genutzt. Folgende Kombinationen von Containerformat und Encoder können gewählt werden, wobei dabei ein Name für den Stream festgelegt werden muss. In den folgenden Beispielen wurde der Name `myStream` verwendet:

Die Flash-Klassen verwenden folgende Standardeinstellungen bei der Encodierung von Videodaten.

1. Wird ein Video mit dem Flash-Autorenwerkzeug in ein swf-File eingebettet (was wie in Abschn. 5.3 dargestellt nicht empfehlenswert ist), so werden je nach Projekteinstellungen der On2 VP6 (für Flash-Player 8 und höher) oder der Sorensen-Codec für ältere Versionen verwendet.

2. Der On2 VP6 Encoder und das flv-Format werden bei der `publish()` Methode verwendet, wenn der Name ohne weitere Zusatzangaben übergeben wird:

> `publish("myStream")`

3. Der H.264 Video-Encoder und der AAC Audio-Encoder wird zusammen mit einem MPEG 4 Kontainer F4V oder MP4 bei der `publish()` Methode verwendet, wenn das Präfix mp4 und der Dateityp f4v bzw. mp4 mit übergeben wird:

> `publish("mp4:myStream.f4v");`

bzw.

> `publish("mp4:myStream.mp4");`

4. Wenn ein Livestream von einer Kamera mit der `publish()` Methode übertragen werden soll, so wird der folgende Aufruf verwendet:

> `publish("myStream", "live");`

5.3.4 *Streaming mit dem Flash Media Server*

Die Verteilung von RTP-Streams an mehrere Clients konnte im JMF durch die `addTarget()` Methode der `RTPManager`-Klasse vorgenommen werden. In der Flash-Produktpalette existiert hierzu kein analoges API. Jedoch kann diese Aufgabe von dem Flash Media Server übernommen werden. Der Flash Media Server kann in

5.3 Verarbeitung von Audio- und Videomedien mit dem Flash-API

einer eingeschränkten Version für Entwicklungszwecke und zur Versendung einer kleinen Anzahl von Streams frei von den Adobe Webseiten heruntergeladen werden. Der Server wird nach der Installation bei jedem Neustart des Computers automatisch gestartet. Mit dem Server wird automatisch der Flash-Media-Live-Encoder ausgeliefert. Mit dem Flash-Media-Live-Encoder kann ein Stream einer Webcam auf den Server übertragen und über den Server im Internet über das RTMP Protokoll auf Anfrage von Clients gestreamt werden. Das Live-Streaming kann ebenso wie mit dem Flash-Media-Live-Encoder mit der `NetStream`-Klasse aus einem Flash-Player vorgenommen werden (siehe Beispiel: Live-Video-Streaming). Ebenso können nach oben genannten Kombinationsmöglichkeiten encodierte Video-Dateien in einem entsprechenden Verzeichnis des Servers abgelegt und auf Anfrage von Clients über RTMP gestreamt werden (siehe Beispiel: Video-On-Demand).

5.3.4.1 Beispiel: Live-Video-Streaming

In dem folgenden Beispiel wird ein Live-Video-Stream einer Kamera aufgenommen. Der aufgenommene Videostream wird direkt in der Anwendung dargestellt. Ferner wird mit Hilfe der `NetConnection` Klasse eine Verbindung zu dem Server hergestellt. Mit Hilfe der `NetStream` Klasse wird der Videostream encodiert und aus der Anwendung an den Flash Media Server gestreamt. Die Anwendung ruft dann über die gleiche Verbindung das Video wiederum vom Server ab und stellt es als zweites Video in der Anwendung dar.

Hierzu muss ein entsprechendes Verzeichnis, welches auf der Client-Seite referenziert wird (z.B. `live_streaming`), im Flash Media Server 3.5 `applications`-Verzeichnis eingerichtet werden.

Wieder muss beim Kompilieren mit dem FLEX-Kompiler mit einer entsprechenden Option angeben werden, dass Objekte aus dem Internet geladen werden:

```
> mxmlc -use-network=true LiveStreaming.as
```

In Abbildung 5.25 ist das Ergebnis des Programms aus dem folgenden Listing 5.12 zu sehen. Das linke Video ist das unkomprimierte Video der Webcam. Das rechte Video zeigt den komprimierten Videostrom, der zum Flash Media Server gesendet und zurückübertragen wurde. Im rechten Video sind daher auch leichte Blockartefakte zu sehen, die auf Grund starker Bewegungen des Oberkörpers zustande gekommen sind. Die Bewegungskompensation arbeitet unter solchen Umständen nicht mehr so präzise, wodurch die Qualität der übertragenen Daten abnimmt.

```
package
{
    import flash.display.Sprite;
    import flash.net.NetConnection;
    import flash.events.NetStatusEvent;
    import flash.net.NetStream;
    import flash.media.Video;
```

```
import flash.media.Camera;

public class Beispiel extends Sprite
{
    var nc:NetConnection;
    var ns1:NetStream;
    var ns2:NetStream;
    var vid1:Video;
    var vid2:Video;
    var cam:Camera;

    public function Beispiel()
    {
        nc = new NetConnection();
        nc.addEventListener(NetStatusEvent.NET_STATUS,
            serverResponse);
        nc.connect("rtmp://localhost/live_streaming");

        cam=Camera.getCamera();

        vid1=new Video(cam.width, cam.height);
        vid1.x=20;
        vid1.y=10;
        vid1.attachCamera(cam);

        addChild(vid1);
    }

    private function serverResponse(event:
        NetStatusEvent):void
    {
        if(event.info.code == "NetConnection.Connect.
            Success")
        {
            ns1=new NetStream(nc);
            ns1.attachCamera(cam);
            ns1.publish("myStream", "live");

            ns2=new NetStream(nc);
            ns2.play("myStream");

            vid2=new Video(cam.width, cam.height);
            vid2.x=cam.width + 40;
            vid2.y=10;
            vid2.attachNetStream(ns2);
```

5.3 Verarbeitung von Audio- und Videomedien mit dem Flash-API

```
            addChild(vid2);
        }
    }
}
}
```

Listing 5.12 Programm zum Versenden und Empfangen eines Live-Videostreams

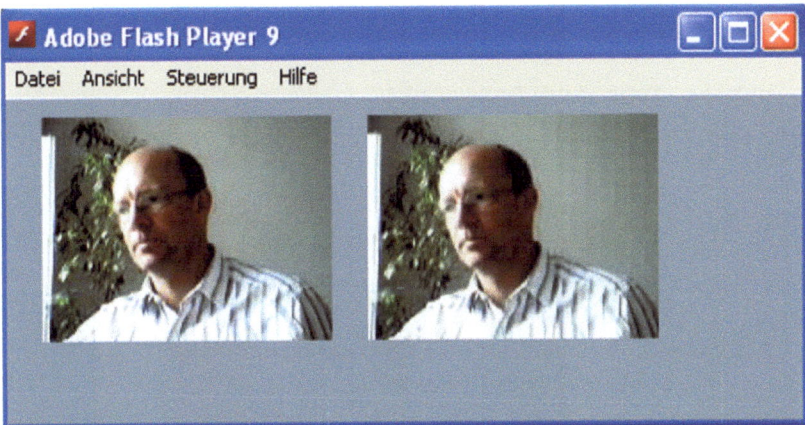

Abb. 5.25 Flash-Streaming-Anwendung. Das linke Video ist das unkomprimierte Video der Webcam. Das rechte Video zeigt den komprimierten Videostrom, der zum Flash Media Server gesendet und zurückübertragen wurde

5.3.4.2 Beispiel: Video-On-Demand

Das folgende Beispiel zeigt den Einsatz der Klassen und des Flash Media Servers für Video-On-Demand, wo eine Videodatei vom Server an den Client gestreamt wird. Die Anwendung fordert einen gewünschten Videostream vom Server an. Der Server überträgt die Daten über RTMP. Die Anwendung decodiert die übertragenen Daten mit Hilfe der `NetStream`-Klasse und zeigt diese anschließend an.

Hierzu muss ein Unterverzeichnis des Flash Media Server 3.5 `applications`-Verzeichnis angelegt werden. In unserem Beispiel ist dies `video_on_demand` benannt worden. Die zu übertragende flv-Video-Datei (in unserem Beispiel „video.flv") muss dann in dem Unterverzeichnis `streams\_definst_` des Verzeichnisses `video_on_demand` abgelegt werden.

```
package
{
import flash.display.Sprite;
```

```
import flash.net.NetConnection;
import flash.events.NetStatusEvent;
import flash.events.AsyncErrorEvent;
import flash.net.NetStream;
import flash.media.Video;

public class Beispiel extends Sprite
{
    var nc:NetConnection;
    var ns:NetStream;
    var video:Video;

    public function Beispiel()
    {
        nc = new NetConnection();
        nc.addEventListener(NetStatusEvent.NET_STATUS,
            serverResponse);
        nc.connect("rtmp://localhost/video_on_demand");
    }

    private function asyncErrorHandler(event:
        AsyncErrorEvent):void
    {
        // Fehler ignorieren
    }

    private function serverResponse(event:
        NetStatusEvent):void
    {
        if(event.info.code == "NetConnection.Connect.
            Success")
        {
            ns=new NetStream(nc);
            ns.addEventListener(AsyncErrorEvent.
                ASYNC_ERROR, asyncErrorHandler);
            video = new Video();
            video.attachNetStream(ns);
            ns.play("video", 0);
            addChild(video);
        }
    }
}
```

Listing 5.13 Programm zur Anzeige von Video-On-Demand vom Flash Media Server

Literaturverzeichnis

1. http://jffmpeg.sourceforge.net/documentation.html
2. http://java.sun.com/javase/technologies/desktop/media/jmf/2.1.1/apidocs
3. http://java.sun.com/javase/technologies/desktop/media/jmf/2.1.1/download.html
4. http://www.salyens.com/
5. Miano J (1999) Compressed Image File Formats. Addison-Wesley
6. Ohm R (1995) Digitale Bildcodierung. Springer
7. Pereira F, Ebrahimi T (2002) The MPEG 4 Book. Prentice-Hall
8. Plag F, Riempp R, (2007) Interaktives Video im Internet mit Flash. Springer
9. Schmidt U (2000) Professionelle Videotechnik. Springer

Sachverzeichnis

Symbole

.Net-Plattform 19
2-Schicht-Modell 39

A

a-Tag 214
Abtastrate 285
Accept 137
accept() 116
Accept-Encoding 137
Accept-Language 137
acquire() 176
ActionEvent 202
ActionListener 202
add() 192
addChild() 257
addEventListener() 262
AddFilter() 336
addListener() 233
addTarget() 332
AJAX 23, 239, 241
alpha-Kanal 10, 25
Amplitude 284
ancor 133
Animation 10, 271
API 16
appendChild() 229
Applet-Anwendung 190
Application 184, 250
area 236
ASP 32
asynchrone Interaktion 43
attachCamera() 340
attachNetStream() 340
Audiosignale 11

Ausgabestrom 48
available() 87
avi-Format 26
AWT 186

B

Bézier-Kurve 267
background-color 256
Balancer 54
Baum 183
beginFill() 268
Bewegungskompensation 302, 308
Big-Endian 94
Bitmap 184
Blockmatching 309
Blue-Screenaufnahme 25
body-Tag 214
BorderLayout 195
borderStyle 256
Box 254
Broker 52, 53
Browser 209
BufferedInputStream 84, 88
BufferedOutputStream 84, 91
BufferedReader 85, 102
BufferedWriter 85, 104
Bully-Algorithmus 68, 69
Burst-Anwendung 27
Button 184, 252
Byte-Reihenfolge 94
ByteArrayInputStream 83
ByteArrayOutputStream 83

C

Cache 49–53

call by reference   78, 223
call by value   78, 223
Camera   340
Canvas   254
CaptureDeviceInfo   324
CaptureDeviceManager   324
CharArrayReader   85
CharArrayWriter   85
Circular Wait   67
class-Attribut   212
Client   40, 43
Client-Server-Modell   7, 40
clientX   234
close()   87, 100, 115, 117, 126
CoCreateInstance()   334
Codecs   26
color   255
Combobox   184
Compiler-Option   270
Component Object Model   334
ComponentEvent   202
ComponentListener   202
configure()   326
ConfigureCompleteEvent   326
Configured   326
Configuring   326
connect()   126, 339
Connection   137, 139
Container   184, 191
Containerformat   26, 323
Content-Encoding   139
Content-Language   139
Content-Length   137, 139
Content-Type   139
ContentDescriptor   327
Controller   182, 315
ControllerAdapter   320
ControllerListener   320
controllerUpdate()   320
Cookie   137
coords   237
createElement()   229
createPlayer()   316
createRealizedPlayer()   316
createSendStream()   332
createTextNode()   229
creationComplete   251
CSS   16, 211
currentThread()   158, 160
curveTo()   267
cycle per degree   290

D

Daemon   47
Datagramm Socket   123
DatagramPacket   113, 124
DatagramSocket   113, 125, 126
DataInputStream   84, 94
DataOutputStream   84, 94
DataSource   327
Date   136, 139
Deadlock   66
Decodierung   11, 300, 304, 310
delayed-write   50
DELETE   136
Dienst   47
Differenzbild   302
Differenzcodierung   300
DirectShow   30, 334
dirty-bit   50
disconnect()   126
Diskrete Cosinus Transformation   293
div-Tag   214
divX   25
document   184, 227
DOM   16, 226
DOM-Ereignismodell   232
domain   132
down()   62
Drag-Operation   264
drawCircle()   267
drawRect()   267
dynamische Typisierung   223

E

Echo-Client   119
Echo-Server   121
Eingabestrom   48
elementare Datentypen   223, 261
enabled-Attribut   250
Encodierung   11, 300, 303, 310
Equal Length Code   296
Erzeuger-Verbraucher-Problem   63, 172–176, 178
Event   234, 262
Event.ENTER_FRAME   271
Exception   79
execute()   164
Executor   164
ExecutorService   164

F

Farbdifferenzsignale   291

Sachverzeichnis

Farbwahrnehmung 288
Fat-Client 42
Fehlererkennung 44
FFMPEG 31
FileInputStream 83, 92
FileOutputStream 83, 91
FileReader 86, 103
FileWriter 86, 103
FilterInputStream 84
FilterOutputStream 84
FilterReader 85
FilterWriter 85
Flash 31
Flash Media Server 344
Flash-Autorenwerkzeug 19
Flash-Klassenherarchie 265
FLEX-Compiler 248, 265
FLEX-Klassenhierarchie 249
FLEX/Flash-Plattform 19
FlowLayout 195
flush() 87, 100
flv-Format 26
font-family 256
form-Tag 215
Format 327
FormatControl 327
Fragmentierung 109
Frequenz 285
function 224, 261

G

GET 135
getAddress() 114, 125
getAttribute() 227
getByAddress() 113
getByName() 113
getCamera() 340
getContentPane() 189
getData() 124
getDataOutput() 328
getDeviceList() 324
getElementById() 227
getHoldCount() 179
getHostAddress() 113
getHostName() 114
getInetAddress() 115, 126
getInputStream() 115
getJMenuBar() 189
getLength() 125
getLocalAddress() 115, 126
getLocalHost() 113
getLocalPort() 115, 126
getName() 159

getOutputStream() 115
getPort() 115, 125, 126
getPriority() 159
getTrackControls() 327
getURL() 209
getVisualComponent() 316
GOP-Sequenz 310
Graphics 188, 199, 267
Graphische Nutzeroberfläche 13
GridLayout 195

H

H.261 24
H.264 11, 25, 343
Hörschwelle 286
HEAD 136
head-Tag 213
height-Attribut 250
Helligkeitssignal 291
Histogramm-Analyse 298
hitTestState 279
Hold and Wait 67
Host 136
HTML 16, 211
HTML-Ereignismodell 231
HTML-Tag 213
HTTP 22, 131
HTTP-Header 134
HTTP-Kommunikation 205
HTTP-Server 207
HTTPService 276
Huffman-Code 299
Hyperlink 12, 205
HyperLinkEvent 202, 209
HyperLinkListener 202

I

id-Attribut 212, 250
IGraphBuilder 335
Image 252
ImageIcon 184
IMediaControl 335
img-Tag 214
InetAddress 332
InetAdress 113
init() 190
initialize() 332
innerHTML 230
input-Tag 215
InputStream 82, 86
InputStreamReader 85, 101
Interaktive Graphik 12

Interaktives Video   12
Interface   79
Interlaced Video   311
Internetprotokoll   106
InternetTV   29
interrupt()   158, 162
InterruptedException   158, 163
Intra-codierte Bilder   302
IP   106, 108, 109
IP-Datagramm   108
IP-Protokoll   21
IPTV   29
Irrelevanzreduktion   284
isClosed()   115, 117
isInterrupted()   158, 162
isLocked()   178
isLoopbackAddress()   114
ISO   15
ISOC   15
isReachable()   114
ITU   15
IVideoWindow   335

J

JApplet   184, 190
Java EE   19, 32
Java ME   19
Java Monitor   170
Java SE   18
Java-Plattform   18
Java-Servlets   32
JavaFX   20
JavaScript   16, 222
JButton   184
JComboBox   184, 193
JComponent   187
JEditorPane   198, 205
JFrame   184, 189
JFrame-Klasse   189
JLabel   184, 193
JMF   30, 312
join()   158, 161, 162
JPanel   184, 194
JPEG   11, 24
JPEG-Bildcodierung   302
JSP   32
JTextField   184

K

KeyEvent   202
KeyListener   202
Kompressionsfaktoren   308

Kompressionsrate   305
kritischer Abschnitt   62, 167, 170

L

Label   184, 251
Last-Modified   139
Lastverteilung   54
LayoutManager   195
Lese-Sperre   51
LFU least frequently used   50
lineStyle()   267
lineTo()   267
LinkButton   252
Little-Endian   94
Live-Video   324, 342
load-balancing   52
Loader   266, 269
lock()   178
LRU least recently used   49

M

Macroblöcke   309
Manager   316
map   236
Maus-sensitive Bereiche   12, 236, 276, 279
Media Format   30
MediaLocator   316
Mensch-Maschine-Interaktion   12
MIME   140
Mithörschwelle   287
MMS   29
MMS-Streaming   336
Modell   181
Monitor   63, 65, 170
MouseEvent   202
MouseListener   202
mov-Format   26
moveTo()   267
MovieClip   265, 273
mp3   24
mp3-Codierung   287
MPEG 1   11, 24
MPEG 2   11, 25
MPEG 4   11, 25, 343
MPEG 4 VOP   25
MPEG 4 XMT   25
MPEG-Codierung   306
Multitasking   58
Multithreading   58
MVC-Muster   181
MXML-Dateien   20, 248, 259

Sachverzeichnis

N

N-Schicht-Modell 39
Namensraum 258
navigateToURL 253
Nebenläufigkeit 55
NetConnection 339
NetStream 339
newCachedThreadPool() 164
newFixedThreadPool() 164
newLine() 104
notify() 173
notifyAll() 173
Nutzerführung 13

O

ObjectInputStream 83, 97, 98
ObjectOutputStream 83, 97
Observer-Muster 185
onreadystatechange 244
open() 243
openStream() 208
Ortsfrequenz 290, 294
OSI-Schichtenmodell 106
OutputStream 82, 87
OutputStreamWriter 85, 101
overState 279

P

P() 62
p-Tag 214
paint() 188
paintComponent() 199
Panel 255
paralleler Server 57
Parallelität 55
Parallelverarbeitung 56
path 132
persistente Verbindung 134
PHP 32
PipedInputStream 83
PipedOutputStream 83
PipedReader 86
PipedWriter 86
Player 316
port 132
Port-Scanner 118
Portnummer 107
POST 135
Prädiktionscodierung 299
Predicitive-codierte Bilder 302
prefetch() 320
prefetchComplete() 321
PrefetchCompleteEvent 320
Prefetched 320
Prefetching 320
print() 90
PrintStream 84, 89
PrintWriter 86
Processor 326
Programm 58
Progressive Download 27, 315, 317, 336, 338, 340
protocol 132
Proxy 52
Prozess 58
PSNR 305
publish() 344
PushbackInputStream 84
PushbackReader 86
PUT 136
put_Owner() 335

Q

Quality of Service 27
Quantisierungsmatrix 295
query 133
QuickTime 31
Quittung 44

R

Range 137
Rasterbild 9, 187
read() 87, 99, 100
readBoolean() 95
readByte() 95
readChar() 95
readDouble() 95
Reader 82, 99
readFloat() 95
readFully() 96
readInt() 95
readLine() 102
readLong() 95
readObject() 98
readShort() 95
readUTF() 96
ready() 99
readyState 244
realize() 319
realizeComplete() 321
RealizeCompleteEvent 319
Realized 319
Realizing 319

RealMedia   31
receive()   126
Redundanzreduktion   284, 296
ReentrantLock   178, 179
release()   176
removeChild()   228
RenderFile()   335
repaint()   188
responseText   245
result-Attribut   276
ResultEvent   276
RFC   15
Rich Internet Application   14
Rich-Client   14, 42
Ring-Algorithmus   69, 70
rm-Format   26
RTMP   29
RTMP-Streaming   338, 343, 344
RTP   28
RTP-Streaming   326, 332
RTPManager   332
run()   155, 156
Runnable-Interface   155–157
RuntimeException   80

S

Schichtenmodell   38, 39
Schreib-Sperre   51
Script   259
script-Tag   214
Semaphor   61, 62, 64, 175–177
Semaphor-Klasse   175
send()   126, 244, 276
SendStream   332
SequenceInputStream   84
sequenzieller Server   56
serialisieren   83
Serialisierung   97
Serializable   97
Server   40, 43, 139
ServerSocket   113, 116
Session   49
SessionAddress   332
Set-Cookie   139
setAddress()   125
setAttribute()   227
setContentDescriptor()   327
setData()   124, 125
setFont()   197
setForeground   197
setFormat   327
setLayout()   195
setLength()   125

setMenuBar()   189
setName()   158
setPage()   208
setPort()   125
setPriority()   159
setSize()   187
setSoTimeout()   116, 117, 126
setText()   205
setVisible()   187
SetWindowPosition()   335
Shape   266
shape   237
shutdown()   164
shutdownInput()   115
shutdownOutput()   115
signal()   65
Silverlight   20
SimpleButton   279
sleep()   158, 159
Smart-Client   42
SMIL   17
Socket   105, 112, 114
Socket-Klasse   113, 114
Sprite   265
Stäbchen   289
Stage   266
start()   156, 157, 272, 320
started   320
static   77
statische Typisierung   223
Statistik erster Ordnung   296, 298
status   245
Streaming   27
StringReader   86
StringWriter   86
Style   256
style-Attribut   212, 217
style-Tag   213
styleName-Attribut   250
super   78
Super-Server   47
SVG   17
swc-Datei   273
Swing   186
synchrone Interaktion   43
Synchronisation   13
synchronized   170–172
System.in   88

T

target   234
Task   58
TCP   21, 109, 111

Sachverzeichnis

TCP/IP-Schichtenmodell 106
Text 251
TextArea 252
TextField 184
TextInput 251
Thin-Client 41
Thread 58, 154–159
Thread-Klasse 155–158
Thread-Pool 163, 164
ThreadPoolExecutor 164
Throwable 79
Timer 272
title-Attribut 212
toString() 90
TrackControl 327
tryLock() 178
Tween 273

U

UDP 21, 110–112
unlock() 178
Unrealized 319
Unterabtastung 307
up() 62
URL 131, 132, 207
URLRequest 253
Usability 14
usemap 236
User-Agent 137
UTF-16 77
UTF-8 77

V

V() 62
var 223, 260
Variable Length Code 296, 298
Vektorgraphiken 9
Verklemmung 66
Vermittler 53
Verteiltheit 55
Video 11, 266, 340
Video-On-Demand 347
VideoFormat 325
View 182
visible-Attribut 250
Vogel-Strauß-Taktik 66

W

W3C 15
wait() 65, 173
Welle 284
Wellenlänge 284
width-Attribut 250
WindowEvent 202
WindowListener 202
wmv-Format 25
Wrapper-Klassen 223, 261
write() 87, 100
write-back 50
write-on-close 50
write-through 51
writeBoolean() 95
writeByte() 95
writeBytes() 95
writeChar() 95
writeChars() 95
writeDouble() 95
writeFloat() 95
writeInt() 95
writeLong() 95
writeObject() 97
Writer 82, 100
writeShort() 95
writeUTF() 95

X

x-Attribut 250
XMLHttpRequest 243

Y

y-Attribut 250
YCrCb 291
yield() 158
YUV 291

Z

z-Index 10, 237
Zäpfchen 289
zentraler Koordinator 67, 68
zustandsändernd 48
zustandsinvariant 48
zustandslos 49, 134
zustandsspeichernd 49

MIX
Papier aus verantwortungsvollen Quellen
Paper from responsible sources
FSC® C105338

If you have any concerns about our products,
you can contact us on
ProductSafety@springernature.com

In case Publisher is established outside the EU,
the EU authorized representative is:
**Springer Nature Customer Service Center GmbH
Europaplatz 3, 69115 Heidelberg, Germany**

Printed by Libri Plureos GmbH
in Hamburg, Germany